AF096598

LLOFFION YM MAES CREFYDD

Ysgrifau ar Grefydd yn y Byd Cyfoes

ROBERT POPE

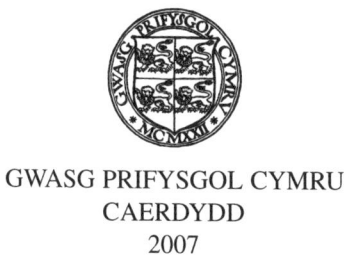

GWASG PRIFYSGOL CYMRU
CAERDYDD
2007

© Robert Pope (h) 2007

Cedwir pob hawl. Ni cheir atgynhyrchu unrhyw ran o'r cyhoeddiad hwn na'i gadw mewn cyfundrefn adferadwy na'i drosglwyddo mewn unrhyw ddull na thrwy unrhyw gyfrwng electronig, mecanyddol, ffotogopïo, recordio, nac fel arall, heb ganiatâd ymlaen llaw gan Wasg Prifysgol Cymru, 6 Stryd Gwennyth, Cathays, Caerdydd, CF24 4YD.

www.cymru.ac.uk/gwasg

Mae cofnod catalogio'r gyfrol hon ar gael gan y Llyfrgell Brydeinig.

ISBN 978-0-7083-2082-2

Hoffai'r cyhoeddwyr gydnabod cymorth ariannol Prifysgol Cymru, Bangor wrth gyhoeddi'r gyfrol hon.

Datganwyd gan Robert Pope ei hawl foesol i gael ei gydnabod yn awdur y gwaith hwn yn unol ag adrannau 77 a 78 o'r Ddeddf Hawlfraint, Dyluniadau a Phatentau 1988.

Argraffwyd gan Antony Rowe Ltd., Chippenham, Wiltshire.

i
Judith ac Alan
fy chwaer a'i gŵr
a
Penny
eu merch

CYNNWYS

Rhagymadrodd	1
1 Beth yw Diwinyddiaeth?	8
2 Tasg Diwinyddiaeth Heddiw	28
3 *Semper Reformanda*: Natur a Phwrpas yr Eglwys yn y Mileniwm Newydd	45
4 Addoli	70
5 Yr Eglwys yn y Byd	90
6 Diwinyddiaeth a Gwleidyddiaeth	107
7 Democratiaeth: Beth Ddylai Cristnogion ei Ddweud?	127
8 Y Da a'r Drwg: Swyddogaeth Sicrwydd mewn Moeseg	134
9 Cristnogaeth ymhlith y Crefyddau	150
10 Ffwndamentaliaeth: Ei Gwreiddiau a'i Hachosion	176
11 Ffwndamentaliaeth: Y Sefyllfa Bresennol	198
12 Yr Efengyl mewn Oes Weledol	220
Cynacafu'r Lloffion	249
Llyfryddiaeth	256
Mynegai	265

RHAGYMADRODD

Ychydig o waith a gyhoeddwyd yn ddiweddar yn y Gymraeg ar bynciau diwinyddol. Ychwanegwyd llawer at ein gwybodaeth a'n dealltwriaeth o hanes, a hanes crefydd yn arbennig, trwy fynych gyhoeddiadau gan nifer o awduron ac, wrth gwrs, mae elfennau diwinyddol ymhob un ohonynt. Ac eto, ar wahân i gyfrol fechan, werthfawr D. Densil Morgan, *Sylfaen a Gwraidd: Arweiniad i Ddysgeidiaeth Gristionogol* (1994), cyfrolau defnyddiol megis *Trosom Ni* (1991) gan Isaac Thomas, a oedd yn wreiddiol yn gyfres o ymgomiau defosiynol, *Iesu Grist Ddoe, Heddiw ac am Byth* (1999) gan Elfed ap Nefydd Roberts, a'r cyfrolau yng Nghyfres y Meddwl Modern,[1] mae'n anodd meddwl am lyfr Cymraeg diwinyddol ei naws a gyhoeddwyd yn y chwarter canrif diwethaf ac eithrio'r esboniadau beiblaidd rhagorol a gyhoeddwyd yn gymdeithion i'r Beibl Cymraeg Newydd.

Mae llai byth o gyfrolau wedi ymddangos sy'n trin pynciau llosg y dydd mewn ffordd ddiwinyddol. Gellir enwi cyfrol Glyn Tudwal Jones, *Croesi'r Mileniwm: Cadw'r Ffydd* (1998), neu *Crist a Chenedlaetholdeb* (1994) gan R. M. Jones, neu hyd yn oed *Diwinyddiaeth ar Waith* (1984) gan D. P. Davies. Yn fwy diweddar, cyhoeddwyd casgliad o ysgrifau gwybodus gan Vivian Jones, *Helaetha Dy Babell* (2004), sy'n trin nifer o bynciau o bwys yn y byd cyfoes mewn ffordd gartrefol ac ymddiddanol. Mae ôl yr hunangofiant ar yr ysgrifau, ond prif faich y llyfr yw'r angen i feddwl yn ddiwinyddol am faterion cyfoes ac mae'n llwyddo i wneud hynny heb fod yn drwm ac yn dywyll ei fynegiant. Wrth gwrs, mae'r Ddarlith Davies yn dal i gael ei thraddodi (a'i chyhoeddi) gan Eglwys Bresbyteraidd Cymru ac mae Ymddiriedolaeth Pantyfedwen yn cynnal darlith Gymraeg bob yn ail flwyddyn, tra bo *Diwinyddiaeth*, cylchgrawn blynyddol Adran Ddiwinyddol Urdd Graddedigion Prifysgol Cymru yn dal i weld golau dydd. Ac eto, ni ellir ond dod i'r casgliad mai ychydig sydd ar gael yn y Gymraeg i'r sawl sydd â diddordeb mewn pynciau diwinyddol a'u dialog â materion cyfoes, a hynny mewn cyfnod a welodd lu o gyhoeddiadau cyffelyb yn Saesneg.

Nid felly y bu erioed. Yn wir, nid oes ond rhaid mynd yn ôl at ddechrau'r ugeinfed ganrif i weld cyfnod pan oedd diwinyddion a gweinidogion Cymru'n frwd ac yn brysur yn cynhyrchu campweithiau diwinyddol. Roedd eu casgliadau'n perthyn i'w hoes, wrth gwrs, wedi eu lliwio gan awelon athronyddol a diwinyddol y dydd. Ond ym mha genhedlaeth arall yn ystod yr ugeinfed ganrif y gellir dychmygu y byddai casgliad swmpus a chlodwiw fel *Y Geiriadur Beiblaidd* yn cael ei gyhoeddi? Dyma genhedlaeth Thomas Rees, Bala-Bangor, a D. Miall Edwards yn y Coleg Coffa; Owen Prys a David Evans yn y Coleg Unedig, Aberystwyth; David Phillips a G. A. Edwards, yng Ngholeg y Bala, a llu o bobl eraill a fu'n gynhyrchiol iawn yn tynnu'r datblygiadau athronyddol a diwinyddol at sylw eu cyd-grefyddwyr yng Nghymru. I Miall Edwards y perthyn unig ymgais y can mlynedd diwethaf i gynhyrchu cyfrol o ddiwinyddiaeth gyfundrefnol yn *Bannau Ffydd* (1929), a chanddo ef y daeth yr ysbrydoliaeth am deitl y llyfr hwn gan ei fod yn bwriadu cyhoeddi casgliad o ysgrifau ar ddechrau'r 1930au dan y teitl *Lloffion*. Parhaodd y traddodiad hwn i raddau gan awduron megis Pennar Davies, R. Tudur Jones, Harri Williams a Cyril Williams, ond erbyn hyn mae cryn amser wedi mynd heibio ers i'r mawrion hyn gyflwyno eu myfyrdodau diwinyddol gerbron y Cymry Cymraeg.

Dichon fod diffyg gwaith diwinyddol y blynyddoedd diwethaf yn adlewyrchu'r dirywiad crefyddol enbyd a ddigwyddodd yng Nghymru wrth i'r ugeinfed ganrif fynd yn ei blaen. Mae'n debyg ei bod hefyd yn adlewyrchu'r ffaith ein bod wedi symud yn gyflym iawn o ddiwylliant darllen i ddiwylliant gweledol sy'n chwilio am ei wybodaeth nid mewn llyfrau yn gymaint ag ar y teledu neu, yn fwy tebygol fyth, ar y We fyd-eang. Ac eto mae angen o hyd gyflwyno rhai o'r dadleuon diweddaraf gerbron y Cymry i sicrhau, yn gyntaf, eu bod yn hyddysg yn y dadleuon cyfoes ac, yn ail, i roi gwybodaeth am ddadleuon diwinyddol i'r sawl sy'n weddill fedru wynebu'r byd gan gadw gafael ar eu ffydd. Am y rhesymau hyn yr

RHAGYMADRODD

ysgrifennwyd y penodau sy'n dilyn ac, o ganlyniad, mae nifer o bynciau cyfoes yn cael eu trin yma am y tro cyntaf yn yr iaith Gymraeg.

Mae'n naturiol i ni ddechrau drwy geisio diffiniad i'r pwnc ar gyfer gweddill y llyfr. Yn y bennod gyntaf, gofyn y cwestiwn: beth yw diwinyddiaeth? Defnyddir diffiniad Anselm mai 'ffydd yn ceisio deall' yw diwinyddiaeth ac, yn ein dyddiau ni, honnir bod hyn yn galw am gysylltu 'credu' â gweithredu, neu *praxis*. Mae'r ail bennod yn datblygu'r thema trwy chwilio am dasg benodol y pwnc yn yr unfed ganrif ar hugain. Tynnir ar feirniadaeth ysgolheigion megis Hans Frei, Nicholas Lash a Michael Buckley i ofyn y cwestiwn pryd y collodd diwinyddion ddiddordeb mewn diwinyddiaeth? Yna, dadansoddir nifer o weithiau diwinyddol cyfoes i honni fod diwinyddiaeth ers y Goleuo wedi osgoi trafod pynciau diwinyddol penodol er mwyn dadlau yn ôl safonau rhesymegol athroniaeth a gwyddoniaeth yr oes a hwythau a reolai trafodaethau yn y bywyd cyhoeddus. O ganlyniad, mae perygl amlwg mewn gwaith diwinyddol cyfoes i adlewyrchu diwinyddiaeth naturiol ar draul unrhyw drafodaeth ar bynciau megis datguddiad Duw yng Nghrist neu'r Drindod. Defnyddir gwaith Karl Barth ac eraill i awgrymu mai'r ffordd orau i gymryd rhan mewn trafodaethau cyhoeddus modern yw ailddarganfod categorïau diwinyddol i sefyll ochr yn ochr â ffyrdd eraill o ddeall realaeth.

Yn y bennod nesaf, edrychir eto ar athrawiaeth yr eglwys gan nodi'r duedd gyfoes i'w dibrisio. Dadleuir bod yr eglwys yn anhepgorol i fynegi'r ffydd Gristnogol. Nodir y duedd i ddeall yr eglwys mewn termau cymdeithasegol a dadleuir dros ddealltwriaeth mwy diwinyddol. Hefyd, mae'r bennod yn cynnwys dadansoddiad nifer o weithiau diweddar sy'n trafod yr angen ar yr eglwys i newid, gan ddadlau nad newid ond diwygio sydd ei angen i barhau galwad y Diwygiad Protestannaidd *ecclesia reformata semper reformanda est* (eglwys ddiwygiedig sy'n diwygio'n barhaus). Mater perthynol sydd dan sylw ym mhennod 4 lle amlinellir y ddadl mai addoli yw canolbwynt y bywyd Cristnogol. Edrychir yn fras ar y syniad mai rhywbeth i'w wneud yw addoli a hefyd mai dyma hanfod neges yr efengyl oherwydd fod a wnelo addoli â bywyd y Drindod a'r ffordd y mae'r Cristion yn cymryd rhan yng nghymdeithas y Drindod trwy fedydd.

LLOFFION YM MAES CREFYDD

Wedi gwneud y pwynt mewn pennod flaenorol mai ffydd a *praxis* sy'n nodweddu'r bywyd Cristnogol, mae pennod 5 yn gofyn ym mha ffyrdd y dylai'r eglwys fod yn gysylltiedig â'r byd? Ceir disgrifiad o'r argyfwng ecolegol a'r argyfwng yn yr eglwys yn y Gorllewin. Awgrymir ei fod yn rhan annatod o'r ddysgeidiaeth Gristnogol i gysylltu'r byd â'r eglwys, ac felly y gellir cynnig atebion i'w problemau. Dadleuir dros Gristoleg draddodiadol sy'n cysylltu'r pethau ysbrydol â'r pethau materol, a thros gysylltu ffydd â bywyd a gweithredoedd trwy wasanaeth. Mae'r drafodaeth honno'n arwain yn naturiol at ystyried y berthynas rhwng diwinyddiaeth a gwleidyddiaeth a dyna bwnc pennod 6. Yn y bennod honno, amlinellir y fath o ddiwinyddiaeth a ddatblygodd yn ystod yr ugeinfed ganrif sy'n wleidyddol ei naws. Edrychir ar ddiwinyddiaeth wleidyddol yn Ewrop a diwinyddiaeth ryddhad America Ladin gan ddadlau fod yr efengyl Gristnogol yn ei hanfod yn wleidyddol. Dichon mai'r cwestiwn gwleidyddol sylfaenol sy'n wynebu'r eglwys yw sut y dylid trin democratiaeth a'r ymgais cyfoes i estyn ei dylanwad i wledydd y dwyrain lle nad oes traddodiad democrataidd mewn gwleidyddiaeth. Dyna bwnc pennod 7 sy'n sôn yn fras am broblem democratiaeth yn y byd cyfoes ac yn awgrymu tair ffordd o'i thrin sydd i'w hosgoi, ac yna dull o'i thrafod sy'n fwy cadarnhaol, sef 'dull beirniadol'.

I raddau, mae pwysigrwydd *praxis* yn arwain at ystyried cysylltiad diwinyddiaeth â moeseg. Mae pennod 8 yn dadansoddi relatifiaeth ôl-fodernaidd ein cyfnod mewn moeseg. Mae'n beirniadu llyfr diweddar, *The Ethics of Uncertainty* gan R. John Elford, a hefyd 'etheg fyd-eang' Hans Küng am eu bod yn analluogi penderfyniad ac ymrwymiad moesol. Dadleuir dros gysyniad moeseg 'synnwyr cyffredin' sy'n caniatáu i bobl ymrwymo i benderfyniadau moesol, rhesymol hyd at yr amser pan ddengys fod y penderfyniadau'n anghywir.

Mae pennod 9 yn dadansoddi'r ddadl ddiweddar ar arwyddocâd Cristnogaeth yng nghyd-destun pliwraliaeth grefyddol. Olrheinir neges neilltuol Cristnogaeth yn ôl i'r Beibl cyn awgrymu fod y profiad o gysylltu gyda chrefyddau eraill a'u dilynwyr, naill ai trwy'r mudiadau cenhadu neu o ganlyniad i fewnfudo, wedi esgor ar ddatblygu ffyrdd eraill o drin y crefyddau. Amlinellir safbwynt y 'pliwralwyr' a'r 'cynhwysolwyr' cyn dod i gasgliadau ar y broblem benodol o gyd-fyw yn y byd â phobl o dueddiadau ac

RHAGYMADRODD

argyhoeddiadau crefyddol tra gwahanol i rai Cristnogaeth. Wedi ystyried y crefyddau yn gyffredinol, troir at bwnc llosg dechrau'r unfed ganrif ar hugain, sef ffwndamentaliaeth. Mae pennod 10 yn olrhain defnydd y gair 'ffwndamentaliaeth' yn yr ugeinfed ganrif yn ôl i garfanau Cristnogion ceidwadol. Dengys wedyn sut y datblygodd y gair ac yr ehangodd ei ddefnydd erbyn canol y ganrif honno i garfanau a oedd yn perthyn i grefyddau eraill heblaw Cristnogaeth. Yna, mae'r bennod nesaf yn amlinellu gweithgarwch nifer o garfanau ffwndamentalaidd mewn Cristnogaeth, Iddewiaeth ac Islam yng ngoleuni'r ymosodiad ar Ganolfan Masnach y Byd, Efrog Newydd, 11 Medi 2001. Mae'n dangos y peryglon ac yn ceisio dadlau dros ffordd ymlaen i drin ffwndamentalwyr mewn byd sydd wedi ei newid am byth.

Mae'r bennod olaf yn troi at bwnc arall sy'n bwysig yn y byd cyfoes, yn arbennig yn y Gorllewin, sef natur dylanwad a statws y teledu a'r sinema a'u statws a'u dylanwad yn ein diwylliant cyfoes. Gofyn wedyn i ba raddau y gellir eu cysylltu â diddordebau crefydd yn gyffredinol a'r efengyl Gristnogol yn benodol.

Hoffwn ddiolch i sawl un a'm helpodd yn ddirfawr i baratoi'r gyfrol hon. Yn gyntaf hoffwn ddiolch i Meg Elis am ei chymorth parod unwaith yn rhagor gyda Chymraeg penodau 4, 8, 10, 11 ac 12, ac i Glenda Carr am gymorth tebyg gyda phennod 5. Cefais gymorth a chefnogaeth gan Llinos Wyn Williams, ac rwy'n ddiolchgar iddi am ei charedigrwydd a'i hynawsedd. Darllenodd yr Athro D. Densil Morgan nifer o'r penodau ac, yn ôl ei arfer, cynigiodd sawl gwellhad i'r mynegiant ac i'r dadansoddiad. Darllenwyd trwy'r teipysgrif cyfan gan y Parchedig John Gwilym Jones a'r Athro John Heywood Thomas. Mae'r cyntaf wedi helpu i mi wella'r mynegiant mewn sawl lle tra bo'r llall, a'i wybodaeth helaeth o hanes syniadaeth Gristnogol ar ei gwedd athronyddol ac athrawiaethol, wedi helpu i mi ddyfnhau'r dadansoddiad ac osgoi casgliadau byrbwyll a disynnwyr. Mawr fy nyled i'r ddau ohonynt. Yn ogystal, hoffwn nodi fy nyled i'r darllenydd di-enw a benodwyd gan Wasg Prifysgol Cymru i adrodd ar gynnwys y gyfrol hon. Daeth llu o awgrymiadau craff a defnyddiol o'r adroddiad ac wrth eu gwau i mewn i'r driniaeth a ganlyn mae eglurder y ddadl a rhwyddineb y mynegiant ill dau wedi gwella. Mae'r cyfeillion hyn wedi bod o'r cymorth mwyaf wrth i mi baratoi'r penodau a ganlyn a heb y cymorth hwn ni fyddwn wedi meiddio cyhoeddi'r gyfrol.

LLOFFION YM MAES CREFYDD

Maent yn rhannol gyfrifol am rinweddau'r llyfr, ond myfi yn unig sy'n gyfrifol am unrhyw wallau sydd yma o hyd.

Dichon y dylid nodi rhywbeth yma am y defnydd o iaith, ac iaith ryw-benodol yn arbennig. Yn ddiweddar, bu dadleuon brwd yn y byd athronyddol a diwinyddol, yn ogystal ag yn y byd academaidd yn gyffredinol, ynglŷn â iaith gynhwysol. Mewn geiriau eraill, codwyd y pwynt na ddylid sôn am ddynion pan mai 'pobl' a olygir. Mae'r pwynt hwn wedi hen ennill ei le ac, o ganlyniad, gwneuthum ymgais pendant yn y penodau a ganlyn i osgoi iaith wrywaidd oni bai fod gramadeg yr iaith Gymraeg yn hawlio i mi ei defnyddio. Mae'r ddadl ynglŷn â iaith gynhwysol wrth drafod Duw yn llawer mwy cymhleth ac nid yw diwinyddion eto wedi cyrraedd unrhyw gonsensws yn ei chylch. O ganlyniad, dilynais y confensiwn mai enwau a berfenwau gwrywaidd a ddefnyddir i gyfeirio at Dduw. Mae'n debyg na fydd hyn yn dderbyniol i bawb, ond yn absenoldeb dull arall, cymeradwy i wneud hyn, credaf mai'r peth gorau yw troi'n ôl at ddefnyddio iaith arferol y traddodiad dan yr argyhoeddiad nad y bwriad erioed oedd cynhyrchu patriarchaeth, er gwaethaf y ffordd y'i defnyddiwyd drwy'r canrifoedd. Mae deunydd pennod (os nad llyfr!) yn y ddadl ynglŷn â iaith briodol, ond nid oes digon o ofod yma i'w dilyn.

Yn wreiddiol, traddodwyd nifer o'r penodau hyn yn ddarlithoedd i wahanol gynulleidfaoedd. Traddodwyd fersiwn ar bennod 1 i Fforwm Cristnogol Porthmadog; pennod 2 a 3 i Gymdeithas Cyn-fyfyrwyr y Coleg Newydd, Llundain; pennod 5 i Adran Ddiwinyddol Urdd Graddedigion Prifysgol Cymru; a phennod 10 ac 11 i Undeb Athrofa'r Bala. Rwy'n ddiolchgar am y drafodaeth ddeallus a ddilynodd pob darlith. Cyhoeddwyd dwy bennod o'r blaen. Gwelodd pennod 5 olau dydd am y tro cyntaf yn *Diwinyddiaeth* tra ymddangosodd pennod 10 am y tro cyntaf yn *Y Traethodydd*. Rwy'n ddiolchgar iawn i olygyddion hynaws y ddau gylchgrawn, sef y Parchedig Euros Wyn Jones a'r Dr Brynley F. Roberts, am eu parodrwydd i mi ailgynhyrchu'r ysgrifau fan hyn.

Yn olaf, hoffwn ddiolch i Wasg Prifysgol Cymru am ei pharodrwydd i ymgymryd â chyhoeddi'r gyfrol hon, ac i Ganolfan Uwchefrydiau Crefydd yng Nghymru, Prifysgol Cymru, Bangor, am gyfraniad sylweddol tuag at gostau'r cyhoeddi.

RHAGYMADRODD

Hoffwn gyflwyno'r llyfr hwn i fy chwaer a'i gŵr a'u merch, gyda diolch am letygarwch ac yn y gobaith y bydd y cynnwys rywbryd, rywfodd, yn tynnu eu sylw a'u diddordeb a dod yn destun trafod iddynt.

[1] Pedair cyfrol yn unig yn y gyfres werthfawr hon sy'n trin gwaith diwinyddion: Harri Williams, *Bonhoeffer* (Dinbych, 1981); Eryl Wynn Davies, *Bultmann* (Dinbych, 1987); E. R. Lloyd-Jones, *Niebuhr* (Dinbych, 1989); D. Densil Morgan, *Barth* (Dinbych, 1992).

1

BETH YW DIWINYDDIAETH?

Mewn rhai cylchoedd, drwgdybir diwinyddiaeth fel pwnc astrus a di-nod. Ystyrir ei bod yn trafod materion di-bwys sydd y tu hwnt i archwiliad ffisegol ac yn ymwneud â gwrthrych nad yw, o bosibl, yn bodoli o gwbl. Agwedd a ddatblygodd dros nifer o ganrifoedd yw hon. I raddau mae'r farn yn deillio o ddadleuon sgolastig yr Oesoedd Canol a drafodai faterion dyrys ac a ddaeth i lawr i'n dyddiau ar ffurf y cwestiwn enwog, chwerthinllyd (nid oes sicrwydd y gofynnwyd ef o ddifrif erioed), 'faint o angylion sydd ar ben pin?' Mae'n deillio hefyd o'r ffaith fod llawer o ddiwinyddiaeth wedi cael ei hysgrifennu mewn arddull astrus a dyfeisgar. Yn wir, mae'r gair Saesneg *dunce* (twpsyn), a ddefnyddir i sarhau rhywun anneallus, yn tarddu o syniadaeth ac arddull tywyll y diwinydd John Duns Scotus (*c*.1266–1308).[1] Ond, yng nghanol yr ugeinfed ganrif, mae'n debyg, mai'r cyn-brif weinidog Harold Wilson oedd yn gyfrifol i raddau am y sefyllfa hon. Ef, mae'n debyg, oedd y dyn cyntaf i sarhau'r maes trwy ddefnyddio'r gair 'diwinyddiaeth' mewn ffordd ddirmygus. Ar ddarllediad teledu, yn fuan ar ôl iddo ddod yn brif weinidog, cyfeiriodd at yr enwog gymal 4 yng nghyfansoddiad y Blaid Lafur, a oedd yn ymrwymo'r Blaid i egwyddor cenedlaetholi diwydiant, fel 'diwinyddiaeth'. Mynnodd mai siarad cymhleth, annealladwy i'r dyn cyffredin, oedd diwinyddiaeth. Iddo ef, daeth y gair i olygu'r 'di-ystyr', 'cymhlethdod di-angen', damcaniaeth nad yw'n wneuthuradwy, a safbwynt sydd i'w dirmygu.[2] Tu ôl i'r syniad hwn oedd y gred nad oedd angen ymrwymo i bolisïau damcaniaethol mewn gwleidyddiaeth na bywyd. Roedd y rhai a fynnodd gadw at gymal 4 hefyd yn euog o gefnogi'r di-angen, ac o hybu syniadau anymarferol ar draul gwasanaethu'r cyhoedd a sicrhau bywyd gwell. Pragmatiaeth ac ymateb i'r sefyllfa bresennol oedd yr unig

BETH YW DIWINYDDIAETH?

ddulliau i weithredu ac i fyw. Ac mae'n debyg fod llawer yn y Blaid Lafur wedi cytuno ag ef, a'r Blaid yn penderfynu gollwng cymal 4 yn llwyr yng nghanol y 1990au.

O gymryd y farn hon gellid meddwl mai rhywbeth di-werth yw diwinyddiaeth, ac mae goblygiadau pellgyrhaeddol mewn arddel y fath syniadau. Yn gyntaf, mae'n effeithio ar ein caffaeliad o'r ffydd Gristnogol ei hun. Ambell waith, mae credinwyr hwythau'n adlewyrchu'r rhagfarn yn erbyn diwinyddiaeth trwy fynnu mai 'ffydd seml' sydd ganddynt, ac mai dyna ffydd y Testament Newydd. Gan nad ymddengys y gair diwinyddiaeth mewn unman yn y Beibl, gellid rhoi'r argraff mai rhywbeth a oedd yn ennyn diddordeb rhai arweinwyr yr Eglwys Fore oedd y ddisgyblaeth hon ac felly nad yw'n bwnc y dylem dreulio llawer o'n hamser uwch ei ben. Ond, er gwaethaf y ffaith na cheir y gair penodol ynddo, mae'r Beibl ei hun yn llawn diwinyddiaeth, am ei fod yn cynnwys ymgais barhaus pobl Israel a'r eglwys gynnar i ddeall goblygiadau'r hyn a ystyriwyd ganddynt yn ddatguddiad o Dduw, yn ddatguddiad o realaeth ac felly yn ddatguddiad o'r pethau pwysicaf yn y bydysawd. Yn ôl Iesu, mae'n rhaid caru Duw gyda'r holl feddwl yn ogystal â gyda chalon ac enaid (Mth. 22: 37).[3] Mae'r ymennydd yn rhan o'n ffisioleg, rhywbeth a grëwyd gan Dduw ar ei lun a'i ddelw Ef. O ganlyniad, mae'n ddyletswydd ar y ddynoliaeth yn gyffredinol ac ar y sawl sy'n arddel ffydd yn benodol i ddefnyddio eu meddyliau er mwyn ceisio deall datguddiad Duw, a hefyd chwilio am oblygiadau'r datguddiad hwnnw yn eu bywydau bob dydd. Dyma yn fras beth yw diwinyddiaeth: yr ymgais i ddeall Duw ac i weithio allan beth yw'r goblygiadau ymarferol mewn bywyd sy'n dod yn sgîl y ddealltwriaeth honno.

Wrth gwrs, mae'r pwnc ei hun yn medru bod yn astrus ac yn gymhleth, ac yn hyn o beth yr oedd Harold Wilson yn llygad ei le. Ond ei gamgymeriad oedd honni fod y cymhlethdod yn ddi-angen. Mewn diwinyddiaeth, mae gwrthrych y drafodaeth, sef Duw, yn Un sy'n rhyfeddod y tu hwnt i amgyffred dynol ac uwchlaw pob deall. Ni fydd diffiniad cyflawn neu ddealltwriaeth lwyr yn bosibl ac ni fydd yr hyn sy'n bosibl i'w ddweud yn hawdd i'w fynegi, am na fydd y meidrol byth yn deall yr anfeidrol, na'r marwol yn deall yr anfarwol, na'r pechadurus, yr isel a'r materol yn deall y sanctaidd, y dyrchafedig a'r ysbrydol. Yn fyr, ni fydd y creadur byth yn deall y Creawdwr. Mae'r gwahaniaeth rhwng y ddynoliaeth a Duw yn rhwystro pob dealltwriaeth lwyr. Ond ni olyga hyn na ddylid ceisio deall Duw, oherwydd y gred sylfaenol mewn diwinyddiaeth yw bod y Duw hwn, sy'n annealladwy ac yn anamgyffredadwy, hefyd wedi dod yn hysbys trwy ddatguddiad ac ymgnawdoliad yn Iesu Grist (In 1: 18). Diwinyddiaeth yw'r ymgais i ddeall hyn a dilyn ei oblygiadau. Felly, os nad yw ffydd a chrefydd i fod yn arwynebol, yn ddi-ystyr ac yn aneffeithiol, daw'r gorchwyl diwinyddol yn ddyletswydd ac yn her.

Ac mae awgrym yma am ail ymhlygiad arddel y syniad fod diwinyddiaeth i'w dibrisio tra bo ymarferiad ac ymddygiad i'w hamlygu. Hynny yw, bod perthynas agos rhwng yr hyn a gred rhywun a'r ffordd y mae'n byw bywyd. Mewn geiriau eraill, ni ellir cael gweithred heb feddwl. A gellir mesur hyd ac effaith rhinwedd ein gweithredoedd yn ôl yr amser a dreulir yn meddwl amdanynt. O ganlyniad, ni ellir sôn am ddiwinyddiaeth heb sôn hefyd am ymarfer cred a chrefydd, fel y gwelwn yn nes ymlaen yn y bennod hon a thrwy gydol y gyfrol.

DIFFINIO DIWINYDDIAETH

Mae sawl diffiniad i'r gair diwinyddiaeth ar gael, sy'n awgrymu, fe ddichon, fod anghytuno sylfaenol ynghylch ei phriod waith.

Yn ôl David Ford, amodir diwinyddiaeth gan y cwestiynau a godir gan y crefyddau.[4] Cyfeiria, mae'n debyg, at ddirnad y sanctaidd a rhoi trefn ar egwyddorion absoliwt a safonau moesol, sef y pethau y mae'r crefyddau i gyd yn eu pwysleisio ac yn erfyn ar i'w deiliaid eu harddel yn eu bywydau bob dydd. Er bod y manylion yn wahanol iawn, mae'r crefyddau i gyd yn honni dangos beth sydd o dragwyddol bwys ac o werth diamod mewn bywyd gan ddangos sut mae goblygiadau hyn yn dylanwadu ar fywyd bob dydd ac yn ysbrydoli'r bywyd moesol. Yn ôl y diffiniad hwn, diwinyddiaeth yw'r ymgais i ddeall yr ymateb dynol i'r ysbrydol ac i'r cyffredinol, neu o'r hyn y gellir cyfeirio ati fel yr ymwybod crefyddol yn y ddynolryw. Mae'r diffiniad hwn yn tarddu o ddau beth yn benodol: yn gyntaf, y ffaith ein bod yn byw yng nghyd-destun lluosogaeth grefyddol ac, yn ail, yr angen i gyfiawnhau lle a statws y pwnc yn yr academi lle mae nodweddion y byd secwlar (neu anghrediniol hyd yn oed) cyfoes yn amlwg iawn ac yn sylfaen i'w hymchwiliadau amrywiol. Cyfyd nifer o broblemau o'r fath ystyriaethau.

BETH YW DIWINYDDIAETH?

Mae bodolaeth crefyddau gwahanol ynghyd â'u haeriadau absoliwt yn achosi penbleth i lawer heddiw.[5] Oherwydd anghysondeb y gwahanol syniadau crefyddol, dadl rhywrai yw na ddylid ceisio gwahaniaethu rhyngddynt ac na ddylid rhoi mwy o sylw i'r naill na'r llall. Ceisia David Ford awgrymu ei fod yn bosibl trafod Duw (neu'r realaeth absoliwt a gynrychiolir gan y gair) heb orfod gwneud hynny o safbwynt crefydd benodol, heb orfod gwneud hynny oddi mewn i gyfundrefn grefyddol benodol megis Cristnogaeth, Islam neu Iddewiaeth. Trwy wneud hyn mae'n bosibl llefaru'n uniongyrchol wrth bob diwylliant ac wrth bob crefydd. Ei obaith, felly, yw cadw dilysrwydd y pwnc fel pwnc astudiaeth prifysgol am fod diwinyddiaeth wedyn yn rhan o hanes syniadaeth ddynol. Megis sefydliadau cyhoeddus eraill yn ein cymdeithas fodern, sefydliad secwlaraidd ei naws yw'r brifysgol ac, o ganlyniad, un sy'n dueddol i wrthod y syniad fod hawl gan un grefydd arbennig yn fwy na'r llall i honni caffaeliad ar y gwirionedd. Mae'n rhaid i ddiwinyddiaeth ennill ei lle, felly, trwy ddangos ei bod yn astudiaeth bwyllog o syniadau dynol yn hytrach nag ymgais i ddeall yr hyn sy'n perthyn i ddirwedd bodolaeth, i'r daioni uchaf ac i'r gwirionedd diamod.[6]

Yn ôl rhai sylwebwyr, felly, diwinyddiaeth yw'r ymgais i gysoni honiadau'r gwahanol grefyddau am Dduw a rhywsut lefaru uwchben y crefyddau eu hunain. Dichon mai fel hyn y mae David Ford yn defnyddio'r gair: mae diwinyddiaeth yn ennill ei lle yng nghyfadranau'r brifysgol am ei bod yn sefyll uwchben y crefyddau er mwyn sôn am Dduw, am realaeth, am foeseg ac am wreiddiau'r bydysawd heb ei chyfyngu ei hun i honiadau neilltuol crefyddau'r byd a heb gael ei chyfyngu i ochr gyffesiadol, oddrychol y crefyddau hynny.

Fodd bynnag, nid yw'r diffiniad hwn o'r gair diwinyddiaeth yn llythrennol nac yn hancsyddol gywir. Yn llythrennol, 'llefaru am y dwyfol' yw ystyr y gair diwinyddiaeth (yn tarddu o'r gair Lladin, *divinus*, ac nid o'r gair Cymraeg 'Duw'). Yn ei hanfod, deillia o'r geiriau Groeg *theo-logia*, ac ystyr 'logos' yw 'gair' neu 'reswm' gyda'r ymadrodd yn dod i olygu'r Rheswm a oedd yn rheoli'r bydysawd. Yn yr hen fyd Groegaidd, felly, daeth i olygu trafodaeth am y duwiau yn eu symudiadau, trwy weithgareddau'r cwlt a thrwy anghenion dinesig. Daeth y drafodaeth hon yn bosibl oherwydd Rheswm, yr hyn a oedd yn rheoli'r bydysawd ac a oedd hefyd yn ymhlyg ac yn gynhenid ym mywydau pobl. Roedd y

LLOFFION YM MAES CREFYDD

gallu i resymu, neu bresenoldeb rheswm, yn cysylltu pobl â'r realiti eithaf ac yn gwneud trafod y realiti yna'n bosibl. Adlewyrchwyd hyn yng ngwaith Tomos o Acwin (1225–74). Yn ei dyb, roedd cydnabod datguddiad Duw ar yr un llaw, ac ymchwilio athronyddol y rheswm dynol ar y llall, yn hanfodol er mwyn hyrwyddo lles y ddynoliaeth. Esboniodd fod gwahaniaeth rhwng y ddiwinyddiaeth sy'n seiliedig ar 'y ddysgeidiaeth sanctaidd', neu ar ddatguddiad penodol Duw, a'r ddiwinyddiaeth sy'n ganlyniad i fyfyrdod athronyddol. Ond, yn ei dyb, roedd y ffordd o ddiwinydda'n ddilys oherwydd fod rheswm, er gwaethaf ei duedd i wneud llawer o gamgymeriadau, yn medru cyrraedd y gwirionedd am Dduw trwy dynnu ar dystiolaeth natur. Afraid dweud fod y ddysgeidiaeth sanctaidd yn dibynnu'n llwyr ar ddatguddiad Duw ac felly'n cyfleu gwybodaeth ddibynadwy amdano. Yn ogystal â'u dilysrwydd, mae'r ddwy ffordd o ddiwinydda'n angenrheidiol, oherwydd fod y wybodaeth am Dduw a'i weithredoedd yn hanfodol os yw'r ddynolryw i gael ei hachub.[7] Mae angen y datguddiad, felly. Ond mae angen trin y datguddiad hwnnw, boed yn yr ysgrythurau neu yn natur, mewn ffordd resymol.

Felly, mae gwreiddiau hanesyddol y term diwinyddiaeth yn wahanol iawn i'r diffiniad hwnnw sy'n amlinellu ei thasg mewn termau cyffredinol nad yw'n perthyn i'r crefyddau unigol neu nad yw'n perthyn i'r ddysgeidiaeth sanctaidd a leolir yn y crefyddau unigol hynny. Ymhellach, mae rhesymeg hefyd yn erbyn y fath syniad. Y broblem gyda'r diffiniad hwnnw yw iddo ragdybio safle o wrthrychedd sy'n amhosibl i neb meidrol ei gyrraedd. Yn nhyb Lesslie Newbigin, mae'r safbwynt hwn yn hawlio'r posibilrwydd o gymryd 'golwg llygad Duw' ar y byd a'r bydysawd. Mewn geiriau eraill, mae'r diwinydd yn honni'r gallu i weld ystyr a phwrpas popeth pan nad yw ond yn gweld yn ôl cyd-destun arbennig ac amser neilltuol a, hefyd, yn ôl syniadau penodol am realiti'r bydysawd, boed yn syniadau sy'n tarddu o'r crefyddau neu o athroniaeth a gwyddoniaeth. Gwir yw gair yr Apostol Paul mai 'yn awr, gweld mewn drych yr ydym, a hynny'n aneglur' (1 Cor. 13: 12). Nid yw'r aneglurdeb yn diflannu wrth geisio clytio profiadau a honiadau crefyddol gwahanol bobloedd y ddaear at ei gilydd. Sôn yr ydym, wedi'r cwbl, am y Duw goruchaf sy'n anniffinadwy. O ganlyniad, gwthio cyfundrefn estron ar syniadau cynhenid y crefyddau gwahanol fydd polisi fel hyn. Yn hytrach, dylid cydnabod mai o safbwynt arbennig y byddwn yn edrych ar y

BETH YW DIWINYDDIAETH?

byd. Dechrau diwinyddiaeth yw penderfynu ar safbwynt rhesymol a datgan yn eglur yn union beth yw'r safbwynt hwnnw. Ac yna, oherwydd i ddiwinyddiaeth honni ymdrin â materion o hanfodol bwys i fodolaeth y bydysawd a'r ddynolryw yn benodol, rhaid ymrwymo i'r safbwynt a'i ddatgan fel gwirionedd cyhoeddus hyd nes y daw'n amlwg nad yw'r safbwynt bellach yn wir.

Yn sgîl hyn, codir y cwestiwn, a yw'n bosibl i drafod Duw y tu allan i honiadau penodol amdano fel y'u mynegir gan y crefyddau gwahanol? A oes modd trafod Duw yn wrthrych o gwbl, heb sôn am Dduw'r Mwslim, neu Dduw'r Iddew neu Dduw'r Cristion? Hyd yn oed os yw'r un Duw yn ddatguddiedig yn y crefyddau hyn i gyd, mae'r honiadau amdano, a'r ddealltwriaeth ohono, mor wahanol i'w gilydd rhwng y naill grefydd a'r llall nes awgrymu nad yw'n bosibl eu cysoni a darganfod gwirionedd uwch, eglurach o wir natur Duw.

Friedrich Schleiermacher (1768–1834) oedd y diwinydd cyntaf i sôn am y crefyddau yn y termau hyn. Yn ei dyb, roedd rhywbeth yn gyffredin rhwng y crefyddau i gyd a gellir enwi'r nodwedd hwnnw'n 'grefydd'. Ond nid yw'r grefydd gyffredin hon ond ar gael yn y crefyddau gwahanol. Ni ellir sôn am yr agwedd gyffredinol ond yn nhermau penodol y crefyddau gwahanol.[8] Mewn gwirionedd, dyma safbwynt hanesyddol diwinyddiaeth. Yn draddodiadol yng ngwledydd y Gorllewin, ystyr diwinyddiaeth yw siarad yn rhesymol am Dduw fel yr adwaenir ef yn ei ddatguddiad yn Iesu Grist ac yn nhraddodiad yr eglwys. Nid mater o esbonio'r ffordd y mae'r ddynolryw yn mynegi ei gwerthoedd dyfnaf ydyw, ond mater o ddatguddiad arbennig a'r ymrwymiad dynol iddo. Fe'i cymerwyd yn ganiataol yn y dyddiau a fu mai deall y datguddiad Cristnogol oedd prif ddiddordeb diwinyddiaeth. Er gwaethaf y ffaith fod ein cyd-destun pliwralaidd bellach yn gofyn i ni newid hyn ac ystyried y ffaith fod miloedd o grefyddwyr y byd yn deall yr ysbrydol a realiti absoliwt mewn termau cwbl wahanol i rai Cristnogaeth, mae'n dal yn wir mai o fewn y traddodiadau crefyddol neilltuol y daw'r posibilrwydd gorau i ddeall Duw ac nid trwy geisio sefyll y tu allan iddynt er mwyn cysoni eu honiadau. Yn wir, nid yw'r gorchwyl hwnnw'n bosibl oherwydd nid trwy astudiaeth yn unig y daw unrhyw ddealltwriaeth o Dduw ond trwy'r ymrwymiad i fyw'n ufudd iddo ac i'w ewyllys. Nid yw'n bosibl i wahanu cred a gweithred, meddwl a bywyd. O ganlyniad, gellir dweud fod Duw yn dod yn hysbys yn ôl honiadau'r crefyddau ond nid yw'r datguddiad yn ddealladwy ond yn nhermau cyfundrefnoedd diwinyddol y gwahanol crefyddau a'r ymgais gan gredinwyr i fyw yn ôl eu cyffes. O ganlyniad, wrth sôn am ddiwinyddiaeth, mae'n rhaid sôn am safbwynt crefyddol benodol sy'n gorwedd fel sylfaen i wneud y drafodaeth yn bosibl. Mae'n rhaid gosod sylfaen, neu ni fydd yn bosibl dweud dim. A'r sylfaen a fydd yn hanfodol ar gyfer y llyfr hwn yw Cristnogaeth, y gyfundrefn sy'n credu mai yn Iesu Grist y mae Duw wedi'i ddatguddio'i hun yn derfynol.

Ar gyfer pwrpas y llyfr hwn, ystyr diwinyddiaeth fydd 'siarad yn rhesymol am Dduw neu am y dwyfol'. Ond mae'n rhaid gosod y sylfaen a dweud o ble mae'r drafodaeth am Dduw yn tarddu. Yn draddodiadol, mae a wnelo diwinyddiaeth â deall y ffydd Gristnogol, ei honiadau am Dduw a goblygiadau'r honiadau hynny. Mae'r cwestiwn 'Beth yw Cristnogaeth?' yn ganolog ac yn hanfodol i bob trafodaeth arall a all ddigwydd. A dyna, felly, ein cwestiwn nesaf.

BETH YW CRISTNOGAETH?

Mae Cristnogaeth yn ffydd hanesyddol, ac mae tri ystyr penodol i'r gosodiad hwn sef, yn gyntaf, dechreuodd Cristnogaeth oherwydd digwyddiad hanesyddol. Yn ail, mae gan Gristnogaeth hanes athrawiaethol sy'n dangos datblygiadau meddyliol a syniadol yr eglwys wrth iddi geisio deall y digwyddiad cychwynnol. Yn drydydd, mae Cristnogaeth heddiw yn bodoli fel rhan o'r hanes yna. Nid yw'n perthyn i'r oes bresennol a'i phrofiadau yn unig, ond mae'n perthyn i stori sy'n mynd yn ôl i'r creu ei hun ac sy'n estyn i'r dyfodol ac i gyflawniad pob peth.

Canolbwynt Cristnogaeth yw'r honiad fod rhywbeth wedi digwydd mewn amser a lle penodol a thrwy ddyn penodol, sef Iesu o Nasareth. Myn Cristnogaeth mai Duw ymgnawdoledig oedd Iesu, sef Immanuel, cyflawniad addewid y proffwyd Eseia fod Duw gyda ni. Dysgodd Iesu o Nasareth y bobl gydag awdurdod, iachaodd y claf ac, yn ôl cyffes y credoau hanesyddol, fe'i croeshoeliwyd gan Peilat. Wedi tridiau yn y bedd, atgyfododd o blith y meirwon a thrwy hynny fe'i cyfiawnhawyd gan Dduw. Dyma'r newyddion da (efengyl) oherwydd mai trwy neilltuolrwydd hanes Iesu o Nasareth, fel y tystiolaethir iddo yn yr efengylau ac

BETH YW DIWINYDDIAETH?

yn hanes a chredoau'r eglwys, mae iachawdwriaeth y ddynolryw a'r greadigaeth gyfan yn bosibl ac mae Duw yn dod yn hysbys i ni. Mae'n bwysig nodi nad yw Cristnogaeth yn dechrau gyda honiad metaffisegol am natur Duw ond gyda gweithred Duw mewn hanes. Nid 'Duw cariad yw' (1 In 4: 8) yw dechrau Cristnogaeth, ond 'carodd Duw y byd gymaint nes iddo roi ei unig Fab' (In 3:16). Mae'r gosodiad cyntaf yn dilyn yr ail: gwyddom fod Duw'n gariad am iddo wneud rhywbeth oherwydd ei gariad. Mae'r cyntaf yn honni deall rhywbeth am Dduw ac felly mae'n osodiad diwinyddol. Ond nid yw'n dod yn bosibl dweud hyn heb y gweithredoedd eu hun. Felly, mae'r ddiwinyddiaeth yn dilyn y datguddiad, mae'r syniadaeth yn dilyn y digwyddiad ac mae'r hanes, sef stori neilltuol Iesu, yn hanfodol i unrhyw ddiwynidda Cristnogol.

Mae hanes dechreuad Cristnogaeth wedi'i gynnwys yn y Testament Newydd. Nid dogfen hanes pur mo'r Testament Newydd ond dogfen ffydd sy'n ceisio esbonio a dehongli'r digwyddiadau yng ngoleuni'r gred mai yn Iesu Grist yr oedd Duw yn cymodi'r byd ag ef ei hun (2 Cor. 5: 19). Tystiolaeth i'r digwyddiadau yng ngoleuni'r argyhoeddiad hwn yw cynnwys y Testament Newydd. Cyflwynir y wybodaeth felly mewn ffordd unochrog: ond ni olyga hyn o angenrheidrwydd ei bod yn annibynadwy. Y gwir yw nad yw'n bosibl profi gwirionedd y wybodaeth na'i datbrofi. Yn hytrach, mae'r Testament Newydd yn gofyn i'w ddarllenwyr ymddiried yn y wybodaeth. Ei gwestiwn yw, 'Dyma ddehongliad arbennig o beth ddigwyddodd. A fedrwch chi ei gredu neu beidio?'

Erbyn heddiw, mae bron i ddwy fil o flynyddoedd fynd heibio ers y digwyddiadau y tystiolaethir iddynt yn y Testament Newydd. O ganlyniad, mae hanes erbyn hyn i'r ffordd y deellir stori Iesu ei hun. Nid oes modd bellach fynd at y stori o'r newydd heb unrhyw ragdybiaethau. Mae'n rhaid bod yn ymwybodol nad yw'r stori yn dod atom ond trwy lygaid ei dehonglwyr niferus trwy'r blynyddoedd. Mae ugain canrif o ddiwynidda wedi ffurfio'r gred Gristnogol fel y'i hadwaenir heddiw. Mae hanes y ffydd yma a hanes yr eglwys yn gyffredinol wedi ffurfio'r sefydliadau eglwysig cyfoes a dyna beth sy'n ffurfio'r bywyd Cristnogol i'r rhai sy'n arddel y ffydd heddiw. Mae diwynyddiaeth yn bwysig, felly, oherwydd bod hanes ei datblygiad yn rhoi mewnwelediad i ystyr bod yn Gristion. Dengys hanes yr eglwys a hanes datblygiad syniadaeth nad yw'n bosibl datgysylltu diwinyddiaeth Gristnogol o'r bywyd Cristnogol. Mae'r un yn ambosibl heb y llall.

Nid yw'n bosibl fan hyn i esbonio holl wead hanes athrawiaeth Gristnogol. Ond mae'n werth nodi fod hyn yn cynnwys datganiadau cynghorau'r Eglwys Fore. Yn Nicea yn 325 diffiniwyd y berthynas rhwng Crist y Mab a Duw'r Tad fel un o ddau berson (*hypostasis*) o'r un sylwedd (*homoousios*). Yn Chalcedon yn 451, diffiniwyd person Crist fel un person o ddwy natur 'heb gymysgu, heb gyfnewid, heb ymrannu, heb ymwahanu, a hynny heb ddiddymu mewn unrhyw ffordd y gwahaniaeth rhwng y ddwy natur o achos yr undeb, ond diogelu yn hytrach briodoledd pob un o'r [ddwy] natur'.[9] O hyn mae athrawiaeth y Drindod yn tarddu, athrawiaeth nad yw'n ymddangos yn y Beibl ond un sy'n ceisio crynhoi gwybodaeth y Beibl yn ôl dealltwriaeth yr Eglwys Fore i ddweud rhywbeth am Dduw fel y'i datguddiwyd yn Iesu o Nasareth.

Dros y canrifoedd bu cryn ddrwgdybiaeth ynghylch rhesymoldeb y credoau hyn. Bu dadl frwd yn yr Eglwys Fore ynglŷn â Christoleg, sef person a gwaith Iesu, a nodwyd nifer o athrawiaethau fel rhai cyfeiliornus. Mae'r un peth yn wir am athrawiaeth y Drindod a'r ffordd y ceisiwyd cadw'r tri pherson mewn undod heb syrthio i dritheistiaeth ar y naill law ac undodiaeth ar y llall. Nid mater o drafod astrus, dibwrpas oedd hyn, ond ymgais i ddeall natur a gras Duw yn ôl y gred ei fod wedi'i ddatguddio'i hun yn Iesu Grist. Mae'r ymgnawdoliad yn ganolog i athrawiaeth y Drindod sy'n dangos mai'r athrawiaeth honno yw'r un sy'n dylunio Duw fel un sy'n agos at ei greadigaeth ac sy'n dod, o'i wirfodd, yn rhan ohoni. Mae'r athrawiaeth honno yn angenrheidiol er mwyn hybu'r syniad am Dduw sy'n ymglynu wrth ei greadigaeth ac wrth y ddynolryw yn benodol.

O ganlyniad, mae'n bwysig cofio nad swyddogaeth yr athrawiaethau oedd esbonio sut y gall hyn fod yn bosibl, neu ddiffinio'n derfynol beth ddigwyddodd. Eu swyddogaeth, yn hytrach, oedd gosod sylfeini uniongrededd trwy ddangos, wedi trafodaeth fanwl ac ystyriaeth bwyllog, beth y gellid yn ddilys ei ddweud am Dduw. Y broblem mewn athrawiaeth bob tro yw'r ffaith nad yw'n bosibl diffinio Duw am ei fod mor bell oddi wrth ei greadigaeth ac mor wahanol i'r ddynolryw. Er mwyn cynnig unrhyw ddisgrifiad am Dduw, mae'n rhaid defnyddio iaith sy'n gyfarwydd ac sy'n tarddu o'r profiad dynol. O ganlyniad, nid yw'r geiriau eu hunain yn cyfateb yn llythrennol i'r hyn yw Duw yn ei natur, ond mae ganddynt gyfatebiaeth drosiadol neu gydweddiadol. Buasai'n naturiol

BETH YW DIWINYDDIAETH?

gofyn wedyn: a yw'n bosibl dweud rhywbeth amdano? A dyna swyddogaeth yr athrawiaethau. Maent yn datgan ei bod yn bosibl dweud *rhywbeth* am Dduw; maent yn tanlinelli'r paradocs er bod gennym ddatguddiad Duw, nid oes gennym ddiffiniad ohono, ac maent yn gosod cyfyngiadau ar y drafodaeth. Mae mynd y tu hwnt i'r cyfyngiadau yn golygu bod rhywun yn honni gwybod mwy am Dduw na sy'n bosibl ei wybod. Dyna hanfod heresi a nodwedd anuniongrededd. A daw'r athrawiaethau atom gydag awdurdod yr eglwys a'i phenderfyniad cyfunol. Mae'r heresïau'n gysylltiedig, fel arfer, ag unigolion. Ac awgryma hyn rhywbeth angenrheidiol am Gristnogaeth. Nid yw'n ffydd unigolyddol.

Am fod Cristnogaeth yn hanesyddol, am fod digwyddiadau hanesyddol dechreuadau'r ffydd wedi ffurfio ein dealltwriaeth o ystyr y ffydd, ni all fod yn beth unigolyddol. Mae Cristnogaeth yn ffrwyth y fformiwlâu a gasglwyd dros y canrifoedd. Nid yw'n bosibl diwinydda heddiw, sef ceisio deall Duw a'r honiadau amdano fel y'u datguddir hwy yn Iesu Grist, heb fod yn ymwybodol o beth a ddywedwyd amdano mewn blynyddoedd cynt. Mae'n angenrheidiol diwinydda yn ôl ein cyffes, ein ffydd, ein darganfyddiad a'n profiad o ddatguddiad, ond mae'n rhaid hefyd gwneud hyn oddi mewn i'r hanes hollgwmpasog sy'n perthyn i Gristnogaeth. Nid yw diwinyddiaeth Gristnogol yn bosibl, felly, heb gyfeirio at yr eglwys a heb gysylltu â hi. (Dyma fydd pwnc pennod 3.)

Mae hanes yn bwysig mewn diwinyddiaeth am ei fod yn tynnu sylw at y ffaith mai digwyddiad ac nid syniad sydd wrth wraidd y ffydd Gristnogol. Mae'n pwysleisio bod y gorchwyl o geisio deall y byd a'r bydysawd a lle'r ysbrydol a chyfraniad Duw ynddynt mor hen â'r hil ddynol ei hun. Ac mae'n bwysig oherwydd yr honiad sylfaenol i Dduw ddatguddio'i hun trwy weithredu mewn hanes. Fel hyn y mae'n cynnig atebion i gwestiynau am realiti o fewn digwyddiadau hanesyddol. Ond mae Cristnogaeth yn fwy na symudiad cymdeithasol mewn hanes. Mae hefyd yn cynnwys neges am gyflawniad y bydysawd pan fydd pob dim yn cydnabod sofraniaeth Duw a bydd proses hanes yn dod i ben. Mae'r cysyniad o obaith, felly, ynghlwm yn neges Cristnogaeth. Beth bynnag am bob tystiolaeth groes, cawn ein cyfeirio at y ffaith mai ewyllys Duw a fydd yn fuddugoliaethus yn y pen draw. Dyma ddarlun llyfr Datguddiad o'r greadigaeth newydd honno:

LLOFFION YM MAES CREFYDD

Clywais lais uchel o'r orsedd yn dweud, 'Wele, y mae preswylfa Duw gyda dynion; bydd ef yn preswylio gyda hwy, byddant hwy yn bobloedd iddo ef, a bydd Duw ei hun gyda hwy, yn Dduw iddynt. Fe sych bob deigryn o'u llygaid hwy, ac ni bydd marwolaeth mwyach, na galar, na llefain, na phoen. Y mae'r pethau cyntaf wedi mynd heibio' (Dat. 21: 3-4).

Yn y fan hon, mewn delweddau lliwgar a grymus, gwelir cyflawniad terfynol y syniad sy'n llifo trwy'r Beibl i gyd, sef bod Duw yn Dduw i'w bobl a'u bod hwythau'n bobl iddo ef. Mae addewid Eseia am Immanuel wedi'i gyflawni, ac mae drygioni'r byd presennol wedi dirwyn i ben. A chyflawnir hyn i gyd oherwydd Iesu, yr Immanuel. Yn ôl y Testament Newydd, blaenffrwyth y gobaith gwynfydedig yw atgyfodiad Iesu.[10] Mae Iesu wedi atgyfodi a thrwy hynny wedi agor y ffordd ar gyfer atgyfodiad cyffredinol ar ddiwedd hanes. Oherwydd ei ufudd-dod i'r Tad a'i barodrwydd i farw dros bechodau'r ddynolryw, bydd atgyfodiad y rhai sydd yng Nghrist i fywyd tragwyddol yng nghwmni Duw yn hytrach nag i farn a damnedigaeth. Am mai Iesu oedd blaenffrwyth yr atgyfodiad cyffredinol, bydd yn dychwelyd ar ddiwedd amser i farnu'r byw a'r meirw. Ond nid dyna yw hyd addewid y Testament Newydd. Mae Iesu, oherwydd yr atgyfodiad, yn bresenoldeb byw yn ei eglwys trwy'r amser. 'Oherwydd lle y mae dau neu dri wedi dod ynghyd yn fy enw i, yr wyf yno yn eu canol' (Mth. 18: 20); 'Ac yn awr, yr wyf fi gyda chwi bob amser hyd ddiwedd y byd' (Mth. 28: 20).

Diwinyddiaeth, felly, yw'r ffordd i ddeall Duw a goblygiadau'r ddealltwriaeth honno. Mewn Cristnogaeth, mae'r ddealltwriaeth yn ganlyniad i ddehongli stori sy'n dechrau gyda Duw yn creu pob peth a bydd yn terfynu pan fydd Duw yn dirwyn pob peth i ben ac yn cyhoeddi ei fod yntau oll yn oll. Hanes achubiaeth yw, a cheir yr hanes yna yn stori Iesu o Nasareth, yr un a hysbysodd Dduw i ni (In 1: 18). Mewn diwinyddiaeth, felly, y brif ystyriaeth yw sut y deellir realiti a sut daw'r realiti yna'n hysbys i ni. Prif honiad diwinyddiaeth Gristnogol yw nad oes modd deall realiti na'i ddirnad yn llawn ond yng Nghrist ac yn ei gynllun achubol ef. Mae i'r diffiniad hwn nifer o oblygiadau pwysig.

Yn gyntaf, nid oes un pwnc sydd y tu allan i ddiddordeb y diwinydd. Am fod a wnelo diwinyddiaeth â realiti yn ei grynswth, mae'n rhaid i ddiwinyddiaeth gynnal trafodaeth gyda phob

BETH YW DIWINYDDIAETH?

disgyblaeth arall sy'n ceisio deall y byd, y bydysawd a sut y maent yn gweithio. Mae diwinyddiaeth yn faes sy'n cwmpasu pob maes arall. Daw diwinyddiaeth ag un cyfraniad arbennig i'r ddadl, sef yr awgrym fod pwrpas ar gyfer y bydysawd. Ac mae hyn yn arwain at yr ail bwynt, sef, nad yw'n bosibl sôn am bwrpas i'r bydysawd ond o safbwynt neu fyd-olwg arbennig. Mae pob disgyblaeth i ryw raddau yn derbyn hyn. Yn fras, nid yw'r gwyddorau (er enghraifft) yn gweithio ond trwy osod rhyw fath o ragdybiaeth a cheisio arbrofi'r rhagdybiaeth honno er mwyn profi ei dilysrwydd.[11] Mae canlyniadau'r arbrawf yn arwain naill ai at dderbyn gwirionedd y rhagdybiaeth neu at ei newid.

Mae rhai yn credu mai dyma sut y dylai diwinyddiaeth weithio. Fel arfer mae pobl yn sôn am 'ddiwinyddiaeth glasurol' a 'diwinyddiaeth gyd-destunol'. Mae'r gyntaf yn trafod athrawiaethau'r ffydd uniongred fel yr athrawiaeth am Dduw (sef Athrawiaeth y Drindod), Cristoleg, yr athrawiaeth am y ddynolryw, pechod, iachawdwriaeth, yr eglwys a'r pethau diwethaf. Mae'r ail yn trafod realiti empeiraidd y byd ac yn ailddehongli ein syniadau am Dduw yng ngoleuni amgylchiadau bywyd. Erbyn hyn, mae rhai yn galw am gyfuniad o'r ddwy ac yn gweld diwinyddiaeth fel trafodaeth rhwng athrawiaethau traddodiadol ac amgylchiadau bywyd a meddwl y byd cyfoes.

Fe'n harweinir felly, trwy'r drafodaeth hon, at y casgliad mai disgyblaeth atodol yw diwinyddiaeth, un sy'n dilyn digwyddiad neu honiadau rhagdybiaethol. At ein pwrpas ni, bydd yn dda diffinio diwinyddiaeth yn nhermau Anselm, Archesgob Caer-gaint yn yr unfed ganrif ar ddeg, a dweud mai 'ffydd yn ceisio deall' (*fides quaerens intellectum*) yw diwinyddiaeth. Dyma a gyffesodd Anselm: 'nid deall er mwyn credu a geisiaf, eithr credu'r wyf er mwyn deall. Oherwydd hyn hefyd a gredaf: "Oni chredaf, ni chaf ddeall".'[12] Mae dealltwriaeth, yn ôl Anselm, yn dilyn yr ymrwymiad i gredu. Nid yw credu'n seiliedig ar arbrawf diymwad ond ar ffydd. Pan fo credu'n dilyn ffydd, yn raddol daw rhywun i ddechrau deall. Ond, hefyd, yn nhyb Anselm, roedd gan ffydd ei rhesymoldeb cynhenid y gellir ei 'geisio'. Felly, roedd ffydd a'r byd ei hun yn ddealladwy. Dyna'r drefn yn ôl Anselm. Ffydd, felly, yw rhagdybiaeth a hefyd cyd-destun diwinydda ac mae deall mewn cyrraedd i'r sawl sy'n ei geisio.

'FFYDD YN CEISIO DEALL'

Ffydd yw'r ddawn honno i gredu'r hyn sydd y tu hwnt i arbrawf diymwad ac i ymddiried ynddo. Ni olyga hyn mai rhywbeth ffug yn seiliedig ar awyr wag a dim mwy ydyw. Yn hytrach, mae ffydd yn rhywbeth sy'n gofyn i rywun ddewis rhwng derbyn a gwrthod yr hyn a gyflwynir fel hanes datguddiad Duw i'r byd. Mewn Cristnogaeth, mae a wnelo ffydd ag ymddiried yn Nuw'r Tad, yr hwn a ddangosodd ei gariad trwy anfon ei Fab i'r byd i farw dros bechodau'r ddynolryw, a thrwy ei ufudd-dod ennill bywyd tragwyddol i'r ddynolryw. Yn ôl y gredo Gristnogol, yr Ysbryd Glân sy'n cynorthwyo'r Cristion i arddel y gred hon. Nid oes modd ei phrofi yn ôl unrhyw gyfundrefn o arbrofion diymwad; nid yw y tu hwnt i dderbyniad rhesymegol.

Yn y ffordd hon, mae ffydd yn dechrau gyda'r gred a'r ymddiriedaeth yn Nuw. Ond mae iddi natur ymchwil hefyd, a dyna sydd y tu ôl i'r diffiniad fod diwinyddiaeth yn 'ffydd yn ceisio deall'. Yn ei lyfr cyntaf, y *Monologion*, dechreuodd Anselm trwy amlinellu'r hyn y gellid ystyried yn dda neu'n ddaionus. Wedi gwneud hynny, ceisiodd feddwl am ddaioni a oedd yn uwch na'r un gwreiddiol. Wrth barhau i feddwl felly, daeth i'r daioni uchaf y gall rhywun feddwl amdano ac felly cyrhaeddodd y casgliad fod y daioni hwnnw yn rhoi cipolwg i ni o natur Duw. Nid yw rhesymu am ddaioni'n golygu fod pobl yn gweld Duw, oherwydd fod Duw pob tro y tu hwnt i amgyffred y ddynolryw. Enwodd Anselm yr ymchwil hwn yn *quaerens* neu'r ceisio (ymgais) i ddeall. A daeth wedyn, yn ei lyfr y *Proslogion*, i sôn am Dduw fel 'rhywbeth na ellir meddwl am ei fwy'.[13] Yn y ffordd hon, gadawodd Anselm ei 'gadwyn dadleuon' er mwyn darganfod y 'ddadl unigol' (yr *unum argumentum*).[14] Mae i ffydd ei gwaith neu ei dyletswydd, felly, i geisio deall. Ond wrth ei geisio, mae'r crediniwr hefyd yn darganfod fod deall yn gynhenid yn natur y ffydd.

Yn ôl Dorothee Sölle, diwinydd Almaenig yr ugeinfed ganrif, ystyr y gair *quaerens* (ceisio) yw parodrwydd y credadun i farw dros gredoau tra hefyd yn cadw elfen o amheuaeth. Er bod hyn yn ddehongliad gwahanol iawn i eiddo Anselm, mae Sölle hefyd yn taro goleuni ar y dasg ddiwinyddol. Oherwydd ei bod yn cyfeirio at yr angen i bobl wneud penderfyniad, gyda chymorth yr Ysbryd Glân, i ymrwymo wrth y penderfyniad hwnnw a gwneud safiad cyhoeddus drosto. Mae'r ffydd sy'n ceisio deall, felly, yn rhywbeth

BETH YW DIWINYDDIAETH?

mwy na meddyliau a gwybodaeth ymenyddol. Mae'n ffordd o fyw ac yn ffydd sy'n cael ei gweithio allan mewn bywyd. Mae'r ymgais i ddeall yn rhywbeth ynddi'i hun sy'n magu dealltwriaeth trwy broses o fyw dan yr argyhoeddiad fod Duw wedi gweithredu yn y ffordd hon. Yn ei weithredoedd, mae Duw wedi'i ddatguddio'i hun i'r sawl sy'n ei geisio: 'Fe'm ceisiwch a'm cael pan chwiliwch â'ch holl galon' (Jer. 29: 13). Mae'r ymrwymiad i fyw yn ôl ewyllys Duw yn arwain at ddeall natur Duw. Ystyriwch, er enghraifft, yr adnod hon yn Efengyl Ioan:

> Pwy bynnag sy'n ewyllysio gwneud ei ewyllys ef, caiff hwnnw wybod a yw'r hyn yr wyf yn ei ddysgu yn dod oddi wrth Dduw, ai ynteu siarad ohonof fy hun yr wyf (In 7: 17).

Mae'r argyhoeddiad, yr ymrwymiad, yr ymarfer a'r bywyd Cristnogol, yn dod yn gyntaf ac yna, yn sgîl trafodaeth o'r athrawiaethau Cristnogol mae dealltwriaeth yn dod – er mai dealltwriaeth rannol ydyw (cymh. 1 Cor. 13: 12).

Ar un olwg, mae ffydd yn weithred ddynol, un sy'n perthyn i'r ewyllys ac yn ganlyniad y dewis i gredu ac i ymddiried yn Nuw. Ond mae hefyd yn fwy na chanlyniad ymresymu dynol: mae'n rhodd rasol Duw lle mae'r Ysbryd Glân yn dod i drigo yn y credadun ac yn ysbrydoli'r ymrwymiad i Dduw wrth i'r bywyd Cristnogol gael ei fyw. Mae ffydd yn dechrau gyda Duw. Daw at bobl ac yna mae'n dychwelyd ato Ef. Karl Barth yn anad neb yn yr ugeinfed ganrif a ganolbwyntiodd ar y ffactor hwn. Prif gonsýrn Barth oedd sofraniaeth Duw. Ni allai'r sofraniaeth hon fod yn ddibynnol ar ddyn a'r cymhelliadau dynol hyd yn oed yn y weithred o'i ddatguddio'i hun. Datblygodd syniad 'ymddeffro' lle mae'r datguddiad ei hun yn annog ac yn meithrin ymateb ffydd, credu ac ymddiriedaeth.[15] Mae'r pwyslais ar ffydd fel rhodd raslon Duw yn ein helpu i osgoi troi ein ffydd yn weithred ddynol.[16]

Mae'n dilyn o hyn nad gwaith ar gyfer yr academi na'r arbenigwr yn unig mo diwinyddiaeth, ond gwaith ar gyfer y gymuned ffydd gyfan, sef yr eglwys. Yn ei hanfod, diwinyddiaeth yw'r ffordd y mae'r gymuned ffydd yn ceisio deall realiti o'r safbwynt mai Duw yw'r un sy'n haeddu ein haddoliad a'n hymddiriedaeth oherwydd Ei weithredoedd mewn hanes. Seilir yr ystyr hwn yn yr hen ymadrodd Lladin, *lex orandi, lex credendi*,[17] ag iddo ystyr llythrennol mai 'deddf gweddïo yw deddf cred'. Mewn geiriau eraill, mae'r dealltwriaeth o Dduw a realiti'r bydysawd yn tarddu o'i addoli ef fel Arglwydd y bydysawd, mae'n deillio o'r berthynas sydd rhyngom ag ef. I'r rhai a fynn gyfyngu diwinyddiaeth i'r meddwl a chylch myfyrdod yn unig, mae'n bwysig nodi fod diwinyddiaeth Gristnogol yn amhosibl heb ffydd. Golyga hyn berthynas â Duw, ac mae perthynas yn hawlio mwy na meddyliau'n unig: mae'n hawlio ymrwymiad, cyfathrebu a gweithredu. Dyma fu y tu ôl i sylw H. H. Farmer, athro diwinyddiaeth ym Mhrifysgol Caergrawnt (1949–60), sef gwae'r dyn sy'n trafod Duw ond sy'n anghofio dweud ei bader. Ni seilir y ffydd Gristnogol ar ddadleuon academaidd ond ym mywydau pobl. Nid syniad o eiddo'r deall mo Duw ond realiti personol sy'n galw ar ddynion a merched i ddod i berthynas ag ef a byw eu bywydau yn ei gwmni. Mae'r ymrwymiad i ddilyn ac i addoli'n dod yn gyntaf, a dyma sy'n ffurfio'r cyddestun a'r ysbrydoliaeth ar gyfer y deall.

Oherwydd hyn, seilir dealltwriaeth ddiwinyddol nid ar wybod ffeithiau'n unig ond ar adnabod Duw. Yn hyn o beth, da yw gwrando ar y bardd Gwenallt a ganodd, 'Gwae inni wybod y geiriau heb adnabod y Gair.' Yn ôl Emil Brunner (yn dilyn syniadau Martin Buber) 'adnabyddiaeth ti-a-fi' yw hon.[18] Mewn unrhyw berthynas, mae'r ddwy ochr yn dysgu fwyfwy am ei gilydd wrth fynd ymlaen gan ddatguddio gwybodaeth amdanynt ac yn ei chelu yn y broses. Felly, nid yw'r math yma o ddealltwriaeth bersonol yn cyrraedd diffiniad terfynol, mae'n symud yn wastadol wrth i'r un ddysgu mwy am y llall. Dyma'r rheswm hefyd pam mai mater o ffydd yn ceisio deall yw diwinyddiaeth: mae'r gwrthrych ei hun, sef Duw, yn ffigwr gwibiog, yn un sy'n dal y tu hwnt i'n deall ac yn un sy'n cyfathrebu trwy gyfryngau amrywiol, megis drwy ddoethineb, ei law neu angylion hyd yn oed, ond nid yw'n dod atom yn uniongyrchol ond yn Iesu Grist. Hyd yn oed wedyn mae'r duwdod cyflawn yn guddiedig yn ei natur ddynol, neu'n well, nad yw'r duwdod ond yn baradocsaidd ddealladwy yn ei ddyndod. Dyna oedd baich diffiniad Chalcedon (OC 451) mai Iesu oedd 'yr un a'r unrhyw Grist, Mab, Arglwydd, Uniganedig, a gydnabyddir mewn dwy natur, heb gymysgu, heb gyfnewid, heb ymrannu, heb ymwahanu, a hynny heb ddiddymu mewn unrhyw ffordd y gwahaniaeth rhwng y ddwy natur o achos yr undeb, ond diogelu yn hytrach briodoledd pob un o'r [ddwy] natur'.[19]

BETH YW DIWINYDDIAETH?

Sail diwinyddiaeth yw bywyd a phrofiad yr eglwys ac ni all diwinyddiaeth Gristnogol fyth fod yn llai na diwinyddiaeth yr eglwys. Ni olyga hyn mai siarad cyfrin yw diwinyddiaeth; nid sgwrs breifat oddi mewn i'r eglwys mohoni. Mae'n perthyn i'r byd cyhoeddus oherwydd cyffredinolrwydd ei phwnc. Honnais yn barod mai siarad am bopeth yw prif ddiddordeb diwinyddiaeth am ei bod yn siarad am y Duw a greodd bopeth ac mae'n tarddu o'i pherthynas ag ef. Yn ogystal, mae a wnelo diwinyddiaeth â honiadau am wir natur realiti. Mae'n ceisio a chwilio'r gwirionedd. Ac o wneud hynny, dylai hefyd gyhoeddi'r gwirionedd gerbron y byd.

Fel disgyblaeth, felly, a hefyd ym mhrofiad y Cristion, daw diwinyddiaeth yn bosibl pan fo honiadau'r traddodiad am Dduw, am y ddynolryw ac am ei gynllun achubol ar gyfer y byd yn dod i ddialog feirniadol ag anghenion yr oes. Mae'n rhaid cadw'r efengyl Gristnogol a bywyd y byd cyfoes ynghyd er mwyn ceisio deall hanfod Duw a goblygiadau'r ddealltwriaeth honno. Dechrau diwinyddiaeth, felly, yw'r pwynt pan fo ffydd, sef yr ymrwymiad i'r gwirionedd fel y'i deellir yn Iesu Grist, yn dod i gysylltiad â gweithred neu *praxis*, sef y ffordd y mae pobl yn byw eu bywyd bob dydd.

FFYDD A *PRAXIS*

Yn ôl Philip Sheldrake, 'Os mynnwn fod yn gyflawn, mae'n rhaid byw diwinyddiaeth gymaint ag mae'n rhaid ei hastudio a'i hesbonio.'[20] Nid pragmatiaeth lwyr sydd mewn golwg yn y dyfyniad hwn, yn hytrach y syniad fod diwinyddiaeth yn tarddu o'r ymrwymiad i Grist. Mae'n rhaid, felly, i athrawiaethau gyffrwdd â bywyd fel y mae'n rhaid i fywyd gyffwrdd â'r athrawiaethau.

Ymhlith diwinyddion Ewrop yn ail hanner yr ugeinfed ganrif, dichon mai Jürgen Moltmann oedd yr un a bwysleisiodd fwy na neb yr angen am athrawiaeth ddiriaethol yn fwy nag athrawiaeth gywir, a damcaniaethau ymarferol yn hytrach na damcaniaethau pur. Cytunodd Moltmann â Karl Marx a'i feirniadaeth ar yr athronydd Ludwig Feuerbach mai camgymeriad yr athronydd yw ceisio deall y byd; yr angen, yn hytrach, yw ei drawsffurfio.[21] Y term technegol, Marcsaidd, am hyn yw *praxis*. Yn ôl Marx, nid oes dim byd yn real ond y materol. Felly, y mae'n bosibl creu realiti a chreu hanes trwy gymryd rhan ym mhrosesau'r byd. Ffurfir hanes gan bobl wrth iddynt ymdaflu i fyd gwleidyddiaeth, cymdeithas ac economeg oherwydd trwy wneud hyn y maent yn cymryd rheolaeth dros y dyfodol. Mae Moltmann a diwinyddion eraill o America Ladin wedi bedyddio'r syniad hwn o *praxis* a'i fabwysiadu fel rhan bwysig o'u cyfundrefn athrawiaethol. Yr angen, felly, yw cysylltu'r gred, yr honiadau athrawiaethol, a'r ddealltwriaeth sy'n eu dilyn, â bywyd yr eglwys ac â bywyd pobl yn y byd. Mewn geiriau eraill, mae angen gweld y cysylltiad rhwng Cristnogion a'u credo â'r byd a'i ffyrdd.

Yn ôl y diwinyddion hyn, mae'r ymdrech barhaus i fyw, dan amgylchiadau caled, yn helpu pobl nid yn unig i ddeall y gwirionedd ond i gael profiad ohono. A phan fyfyrir yn grefyddol uwchben yr ymdrech i fyw, a cheisio newid eu hamgylchiadau, yna mae'r bobl yn creu hanes a thrwy hynny y maent hefyd yn creu'r gwirionedd. Mae'r gred a'r weithred, felly, yn bwysig wrth ymarfer ffydd ac mae hefyd yn bwysig mewn diwinyddiaeth. Pan mae'r ddwy ochr yn cydweithredu, yna sefydlir *phronēsis* Aristotlys, sef doethineb ymarferol, neu *prudentia* Tomos o Acwin, sef callineb.

Dyma sy'n rhoi i ni ddarlun cyflawn y dasg ddiwinyddol. Ar yr un llaw, ceir yr ymchwil am ddealltwriaeth a'r mynegiant ohoni, ac ar y llaw arall mae gweithredu ymarferol y ffydd trwy geisio trawsnewid parhaus yn y bywyd personol a chymdeithasol. Tasg y bobl yw gweithio allan y ffydd hon mewn cymuned. Felly, nid cwestiwn moesol mo hwn, sef sut y dylid byw'r bywyd Cristnogol mewn cyd-destunau arbennig. Yn hytrach, mae'n ymwneud â metaffiseg y sefyllfa. Beth yw'r honiad diwinyddol y tu ôl i'r hunaniaeth Gristnogol ynglŷn â'r berthynas rhwng yr eglwys, y byd a neges yr efengyl? Ymddengys yn rhesymol awgrymu mai, i'r eglwys Gristnogol, y prif honiad y bwriedir iddo fod yn berthnasol i realiti, yw bod Duw yng Nghrist wedi torri i mewn i hanes i gymodi'r byd ag ef ei hun (2 Cor. 5: 19; Col. 1: 20; hefyd Eff. 2: 16). Trwy fywyd, marwolaeth ac atgyfodiad Iesu Grist, daeth Duw yn hysbys fel Duw sy'n bresennol gyda'i bobl fel cariad tragwyddol ac yn weithgar yn eu plith trwy Ei Ysbryd sy'n ceisio cyflawni Ei ewyllys 'megis yn y nef, felly ar y ddaear hefyd'. Mae Ei bresenoldeb, felly, yn cadarnhau Ei *promeity*, sef Ei fod o blaid Ei greaduriaid ac yn eu tynnu hwy ato'i hun. Y pwynt yma, fodd bynnag yw bod yr honiad hwn yn galw am feddwl a

BETH YW DIWINYDDIAETH?

gweithredu er mwyn gwneud hunaniaeth y Cristion yn hysbys a datgan realiti'r newyddion da hyd yn oed mewn byd sy'n anfodlon ac yn analluog i'w gydnabod. Swyddogaeth diwinyddiaeth, felly, yw deall yr honiad hwn ar ei wedd ddeallus a'i wedd ymarferol.

CASGLIADAU

I grynhoi'r drafodaeth, gellir dweud mai mater o lefaru'n rhesymol am Dduw o safbwynt neilltuol ffydd yw diwinyddiaeth. Yn ôl y diffiniad hwn, sôn am y ffydd Gristnogol yr ydym, sy'n datgan fod Iesu wedi datguddio Duw yn derfynol. Gan mai rhywbeth hanesyddol yw'r datguddiad hwn, mae'n rhaid astudio'r dystiolaeth iddo fel y'i cynhwysir yn yr ysgrythur a hefyd yn hanes datblygiad yr honiadau Cristnogol yn hanes yr eglwys. O ganlyniad, mae maes llafur diwinyddiaeth yn cynnwys astudiaethau beiblaidd, oherwydd dyna sy'n cofnodi'r dystiolaeth; hanes yr eglwys, oherwydd dyna lle gwelir sut yr oedd tystion ffyddlon ar hyd y canrifoedd yn dehongli'r dystiolaeth; diwinyddiaeth gyfundrefnol, oherwydd dyna'r ymgais i esbonio goblygiadau'r dystiolaeth am ein canfyddiad o realiti; moeseg, oherwydd dyna sy'n ceisio deall effaith yr athrawiaethau Cristnogol a chanfod realiti'r byd o'n cwmpas ar ein hymarferiad beunyddiol a'n hymddygiad bob dydd; ac athroniaeth crefydd, oherwydd dyna sy'n ymchwilio'r ddealltwriaeth ac yn ei chyfundrefnu yn ôl gofynion rheswm. Ar ben hyn, mae angen deall ein cyd-destun presennol fel cyfnod mewn hanes o fewn stori achubiaeth Duw, a sicrhau bod ein dealltwriaeth o Dduw yn dod yn gysylltiedig â'r problemau sy'n ein hwynebu yn y byd modern.

Maes diwinyddiaeth yw'r gwirionedd cyffredinol am Dduw a'r bydysawd, yr hyn sy'n gatholig yn ystyr Finsent Lerins o'r gair sef 'yr hyn a gredwyd ymhob man, bob amser a chan bob un yn gyffredin'.[22] Ond, rhaid sylweddoli hefyd na ddaw'r cyffredinol yn hysbys ond trwy'r lleol a'r cyd-destunol. Datguddiodd Duw ei hun mewn cyd-destun arbennig. Mae'r wybodaeth honno yn dod i ni mewn termau sy'n gwneud synnwyr i'n cyd-destun. Gan nad yw'r cyffredinol yn dod atom ond trwy'r neilltuol a'r cyd-destunol mae'r cyd-destun ei hun, a'r ddealltwriaeth ohono, yn bwysig. Yn ogystal â'r meysydd diwinyddol penodol, felly, mae diwinyddiaeth hefyd i fod yn ymwybodol o'r meysydd sy'n bwrw goleuni ar ein cyd-destun cyfoes megis gwyddoniaeth (yn ei gwahanol ffurfiau), cymdeithaseg, seicoleg, economeg a gwleidyddiaeth.

Mae a wnelo diwinyddiaeth â mwy na meddwl am Dduw oherwydd ei bod yn ceisio deall neges a digwyddiadau sy'n gofyn am ymrwymiad personol ac ufudd-dod buchedd. Mae diwinyddion y Gorllewin wedi eu hudo gan y dyb (sy'n deillio o syniadau Groeg) mai myfyrio a meddwl yw'r pethau uchaf i'r ddynolryw eu hymarfer tra mai llywodraethu yw'r unig waith gwerth ei wneud. Mae diwinyddiaeth yn ceisio deall y Duw a wnaed yn hysbys ym mywyd un dyn arbennig. Oherwydd hynny, ac oherwydd mai'r Creawdwr yw Duw, mae diwinyddiaeth yn gorfod ymwneud â bywyd yn ei holl bryderon ac yn ei holl hyfrydwch. Mae'r gwirionedd am Dduw ac am realiti yn wirionedd ymgorfforedig, ymgnawdoledig, a ddaeth yn hysbys i ni yn Iesu Grist. Mae'n dilyn, felly, mai trwy i'r bywyd hwnnw gael ei fyw y daw'r gwirionedd yna'n hysbys i ni, ac mae angen gweithio'r gwirionedd hwnnw allan yn holl agweddau ein bywyd beunyddiol.

---

[1] John Bowden, *Who's Who in Theology?* (Llundain, 1990), t. 42.

[2] Adrian Hastings, *A History of English Christianity 1920–1985* (Llundain, 1986), tt. 425, 514.

[3] Mae'r adnod gyfatebol yn Marc 12: 30 a Luc 10: 27 yn cynnwys 'holl nerth' yn y rhestr.

[4] David F. Ford, *Theology: A Brief Introduction* (Rhydychen, 1999), t. 1.

[5] Dewi Arwel Hughes, *Has God Many Names?* (Caerlŷr, 1996); Lesslie Newbigin, *The Gospel in a Pluralist Society* (Llundain, 1989); Gavin D'Costa, *Theology and Religious Pluralism* (Rhydychen, 1986); Maurice Wiles, *Christian Theology and Inter-religious Dialogue* (Llundain, 1992); Alan Race, *Christians and Religious Pluralism: Patterns in the Christian Theology of Religions* (Llundain, 1983); Cyril G. Williams, *Yr Efengyl a'r Crefyddau* (Llandysul, 1985).

[6] Mae George Pattison yn dilyn y math hwn o resymu yn *The End of Theology – and the Task of Thinking about God* (Llundain, 1998).

[7] Tomos o Acwin, *Summa Theologiae* (I) (Rhydychen, 1964), 1 a 1, tt. 6–9.

[8] Gw. F. Schleiermacher, *On Religion: Speeches to its Cultured Despisers* (Efrog Newydd, 1958).

[9] R. Tudur Jones (gol.), *Ffynonellau Hanes yr Eglwys* (Caerdydd, 1979), t. 171.

[10] Gw. Gwynfryn Richards, *Gwir a Diogel Obaith* (Abertawe, 1972).

[11] John Polkinghorne, *Science and Creation* (Llundain, 1994), t. 8.

[12] Anselm, *Proslogion*, cyf. J. I. Daniel (Aberystwyth, 1982), t. 5.

BETH YW DIWINYDDIAETH?

[13] Dyma'r cyfieithad yn J. I. Daniel a John Fitzgerald (goln), *Ysgrifau Athronyddol ar Grefydd* (Caerdydd, 1982), tt. 9–11.

[14] Gellir gweld esboniad byr ar waith a chyfraniad Anselm yn G. R. Evans, 'Anselm of Canterbury', yn *idem* (gol.), *The Medieval Theologians: An Introduction to Theology in the Medieval Period* (Rhydychen, 2001), tt. 94–101.

[15] Karl Barth, *Church Dogmatics IV/2: The Doctrine of Reconciliation* (Caeredin, 1958), tt. 553–84.

[16] D. Densil Morgan, *Sylfaen a Gwraidd: Arweiniad i Ddysgeidiaeth Gristnogol* (Bangor, 1994), t. 6.

[17] Seilir yr ymadrodd ar eiriau Prosper o Aquitaine (*c.*390–463), 'Ut legem credendi lex statuat supplicandi' (fel y bo deddf gweddi yn sefydlu deddf credu), Capitula Coelestini 8 (Migne, Patrologia Latina 51, tt. 205–12).

[18] H.y. 'thou knowledge', Emil Brunner, *Truth as Encounter* (Llundain, 1964), 60 yml.; Martin Buber, *I and Thou* (Caeredin, 1937).

[19] Tudur Jones (gol.), *Ffynonellau Hanes yr Eglwys*, tt. 168–73 (171).

[20] Philip Sheldrake, *Spirituality and Theology: Christian Living and the Doctrine of God* (Llundain, 1998), t. 3.

[21] Jürgen Moltmann, *Theology of Hope* (Llundain, 1967), t. 84.

[22] Gw. 'Llyfr prydferth Vincentus Lirensis' (Finsent Lerins), dyfynnwyd yn T. H. Parry-Williams (gol.), *Rhyddiaith Gymraeg: I, Detholiad o Lawysgrifau 1488–1609* (Caerdydd, 1958), t. 79.

2

TASG DIWINYDDIAETH HEDDIW

Un cwestiwn pwysig a gododd yn ystod yr ugeinfed ganrif oedd 'Beth ydym yn ei wneud wrth ddiwynidda?' Nid cynnwys ein diwinyddiaeth yn unig sydd o bwys mewn unrhyw ymgais i ateb y cwestiwn hwn. Yn hytrach, mae angen gwybod rhywbeth am hanfod y pwnc ei hun. Pery'r cwestiwn hwn yn arwyddocaol a bydd yr ateb iddo yn effeithio ar bob agwedd arall ar gredo a bywyd sy'n gysylltiedig â'r ffydd Gristnogol.

Y DASG DDIWINYDDOL

Wrth gwrs, mae llawer o ddiffiniadau i'r gair diwinyddiaeth, fel y nodwyd yn y bennod flaenorol. Mae'r rhan helaeth ohonynt yn cyfuno syniad y dwyfol, neu'r eithaf, neu'r real gyda'r gred y gall myfyrdod rhesymol ar y syniad hwn ein cynorthwyo i gyrraedd rhyw fath o ddealltwriaeth am y dwyfol, yr eithaf neu'r real hyd yn oed pan ddarganfyddwn ei fod yn wibiog ac y tu hwnt i ddiffiniad. Yn y disgrifiad hwn mynegir y dasg ddiwinyddol mewn termau athronyddol. Dichon y byddai diffiniad mwy boddhaol yn defnyddio'r gair 'Duw', oherwydd mai'r *theos* yw prif bwnc diwinyddiaeth. Mae'r categorïau athronyddol wedi bod yn ddefnyddiol mewn cyd-destun secwlar a phliwralaidd wrth i'r eglwys a diwinyddion geisio cyfathrebu â phobl fodern sydd, mae'n debyg, yn ddrwgdybus o unrhyw gredo grefyddol ac yn ystyried mai ofergoeliaeth gyntefig ac atgof oes a fu ydyw. Wedi dweud hynny, mae llawer o bobl gyfoes yn aml yn dal i hawlio categorïau amwys megis ysbrydolrwydd (*spirituality*) ac eu bod hefyd, o bosibl, yn cymryd rhan yn yr ymchwil dynol am ystyr bywyd. Ond, mae pob un o'r syniadau hyn yn brin iawn o

TASG DIWINYDDIAETH HEDDIW

unrhyw ddealltwriaeth o Gristnogaeth oherwydd diddordeb eilradd Cristnogaeth yw ysbrydolrwydd ac 'ystyr' bywyd. Prif faich a phrif ddiddordeb Cristnogaeth yw hunanymroddiad y Duw Trindodaidd wrth achub y ddynolryw, ymgymodi â bodau dynol yn eu gwendid a hefyd yn dod i mewn i berthynas â hwy. O ganlyniad, mae diwinyddiaeth *Gristnogol* yn ymgais i ddeall yr efengyl Gristnogol sy'n golygu, fel y cawsom ein hatgoffa'n bendant gan Karl Barth, fod diwinyddiaeth Gristnogol yn y lle cyntaf yn datgan neu'n pregethu yr efengyl. Tasg yr eglwys, felly, yw pregethu'r efengyl a chyhoeddi ymgnawdoliad, croeshoeliad ac atgyfodiad Iesu drachefn a thrachefn. O ganlyniad, gellir deall diwinyddiaeth fel ffordd i ddarganfod ystyr mewn bywyd, ffordd sy'n cydnabod Duw yn gynsail sylfaenol ac sy'n trafod pob agwedd arall ar fywyd ar y cynsail hwnnw. Ar y llaw arall, gellir ystyried diwinyddiaeth fel rhywbeth sy'n perthyn i ddatguddiad Duw mewn stori benodol fel sy'n cael ei chynnwys yn y Beibl. Yn nhyb John Webster (cyn-athro diwinyddol y Foneddiges Margaret ym Mhrifysgol Rhydychen ac ar hyn o bryd yn athro diwinyddiaeth yn Aberdeen), er enghraifft, mae diwinyddiaeth yn ein hyfforddi i ddeall y Beibl yn well.[1]

Ond, ychydig o gytundeb sydd ynglŷn â pha fodd y dylai gael blaenoriaeth. Roedd y diwinydd Americanaidd Hans Frei yn datblygu pum categori mewn diwinyddiaeth pan fu farw yn 1988. Mae ei gyfundrefn yn gymhleth ac yn fanwl ac mae pob un o'r pum categori yn ddiddorol. Nid ydynt heb eu beirniaid a sylweddolai Frei ei hun ei bod yn bosibl gwrthod yr enghreifftiau a roddodd ar gyfer pob categori. Fodd bynnag, o'r arwyddocâd mwyaf oedd y gwahaniaeth sylfaenol a nododd rhwng y syniad fod diwinyddiaeth Gristnogol yn agwedd ar Gristnogaeth sy'n 'cael ei diffinio'n rhannol neu'n llwyr gan y cyfundrefn ddiwylliannol neu semiotig sydd ymhlyg yn y grefydd honno' (mewn geiriau eraill, gellir esbonio diwinyddiaeth oddi wrth natur Cristnogaeth) a'r syniad fod diwinyddiaeth Gristnogol yn 'ddosbarth cyffredinol' neu 'fath generig' sydd 'i'w gynnwys dan griteria cyffredinol am eglurdeb, cysondeb â'r gwirionedd'.[2] Mae ei bump categori yn codi o'r gwahaniaeth sylfaenol hwn. Y prif wahaniaeth hwn, felly, fydd yn cael ei drafod am y tro.

Yn ôl y ddealltwriaeth gyntaf (fod Cristnogaeth yn cael ei hesbonio yn ôl ei chymeriad ei hun), mae diwinyddiaeth yn ffordd i ddeall yr efengyl Gristnogol. Mae ei chategorïau a'i syniadau'n ddealladwy y tu mewn i gyd-destun arbennig, sef yr eglwys, ac nid oes rhaid eu hymchwilio yn ôl safonau dadleuon cyhoeddus. Mae Frei yn gwahaniaethu rhwng 'swyddogaeth gyntaf' diwinyddiaeth, sef tystiolaethu i'r efengyl a chyffesu ffydd, ac 'ail swyddogaeth' diwinyddiaeth, sef y ffordd yr ymchwilir i resymeg mewnol athrawiaethau'r ffydd a gramadeg yr iaith a ddefnyddir gan ddiwinyddion a chredinwyr.[3] Mewn geiriau eraill, gweithred led athronyddol yw ail swyddogaeth diwinyddiaeth sy'n ceisio dangos fod tystiolaeth a chyffes yr eglwys yn rhesymol. Ond, dichon fod hyn yn cyfyngu rhesymoldeb y tu mewn i'r eglwys gan mai dim ond yno y mae ei hiaith yn ddealladwy, neu o leiaf nad yw iaith y ffydd yn ddealladwy i'r sawl nad yw wedi'i harddel. Mae'r syniad hwn yn debyg i 'gêmau iaith' Wittgenstein, ac enghraifft o'r ddiwinyddiaeth hon yw'r ôl-ryddfrydiaeth a hyrwyddir, ymhlith eraill, gan George Lindbeck.

Yn nhyb Lindbeck, rhaid trin diwinyddiaeth Gristnogol mewn ffordd 'ddiwylliannol-ieithyddol'. Pan fo pobl yn defnyddio iaith grefyddol, fe honnai, 'maent yn ymgysylltu â thraddodiad arbennig, traddodiad sy'n "bodoli'n barod", sydd wedi'i ymgorffori yng nghredoau ac ymarferion cymuned pobl benodol (yr eglwys)'.[4] Felly, fe honnai, mae bod yn Gristion yn debyg iawn i ddysgu iaith newydd. Mae rhywun yn byw mewn diwylliant arbennig (Cristnogaeth) ac mae'n aelod o gymuned (yr eglwys) ac yna mae'n mabwysiadu geiriau penodol (litwrgi neu iaith ddiwinyddol) i'w helpu i fyw ei fywyd.

Yr hyn sy'n dod yn amlwg yn y diffiniad hwn yw'r ffaith nad yw cwestiynau diwinyddol penodol o'r un fath â chwestiynau athronyddol neu wyddonol. O ganlyniad gellir darganfod atebion i'r cwestiynau hynny mewn categorïau diwinyddol yn hytrach nag mewn categorïau athronyddol neu wyddonol. Nid mynegi gwirionedd diwinyddol *per se* mo athrawiaethau, felly, ond maen prawf neu set o reolau ydyw sy'n hyrwyddo'r sôn am Dduw, Crist a'r eglwys yng nghyd-destun yr eglwys ac yng nghyd-destun yr academi pan fo'r academi yn ymwneud â thasg diwinyddiaeth Gristnogol. Mae'n canlyn yn naturiol na ellir darganfod gwirionedd y stori Gristnogol mewn ffactorau sydd y tu allan i'r stori ei hun. Yn wir, mae pob ffactor allanol yn cael ei ystyr yng ngoleuni'r hanes Cristnogol. Fel y dywedodd Gerard Loughlin: 'Daw naratifau Crist a'i Eglwys, a ffurfir o'r wybodaeth feiblaidd, yn stori sy'n llythrennol yn creu'r byd.'[5]

TASG DIWINYDDIAETH HEDDIW

Mantais triniaeth fel hon yw ei bod yn cydnabod fod pobl grefyddol yn byw oddi mewn i fyd-olwg arbennig ac yn cydnabod hefyd fod ystyr, yn eu tyb hwy, yn tarddu o'r hyn y maent yn ei ystyried yn weithgarwch hanesyddol Duw. Fodd bynnag, anfantais y driniaeth hon, fel y mae Clive Marsh yn dangos, yw colli'r ffordd y mae Cristnogaeth i fod i 'blethu ac i ddehongli bywyd yn ei grynswth'.[6] Mewn geiriau eraill, er bod y driniaeth hon yn cadw'n dynn wrth unigrywedd Cristnogaeth ymhlith y byd-olygon posibl eraill, ni ellir gwneud hynny ond ar draul unrhyw obaith i gael dialog ystyrlon gyda hwy. Mae ei thriniaeth neilltuol am iaith ac ystyr yn golygu na all yn hawdd gael trafodaeth gyda disgyblaethau eraill sy'n ceisio darganfod gwirionedd bywyd a deall realiti ond sy'n gwneud hynny o'r tu mewn i'w grwpiau diwylliannol ac ieithyddol eu hunain. Ac mae'n honni gwahaniaeth fwy rhwng athronyddu crefyddol ar y naill law a diwynydda Cristnogol ar y llall. Yn hanesyddol, o leiaf, roedd y ddau yn agosach nag y mae'r diffiniad hwn yn caniatáu.

Yn ôl yr ail driniaeth (sef, diwinyddiaeth yn cael ei chynnwys dan ddisgrifiad cyffredinol deallusrwydd), mae diwinyddiaeth yn ddull o ymarfer academaidd sy'n bodoli ar y llwyfan cyhoeddus er mwyn cael ei phrofi gan safonau trafod, dadlau a deall cyfoes. I gyflawni'r orchwyl hon, gall dynnu ar nifer o ffynonellau nad oes rhaid iddynt fod yn Gristnogol. Yn hytrach, ei nod yw cyfrannu at yr ymchwil am ystyr a'r gwirionedd ac i sefyll ochr yn ochr â gwyddoniaeth ac athroniaeth fel ffordd arall i ddirnad y gwironedd. Yn ôl y driniaeth hon, mae Cristnogaeth yn ffurf ar fywyd dynol neu ar grefydd ac nid yw ond yn eilaidd – a hynny os o gwbl – yn rhywbeth sy'n ymwneud â Duw ei hun.[7] Gellir enwi'r math hwn o ddiwinyddiaeth yn 'ddiwinyddiaeth secwlar' ac mae'r math hwn o weithgarwch yn boblogaidd ymhlith adrannau diwinyddol mewn prifysgolion am mai dyna ffordd i gyfiawnhau eu bodolaeth yn yr academi. Ond pen draw y driniaeth hon yw ailddiffinio diwinyddiaeth sydd, ar ei gorau, yn ailddehongli'r *theos* ac sydd ar ei gwaethaf yn ei wadu'n llwyr. Enghraifft o'r ddiwinyddiaeth hon yw llyfr diweddar gan Clayton Crockett, *A Theology of the Sublime* (1999).[8]

Yn ôl Crockett mae 'gofyn cwestiwn diwinyddol yn golygu gofyn am arwyddocâd rhywbeth mewn ffordd sylfaenol neu eithaf . . . Mae gofyn cwestiwn heb ateb syth yn agor y posibilrwydd i feddwl yn ddiwinyddol.'[9] Mewn geiriau eraill, mae a wnelo diwinyddiaeth â'r ymchwil i ystyr eithaf bywyd (sydd, wrth gwrs, yn ymchwil dynol yn hytrach nag yn ymateb i'r darganfyddiad gan y dwyfol), ymchwil a fydd o bosibl yn gwbl wibiog. Mae Crockett yn disgrifio hyn fel diwinyddiaeth 'ffurfiol', neu ddiwinyddiaeth a ysbrydolir gan ffurf, ac o ganlyniad gall y ddiwinyddiaeth honno dynnu ar bob math o ffynhonnell yn ei hymgais i ddeall materion megis 'pryder eithafol', 'pwysigrwydd', 'ystyr' ac yn y blaen.[10] Diwinyddiaeth yn ôl Immanuel Kant yw hon, sef diwinyddiaeth sydd wedi ymrwymo i'r wireb nad yw'r noẅmenal, neu bethau fel y maent mewn gwirionedd, yn medru bod yn hysbys i ni. Y cwbl sydd gennym yw'r 'byd ffenomenaidd', sef ymddangosiad o'r pethau hynny. O ganlyniad, mae'n gwrthod unrhyw honiad fod y gallu gan ddiwinyddiaeth i ateb cwestiynau am realaeth absoliwt fel triniaeth o'r pwnc sy'n 'adweithiol a dogmataidd' ac yn ymgais i osgoi 'unrhyw ymdrech ddifrifol i ddeall y materion real a'r problemau meddwl sydd gerbron cymdeithasau modern ac ôl-fodern'.[11]

Mae'n bosibl fod triniaeth Crockett yn apelio'n fawr. Mae'n bosibl hefyd fod ei driniaeth yn weddol gywir. Ond mae'n bwysig sylweddoli fod Crockett yn cyrraedd ei gasgliadau am ei fod yn gofyn set o gwestiynau arbennig sy'n seiliedig ar fyd-olwg ben-odol y mae'n ei hystyried yn wir. Nid yw ef, yn fwy nag unrhyw ddiwinydd arall, yn cyhoeddi gwirionedd gwrthrychol sy'n wir yn gyffredinol. Er gwaethaf ei ddiddordeb yn yr ôl-fodern, mae ei fyd-olwg yn eithriadol o fodern. Mae'n apelio at athroniaeth y Goleuo, y gellir ei holrhain yn ôl trwy Kant a Hegel i Descartes, sy'n ystyried realiti yn nhermau'r ymwybyddiaeth yn hytrach nag yn nhermau'r sylwedd. O ganlyniad, ym myd yr ymddangosiadau ffenomenaidd, dim ond amdanom ein hunain y gallwn fod yn sicr – 'Rwy'n meddwl, felly rwy'n bod', chwedl Descartes.[12] Ond mae'r sicrwydd hwn – ac, yn bwysicach fyth, mae'r ansicrwydd am bopeth arall sy'n dilyn – yn dibynnu ar dderbyn casgliadau'r athronwyr a esbonir gan Crockett, hynny yw bod eu dadansodd-iadau sy'n gwahaniaethu rhwng y ffenomenaidd a'r noẅmenal yn gywir. Mewn geiriau eraill, mae'n golygu derbyn *a priori* fod y symudiadau modernaidd yn gywir yn eu dadansoddiad o realiti.

Yn hytrach na thrafod Duw (neu, yn fwy radicalaidd, Duw yn llefaru wrthym), mae'r driniaeth hon yn diffinio diwinyddiaeth fel trafod y ddynolryw, neu siarad amdanom ni ein hunain, sef anthropoleg. Yn wir, mae Clayton Crockett yn enwi Ludwig Feuerbach, athronydd Almaenig y bedwaredd ganrif ar bymtheg a sylfaenydd anthropoleg, fel 'y diwinydd cyntaf i dynnu'r casgliad amlwg: "Anthropoleg yw gwir ystyr Diwinyddiaeth"'.[13] Os yw'r diddordeb hwn yn y dynol ar draul y dwyfol yn nodweddu math ar ddiwinydda yn y byd modern, yna cyfyd y cwestiwn, 'Pryd gollodd y diwinyddion ddiddordeb mewn diwinyddiaeth?'[14]

COLLI DIDDORDEB MEWN DIWINYDDIAETH

Er mwyn ceisio ateb y cwestiwn hwn, mae angen deall yn union beth sy'n cael ei ofyn neu, mewn geiriau eraill, mae angen deall y terminoleg. Cynsail y cwestiwn, a ofynnwyd gan Nicholas Lash (cyn-athro diwinyddiaeth Norris-Hulse Prifysgol Caergrawnt), yw mai gweithgarwch Cristnogol yw diwinyddiaeth (a oedd yn wir yn hanesyddol, wrth gwrs). Er mwyn i'n defnydd o'r gair 'Duw' fod yn ddefnydd Cristnogol, mae'n rhaid i'r drafodaeth sôn am Iesu Grist neu gyfeirio ato. 'Mae'n bosibl dweud fod athrawiaeth Duw mewn unrhyw draddodiad diwinyddol nad oes iddo elfen Gristolegol, wedi "colli diddordeb" yng nghynnwys priodol diwinyddiaeth Gristnogol,' meddai Lash.[15] Mae'n wir yn draddodiadol ac yn ysgrythurol fod Iesu Grist wedi gwneud Duw yn hysbys i ni (gw. In 1: 18) ac felly gellir cytuno â'r pwynt sylfaenol, er y dylid dweud hefyd, ar yr wyneb, fod esboniad Lash ar y cwestiwn braidd yn *binitaraidd* (sef, fod dau berson – neu hypostasis – yn y Duwdod) yn hytrach na *thrindodaidd*, ac felly y mae mewn perygl o gamliwio diwinyddiaeth Gristnogol. Nid damcaniaethu esoteraidd mo diwinyddiaeth drindodaidd ond diwinyddiaeth sydd wedi'i diriaethu yn realiti'r drefn grecdig oherwydd iddi ganolbwyntio ar ymgnawdoliad Duw yng Nghrist ac ar effaith yr efengyl, sef bod y credinwyr Cristnogol yn cael eu tynnu i gymundeb â'r Duwdod trwy'r Ysbryd. Yn ôl John Webster, 'Pan fo gweithredoedd Duw tuag at y byd yn cael eu synio yn nhermau nad ydynt yn Drindodaidd, yna deellir y gweithredu yna fel rhywbeth allanol a dehongliadol, heb unrhyw gysylltiad â realiti'r greadigaeth.'[16] Dichon y byddai'n well dweud, felly, fod diwinyddiaeth wedi colli diddordeb yn ei chynnwys priodol i'r graddau nad yw'n sôn am hunanymroddiad graslon Duw yn Iesu Grist, wrth iddo dynnu pobl at y Tad yn nerth yr Ysbryd, rhoddwr bywyd. A gellir olrhain y colli diddordeb hwn yn hanesyddol. Yn ei astudiaeth glodwiw, *At the Origins of Modern Atheism* (1987),[17] mae Michael Buckley yn honni i'r 'colli diddordeb' hwn ddigwydd yn yr ail ganrif ar bymtheg a bod ei wreiddiau yng ngwaith Leonard Lessius, *De providential numinis*, a gyhoeddwyd yn 1613. Ymddengys mai Lessius oedd y cyntaf i ddehongli arwyddocâd Iesu yn nhermau ei ddysgeidiaeth foesol yn hytrach nac yn nhermau'r gwaredwr cosmig a'i waith prynedigol a oedd yn bosibl oherwydd ei fod yn Dduw ymgnawdoledig, wedi'i groeshoelio oherwydd pechod dyn ac wedi atgyfodi ar y drydydd dydd. O ganlyniad, honnai Lessius, gellir dirnad Duw wrth ddehongli'r bydysawd. Mewn amlinelliad o ddadl Buckley, mae Nicholas Lash wedi crisialu'r thesis yn dda: 'Cytunodd y diwinyddion â'r athronwyr fod tystiolaeth ar gyfer realaeth Duw . . . i'w gael . . . o ystyried y byd yn athronyddol.'[18] Mewn geiriau eraill, roedd chwildroad Copernicaidd mewn diwinyddiaeth yn ystod yr ail ganrif ar bymtheg gan ddilyn gwaith arloesol Descartes mewn athroniaeth a Newton mewn gwyddoniaeth. Yn nhyb Descartes, Duw yw'r un sy'n gwarantu'r byd naturiol a gellir dirnad hyn *a posteriori* drwy astudio natur ei hun. Yn nhyb Newton, Duw yw'r nerth sy'n galluogi i ffenomenau natur ryngweithio.[19] Canlyniad yr honiadau athronyddol a gwyddonol hyn oedd i'r 'diwinyddion ddechrau ymgodymu â chwestiwn Duw fel petai'n gwestiwn athronyddol ac nid yn gwestiwn diwinyddol'.[20] Daeth cwestiynau athronyddol yn gwestiynau gwyddoniaeth naturiol ac nid yw'n syndod fod cwestiynau gwyddoniaeth naturiol wedi cael atebion gwyddonol. Casgliad Buckley, a seilir ar y dystiolaeth hon ac sy'n weddol ddarbwyllol, yw bod 'dechreuadau annuwiaeth yn niwylliant deallusol y Gorllewin felly i'w darganfod yn hunan-ddieithriad crefydd ei hun'.[21]

Ers yr ail ganrif ar bymtheg felly, fe awgrymir, fe'i hystyriwyd yn anweddus ym meddwl y Gorllewin i ofyn cwestiynau am realiti mewn unrhyw ffordd ond yr un a oedd yn cydymffurfio â chynseiliau ac â chategorïau athroniaeth a'r gwyddorau naturiol. Roedd yn naturiol i ddisgwyl atebion a gydymffurfiai â'r un cynseiliau am unrhyw gwestiynau a ofynnid. O ganlyniad, diflannodd diwinyddiaeth fel ffordd i drafod realiti yn gyhoeddus oherwydd fod ei chynseiliau a'i chategorïau mor wahanol i rai athroniaeth a'r gwyddorau naturiol. Yn fras, dadl Buckley yw bod trafodaethau cyhoeddus ers y Goleuo wedi'u cysylltu â thermau a therminoleg athroniaeth a gwyddoniaeth, ac felly roedd yn hanfodol i Gristnogion a diwinyddion a fynnai gymryd rhan yn y drafodaeth gyhoeddus hon fabwysiadu'r un categorïau ac arddel byd-olwg a oedd yn fodern ac yn wyddonol ar draul byd-olwg a oedd yn ddiwinyddol ac yn feiblaidd.

Heb amheuaeth daeth y broses hon yn gryfach yn y bedwaredd ganrif ar bymtheg. Gellir dirnad ei hanes a'i chynnydd yng nghyfarchiad Schleiermacher i'w 'ddirmygwyr diwylliedig' yn Berlin ar ddiwedd y ddeunawfed ganrif, yn anthropoleg Feuerbach ac yn natblygiad beirniadaeth feiblaidd a rhyddfrydiaeth ddiwinyddol. Canlyniad hyn, fel y dywedodd George Pattison (athro diwinyddiaeth y Foneddiges Margaret ym Mhrifysgol Rhydychen), oedd nad oedd a wnelo diwinyddiaeth â'r nefoedd ond â'r ddaear: 'nid yw iaith crefyddol yn perthyn i'r byd arall ond perthyn y mae i'r byd hwn; nid gyda'r sanctaidd y mae prif bryder y Cristion, ond gyda'r secwlar'.[22] Disgrifiodd Hans Frei y datblygiadau hyn fel chwildroad mawr y cyfnod modern lle daeth y dasg ddiwinyddol i olygu 'ymgais i ffitio'r stori feiblaidd i mewn i fyd arall yn hytrach nag ymgorffori'r byd hwnnw yn stori'r Beibl'.[23] Parha Nicholas Lash mewn ffordd fwy bachog: 'Ym myd hunan-sicr moderniaeth, mae pobl yn ceisio gwneud synnwyr o'r Ysgruthurau yn hytrach na gobeithio gwneud synnwyr o'u bywydau eu hunain gyda chymorth yr Ysgrythurau'.[24] Y gwahaniaeth sylfaenol hwn sydd yng nghalon pob dadl ddiwinyddol. A ddylai diwinyddiaeth fod yn ddealladwy i feysydd eraill sy'n ceisio deall realiti, a gwneud hynny trwy fabwysiadu eu categorïau a'u dulliau? Neu ai esboniad ar yr ysgrythurau yw diwinyddiaeth, sydd â'i hiaith a'i chategorïau ei hun? Gellir honni nad yw'r cwestiynau hyn yn wrthgyferbyniol i'w gilydd. Fodd bynnag, os gellir cyfaddef fod iaith trafodaeth fodern yn cyfeirio'n bennaf at arsylliad, arbrofi a rheswm (sef y dulliau gwyddonol), tra bod iaith esboniad beibliadd yn cyfeirio'n bennaf at gyhoeddi (datgan, neu bregethu), datguddiad a ffydd, gellir gweld hefyd i'r fath raddau y mae dwy ddealltwriaeth wahanol mewn gwirionedd yn siarad ieithoedd gwahanol. Sut, felly, y gellir mynd ymlaen?

LLOFFION YM MAES CREFYDD

DWY FFORDD YMLAEN

Y DEWIS CYNTAF

Gellir derbyn mai'r ffordd gywir a derbyniol i ateb cwestiynau am y gwirionedd a'r realiti eithaf yw dilyn rheolau ac arferion trafodaethau cyhoeddus modern. Ystyr hyn yw mai'r dulliau gwyddonol yw'r ffyrdd priodol i ddirnad yr hyn sy'n real, ac felly mae'n rhaid parhau mewn dialog gyda phob pwnc arall sy'n defnyddio'r dulliau hynny gan ganiatáu hefyd iddynt fod yn brif foddion dehongli realiti yn y bywyd cyhoeddus. Fel hyn mae George Pattison wedi dadlau: 'Os oes [gan ddiwinyddiaeth] unrhyw ddaioni o gwbl, bydd yn rhaid iddi gydymffurfio â safonau arferol trafodaeth gyhoeddus.' Wrth gwrs, mae'n debyg ei fod yn ymwybodol o'r paradocs sydd ymhlyg yn ei ddywediad oherwydd iddo weld fod 'diwinyddiaeth gywir yn dechrau gydag edifeirwch, yn parhau mewn gweddi ac yn diweddu yn addoli',[25] tri chategori nad ydynt fel arfer yn amlwg iawn yn safonau normal trafodaeth gyhoeddus ond tri chategori sy'n perthyn yn naturiol i'r traddodiad diwynyddol. Yn ôl Pattison, y dasg, mae'n debyg, yw gwneud diwinyddiaeth yn faes trafodaeth gyhoeddus yn y byd cyfoes a gellir cyflawni hynny trwy roi'r gorau i'w hamcanion traddodiadol, sef dehongli 'gwireddau diwethaf a'r pryderon eithaf',[26] neu'r hyn y mae'n ei alw'n fetaffiseg. Yn hytrach na hyn, fe honnai, mae'n rhaid i ddiwinyddiaeth ddal yn dynn wrth ei honiadau ond bydd yn rhaid hefyd eu hamddiffyn yn ôl 'rheolau ac offer a rennir â hwy sydd y tu allan i'r gorlan'.[27] Fodd bynnag, canlyniad hyn yw bod Pattison yn enghraifft o ddiwynydd 'sy'n colli diddordeb mewn diwynyddiaeth'. Yn ei dyb ef, mae Duw yn 'griterion a ffynhonnell y realiti real',[28] ac mae gwyddoniaeth fel arfer yn cael ei hystyried fel y pwnc sy'n ateb ein cwestiynau am 'realiti real'.[29] Ystyrier, er enghraifft, y dyfyniad canlynol:

> So where does God come in? ... In affirming the existence of God, considered as the Supreme Being, the Really Real, I am affirming the intelligibility and coherence of the world. The best picture of the world I can come up with is of a regular, law-bound whole or system, whose secrets are susceptible to the methods of scientific investigation.[30]

TASG DIWINYDDIAETH HEDDIW

Awgrym Pattison yw mai'r ffordd orau ymlaen i ddiwinyddiaeth yw trafod realiti yn nhermau'r ddadl gosmolegol, wedi'i goleddfu ychydig gan beirianneg Newton sy'n hawlio trefn yn y byd a deddfau rheolaidd sy'n rheoli'r bydysawd. Gellir dirnad y deddfau hyn a dadlau *a posteriori* o'r drefn yn y bydysawd yn ôl at yr Un sy'n ei reoli. Wrth gwrs, mae'r syniadau hyn yn ymddangos yn atyniadol iawn, ond mae ganddynt un nam sylweddol. Seiliwyd y ddadl gosmolegol, a ddehonglwyd yn fwyaf dreiddgar gan Tomos o Acwin yn y drydedd ganrif ar ddeg, ar arsylliad trefn yn y bydysawd a oedd yn cynnig prawf bodolaeth Duw, sef yr un sy'n rhoi trefn arno. Ond ni chredai Acwin ei fod wedi profi dim am y Duw sydd y tu hwnt i'n deall. Y cwbl oedd ganddo oedd bodolaeth Duw. Ymhellach, nid oedd gan brawf Acwin yr un ystyr ag sydd iddo heddiw. Fel y dywedodd George Hendry, nid problem 'perswadio pobl i gredu yn Nuw' ydoedd, 'ond i'w cynorthwyo i gysylltu eu cred yn Nuw â natur ac amgylchiadau'r byd a gweld fod eu cred yn Nuw a'u dealltwriaeth am y byd yn cyd-egluro ei gilydd'.[31] Yng nghyfnod Acwin, nid oedd bodolaeth Duw *per se* dan amheuaeth o gwbl. Fodd bynnag, yn ein cyfnod ni, mae'r awgrym fod un sy'n cadw trefn ar y bydysawd oherwydd fod trefn ynddo yn gofyn am naid ffydd *à la* Kierkegaard, naid na fyddai trafodaethau modern yn fodlon ei gwneud oherwydd iddi berthyn nid i gategorïau athronyddol a gwyddonol ond i gategorïau diwinyddol. Nid yw diwinyddiaeth yn nes at gael ei derbyn fel rhan o'r drafodaeth fodern ar ôl dadleuon Pattison (yn ei dermau ef, nid diwinyddiaeth mo hon ond tasg meddwl am Dduw). Yn ogystal â hyn, mae'n dadlau yn ôl yr un categorïau a feirniadwyd gan Michael Buckley a Nicholas Lash fel gwreiddiau annuwiaeth fodern. Hyd yn oed os yw'n dderbyniol i ddod i'r casgliad fod Duw yn cadw trefn ar fydysawd trefnedig (sy'n *non sequitur* yn ôl safonau'r trafodaethau gwyddonol ac athronyddol modern), nid yw hyn yn ddigonol o safbwynt diwinyddiaeth Gristnogol oherwydd nad yw'n sôn am Iesu (neu Dduw fel Trindod fel y soniwyd uchod). Mewn gwirionedd, ni fydd derbyn dadleuon gwyddonol ac athronyddol fel yr unig ffyrdd priodol i reoli dadleuon cyhoeddus am realiti yn caniatáu unrhyw lais i ddiwinyddiaeth Gristnogol o gwbl, oni bai iddi beidio â bod yn ddiwinyddiaeth a pheidio â bod yn Gristnogol hefyd. Mae angen dewis arall.

LLOFFION YM MAES CREFYDD

YR AIL DDEWIS

Mae'n bosibl dod i'r casgliad fod yn rhaid i ddiwinyddiaeth ailafael yn ei gwrthrych priodol ac ailddechrau gofyn ac ateb ei chwestiynau yn ôl ei chategorïau a'i chynseiliau ei hun. Mewn geiriau eraill, nid yw'n bosibl sôn am Dduw o gwbl heb ei hunanddatguddiad graslon i ni. 'To speak of "revelation"', meddai John Webster, 'is to say that God is one whose being is directed towards his creatures, and the goal of whose free self-movement is his presence with us.'[32] Mae'r datguddiad hwn i'w ystyried yn bresenoldeb gweithgar a deinamig Duw gyda'i bobl sydd â'r bwriad i orchfygu 'gwrthwynebiad, dieithriad a balchder dynol' a'u hamnewid am 'adnabyddiaeth, cariad ac ofn Duw'. Yn nhyb John Webster, felly, mae datguddiad hefyd yn gymod,[33] 'healing and restoring of communicative fellowship between God and humankind, broken by the creature's defiance and ignorance'.[34] Wrth gwrs, ni ddaw hyn trwy arsylliad, arbrofi a rheswm ond yn hytrach trwy gyhoeddi, datguddiad a ffydd.

Dyma oedd prif gonsýrn Karl Barth yn ei *Kirchliche Dogmatik*. Yn ôl Barth a'i ddilynwyr, 'Nid yw'r efengyl, sef y newyddion da a roddwyd i Gristnogion, y newyddion da a gredwn a ymgorfforwyd yn yr eglwys, yn "gartrefol" yn y byd hwn.'[35] Nid ymchwil i'r gwirionedd mo Cristnogaeth felly, boed yn wirionedd y realiti eithaf, yn wirionedd Duw personol a gwrthrychol, neu'n wirionedd yr ymchwil dynol am ystyr i fywyd. Gan nad yw'r efengyl yn perthyn i'r byd hwn, mae'n rhaid ei bod yn dod o'r tu hwnt iddo. Hynny yw, nid yw'n dod o'r ddynoliaeth a'r greadigaeth ac felly'n rhoi gwybodaeth i ni amdanynt. Yn hytrach, mae'n dod o Dduw fel yr unig wybodaeth sy'n bosibl amdano. Oherwydd y mae'n llefaru'r gwir am Dduw, y mae hefyd yn llefaru'r gwir am y ddynoliaeth. Yn y diffiniad hwn, felly, nid yw Cristnogaeth ddim byd namyn tyst i'r efengyl, i'r newyddion da.

Mae Stanley Hauerwas, sydd efallai yn un o ddehonglwyr amlycaf Barth yn y cyfnod modern, wedi esbonio'n gryno ystyr diwinyddiaeth yn ei dyb ef. 'Yn ôl Barth, mae diwinyddiaeth yn gwasanaethu'r eglwys a'i thystiolaeth i waith cymodi a phrynu Duw yng Nghrist Iesu.' Natur tyst yn hytrach nag esboniad sydd iddi, oherwydd petai'n esboniad, byddai hynny'n awgrymu pwysigrwydd yr esboniad (a deall yr esboniad) ar draul y tyst ac arwyddocâd y gweithgareddau y mae'n tystio iddynt.³⁶ Pwnc priodol diwinyddiaeth, felly, yw Duw. Nid Duw metaffiseg dyfaliadol, neu Dduw sy'n gasgliad y drafodaeth athronyddol a gwyddonol, ond y Drindod, sef y Tad, y Mab a'r Ysbryd Glân, a gyfarchodd y ddynolryw yn ei Air, sydd yn y Beibl. Mae disgrifiad Barth o'r cyfarchiad hwn yn heriol ac hefyd yn amheuthun. Ond eto, mae'n dibynnu nid ar dechneg wyddonol i adnabod Gair Duw ond ar ffydd.

The Bible tells us not how we should talk with God but what he says to us; not how we should find the way to him, but how he has sought and found the way to us; not the right relation in which we must place ourselves to him, but the covenant which he has made with all who are Abraham's spiritual children and which he has sealed once and for all in Jesus Christ. It is this which is within the Bible. The Word of God is within the Bible.³⁷

Wrth gwrs, nid oedd Barth yn llythrenolwr, ac ni ddehonglodd Air Duw yn nhermau'r geiriau sy'n ymddangos ar dudalennau'r Beibl ond yn nhermau hunanymroddiad graslon, deinamig Duw i'r byd. Gair Duw sy'n rhoi ystyr i'r ddynolryw, i'r byd ac i'r bydysawd yn ei grynswth. Felly, ymgnawdolwyd y Gair yng Nghrist, fe'i cynhwyswyd yn nhystiolaeth y Beibl ac mae'n cael ei gyfeirio i'r genhedlaeth hon ac i bob cenhedlaeth trwy bregethu. Yn ôl Hauerwas: 'Un peth yn unig oedd ym meddwl Barth, sef i ddefnyddio pob deunydd oedd ar gael i ddangos fod ein bodolaeth, a bodolaeth y bydysawd, yn gwbl annealladwy oni bai fod y Duw a ddatgelwyd yn Iesu Grist yn Dduw.'³⁸

Dim ond ar ôl y pregethu cychwynnol hwn y daw diwinyddiaeth yn ymchwil i ddeall. Yn nyweddiad enwog Anselm mae'n *fides quaerens intellectum* (ffydd yn ceisio deall). Mae Daniel Migliore (athro athrawiaeth Gristnogol yn Athrofa Ddiwinyddol Princeton) yn awgrymu nad yw diwinyddiaeth yn ymateb i'r cwestiwn 'Ceisiaf sicrwydd trwy amau popeth ond fy modolaeth fy hun', sef y cwestiwn y ceisiai ei ateb ers y Goleuo, ond yn hytrach mae diwinyddiaeth yn ymateb i gyffes ffydd: 'oherwydd fod Duw wedi trugarhau wrthym, felly ymchwiliwn'.³⁹ Ac 'nid gwybodaeth ddyfaliadol mo'r deall y mae ffydd yn ceisio, ond doethineb yw sy'n egluro bywyd a *praxis*'.⁴⁰ O ganlyniad, 'mae a wnelo diwinyddiaeth â mwy na ailadrodd athrawiaethau traddodiadol. Yn hytrach mae'n ymchwil parhaus am y gwirionedd y mae'r athrawiaethau'n cyfeirio atynt ac i'r gwirionedd y maent yn rhannol ac yn hanner eu mynegi.'[41] Felly, nid ymchwil deallus yn unig mo diwinyddiaeth ond ymchwil personol hefyd. Màe ei phrif locws mewn gweddïo, nid mewn ymchwilio. Fel hyn yr awgrymodd Hauerwas hefyd: 'Any theology that threatens to become a position more determinative than the Christian practice of prayer betrays its subject. At best, theology is but a series of reminders to help Christians pray faithfully.'[42]

Canlyniad hyn i gyd yw na ddeellir diwinyddiaeth orau wrth feddwl amdani fel rhan o'r ymchwil cyffredinol i'r gwirionedd ac i ystyr bywyd yn enwedig pan welir ystyr y gwirionedd mewn termau gwyddonol ac athronyddol yn unig. Os felly, mae a wnelo diwinyddiaeth yn briodol â chategorïau eraill, ac mae'r categorïau hynny'n estron i'r byd modern. Yn nhyb Stanley Hauerwas, 'Christian convictions become unintelligible when Christians uncritically submit their beliefs to the epistemic requirements of "the world", that is, to the requirements of everything that uses the time God's patience created not to acknowledge God.'[43] Byddai cystal i ddiwinyddiaeth haeru pwysigrwydd ei chategorïau deallusol ei hun yn y fath sefyllfa a hefyd i ddangos fod a wnelo pregethu, datguddiad a ffydd gymaint â'r gwirionedd ac ystyr mewn bywyd ag yw arsylliad, arbrofi a rheswm. Ond mae'n bwysig nodi nad yw hyn yn afresymol ond yn ystyr gul, gyfyng y gair hwnnw. Ffordd i dafoli tystiolaeth yw rheswm, ac mae i'w weld mewn diwinyddiaeth yn gymaint ag mewn meysydd eraill. Am nifer o resymau, daeth rheswm yn gysylltiedig â'r byd-olwg gwyddonol. Nid rheswm noeth yw hwn, ond math arbennig arno, sef rheswm sy'n cael ei ddefnyddio i dafoli tystiolaeth mewn arbrofion gwyddonol. Un o gamddealltwriaethau cyffredin y cyfnod modern yw bod un casgliad yn unig yn bosibl os tafolir y dystiolaeth gan reswm. Mae'r honiad hwn yn gwbl gamarweiniol. Yn nwylo'r athronydd neu'r gwyddonydd gall rheswm ddod i gasgliadau gwahanol i reswm yn nwylo'r diwinydd fel arfer oherwydd fod y bobl hyn yn gofyn cwestiynau gwahanol gan eu bod yn rhesymu uwchben deunydd craidd gwahanol. Ond nid yw'r naill yn fwy rhesymol na'r llall. Felly, nid awgymir yma y dylid hepgor popeth rhesymol er mwyn ailsefydlu diwinyddiaeth yn y trafodaethau modern am realiti. Mae'n rhaid iddi ddefnyddio'r gallu i resymu fel pob maes arall. Yn hytrach, dweud yr wyf fod angen i ddiwinyddiaeth bledio ei hachos ei hun gan bwysleisio fod mwy i fywyd na'r hyn y mae athroniaeth a gwyddoniaeth yn medru ei ddirnad. Mae ochr ddiwinyddol hefyd, ac mae diwinyddiaeth yn llewyrchu ei golau hefyd ar bob rhan arall o fywyd.

Felly, nid yw'r ddadl hon yn golygu fod unrhyw ymgais i wahardd dialog gyda'r meddwl cyfoes. Mewn diwinyddiaeth, y man cychwyn yw'r honiad-ffydd fod Duw wedi cyfarch yr holl ddynolryw yn Iesu Grist a bod ei gyfarchiad hanesyddol wedi'i gynnwys yn y Beibl. O ganlyniad, ffurf 'gair cyntaf' sydd i'r cyfarchiad hwn yn hytrach na ffurf 'gair terfynol'. Ond, mae iddo hefyd natur 'gair tragwyddol' a ddaeth â'r greadigaeth gyfan i fodolaeth, a wnaeth achubiaeth yn bosibl trwy'r ymgnawdoliad a'r Iawn, ac a fydd yn dod â phopeth at ei gyflawniad arfaethedig. Dichon nad yw ei pherthnasedd mewn trafodaethau a dadleuon cyhoeddus yn cael ei gydnabod yn ein cymdeithas secwlar a phliwralaidd, ond tasg yr eglwys yw sicrhau fod diwinyddiaeth i'w chlywed yn y byd ochr yn ochr ag athroniaeth a gwyddoniaeth yn rhannol oherwydd teyrngarwch i Grist ac yn rhannol oherwydd fod gan ddiwinyddiaeth a'r efengyl rywbeth hanfodol i'w ddweud wrth y byd heddiw. Mae nerth yn neges yr efengyl Gristnogol i weddnewid cymeriadau unigol a'r gymdeithas gyfan oherwydd cariad hunanroddgar Duw, a ymgnawdolwyd yng Nghrist, i gymodi'r byd ag ef ei hun, i wneud Iawn am bechod dynol yn Iesu Grist, i awdurdodi pobl i fyw yn ôl ei ewyllys yn nerth yr Ysbryd Glân ac i gynnig gobaith i'r dyfodol trwy'r atgyfodiad. Ac mae gan y neges hon y gallu i dynnu pobl o'u casineb, eu pechod a marwolaeth i gariad a bywyd newydd. Ond cydnebydd diwinyddiaeth Gristnogol hefyd fod gwirionedd ac ystyr bywyd yn bethau mwy na'r hyn sy'n weladwy ac arsylladwy, yn llythrennol ac yn fynegadwy. Mae'n debyg fod yr ymchwil am wirionedd ac am ystyr bywyd yn gofyn am ddatguddiad a ffydd yn ogystal er mwyn cyrraedd rhyw ddealltwriaeth dderbyniol. Wrth golli golwg ar hyn, mae'r diwinyddion a gollodd ddiddordeb mewn diwinyddiaeth hefyd wedi cyfrannu at ddealltwriaeth grablyd ac felly dealltwriaeth isradd am yr hyn sy'n wir, am yr hyn sy'n ystyrlon ac am yr hyn sy'n sicrhau budd a lles y ddynolryw.

CASGLIADAU

Erbyn hyn, felly, mae anghytundeb ymysg ysgolheigion ac yn yr eglwys ynglŷn â natur ymchwil diwinyddol. Yn nhyb rhai, mae'n gwestiwn o ymchwilio i realiti, i'r hyn sydd ynghlwm wrth fod yn ddynol, mewn ffordd sy'n cydffurfio â safonau trafodaethau modern. Awgrymais mai'r broblem gyda hyn yw ei fod yn arwain weithiau at anthropoleg oherwydd fod y *theos* yn cael ei guddio'n aml. Ond hefyd y mae'n arwain at amgyffrediad cyfyngedig iawn o realiti. Yn ôl eraill, prif gonsýrn diwinyddiaeth yw Duw a'i gyfathrebu â ni yng Nghrist. Mae gan ddiwinyddiaeth ei maes ei hun yn ogystal â'i hiaith a'i chategorïau ei hun ac mae'r rhain i gyd yn ddealladwy i'r sawl sy'n ymwneud â hi. Nid wyf am awgrymu am funud na ddylai diwinyddiaeth ymwneud â meysydd eraill, ond mae'n rhaid cofio mai tasg diwinyddiaeth yw deall gweithredoedd Duw fel y'i cofnodwyd yn y Beibl a cheisio eu dehongli. Dim ond wrth roi'r flaenoriaeth hon i'w thasg ei hun y gall diwinyddiaeth geisio ei gwneud ei hun yn ddealladwy yn y bywyd cyhoeddus, cyfoes. Fodd bynnag, wrth wneud hynny, bydd yn hysbys fod gan yr hyn sy'n ddiwinyddol rywbeth i'w gyfrannu at yr ymchwil am y gwir, yn hytrach na gorfod gweithio yn ôl safonau trafodaeth athronyddol a gwyddonol a ffeindio bod yr hyn sy'n ddiwinyddol wedi mynd ar goll. Wrth ddarganfod y cyfraniad hwn, gwelir hefyd y gall diwinyddiaeth fod yn bartner mewn dialog ag athroniaeth a gwyddoniaeth, dialog lle mae'r partneriaid i gyd yn cydnabod fod gan y lleill gyfraniad unigryw a gwerthfawr i'w wneud i'r drafodaeth.

Y dasg ddiwinyddol heddiw, felly, yw i ddiwinyddion gofio mai datgan neges Duw i'r byd a cheisio ei deall ddylai fod eu prif ddiddordeb a thrwy bwysleisio'r agwedd honno maent yn cyfrannu rhywbeth at drafodaeth gyfoes nad yw'n cael ei hystyried gan unrhyw faes arall boed yn athroniaeth neu'n wyddoniaeth.

Yn y pen draw, nid yw diwinyddiaeth ar ei gorau wrth geisio ateb cwestiynau am realiti mewn cyd-destun sydd, ar ei orau, yn secwlar ac, ar ei waethaf, yn annuwiol. Yn hytrach, mae arni angen sylfaen ffydd, fel yr haerodd Anselm. Fel hyn, yn ôl John Webster, mae'n gweithio fel 'gwybodaeth ymarferol am Dduw, hynny yw gwybodaeth sy'n ceisio hyrwyddo bywyd y gymuned Gristnogol, achub y ddynolryw, a disgyblaeth dduwiol'.[44]

TASG DIWINYDDIAETH HEDDIW

[1] Gw. John Webster, *Holy Scripture: A Dogmatic Sketch* (Caergrawnt, 2003).
[2] Hans Frei, *Types of Christian Theology* (New Haven, 1992), t. 2.
[3] Ibid., tt. 20–1.
[4] Gw. Clive Marsh, *Christianity in a Post-atheist Age* (Llundain, 2002), t. 46.
[5] Gerard Loughlin, *Telling God's Story: Bible, Church and Narrative Theology* (Caergrawnt, 1996), t. 20.
[6] Marsh, *Christianity in a Post-atheist Age*, t. 57.
[7] John Webster, 'David F. Ford: *Self and Salvation*: article review', yn *Scottish Journal of Theology*, 54/4 (2001), 548–59 (553).
[8] Clayton Crockett, *A Theology of the Sublime* (Llundain, 1999).
[9] Ibid., t. 1.
[10] Ibid., t. 3.
[11] Ibid., t. 5.
[12] Mae cyfieithiad Cymraeg o waith Descartes ar gael, sef René Descartes *Traethawd ar Drefn Wyddonol*, cyf. D. Miall Edwards (Caerdydd, 1923).
[13] Crockett, *A Theology of the Sublime*, t. 108; Ludwig Feuerbach, *The Essence of Christianity* (Efrog Newydd, 1957), t. xvii. Mae Garrett Green wedi sôn am Feuerbach fel yr un a hybodd atheistiaeth a sgeptigaeth fodern. Gw. Green, *Theology, Hermeneutics and Imagination: The Crisis of Interpretation at the End of Modernity* (Caergrawnt, 2000).
[14] Nicholas Lash, *The Beginning and the End of Religion* (Caergrawnt, 1996), tt. 132–49.
[15] Ibid., t. 132.
[16] Webster, *Holy Scripture: A Dogmatic Sketch*, t. 21.
[17] Michael Buckley, *At the Origins of Modern Atheism* (New Haven, 1987).
[18] Lash, *The Beginning and the End of Religion* (Caergrawnt, 1996), t. 137.
[19] Buckley, *At the Origins of Modern Atheism*, t. 277. Gw. hefyd Stanley Hauerwas, *With the Grain of the Universe* (Llundain, 2002), t. 37. Mae Hauerwas yn dadlau fod diwinyddiaeth wedi'i gorchfygu gan fetaffiseg neu epistemoleg yn y cyfnod modern a bod y Darlithoedd Gifford ym mhrifysgolion yr Alban yn cynrychioli hyn. Yn eironig, esboniodd ei thesis tra ei fod yn traddodi'r Darlithoedd Gifford ym Mhrifysgol St Andrews yn 2001.
[20] Lash, *The Beginning and the End of Religion*, t. 138.
[21] Buckley, *At the Origins of Modern Atheism*, t. 363.
[22] George Pattison, *The End of Theology – and the Task of Thinking about God* (Llundain, 1998), t. 37.
[23] Hans Frei, *The Eclipse of Biblical Narrative: A Study in Eighteenth and Nineteenth Century Hermeneutics* (New Haven, 1974), t. 130.
[24] Lash, *The Beginning and the End of Religion*, t. 148.
[25] Pattison, *The End of Theology – and the Task of Thinking about God*, t. 5.
[26] Ibid., t. 2.
[27] Ibid., t. 6.
[28] Ibid., t. 19.
[29] Ibid., t. 46.
[30] Ibid., t. 20.

31 George Hendry, *Theology of Nature* (Philadelphia, 1980), t. 14.
32 Webster, *Holy Scripture*, t. 14.
33 Ibid., tt. 15–16.
34 Ibid., t. 70.
35 Hauerwas, *With the Grain of the Universe*, t. 32.
36 Ibid., t. 146.
37 Barth, *The Word of God and the Word of Man* (Llundain, 1928), t. 43.
38 Hauerwas, *With the Grain of the Universe*, tt. 190–1.
39 Daniel L. Migliore, *Faith Seeking Understanding: An Introduction to Christian Theology* (Grand Rapids, 1991), t. 4.
40 Ibid., t. 6.
41 Ibid., t. 1.
42 Hauerwas, *With the Grain of the Universe*, t. 10.
43 Ibid., t. 216.
44 Webster, *Holy Scripture*, t. 116.

3

SEMPER REFORMANDA:
NATUR A PHWRPAS YR EGLWYS
YN Y MILENIWM NEWYDD

Ni ellir amau y dioddefodd eglwysi a chapeli Cymru ddirywiad creulon ac enbyd yn ystod yr ugeinfed ganrif. Awgrymodd arolwg diweddar fod hyd at 1,500 o bobl yn gadael yr eglwys ym Mhrydain bob wythnos,[1] tra bod canlyniadau *Yr Her i Newid*, sef arolwg i fywyd yr eglwysi yng Nghymru a wnaed yn 1995, yn rhoi darlun gweddol dywyll a phesimistaidd am gyflwr Cristnogaeth yng Nghymru ar y pryd,[2] ac felly hefyd am ragolygon yr enwadau traddodiadol i gyd.[3] Yn 1982, roedd 14 y cant o boblogaeth Cymru yn mynychu eglwys neu gapel. Erbyn 1995, roedd y ffigwr hwnnw wedi disgyn i 8.7 y cant. Er nad oes arolwg mwy diweddar i'w drafod, nid oes unrhyw dystiolaeth i awgrymu fod y duedd hon wedi newid yn ystod y blynyddoedd diwethaf. Yng nghyfrifiad 2001, haerai 72 y cant o boblogaeth Cymru eu bod yn Gristnogion o ran eu tueddiadau crefyddol ond ni chofnodwyd yn agos i'r un ffigur ymhlith mynychwyr yr eglwysi a'r capeli. Ymddengys felly, ym meddwl y cyhoedd, fod ysgariad wedi digwydd rhwng bod yn Gristion ar yr naill law a chredu yng Nghrist ar y llaw arall a datgysylltwyd hyn yn llwyr oddi wrth berthyn i'r eglwys.

Ochr yn ochr â'r ffeithiau noeth hyn mae'n wir erbyn hyn fod y rhai sy'n weddill yn yr eglwysi wedi'u parlysu gan flinder a 'syniadaeth dirywiad' na all ddychmygu unrhyw ddyfodol arall i'r eglwys ond dirywiad pellach ac, o bosibl, bydd yr eglwys yng Nghymru, ar ei gwedd draddodiadol, yn darfod yn llwyr.[4] Cynigir nifer o resymau cymdeithasol am y dirywiad hwn. Mae newidiadau yn y gymdeithas ei hun, y gystadleuaeth sy'n dod o weithgareddau hamdden eraill megis chwaraeon, argaeledd y car a'r cyfleusterau sydd o fewn cyrraedd o'r herwydd, cyfaredd y sinema a ffurfiau eraill ar adloniant, ac atyniad siopa ar y Sul, i gyd wedi cyfrannu at ddirywiad yr eglwys. Roedd profiad rhyfel yn 1914–18 ac eto yn 1939–45, o leiaf yng ngorllewin Ewrop, hefyd o bwys, yn enwedig cyfranogiad ymddangosiadol yr eglwys yn yr un cyntaf. O ganlyniad i hyn i gyd ymddengys weithiau fod yr eglwys wedi colli ei ffordd ac yn methu dirnad ei rôl yn y gymdeithas gyfoes, yn enwedig oherwydd fod cymaint o bobl yn byw eu bywydau'n ddigon dedwydd heb deimlo unrhyw awydd i gyfeirio at yr eglwys neu at y ffydd Gristnogol.

Ynghyd â'r rhesymau cymdeithasol hyn, dylid ystyried rhesymau diwinyddol hefyd. Mae honiad enwog Michael R. Watts fod y Saeson wedi peidio â mynychu'r eglwysi pan ddarfu ar uffern a'r gosb dragwyddol yn eu pregethu yn werth ei ystyried, hyd yn oed os oes modd i'w orbwysleisio.[5] Ai cyd-ddigwyddiad yn unig yw'r ffaith y gellir olrhain dechreuadau'r dirywiad yn ôl at yr union gyfnod yr oedd syniadau rhyddfrydol am dadolaeth gariadus Duw yn dechrau disodli'r ddysgeidiaeth am farn a'r angen i bawb benderfynu dros Grist ac ymrwymo iddo? Diau na fynnai llawer ohonom ddychwelyd at y fath bortread llym am dynged y ddynolryw golledig. Serch hynny, ni ddylid gwrthod yr honiad hwn yn llwyr gan fod uffern a barn hefyd yn cynrychioli, yn draddodiadol, yr hyn a oedd yn agwedd bwysig ar brofiad ac ysbrydolrwydd Cristnogol, sef argyfwng yr enaid dynol. Efallai fod colli argyfwng yr enaid yn neges yr eglwys, ac ym mhrofiad Cristnogion, a'i ddisodli gan Greawdwr holl-gariadus, rhadlon, yn hanfodol i'r ffordd y symudodd yr eglwys i ymylon bywyd erbyn yr unfed ganrif ar hugain. Dichon fod gwawdlun rhyddfrydiaeth ddiwinyddol, a luniwyd yn fachog gan H. Richard Niebuhr fel 'Duw heb ddigofaint a ddaeth â dynion heb bechod i mewn i deyrnas heb farn trwy weinyddiadau Crist heb groes',[6] er gwaethaf ei hatyniad ymddangosol, mewn gwirionedd yn analluog i apelio at ddyfnderoedd y galon ddynol. Efallai mai'r wers yw oni phregethir yr efengyl fel 'maen tramgwydd', ni all byth ddod yn 'faen y gongl' (1 Pedr 2: 6–8). Mewn geiriau eraill, onibai i bobl gael eu siglo a'u cyffwrdd yn llwyr gan yr efengyl, boed oherwydd 'lled, hyd, dyfnder ac uchder' cariad Duw a ddaeth yn hysbys i ni yn Iesu Grist (Eff. 3: 18) neu oherwydd anfadrwydd pechaduruswydd y ddynolryw, yna ni symudir hwy byth. A heb eu symud, ni wnant ymrwymo nac i'r ffydd Gristnogol nac i'r eglwys. Bid siŵr, mae'n ddiddorol ystyried y ffaith fod yr eglwys wedi dioddef dirywiad di-dostur yn yr ugeinfed ganrif ar yr un pryd ag y datblygodd neges

NATUR A PHWRPAS YR EGLWYS YN Y MILENIWN NEWYDD

fwy rhyddfrydig a hollgynhwysol. Erbyn canol yr ugeinfed ganrif, daeth y neges hon i olygu fod Duw yn bresennol yn y byd, a daeth y syniad hynod i fri nad oedd ef hyd yn oed mewn perthynas arbennig â'r eglwys. Felly anogwyd yr eglwys i fynd allan i'r byd a darganfod Duw yno, sef darganfyddiad gan y cenhadon yn hytrach na chan y rhai y cenhadwyd iddynt, fel y dywedodd David Bebbington.[7]

Gan fod yr eglwys ei hun yn awgrymu yn ei diwinyddiaeth a'i gweithgarwch nad oedd ei bodolaeth o'r arwyddocâd mwyaf i'r ddynolryw, nid yw'n syndod mai'r duedd yng ngorllewin Ewrop bellach yw diystyru'r eglwys yn llwyr yn y bywyd cyhoeddus. Parha crefydd yn ddewis personol i'r unigolyn wrth iddo ddewis gweithgarwch i lenwi ei amser hamdden. Ond mae unrhyw ymdeimlad fod gan grefydd rôl hanfodol er budd a lles y ddynolryw wedi hen ddarfod ac mae ei lle ynghanol ac yng nghalon y gymuned wedi diflannu. Yn ogystal â hyn, enillodd yr eglwys awra nad yw'n apelio llawer yn y gymdeithas gyfoes. Ymddengys ei ffurfiau, heb sôn am ei hadeiladau, yn hen-ffasiwn, yn oer ac yn annymunol, ac yn aml maent yn methu â rhoi'r argraff o gysur a chroeso y mae pobl gyfoes yn eu disgwyl. Siarad cyffredinol yw hyn, wrth gwrs, ond ailadroddir yr un stori a'r un patrwm ledled Cymru.

Gan ystyried fod bywyd yr eglwys gyfoes yn Ewrop yn argyfyngus, gan y caiff ei orthrymu gan bryder am ddirywiad pellach, ac o ystyried ei phroffil demograffig sy'n heneiddio, mae'n syndod na welir eglwysoleg, sef Athrawiaeth yr Eglwys, ar ben yr agenda diwinyddol cyfoes, oni bai fod hynny hefyd yn arwydd o'r anhwylder cyffredinol. Er gwaethaf y trafodaethau hir a gododd o'r ofn y byddai eglwysi lleol (ac enwadau cyfain) fel y'u hadnabuwyd am ganrif a hanner yn darfod, ac er gwaethaf y galwadau i foderneiddio ac i newid sy'n mynd fel arfer law yn llaw â'r pryder hwn, ychydig o feddwl sydd wedi'i roi i natur yr eglwys ei hun. Mae hyn yn broblemus ocherwydd ei fod yn aml yn gadael hyd yn oed y sawl sy'n awyddus i weld newidiadau ynddi yn analluog i enwi'r agwedd ar natur a bywyd yr eglwys sydd i'w cadw'n barhaol ac sy'n gyson â hanes yr eglwys dros y ddau fileniwm diwethaf. Heb ystyried y syniadau diwinyddol, mae'n rhaid gofyn y cwestiwn pa fath o eglwys a ddaw o ganlyniad i'r newidiadau a awgrymir?

Fe ellir dirnad y diffyg diddordeb hwn ar sawl lefel. Mewn arolwg diweddar a ymholodd i'r math o bynciau mewn diwinyddiaeth ac astudiaethau crefyddol a apeliai at fyfyrwyr addysg uwch, daeth eglwysoleg ar waelod y rhestr mewn pynciau athrawiaethol.[8] Er iddo ysgrifennu yng nghyd-destun yr Unol Daleithiau, sydd â phrofiad eglwysig gwahanol iawn i Brydain (er i astudiaeth ddiweddar awgrymu fod tuedd gan Americanwyr i chwyddo eu presenoldeb mewn cyfarfodydd eglwysig[9]), mae Daniel Migliore yn amlinellu'r broblem yn dda:

> Faith in God the Creator, trust in Christ and his reconciling work, and experience of the transforming power of the Holy Spirit, are all recognized as vital aspects of Christian faith and theology. The doctrine of the church, however, is a subject many associate with the politics of organization and management, but hardly with realities indispensable to Christian faith and life.[10]

Mae dau anhawster pwysig ymhlyg yn y disgrifiad hwn. Yn gyntaf, o'i chymharu ag athrawiaethau Cristnogol eraill, nid eglwysoleg yw'r fwyaf cyfareddol ohonynt. Deuwn yn ôl at hyn yn y man. Yn ail, mae tuedd i feddwl am yr eglwys mewn termau cymdeithasegol neu drefniadol yn unig, fel grŵp cymdeithasol ymhlith grwpiau eraill, neu fel sefydliad dynol ymhlith sefydliadau dynol eraill. Dyma'r union duedd mewn eglwysoleg a welir mewn agweddau eraill ar ddiwinyddiaeth lle caiff dadleuon dros honiadau diwinyddol, a dadleuon yn eu herbyn, eu tafoli yn ôl disgwyliadau trafodaethau modern a chyhoeddus eraill, megis y rhai athronyddol a'r rhai gwyddonol. O ganlyniad, cymherir yr eglwys (yn anffafriol fel arfer) â byd busnes a dywedir ei bod yn methu neu'n llwyddo yn ôl meini prawf elw a cholled, ac yn ôl faint o bobl sy'n ei mynychu. Mae'r sawl sy'n credu y bydd yr eglwys yn darfod yn credu hynny oherwydd na allant weld yr eglwys yn bodoli ar unrhyw ffurf ond ei ffurf bresennol ac, ymhellach, na allant weld y gall yr eglwys ddatblygu mewn ffurfiau newydd a pharhau i fod yn eglwys. Nid yw'n syndod, felly, eu bod hefyd yn mabwysiadu'r ffyrdd hyn i dafoli ei llwyddiant.

Mae'r sawl sy'n cydnabod hyn fel arfer ar flaen y gad ymhlith y rhai sy'n galw am newidiadau yn y bywyd eglwysig, a dywedwyd llawer am hyn yn ystod yr hanner canrif diwethaf. Yn wir, fel y dywedodd John Drane, sy'n ladmerydd adnewyddu yn y bywyd eglwysig: 'rydym ni'r Cristnogion wedi siarad ac wedi ysgrifennu'n fwy am yr angen am newid ac adnewyddiad eglwysig yn ystod ail

NATUR A PHWRPAS YR EGLWYS YN Y MILENIWN NEWYDD

hanner yr ugeinfed ganrif nag ar unrhyw adeg arall yn hanes yr eglwys ac, ag eithrio un neu ddwy enghraifft nodedig, mae'n anodd meddwl am unrhyw gyfnod cymharol arall pan ddigwyddodd cyn lleied o newid mewn gwirionedd'.[11]

Yn rhannol, o leiaf, y rheswm pam nad yw'r galwadau am newid wedi esgor ar fwy o arbrofi yn y bywyd eglwysig yw bod y fath alwadau yn seiliedig ar dystiolaeth empeiraidd yn hytrach nag ar bryder diwinyddol. Wrth gwrs, afraid dweud ei bod yn bwysig trafod cysylltiad diwinyddiaeth â meysydd astudio eraill (megis athroniaeth, seicoleg a gwyddoniaeth), neu ei bod yn bosibl cael ysbrydoliaeth glir gan batrymau cymdeithasegol, neu ei bod yn bwysig bod yn realistig am sefyllfa bresennol yr eglwys. Ond, pan na seilir ein dealltwriaeth o'r eglwys ar ystyriaethau diwinyddol, mae'n bosibl y byddwn yn dadlau dros achub sefydliad yr eglwys heb wybod pam y dylid achub y sefydliad hwnnw o gwbl. Yn ei ddyfyniad uchod, cododd Migliore y pwynt fod methiant yr eglwys i bwysleisio ei chysylltiad â 'dirweddau sy'n anhepgor i'r bywyd a'r ffydd Cristnogol' yn amharu ar ei chenadwri a hefyd ar ei hunanddealltwriaeth. Rhaid, felly, awgrymu newidiadau i'w bywyd ar sail ein dealltwriaeth am natur a phwrpas yr eglwys yn arfaeth Duw yn hytrach nag ymateb yn unig i'r ffaith ei bod ar bob golwg yn methu neu, hyd yn oed, yn darfod.

Felly, mae dau brif fater o'n blaenau, a thrafodir hwy isod. Yn gyntaf, mae angen trafod o ddifrif y galwadau am newid yn yr eglwys. Ond, yn ail, mae mater ailddarganfod dealltwriaeth ddiwinyddol yr eglwys er mwyn sicrhau bod ei natur, a'r berthynas rhwng ei natur a'i chenadwri yn y byd, yn cael y flaenoriaeth ar ei hagenda. Wrth wneud hyn, bydd modd hefyd ailddarganfod cysylltiad yr eglwys â'r neges Gristnogol ac i gydnabod na ellir ei hepgor heb hepgor yr efengyl hefyd. Oherwydd, o safbwynt diwinyddol, gall enwadau traddodiadol wynebu anawsterau cynyddol oherwydd y dirywiad yn eu haelodaeth, a dichon y bydd rhai enwadau yn darfod yn y dyfodol agos.[12] Nid oes ofn marwolaeth yn niwinyddiaeth Gristnogol gan fod yr efengyl yn cyhoeddi atgyfodiad. Felly, gwirionedd diwinyddol yw y bydd yr eglwys, fel y'i sefydlwyd gan Grist, yn bodoli hyd at gyflawniad y Cread. Diau bydd yn newid ei ffurf, ond ni ellir newid ei hanfod oni pheidia â bod yn eglwys.

Yn ddiwinyddol, felly, y man cychwyn yw'r honiad fod yr eglwys yn bodoli oherwydd galwad raslon Duw yn unig, nid oherwydd ei bod yn apelgar ac yn ddeniadol i bobl. Mae felly yn 'erthygl ffydd' y bydd yn parhau i'r dyfodol a hynny er gwaethaf y rhagolygon amheus.[13] Fodd bynnag, ni olyga hyn y bydd yn parhau, neu y dylai barhau, ar yr un ffurf ag sydd iddi ar hyn o bryd. Clywir llawer o alwadau am drawsnewid ym mywyd yr eglwys. Beth yw natur y newid hwn, a beth ddylai fod yn natur y newid?

GALWADAU AM NEWID

Mae rhai galwadau am newid yn weddol sylfaenol. Er enghraifft, mae syniadau John Spong (cyn-esgob Eglwys Esgobaethol yr Unol Daleithiau) yn gofyn am drawsnewid llwyr nid yn ffurfiau'r eglwys yn unig ond yn sylfeini ei chyfundrefn athrawiaethol. Mae dau reswm am hyn yn ei dyb ef: yn gyntaf, fod Cristnogaeth, ar ei gwedd draddodiadol, yn anghredadwy ac, yn ail, ei bod hefyd yn anfoesol. Seilir ei honiad fod Cristnogaeth yn anghredadwy ar ddarlleniad ôl-Oleuol, rhesymegol ohoni na all ddygymod o gwbl â'r goruwchnaturiol ac sy'n gofyn i bob honiad crefyddol gael ei gwestiynu yn ôl safonau gwyddonol ac athronyddol y cyfnod modern. Mewn geiriau eraill, mae'n credu nad yw Cristnogaeth draddodiadol (neu Gristnogaeth draddodiadol yn ôl ei ddehongliad ef ohoni) yn medru sefyll yn erbyn ymholiadau gwyddorol (neu o leiaf yr hyn y mae'n deall yw ymholiadau gwyddorol). Ymhellach, mae Cristnogaeth yn anfoesol oherwydd iddi achosi partriarchaeth, rhywiaeth, hiliaeth a llawer o ideolegau eraill sy'n bygwth budd a lles y ddynolryw. Mae'n rhaid i'r eglwys newid, felly, er mwyn i'w hefengyl fod yn fwy credadwy ac yn fwy moesol, a thrwy hynny ddod yn fwy deniadol i'r cyhoedd yn gyffredinol ac yn fwy effeithiol o ran ei gwasanaeth yn y byd. Mae'n rhaid iddi newid neu drengi, yn ei dyb ef, gyda'r awgrym ymhlyg yn ei honiad ei bod yn haeddu marwolaeth araf, poenus oni bai iddi drawsnewid fel hyn.[14]

Cwyd nifer o bwyntiau o'i safbwynt. Yn gyntaf, ymddengys ei fod yn dweud mai'r unig beth sy'n cyfrif yw poblogeiddio'r eglwys. Gall ailddehongli ei neges ei hun dro ar ôl tro cyhyd â bod y casgliadau yn dderbyniol i'r cyhoedd ac yn cydffurfio â'u syniadau am foesoldeb ac am yr hyn sy'n gredadwy. Ar wahân i ddod yn 'bob peth i bawb' (1 Cor. 9: 22) ar raddfa eang, unigolyddol a, rhaid dweud, anymarferol, ymddengys ei bod yn gwbl amhosibl cyrraedd y nod hwn yn y gymdeithas fodern, chwilfriw a phawb yn cydnabod eu hanghenion gwahanol, personol. Yn ail, ymddengys ei fod yn awgrymu mai marw, neu fynd allan o fodolaeth, yw'r dynged waethaf y gallai'r eglwys ei dioddef. Fe'n hatgoffir am ymateb William Gladstone i'r esgob a ofynnodd iddo beth fyddai'n digwydd i'r Eglwys Anglicanaidd yng Nghymru wedi'r datgysylltiad, sef 'Marw. Ac wedyn, Atgyfodiad!' Mae Christoph Schwőbel hefyd yn ein rhybuddio yn erbyn y fath hon o dynghediaeth: 'ni all yr eglwys ddiogelu ei bodolaeth oherwydd nad yw wedi ei chyfansoddi ei hun'.[15] Yn hytrach, mae'r eglwys yn *creatura verbi divini*, sef creadur y Gair Dwyfol.[16] O ganlyniad, ni ellir gwarantu bodolaeth parhaol yr eglwys trwy raglenni trawsnewid fel un Spong. Mae newid o'r fath yn anniwinyddol ac yn anfoddhaol. Mae parhad yr eglwys yn dibynnu ar ei ffyddlondeb i'r Gair Dwyfol neu, yn well fyth, mae'n dibynnu ar ffyddlondeb y Gair hwnnw.

Fodd bynnag, mae ffurf arall ar newid sy'n trin y ffordd y cyflwynir yr efengyl, a'r ffordd y trefnir yr eglwys, ac sy'n haeddu sylw pellach yn yr unfed ganrif ar hugain. Ar y cyfan, mae'r eglwys yn dal i ddatgan ei neges yn ôl ffurfiau a ddatblygwyd yn ystod y ddeunawfed ganrif a'r bedwaredd ganrif ar bymtheg, tra datblygodd yr enwadau ar eu gwedd bresennol tua diwedd y bedwaredd ganrif ar bymtheg. Mae'n rhaid i'r eglwys, a'i haelodau, gofio nid yn unig fod ei hefengyl yn ddieithr yn y byd hwn, fel y mynnai Barth, ond ei bod hefyd yn defnyddio moddion i'w dathlu sy'n estron yn y byd modern ac sy'n annhebyg felly o gael effaith mawr. Wrth ystyried hyn, ystyriwn hefyd y math o newid yr oedd y Diwygwyr Protestannaidd yn ei hyrwyddo wrth honni *ecclesia reformata semper reformanda est* – yr eglwys wedi'i diwygio ac yn diwygio'n gyson. Yn eu tyb hwy, roedd yr eglwys wedi colli ei ffordd yn ei threfniadau ohcrwydd iddi golli golwg ar ei phwrpas. Wrth ailddarganfod ei phwrpas, gallai ailgreu neu ddiwygio ei threfn. Ond yn bwysicach fyth, sylweddolai'r Diwygwyr Protestannaidd nad oedd yr eglwys wedi cyrraedd ei diffiniad terfynol ac, yn wir, mae eu defnydd o'r gair *semper* yn awgrymu ymchwil a newid parhaus. Ond pa fath o newid sy'n ddilys?

Yn ôl y cymdeithasegwyr, problem yr eglwys yn y byd modern yw ei hanallu i wneud cysylltiadau â phobl a gellir deall y broblem hon yn nhermau 'credu' a 'pherthyn'. Yn y bôn, mae eu dadansoddiadau yn werthfawr oherwydd y maent yn cyfateb i'r syniad diwinyddol fod yr eglwys yn hanfodol i'r bywyd Cristnogol ac nid yn rhyw fath o gysylltiad neu gynulliad dynol i'r sawl sydd â meddwl tebyg i'w gilydd. Felly, mae angen i'r sawl sy'n credu yng Nghrist hefyd berthyn i'r eglwys, ac fel y dywedwyd yn barod, mae'r naill yn amhosibl heb y llall. Fodd bynnag, dros y can mlynedd diwethaf mae pobl fodern y Gorllewin wedi'u dieithrio'n gynyddol o'r ddau (sef credu yn neges Cristnogaeth a pherthyn i'r eglwys), ac mae'r cymdeithasegwyr wedi dadansoddi'r broblem mewn gwahanol ffyrdd.

Yn ôl Steve Bruce, mae'r 'gred' yn dod yn gyntaf. Pan fo pobl yn cyffesu eu ffydd, yna maent yn dod i berthynas â'r eglwys. O ganlyniad, wrth i ddiwylliant secwlareiddio a chredu'n mynd yn fwy anodd, wrth i gymdeithas fyw heb gyfeirio at grefydd neu at Dduw, felly y dirywiodd yr eglwys.[17] Dyma'r 'thesis secwlareiddio', sef bod cymdeithas y Gorllewin wedi colli ei gafael ar ei sylfeini crefyddol dros y ddwy neu dair canrif ddiwethaf ac felly wedi gwrthod dal wrth ei ffurfiau crefyddol hefyd. Bellach ni dderbynnir y thesis hwn mor gyffredinol ag a wnaed ar un adeg. Erbyn hyn mae cymdeithasegwyr wedi awgrymu patrymau eraill i'r dirywiad. Yn nhyb Grace Davie, mae'r gred a'r ymdeimlad crefyddol yn parhau'n gryf yn Ewrop, er na ddeellir y rhain bellach mewn termau Cristnogol. Mae'n bosibl galw'r gred a'r ymdeimlad hyn yn ysbrydolrwydd. Iddi hi, mae'r math hwn o gred wedi'i hysgaru oddi wrth y syniad o berthynas â'r eglwys. Yn ei barn hi, mae'r bobl a ddenir at ysbrydolrwydd yn faes cenhadol ffrwythlon ar gyfer yr eglwys.[18] Fodd bynnag, nid yw mor eglur â hynny fod hyn yn wir oherwydd y duedd ymhlith y rhai sy'n arddel ysbrydolrwydd i'w datgysylltu eu hunain oddi wrth unrhyw gyfundrefn grefyddol megis Cristnogaeth a'i heglwys. Yn ôl Robin Gill, mae'r broses wedi mynd y ffordd arall, sef wrth i'r niferoedd sy'n mynychu eglwys a chapel ddirywio, felly mae'r ffordd o ledaenu'r ffydd wedi diflannu hefyd. Mae'r dirywiad mewn perthyn wedi arwain at fodolaeth ddirywiad mewn credu.[19]

Felly, wrth gymryd y ddealltwriaeth ddiwinyddol ochr yn ochr â'r casgliadau cymdeithasegol cyfyd y berthynas rhwng credu a pherthynas fel prif bwnc y drafodaeth am ddyfodol yr eglwys. Edrychwn yn fras ar waith tri awdur diweddar sy'n hyrwyddo newid yn yr eglwys, sef John Drane (a oedd tan yn ddiweddar yn bennaeth diwinyddiaeth ymarferol ym Mhrifysgol Aberdeen),

NATUR A PHWRPAS YR EGLWYS YN Y MILENIWN NEWYDD

Michael Moynagh (tiwtor yng Ngholeg St Ioan, Nottingham) a Stephen Croft (warden Neuadd Cranmer, Rhydychen). Cynsail astudiaeth glodwiw John Drane, *The McDonaldization of the Church* (2000), yw na all yr eglwys ddal wrth ei thystiolaeth a'i gwasanaeth bresennol yn yr unfed ganrif ar hugain nid yn gymaint oherwydd ei bod yn defnyddio patrymau'r bedwardedd ganrif ar bymtheg ond oherwydd y ffordd y mae bywyd yr eglwys ar hyn o bryd yn awgrymu fod 'un ffurf yn gweddu pawb'. Mewn geiriau eraill, mae arddel Cristnogaeth ac ymaelodi yn yr eglwys yn gofyn i bawb gydffurfio â phatrwm penodol o fyw, addoli a gwasanaethu. Mae'r thesis *McDonaldization* (a ddatblygwyd yn gyntaf gan y cymdeithasegydd George Ritzer) yn honni bod sefydliadau yn datblygu mewn ffyrdd 'diflas, anniddorol, disgwyladwy, a diogel'. Wrth gymhwyso'r syniad hwn i'r eglwys, cyfyd y cwestiwn a all yr eglwys ar ei gwedd bresennol, apelio at bobl sy'n 'crefu profiad newid radicalaidd'?[20] Â Drane ymlaen mewn ffordd raslon ond eithaf miniog:

> ... many of our churches are simply not geared up to spend time either to explore God or to make meaningful connections with other Christians, let alone reach out to others who are searching for the meaning of life. It is the spiritual equivalent of the McDonaldized illusion that it is possible to get a lot of food for minimal expenditure.[21]

Mae'n enwi grwpiau penodol yn y gymdeithas orllewinol a ddylai gael eu targedu gan yr eglwys â neges drawsffurfiol ac ymawdurdodol yr efengyl, sef y tlawd heb obaith, yr hedonwyr, y traddodiadwyr, yr ymchwilwyr ysbrydol, y cyflawnwyr mewn busnes, y secwlariaid a'r rhai difater.[22] Ar wahân i'r traddodiadwyr a'r cyflawnwyr mewn busnes, mae'r gweddill yn absennol o'r eglwysi. Ac, yn ddigon eironig, mae'n honni nad yw'r eglwys chwaith yn llwyddo wrth geisio cyrraedd at y rhain.[23]

Awgryma Drane y dylai'r eglwys fod yn rhywle y gall pobl drafod 'ystyr terfynol bodolaeth trwy rannu eu straeon'.[24] Er i hyn ymddangos yn ddim byd namyn apêl at ing dirfodol, â ymlaen i ddweud fod yr efengyl yn herio ei gwrandawyr i newid ac yn eu galluogi i fyw bywyd newydd.[25] Mae adnewyddu'r addoli yn ganolog yn yr ateb i'r broblem,[26] ond mae'n rhaid bod yn fwy creadigol, gan gydnabod fod addoli yn *leitourgia*, sef gwaith y bobl ac nid gwaith y clerigwyr yn unig.[27] Awgryma ddwy ffordd i ymchwilio i hyn. Yn gyntaf, awgryma ddawnsio, ac mae'n frwdfrydig dros hyn:

> For me, it was quite literally a discovery of dimensions of myself that I did not know of, and the combination of body, mind and spirit united turned out to be not only much greater than the sum of the individual components, but to be quite transformational.[28]

Yn ail, mae Drane yn hyrwyddo'r hyn y mae'n ei alw'n 'glownio':

> The clown is a symbol of joy, who embodies simplicity and points to the pleasures to be found in the everyday things of life. The clown is a symbol of hope, a character who never gives up believing that the impossible will someday become possible; everyone knows that the clown is going to fall off the slackrope, or the unicycle, or get a custard pie in the face, but will always get up and start over again. In addition, the clown is a nonconformist who humbles the exalted and exalts the humble, a vulnerable loner who continually expects goodness from others but who often receives abuse and rejection instead.[29]

Wrth gwrs, awgrymiadau yw'r rhain gyda'r bwriad i ddangos na ddylid gosod unrhyw gyfyngiadau ar greadigaeth yn yr eglwys ond ceisio agor 'mannau i Dduw weithio yn ein plith mewn ffyrdd newydd',[30] yn hytrach na chynnig ateb megis 'un ffurf yn gweddu i bawb'.

Yn wir, gellir ystyried astudiaeth John Drane fel galwad i'r eglwys arbrofi yn ei ffurfiau a'u gweithgareddau yn hytrach na chynllun parod i'r eglwys weithredu. Mewn byd sy'n disgwyl i bobl fynegi eu hanghenion unigol a phersonol a disgwyl dewis digonol er mwyn cyfarfod â'r anghenion hynny, y gwirionedd syml yw na fydd triniaeth 'un ffurf yn gweddu i bawb' yn cydio. Y broblem gyda hyn yw ei fod yn gofyn am ymrwymiad gan bobl i ddychmygu ffurfiau newydd, i arbrofi â hwy ac yna meddu ar y gallu i ddehongli'r Beibl mewn ffyrdd deinamig sy'n apelgar oherwydd nad ydynt bellach i'w disgwyl. Mae'n eglur nad yw hyn yn naturiol i'r sawl sy'n mynychu'r eglwys a'r capel ar hyn o bryd. Hwy fydd yn gorfod cychwyn ar y newid hwn, a hwy hefyd sydd naill ai'n hoffi natur ddisgwyladwy'r eglwys neu yn fodlon ei goddef.

NATUR A PHWRPAS YR EGLWYS YN Y MILENIWN NEWYDD

Gwelir problem debyg yn astudiaeth bryfoclyd Michael Moynagh, *Changing World, Changing Church* (2001). Mae Moynagh yn cychwyn trwy ddadansoddi'r diwylliant cyfoes a thrwy awgrymu mai 'profiad' yw prif gategori ein diwylliant.[31] I raddau, cyhuddiad yn erbyn yr eglwys yw hwn oherwydd fod ganddi 'brofiad sy'n trawsffurfio bywyd' yng nghalon ei chredo,[32] ond na lwyddodd i berswadio'r cyhoedd yn gyffredinol mai dyna yw hanfod ei hefengyl. Yn hytrach, dirywiodd yn enbyd o'r 1950au ac, yn wir, fe honnir i'w dirywiad gyflymu yn ystod chwarter olaf y ganrif honno,[33] sef yr union gyfnod pryd y datblygodd hudoliaeth profiad ymhlith dinasyddion y Gorllewin. Awgrym Moynagh ynglŷn â sut i leddfu'r broblem hon yw i ymwneud â phobl mewn ffordd fwy personol.[34]

Awgryma Moynagh ddau ffactor sy'n rheoli bywyd yn yr unfed ganrif ar hugain, sef, ar y naill law 'gwaith' a hunaniaeth y modernwyr (neu'r ôl-fodernwyr) fel 'gweithwyr', ac, ar y llaw arall, hunaniaeth y modernwyr fel 'defnyddwyr' (*consumerists*). Mae'r cyntaf, o bosibl, yn fyd o reolau ac absoliwtiau lle mae ffurfiau traddodiadol yr eglwys (a hefyd, o bosibl, ei phatrymau) yn apelio o hyd. Mae a wnelo'r ail â'r obsesiwn gyda dewis a'r awydd i weld pethau yn 'gweddu i mi'. O ganlyniad, y dasg sydd gan yr eglwys yw datblygu ffurfiau a fydd yn apelio at emosiynau'r unigolyn a'i synhwyrau. Yn nhyb Moynagh, felly, bydd yn rhaid cael cydbwysedd rhwng profiad y grŵp, a gynrychiolir gan yr eglwys yn draddodiadol, a'r angen am ryddid a mynegiant unigol.[35]

Un o sylwadau mwyaf treiddgar Moynagh yw'r syniad na all yr eglwys fodoli bellach fel pe bai'r bobl yn dod ati. Yn hytrach, bydd yn rhaid i'r eglwys fod yn ostyngedig a mynd allan at y bobl. Nid 'dewch atom ni', felly, ddylai ei neges fod, ond 'down atoch chi'. Rhaid i'r eglwys ddygymod â'r pwynt hwn hyd yn oed pan na fydd yn eglur sut y gall gyflawni'r dasg o fynd at y bobl.

Wrth gwrs, mae'n haws trafod problemau'r eglwys ac atebion posibl iddynt na gwneud rhywbeth effeithiol. Ac mae'r broblem yn fwy oherwydd nid diwygio'r bobl a adawodd yr eglwys yw'r dasg ond cyffwrdd â phobl na fynychodd yr eglwys erioed ac felly nad yw'n ei deall nac yn deall ei neges a'i ffyrdd.[36] Pan oedd yr eglwys yn ceisio cyffwrdd â phobl a oedd wedi cael profiad ohoni, roedd yn bosibl cymryd rhai pethau yn ganiataol. Ond heddiw, mae'r byd fel y cyfryw yn gwbl anwybodus am yr eglwys a heb ei gyffwrdd gan ei ffurfiau. Yn wir, mae ei ffurfiau mor estron i'r byd nes eu bod mewn perygl o dywyllu ei neges. Dull i wneud yr apêl sydd gan Moynagh. Yn wir, ymddengys mai dyma'r unig ffordd i nesáu at bobl sydd â'r flaenoriaeth o gyfarfod â'u hanghenion unigol. Eto i gyd, mae symlrwydd ymddangosiadol yr ateb yn cuddio anfadrwydd y broblem. Sut y gall yr eglwys apelio'n bersonol at bob unigolyn a'i anghenion? Sut y gall yr eglwys apelio i bob unigolyn a'i anghenion ac awyddau gwahanol? Tra byddai gwasanaethu'r unigolyn yn cydnabod pwysigrwydd pobl yn uwch na dim, sydd, heb amheuaeth, yn orchymyn yr efengyl, gall hefyd gymylu'r ffaith nad yw'r eglwys yn bodoli er mwyn cyfarfod ag anghenion penodol rhywun, ond i fod yn fodd i Dduw gyfathrebu â'r byd. Er bod 'caru cyd-ddyn fel ti dy hun' (e.e. Mc 12: 31) yn rhagdybio hunangariad, a'i bod yn dilyn bod hunangariad yn bwysig yn neges Iesu,[37] mae'n rhaid cofio hefyd fod yr efengyl yn pwysleisio hunanymwadu mewn gwasanaeth a chariad at eraill. (Ymddengys fod dysgeidiaeth Iesu yn pwysleisio colli bywyd mewn gwasanaeth er mwyn darganfod y bywyd cyflawn: Mth. 10: 39, 16: 24–5; Mc 8: 34–5; Luc 9: 24, 14: 27, 17: 33; In 12: 25.) Mae gor-ganolbwyntio ar gyfarfod ag angen yn troi'r eglwys i mewn arni ei hun ac mae'n dod yn ffordd arall i ddiogelu bodolaeth y sefydliad. Mae'n bwysig i bobl deimlo eu bod yn perthyn, ond ni ddylai hyn fod ar draul colli natur a galwedigaeth yr eglwys yn y byd ac yn rhagluniaeth Duw. Er bod anghenion megis perthyn a chyfranogi i sefydliad yn bwysig, nid ydynt yn perthyn yn neilltuol i fywyd yr eglwys. Gellir eu darganfod mewn llawer o gyd-destunau gwahanol. Tasg yr eglwys yn yr unfed ganrif ar hugain, felly, yw cysylltu'r rhain â dealltwriaeth ddiwinyddol am ei natur a'i phwrpas.

Gan mai prif nodwedd cymdeithas y Gorllewin, yn ôl pob tebyg, yw'r awydd i gymeradwyo amrywiaeth ymhlith ei dinasyddion, mae'n hawdd gweld pam yr ystyrir ei natur unlliw yn brif broblem y dydd i'r eglwys. O ganlyniad, ffurfir cysyniad yr eglwys allddodol (*emerging church*) er mwyn chwilio am ffyrdd newydd i gyfarfod ag anghenion amrywiol y ddynolryw gyfoes a hefyd i chwilio am ffyrdd i genhadu ymhlith y sawl sydd y tu allan i'r eglwys yn hytrach nag eistedd yn ôl a disgwyl iddynt rywfodd, ryw ddydd, ddod trwy ddrysau'r cysegr. Dyma sut mae Michael Moynagh yn disgrifio'r cysyniad:

NATUR A PHWRPAS YR EGLWYS YN Y MILENIWN NEWYDD

Emerging church starts not with a preconceived notion of church, but with the desire to express church in the culture of the group involved. It is church shaped by the context, not by 'This is how we have always done it.'[38]

Prif honiad y cysyniad hwn yw nad oes un ffordd yn unig i ymgorffori'r eglwys a'r awydd i ddilyn Crist y gellir ei chymhwyso i bob cyd-destun ledled y byd, ac yn sicr nad oes un ffordd y dylid ei gwthio ar bawb. Dyma pam y defnyddir y gair 'allddodol'. Mae'r bywyd eglwysig i'w ddeall mewn termau deinamig fel rhan o broses sydd bob amser yn ceisio mynegiant newydd yn hytrach nag mewn termau statig sy'n awgrymu fod yr eglwys wedi cyrraedd ei ffurf derfynol a diffiniadol. Heb amheuaeth, os bydd yr eglwys yn cyfarfod â'r her i genhadu yn yr unfed ganrif ar hugain, yna bydd yn ofynnol iddi gofleidio cysyniad yr eglwys allddodol. Ond mae cofleidio cysyniad yn bell iawn o weithredu yn ôl ei argymhellion. Bydd angen bod yn agored i ffurfiau newydd a fydd yn aml yn herio'r hen syniadau i'w seiliau. Er enghraifft, nodir yn aml y syniad y dylid cydnabod grwpiau sy'n cyfarfod mewn tafarndai i drafod materion o bwys, i gynnig cefnogaeth i'w gilydd ac, o bosibl, i weddïo, fel rhan o'r eglwys allddodol yn ogystal â grwpiau tebyg eraill. Sut bydd y cylchoedd hynny a hybodd y mudiad dirwest yn ymateb i'r fath awgrym? Os yw'r eglwys allddodol i ffynnu, bydd yn rhaid i'r eglwysi traddodiadol fuddsoddi arian, amser a phersonél er mwyn sicrhau ei llwyddiant. Ac ar ben hyn i gyd, bydd angen strategaeth a fydd yn galluogi'r bobl sy'n perthyn i'r eglwys allddodol ddysgu am y ffydd a derbyn hyfforddiant ynddi. Ond rhaid cofio rhybudd Michael Moynagh: 'new expressions of Church are not a quick fix, a panacea to halt church decline'.[39] O ganlyniad, bydd angen ymrwymo yn yr hir dymor i unrhyw ffurf ar yr eglwys a fydd yn datblygu, ac i'w chefnogi hyd yn oed pan ymddengys ei bod yn methu.

Os yw'r ddau awdur uchod yn canolbwyntio ar yr angen i'r eglwys arbrofi ar draul cynnig unrhyw atebion uniongyrchol i broblem cyfathrebu'r efengyl yn y gymdeithas fodern, yna mae astudiaeth Stephen Croft yn canolbwyntio ar strategaeth bendant a fu'n llwyddiannus yn ei weinidogaeth ei hun ac sy'n rhywbeth y gellir ei drosglwyddo o'r cyd-destun gwreiddiol i sefyllfaoedd eraill. Ei awgrym yw sefydlu cymunedau bychain oddi mewn i gynulleidfaoedd yr eglwys sydd wedyn yn cael eu meithrin yn y ffydd Gristnogol a'u hannog i dystiolaethu i weithgareddau achubol Crist yn y byd. Mae ei syniad yn seiliedig ar *comunidad eclesial de base* America Ladin a'r Eglwysi Cell ymhlith y mudiad Pentecostaidd a anadlai fywyd newydd i'r eglwys yn eu cyd-destunau penodol hwy. Seilir y ddwy ffurf eglwysig ar grwpiau bychain o bobl sy'n cyfarfod er mwyn trafod materion pwysig i'r aelodau yng nghyd-destun addoli, gweddi ac astudiaeth feiblaidd. Wrth i'r grwpiau bychain hyn dyfu, yna maent yn gwahanu a ffurfio grwpiau bychain drachefn. Mewn cymunedau bychain o'r fath, mae'n honni, gellir meithrin 'dyfnder cyfeillgarwch a pherthynas; disgyblaeth oddi mewn i gyfundrefn lle bo pawb yn cymryd ei gyfrifoldeb o ddifrif; addoli a gweddi a gyfyd o fyw ynghyd; a phwrpas cyffredin sy'n galluogi pob un i gyfrannu yng nghenhad-aeth Duw'.[40] Swyddogaeth y gweinidog yw galluogi bywyd y grwpiau bychain trwy sicrhau fod eu haelodau yn cael hyffordd-iant priodol a thrwy feithrin arweinwyr ymhlith y bobl. Yn nhyb Croft, mae grwpiau fel hyn yn caniatáu i bobl berthyn i'r eglwys mewn ffordd agos a phersonol. Wedi cyrraedd lefel perthynas agos, bwrpaslon, ystyrlon a chefnogol fel hyn, bydd adnewyddiad yr eglwys yn dilyn.

Yr hyn sy'n apelgar am waith Stephen Croft yw ei fod yn cydnabod hanfod cenadwri'r eglwys, hynny yw, nid yw'n bodoli yn unig er mwyn cyfarfod ag anghenion y bobl sy'n perthyn iddi ond hefyd i ddatgan yr efengyl gerbron y byd. Mae hefyd yn sylweddoli ei bod yn gorfod apelio at amrywiaeth o bobl fel pob sefydliad dynol arall. Yn ei dyb ef, mae'r eglwys i fod yn fan cyfarfod i bobl wneud eu cyfraniad eu hunain ac i osod eu hagenda eu hunain. Rhaid esbonio'r ffydd Gristnogol, meddai, ond rhaid i hyn ddigwydd mewn cyd-destun lle mae pobl yn teimlo eu bod yn perthyn a'u bod yn cael gwrandawiad. Ymhellach, meddai, ni fydd y fath adnewyddu'n digwydd oherwydd unrhyw gynllun neu strategaeth arweinwyr yr enwadau. Yn hytrach, daw'r adnewyddiad i'r eglwys leol o blith y bobl. Rhaid cyfaddef gwirionedd hyn. Yn wir, mae nifer o sylwebwyr wedi tynnu sylw at y tebygolrwydd mai ffocws yr eglwys yn y dyfodol fydd y gynulledifa leol ac nid yr enwad.[41] Ni fydd unrhyw newidiadau nac adnewyddu heb i'r bobl fod eisiau hynny a dechrau gweithio ar ei gyfer. A dyna, efallai, pam mae'r broblem mor ddwfn, oherwydd fod llawer o bobl yn yr eglwysi heddiw wedi'u hyfforddi ar gyfer ffydd sy'n oddefol ac yn fewnsyllgar. Ni fydd unrhyw adnewyddiad ar yr

NATUR A PHWRPAS YR EGLWYS YN Y MILENIWN NEWYDD

eglwys heb i'w phobl ddod yn fwy gweithgar a chyfeirio eu diddordeb a'u gweithgarwch y tu allan i'w muriau.

Ond, ar ben hyn i gyd, mae'r cwestiwn yn parhau, i ba raddau y mae dadansoddiadau'r dynion hyn yn adlewyrchu'r hyn a all gael ei chydnabod fel eglwys yn ôl yr athrawiaethau Cristnogol traddodiadol?

EGLWYSOLEG

Cadarnhawyd yng nghredoau clasurol y ffydd Gristnogol, Credo'r Apostolion a Chredo Nicea, mai 'un eglwys, lân, gatholig ac apostolaidd' sydd. Er gwaethaf ei hymraniadau drwy gydol ei hanes, ac er gwaethaf anfodlonrwydd ymddangosol rhai rhannau ohoni i gydnabod rhannau eraill, gellir cadarnhau o hyd, o safbwynt diwinyddol ac o dystiolaeth y Testament Newydd, bod y gwirionedd diwinyddol wedi'i leoli yn y Credoau. Methiannau a ffaeleddau empeiraidd yr eglwys a achosodd i William Temple ddatgan ei fod yn credu ynddi, ond mewn gwirionedd nad oedd y fath eglwys yn bodoli. Dyna gasgliad Daniel Migliore hefyd a dynnai o'r dystiolaeth empeiraidd:

> The church is one (Does it only appear to be broken into countless racial, national, and class factions?); the Church is holy (Does it only seem to be a community of very fallible and sinful people?); the Church is Catholic (Is it merely an illusion that the church is often provisional and hypocritically self-interested?); the Church is apostolic (Does it only appear to have frequently set itself above the apostles?).[42]

Mae Temple a Migliore ill dau'n dadansoddi'r sefyllfa'n dda, ac mae'n bwysig i beidio ag anwybyddu'r dadansoddiad hwn er mwyn bod yn realistig. Ac eto, rhaid bod yn ofalus i beidio â chael ein llyffetheirio gan ffactorau empeiraidd ac yna anwybyddu'r cynseiliau diwinyddol. O ran dealltwriaeth ddiwinyddol, un eglwys lân, gatholig ac apostolaidd sydd; ond nid yw'r Cristnogion eto wedi sylweddoli hyn. Felly, rhaid i'r ymrwymiad i undod dyfnach fod yn flaenoriaeth ddiwinyddol yn yr unfed ganrif ar hugain, boed yn undod organig neu'n berthynas ecwmenaidd agosach, er mwyn i ni fynegi'n gadarnach y gwirionedd fod yr eglwys yn perthyn i Grist. Ynddo ef, nid oes ond un eglwys a dylai'r ymrwymiad iddi dreiddio drwy ein dealltwriaeth yn ogystal â thrwy ein gweithgarwch eglwysyddol.

Ymhellach, mae'r credoau'n cadarnhau fod yr eglwys yn tarddu o gredu yn Nuw ac ymddired ynddo. Yn well fyth, mae gwreiddiau'r eglwys yng ngweithgarwch Duw ac nid yng ngweithgarwch dyn. Dyma oedd y tu ôl i ddywediad enwog Ignatius Antioch (*c*.35–*c*.107) mai 'pa le bynnag y byddo Iesu Grist, yno y mae'r Eglwys Gyffredinol'.[43] Yn nhyb Jan Milič Lochman (cyn-athro diwinyddiaeth gyfundrefnol, Prifysgol Basel), gwelir hyn yng Nghredo'r Apostolion oherwydd absenoldeb arddodiad. Nid yw Credo'r Apostolion yn datgan 'Credaf *yn* yr eglwys' yn yr un modd ag y mae'n datgan 'Credaf yn' Nuw, Tad, Mab ac Ysbryd Glân. Yn hytrach, dywed 'Credaf yr eglwys'. Mynnai mai'r rheswm am hyn oedd bod yr eglwys yn bodoli oherwydd ei chred yn Nuw'r Drindod a ddatgelwyd i ni yn Iesu Grist. Cafodd Lochman y pwynt hwn o waith John Calvin; yn wahanol i'w ddilynydd, cyfaddefodd Calvin na fynnodd 'ddadlau dros eiriau' yn rhannol oherwydd iddo sylweddoli fod ffynonellau hynafol eraill, megis Credo Nicea, yn cynnwys yr arddodiad, sy'n awgrymu na ddylid gor-bwysleisio'r ddadl ramadegol benodol hon. Ond, mae'r pwynt sylfaenol yn ddilys o hyd. Nid erthygl credo mo'r eglwys i'r Cristion. Yn hytrach, mae'n realiti sy'n dod yn fyw oherwydd presenoldeb Duw ynddi, yng Nghrist ac yn nerth yr Ysbryd Glân. Mae'n bodoli oherwydd ffydd yn Nuw'r Drindod a'i ras rhagflaenol.

Er gwaethaf y gred sylfaenol hon fod yr eglwys yn ganlyniad gras Duw, mewn gwirionedd mae eglwysoleg wedi'i llywodraethu gan 'duedd anfeirniadol i gymathu'r eglwys â phatrymau sefydliadau gwleidyddol a chyfreithiol y gymdeithas o'i chwmpas', tuedd a afaelodd yn yr eglwys yn gynnar iawn yn ei hanes.[44] O ganlyniad, mae nifer o ddiwinyddion cyfoes wedi ceisio trafod yr eglwys mewn ffordd ddiwinyddol a Thrindodaidd. Gan ddilyn gwaith diwinydd yr Eglwys Uniongred Roegaidd, John Zizioulas,[45] yn ogystal â gwaith ei fentor ei hun, Karl Barth,[46] cadarnhaodd Colin Gunton (a fu yn athro diwinyddiaeth yng Ngholeg y Brenin, Llundain) mai datblygiad ontoleg benodol Gristnogol oedd athrawiaeth y Drindod, a darddodd o ddadansoddi'r efengylau yn gynnar yn yr Eglwys Fore. Oherwydd na chafodd ei chymathu ag athrawiaeth yr eglwys, daeth ontolegau eraill i mewn yn ei lle. Ymhlith yr ontolegau gwrthwynebol hyn gellir enwi dwy yn benodol, sef newydd-blatoniaeth sy'n pwysleisio hierarchiaeth ac, yn ail, y pwyslais ar y ddeddf sydd wedi golygu 'defnyddio cyfyngiadau er mwyn cadw ei hundod'.[47] Canlyniad hyn i gyd oedd i'r eglwys dueddu i gyfyngu'r drafodaeth ar ei natur i gwestiynau am ei ffurflywodraeth ac am ei threfn,[48] cyfyngwyd y drafodaeth honno i'r clerigwyr,[49] tra bod bywyd bob dydd yr eglwys wedi'i gyfyngu i 'ystyriaethau cwbl anniwinyddol' a 'gwneud penderfyniadau'n bragmataidd'.[50] A gellir olrhain y duedd hon yn ôl i adeg gynnar yn ei hanes oherwydd iddi fod ynghlwm wrth ymadrodd Irenaeus (c.115–90), pan honnai mai 'pa le bynnag y byddo'r Eglwys, yno hefyd y mae Ysbryd Duw'.

Er na ddylid amau gwirionedd yr honiad hwn, oherwydd fod dibyniaeth yr eglwys ar Dduw'r Drindod yn golygu fod yn rhaid i Ysbryd Duw fod ar waith yn y sefydliad er mwyn iddi fod yn eglwys, mae'r honiad hefyd yn ymsefydliadu'r Ysbryd drwy ddechrau ar yr ochr ddynol, gan anghofio fod yr eglwys bob amser yn ddibynnol ar ras a gweithgarwch rhagflaenol Duw. Nid pa le bynnag y byddo'r eglwys, yno hefyd mae Crist (honiad sy'n wir ond na ddylai gael blaenoriaeth), ond pa le bynnag y byddo Crist, yno hefyd mae'r eglwys (hyd yn oed pan nad yw'n bresennol fel sefydliad) oherwydd fod Crist, fel Arglwydd a Phennaeth yr eglwys, i gael blaenoriaeth yn ein hystyriaethau diwinyddol. Canlyniad hyn yw bod yr eglwys yn anhepgorol i'r ffydd Gristnogol. Mae'n rhaid perthyn i'r eglwys er mwyn bod yn Gristion, neu fod 'yng Nghrist'. Nid oes unrhyw ffordd arall i fod yn Gristion na chwaith i fod yn eglwys. Fel mewn cymaint o bethau eraill, mynegwyd hyn yn bryfoclyd gan Karl Barth:

> He [y Cristion] is not in it [yr eglwys] merely in the sense that he might first be a more or less good Christian by his personal choice and calling as on his own responsibility as a lonely hearer of God's Word and only later, perhaps optionally and only at his own pleasure, he might take into account his membership in the church. If he were not in the church, he would not be in Christ, he is elected and called, not to the being and action of a private person with a Christian interest, but to be a living member of the living community of the living Lord Jesus.[51]

Yn hytrach nag edrych ar bresenoldeb sefydledig yr Ysbryd, awgrymodd Gunton y dylid deall yr eglwys yn gydweddol ag

Athrawiaeth y Drindod. Mewn geiriau eraill, mae'r eglwys yn bodoli oherwydd bwriad yr efengyl i ni fyw gyda'n gilydd mewn cymuned ac mewn cymundeb oherwydd ein creu ar lun a delw Duw. Ni thardda hyn o'r ffaith fod y ddynolryw wedi'i chreu i bawb fod gyda'i gilydd (Gen. 2) nac oherwydd ein bod wedi'n creu er mwyn cael cymundeb â Duw. Gellir dilyn y ddwy ffactor hon heb gyfeirio o gwbl at yr eglwys. Yn hytrach, mae'r eglwys yn hanfodol i'r efengyl oherwydd mai hi yw cymuned y sawl a dynnwyd i mewn i gyfeillach ac i gymundeb â'r Drindod.

Yn ôl yr athrawiaeth Gristnogol, cymuned ac nid monad yw'r Duwdod: mae tri pherson (*hypostasis*), y Tad, y Mab a'r Ysbryd Glân, yn bodoli mewn cyd-gymuned perichoretaidd (sef term y Tadau Capadocaidd sy'n cyfleu natur cyd-dreiddiol perthynas fewnol y Duwdod). Wrth eu bedyddio, daw Cristnogion (yn nhermau'r Testament Newydd) yn 'feibion Duw' trwy'r Mab, wedi'u tynnu'n raslon i gymundeb â Duw gan yr Ysbryd. Er nad oes gofod yma i drafod y pwynt yn fanwl, yr awgrym a ddeillia o'r cymundeb hwn yw bod y sagrafenau'n hanfodol i fodolaeth yr eglwys. Yn wir, cyfansoddir yr eglwys gan y sagrafenau oherwydd eu bod â'u gwreiddiau yn Nuw ac nid mewn gweithgarwch dynol. Symbolau ydynt o bresenoldeb a gras rhagflaenol Duw, ac mae ei ras ar gael trwyddynt i'r eglwys. O ras rhagflaenol Duw'r Drindod, felly, mae'r eglwys yn tarddu.[52] Fel hyn datgelir yr ewyllys dwyfol mewn partneriaeth gyda'r cread, partneriaeth a seiliwyd ar yr ymgnawdoliad pan ddaeth Duw yn fod dynol yn Iesu Grist, y Mab. Felly, mae undod, sancteiddrwydd, catholigrwydd ac apostoligrwydd yr eglwys yn seiliedig ar y ffaith ei bod yn gymuned y sawl sy'n cymuno â'r duwdod ei hun. Diau yr ymddengys hyn, gan amlaf, yn bell o'r realiti empeiraidd, ond dyma ddealltwriaeth ddiwinyddol yr eglwys, ac mae ganddi oblygiadau o ran deall ei phwrpas a'i galwedigaeth.

Wrth gwrs, rhaid bod yn ofalus wrth ddefnyddio'r Drindod fel modd i ddeall yr eglwys. Ni ddylid tynnu casgliad 'rhesymegoli' (*logicizing* – chwedl Gunton) lle gwelir undod y tri pherson yn un Duw fel model am eglwys unedig. Ni ddylid chwaith defnyddio'r gwahaniaeth rhwng y tri pherson i gyfiawnhau 'eglwysoleg amrywiaeth'. Yn nhyb Gunton: 'That would be to move too quickly, playing with abstract and mathematically determined concepts and exercising no theological control over their employment.'[53] Yn lle

NATUR A PHWRPAS YR EGLWYS YN Y MILENIWM NEWYDD

hyn, mae cydweddiad â'r Drindod yn awgrymu agenda ddechreuol, a thasg yr eglwys ymhob cyfnod yw gweithio allan oblygiadau'r agenda hwnnw.

Daw cymorth arall i ni ddeall yr eglwys oddi wrth ffynonellau beiblaidd. Mae'r Testament Newydd yn llawn delweddau amrywiol am yr eglwys. Hi yw corff Crist (1 Cor. 12: 27); halen y ddaear (Mth. 5: 13); gwraig Crist (Eff. 5: 32); 'pobl yn eiddo Duw ei hun' (1 Pedr 2: 9). Mae pob un o'r rhain yn 'awgrymu nad yw rheswm bodolaeth y gymuned benodol hon i'w darganfod ynddi hi ond yn ei thasg sef i wasanaethu Duw a'r byd a'i creodd'.[54] Mewn gwirionedd, ceir rheswm ei bodolaeth yn ei hetholedigaeth. Ni allwn ond edifaru am y ffaith drist fod Israel a'r eglwys, trwy hanes, wedi camddeall eu hetholedigaeth gan Dduw. Ni ddigwydd etholedigaeth er mwyn i'r etholedigion enwi'r sawl sy'n wrthodedig. Yn hytrach, mae'n digwydd er mwyn i Dduw fendithio'r byd cyfan trwy'r etholedig rai. Pan fo Duw yn galw ar Abram (Gen. 12: 2) mae'n addo iddo y bydd yn genedl fawr ac y bydd ei enw yn enwog. Ond mae'n addo hefyd y bydd Abram yn fendith ar eraill. Etholwyd Israel er mwyn bod yn oleuni i'r cenhedloedd (gw. e.e. Eseia 60). Etholir yr eglwys fel goleuni hefyd, neu'n well fel 'halen y ddaear', fel tyst i weithgarwch achubol Duw yn y byd ac fel cyfrwng Ysbryd trawsffurfiol Duw iddo. Mewn geiriau eraill, nid yw'r eglwys yn bodoli'n bennaf i'r sawl sy'n ei mynychu, ond mae'n bodoli i'r sawl na ddaw byth yn agos iddi. Mae'r ffaith fod y syniad cyntaf wedi'i naddu'n ddwfn ym meddwl Cristnogion modern yn awgrymu'r rheswm pam bod angen hyrwyddo dealltwriaeth ddiwinyddol yr eglwys cyn trafod newidiadau angenrheidiol. Ni ddaw unrhyw fudd allan o newid yr hyn a wneir ar hyn o bryd os yw'n parhau i wasanaethu'r un bobl ac yn dal i gyflawni'r tasgau arferol. Yn hytrach, cysylltir yr angen i newid â chcnhadu. Mae angen i'r eglwys newid, nid oherwydd ei hamhoblogrwydd neu am ei bod ar ôl yr oes, ond oherwydd nad yw mor effeithiol ag y gallai fod fel goleuni i'r byd. Yn wir, ambell waith ymddengys nad yw'n cofio mai dyna ei phriod waith a hefyd mai dyna unig reswm ei bodolaeth.

Fodd bynnag, cysylltir bod yn oleuni i'r byd yn bendant â'r hyn y mae Duw wedi'i wneud ar gyfer y sawl sy'n perthyn i'r eglwys weladwy. Esboniodd John Webster fod gweithgarwch yr eglwys yn cael ei lywodraethu gan y nodwedd hon o'i natur, a bod hyn i'w weld ym mhrofiad y Cristion.

The church, therefore, lives in that sphere of reality in which it is proper to acknowledge and testify to reconciliation because we have been reconciled; in which it is fitting to make peace because peace has already been made; in which it is truthful to speak to and welcome strangers because we ourselves have been spoken to and welcomed by God, and so have become no longer strangers but fellow-citizens.[55]

I'r graddau y cydnebydd yr eglwys y cymod a wnaed rhwng Duw â'r ddynolryw yng Nghrist, y tangnefedd sy'n dilyn, a'r croeso sydd ynghlwm wrtho, ac i'r graddau y cydnebydd hefyd mai cyhoeddi'r rhain i'r byd yw ei thasg, yna mae'n 'wir gychwyn cymuned newydd gynhwysol Duw [lle mae] creaduriaid wedi'u cymodi â Duw ac â'i gilydd ac wedi'u galw i wasanaethu Duw yn y byd'.[56] Ynddi y gellir darganfod y sawl sydd wedi ymgynnull i addoli ac i wasanaethu Duw mewn ymateb i weinidogaeth brynedigol a chymodlon Crist ac yn nerth yr Ysbryd. Dyma'r sawl sy'n cyfamodi â Duw ac â'i gilydd i fod yn gyd-dystion i Grist yn y byd ac i sicrhau cyd-dyfiant yn y ffydd. Fel hyn, yng ngeiriau Daniel Miglore, mae'n cynrychioli: 'ffordd newydd, unigryw i fod yn ddynol mewn perthynas â Duw ac mewn perthynas ag eraill . . . Arwydd ac amlygiad dros dro i deyrnasiad Duw yw'r eglwys'.[57] Gresyn, felly, oedd diflaniad cysyniad y cyfamod eglwysig, a fu'n hanfodol yn nhystiolaeth yr Ymneilltuwyr yn arbennig, erbyn canol y bedwaredd ganrif ar bymtheg.[58]

Wrth gwrs, nid oes unrhyw strategaeth yma i wneud yr eglwys yn fwy apelgar i'w haelodau arfaethedig, neu, o leiaf, tuedda i'r hyn sy'n apelgar yn y disgrifiadau hyn – fod yr eglwys yn gymuned fyw yr Arglwydd Iesu Grist – gael ei dywyllu gan Gristnogion yn y Gorllewin naill ai oherwydd fod eu profiadau eglwysig mor wahanol i hyn neu oherwydd iddynt fethu â gweld eu syniadau uchel am Grist ym mywyd yr eglwys. Felly, fe'n hanogwyd i ystyried newidiadau i'r eglwys. Ond dylai'r newidiadau hyn ymdrin â ffurf yn hytrach na sylwedd. Oni bai i ni ystyried ei sylwedd byddwn mewn perygl o ysgaru eglwys y dyfodol o'i bodolaeth hanesyddol. Byddai'n rhaid gofyn wedyn ai'r eglwys mewn gwirionedd yw'r hyn a hyrwyddwn?

NATUR A PHWRPAS YR EGLWYS YN Y MILENIWN NEWYDD

CASGLIADAU

Y dasg, felly, yw parhau i weld yr eglwys fel corff Crist ac i gadw'r parhad sydd ganddi â'r ymgorfforiad ohoni mewn cyfnodau a fu, tra hefyd yn datblygu ffurfiau ar gyfer y dyfodol sy'n wahanol ond sy'n perthyn hefyd i'w holyniaeth hanesyddol. I'r graddau y mae sylwebwyr megis John Drane, Michael Moynagh a Stephen Croft yn ein cynorthwyo i wneud hyn dylid croesawu eu gwaith. Maent i gyd yn pwysleisio fod perthyn i'r eglwys i ddod yn gyntaf cyn credu'r ffydd. Ac, yn ddigon diddorol, mae Moynagh a Croft, o leiaf, yn gweld dyfodol yr eglwys yn nhermau grwpiau bychain sy'n caniatáu i'w haelodau ddatblygu perthynas agos â'i gilydd. O ganlyniad, os bwriedir cofleidio eu syniadau, yna bydd angen datblygu patrymau a ffurfiau creadigol. Mewn geiriau eraill, mae'n rhaid cydnabod nad yw'r eglwys wedi cyrraedd ei ffurf derfynol ac felly bod angen iddi barhau i ddiwygio. Ond ni ddylid anghofio fod eglwys y presennol ac eglwys y dyfodol yn perthyn hefyd i eglwys y gorffennol. Er mwyn cadw'r cysylltiad yma, bydd yn rhaid mynd yn ôl at gwestiwn natur a pherthynas yr eglwys ac i sicrhau na fydd yr ymgyrch i helpu pobl i berthyn i eglwys ar draul cyhoeddi ei neges am gariad cymodlon Duw yng Nghrist. Heb ei hefengyl, nid oes angen eglwys pa mor agos bynnag y mae pobl yn teimlo yw eu perthynas â'r sefydliad sydd ar ôl. Datblygu patrymau a sicrhau trosglwyddo'r efengyl Gristnogol a hyrwyddo ffydd ei hymlynwyr fydd prif dasg yr eglwys allddodol.

Elfen o ddadansoddiadau Drane, Moynagh a Croft sy'n peri gofid yw'r ffordd yr ymddengys iddynt dderbyn yr unigolyddiaeth sydd ymhlyg yn y gymdeithas gyfoes a'r awgrym y bydd yn rhaid i'r eglwys hefyd ei chymeradwyo a'i haddasu er mwyn bod yn effeithiol yn ei chenadwri i'r byd cyfoes. Mae hyn yn broblem am ddau reswm. Yn gyntaf, oni bai fod hyn yn strategaeth ar gyfer cyfranogi yn y byd, ymddengys mai'r awgrym yw bod yn rhaid i'r eglwys addasu oherwydd anghenion mudiadau cymdeithasol ac felly dylai hepgor ei swyddogaeth i feirniadu a thrawsnewid 'pethau'r byd hwn'. Os felly, mae'n anodd gweld sut y gall unrhyw wella cymdeithasol ddigwydd yn y dyfodol oherwydd ni fydd yr angen am newid yn cael ei gydnabod (gan fod yr angen am wella yn rhan mewn unrhyw feirniadaeth). Yn ail, ac yn bwysicach, mae'n hanfodol yn yr efengyl Gristnogol nad unigolion yn ceisio'r bywyd cyflawn i ni ein hunain fesul un ydym, ond 'yr ydym yn aelodau o'n gilydd' (Eff. 4: 25) a darganfyddwn y bywyd cyflawn nid yn gymaint mewn hunanfoddhad ag mewn hunanymwad a gwasanaethu eraill. Gwadu'n llwyr y ddysgeidiaeth Gristnogol fyddai rhoi'r gorau i'r syniad hwn er mwyn poblogeiddio'r eglwys.

Heb amheuaeth, bydd yn rhaid i'r eglwys fod yn fwy dychmygus am ei ffurfiau er mwyn apelio at gymdeithas sy'n hoff o brofiadau newydd, tra hefyd yn llawn egni i drin cymuned chwilfriw a gwneud cyfarfod ag angen yr unigolyn yn brif gonsýrn. Yn y dyfodol bydd yn rhaid i'r eglwys ganiatáu i bobl gadw eu hunigolyddiaeth yn hytrach na cheisio cuddio hynny yn y gynulleidfa. Mae hyn yn gyfle ac yn her, cyhyd â bod yr eglwys yn barod i lunio ffurfiau newydd a bod yr aelodau presennol â digon o egni a gweledigaeth i wneud hynny.

Dylid dweud nad cyfaddawd yw hwn fel y'i hystyriwyd weithiau oherwydd, mewn gwirionedd, nid y ffurf bresennol ar ei bywyd yw'r ffurf a gafodd yr eglwys erioed, ac ymhellach nid yw'r eglwys wedi cyrraedd ei diffiniad terfynol. Ond mae'n broblem o hyd i eglwys a fynychir gan bobl sy'n fodlon ac yn gyfarwydd â'i ffurf bresennol. Y bobl hyn fydd yn gorfod cychwyn ar weithgarwch cenhadol a fydd yn trawsnewid hanfod y sefydliad sydd wedi rhoi cysur a diogelwch iddynt ac sydd wedi meithrin eu ffydd. Ac nid ydynt hyd yn hyn wedi dangos unrhyw barodrwydd nac unrhyw awydd i wneud hyn. Gelwir, felly, am arweiniad proffwydol a fydd yn annog y bobl i gofio'r hyn sy'n hanfodol yn neges yr eglwys ac yn ei natur, sef presenoldeb Duw gyda'r ddynolryw yn Iesu Grist. 'Carodd Duw *y byd*' meddai Ioan (3: 16) ac felly y byd yn ei grynswth a phawb sy'n trigo ynddo yw ystod diddordeb yr eglwys, y sawl sy'n mynychu'r eglwys a'r sawl nad ydynt erioed wedi ystyried dod yn agos ati yn y gorffennol.

Nid yw'r gorchymyn hwn yn ganlyniad y ffaith fod y sefydliad sy'n annwyl i lawer bron â diflannu, oherwydd nid cynnal y sefydliad yw prif gonsýrn yr efengyl. Yn hytrach, mae'n gofyn i'r sawl sy'n ei mynychu ystyried, efallai am y tro cyntaf, fod gan y ffydd Gristnogol efengyl sy'n esgor ar fywyd tragwyddol i'r sawl sy'n ei chlywed ac yn ei derbyn. Yr efengyl hon sy'n galluogi pobl i fyw'r bywyd cyflawn a fydd yn cydffurfio'n fwy ag ewyllys Duw ac a fydd felly o fudd a lles i'r ddynolryw gyfan. Mae'n rhaid i'r cymhelliad fod yn gywir. Wrth wynebu problem bresennol yr eglwys, felly, mae angen cofio bod dealltwriaeth ddiwinyddol yr

NATUR A PHWRPAS YR EGLWYS YN Y MILENIWN NEWYDD

eglwys yn elfen hanfodol yn yr efengyl yn ogystal â chadw unrhyw fewnweledigaeth gymdeithasegol a ddysgasom rywbryd yn y gorffennol. Ni fydd unrhyw newidiadau'n dderbyniol onid ydynt yn ystyried y ddau.

[1] Philip Richter a Leslie J. Francis, *Gone But Not Forgotten* (Llundain, 1998), tt. xi, xii.
[2] Dylid nodi bod yr adroddiad yn gweld rhywfaint o dyfiant ymhlith yr eglwysi newydd, annibynnol, ond nid oedd hyn ar raddfa fawr.
[3] Yn yr ysgrif hon, defnyddir yr ymadrodd 'yr enwadau traddodiadol' ar gyfer yr enwadau a ddatblygodd o ganlyniad i'r Diwygiad Protestannaidd a'r Diwygiad Efengylaidd, sef yr Annibynwyr, y Bedyddwyr, y Methodistiaid Calfinaidd (Eglwys Bresbyteraidd Cymru), y Wesleaid a'r Eglwys yng Nghymru.
[4] Gw. e.e. Elfed ap Nefydd Roberts, 'Review: D. Densil Morgan, *Cedyrn Canrif: Crefydd a Chymdeithas yng Nghymru'r Ugeinfed Ganrif*', yn *The Journal of Welsh Religious History*, cyfres newydd, 2 (2002), 108–10.
[5] Gw. Michael R. Watts, *Why Did the English Stop Going to Church?* (Llundain, 1995).
[6] H. Richard Niebuhr, *The Kingdom of God in America* (Efrog Newydd, 1937), t. 193.
[7] D. W. Bebbington, 'Evangelism and spirituality in twentieth-century Protestant Nonconformity', yn Alan P. F. Sell ac Anthony R. Cross (goln), *Protestant Nonconformity in the Twentieth Century* (Caerliwelydd, 2003), t. 206.
[8] Mike Fearn a Leslie J. Francis, 'From A-level to higher education: student perceptions of teaching and learning in theology and religious studies', *Discourse*, 3/2 (Gwanwyn 2004), 58–91 (71).
[9] Tom Sine, *Mustard Seed versus McWorld* (Grand Rapids, 1999), tt. 186–91.
[10] Daniel L. Migliore, *Faith Seeking Understanding: An Introduction to Christian Theology* (Grand Rapids, 1991), t. 185.
[11] John W. Drane, *The McDonaldization of the Church* (Llundain, 2000), t. 32.
[12] Clive Marsh, *Christianity in a Post-atheist Age* (Llundain, 2002), t. 8.
[13] Christoph Schwőbel, 'The creature of the word: recovering the ecclesiology of the reformers', yn Colin E. Gunton a Daniel W. Hardy (goln), *On Being the Church: Essays on the Christian Community* (Caeredin, 1989), t. 150.
[14] John Spong, *Why Christianity must Change or Die: A Bishop Speaks to Believers in Exile: A New Reformation of the Church's Faith and Practice* (San Francisco, 1998).
[15] Schwőbel, 'The creature of the word', t. 150.
[16] Ibid., t. 122.
[17] Gw. Steve Bruce, *Religion in the Modern World* (Rhydychen, 1996).

[18] Gw. Grace Davie, *Religion in Britain since 1945: Believing without Belonging* (Rhydychen, 1994).
[19] Gw. Robin Gill, *Churchgoing and Christian Ethics* (Caergrawnt, 1999).
[20] Drane, *McDonaldization*, t. 28.
[21] Ibid., t. 42.
[22] Ibid., tt. 70–9.
[23] Ibid., t. 80.
[24] Ibid., t. 87.
[25] Ibid., tt. 83–4.
[26] Ibid., t. 163.
[27] Ibid., t. 89.
[28] Ibid., t. 103.
[29] Ibid., tt. 127–8.
[30] Ibid., t. 130.
[31] Michael Moynagh, *Changing World, Changing Church* (Llundain, 2001), t. 7.
[32] Ibid., t. 9.
[33] Ibid., t. 12.
[34] Ibid., t. 21.
[35] Ibid., t. 88.
[36] Ibid., tt. 140–1.
[37] Mae Leslie J. Francis yn dadansoddi hyn yn ei lyfr *Faith and Psychology: Personality, Religion and the Individual* (Llundain, 2005).
[38] Michael Moynagh, *Emergingchurch.intro* (Abingdon, 2004), t. 11.
[39] Ibid., t. 173.
[40] Stephen Croft, *Transforming Communities: Re-imagining the Church for the Twenty-first Century* (Llundain, 2001), t. 72.
[41] Joseph Cardinal Ratzinger, *The Ratzinger Report: An Exclusive Interview on the State of the Church, Joseph Cardinal Ratzinger with Vittorio Messori* (San Francisco, 1985), tt. 45–7. Dyfynnwyd yn Veli-Matti Kärkkäinen, *An Introduction to Ecclesiology: Ecumenical, Historical and Global Perspectives* (Downers Grove, 2002), t. 8.
[42] Migliore, *Faith Seeking Understanding*, t. 187.
[43] Gw. R. Tudur Jones (gol.), *Ffynonellau Hanes yr Eglwys* (Caerdydd, 1979), t. 37.
[44] Gunton a Hardy (goln), *On Being the Church*, tt. 9–10.
[45] John D. Zizioulas, *Being as Communion: Studies in Personhood and the Church* (Llundain, 1985).
[46] Gw. Karl Barth, *Church Dogmatics I/i The Doctrine of the Word of God* (Caeredin, 1936), t. 360.
[47] Colin E. Gunton, 'The church on earth: the roots of community', yn Gunton a Hardy (goln), *On Being the Church*, t. 53.
[48] Schwöbel, 'The creature of the word', t. 112.
[49] Gw. Richard H. Roberts, 'Lord, bondsman and churchman: power, integrity and identity', yn Gunton a Hardy (goln), *On Being the Church*, t. 156.

50 Schwőbel, 'The creature of the word', t. 117.
51 Colin E. Gunton, *The Christian Faith: An Introduction to Christian Doctrine* (Rhydychen, 2002), t. 188.
52 Yn ôl Jürgen Moltmann, mae'r bedydd yn 'sagrafen mynediad a'r drws i ras' tra bo Swper yr Arglwydd yn 'sagrafen conffirmasiwn ac yn llwybr gras'. Gw. *idem, The Church in the Power of the Spirit* (2il arg., Llundain, 1992), t. 227.
53 Gunton, 'The church on earth', t. 66.
54 Migliore, *Faith Seeking Understanding*, t. 190.
55 John Webster, *Word and Church: Essays in Christian Dogmatics* (Caeredin, 2001), t. 224.
56 Migliore, *Faith Seeking Understanding*, t. 186.
57 Ibid., t. 189.
58 Gw. R. Tudur Jones, *Hanes Annibynwyr Cymru* (Abertawe, 1966), t. 184.

4

ADDOLI

Mae Catecism Byrrach Westminster, a ddefnyddiwyd ers mwy na thri chan mlynedd gan Gristnogion Presbyteraidd i hyfforddi plant a'r rhai gafodd dröedigaeth i'r ffydd Gristnogol, yn cychwyn gyda'r cwestiwn 'Beth yw prif ddiben Dyn?' Yr ateb a roddir yw 'Prif ddiben Dyn yw clodfori Duw, ac ymhyfrydu ynddo am byth.'[1]

Tra bod y cwestiwn a'r ateb fel petaent yn awgrymu fod addoli Duw yn ddyletswydd pennaf pob bod dynol, a bod iaith o'r fath yn sicr allan o ffasiwn yn yr unfed ganrif ar hugain, maent hefyd yn crynhoi ymdeimlad o bwrpas i fodolaeth sy'n ganlyniad y berthynas rhwng y ddynolryw a'r Creawdwr. Yn ôl y Catecism, yr unig reswm y dylid addoli Duw yw bod Duw ynddo'i hun yn haeddu clod, mawl, gogoniant a nerth. Ond mae'r Catecism hefyd yn cydnabod fod addoli Duw yn dod â manteision i'r addolwr. Gall 'ymhyfrydu' yn Nuw am byth. Er nad yw union ystyr y gair ymhyfrydu yn y cyd-destun hwn yn eglur, y mae'n sicr yn cynnwys y syniad fod bodau dynol yn cael boddhad personol o adnabod Duw a'i anrhydeddu am bwy ydyw. Addoliad, felly, yw prif ddiben dyn am ddau reswm: yn gyntaf, am ei bod yn iawn anrhydeddu Duw ac, yn ail, am ei bod yn arwain at foddhad personol. Arweinia hyn at y casgliad, yn y ddysgeidiaeth a'r gred Gristnogol, fod yn rhaid i rywun fyw yng nghyd-destun addoli er mwyn byw bywyd ystyrlon.

Fel y mae diolch i Dduw a'i foli yn dilyn datguddiad ei weithredoedd achubol, daw addoliad yn gyntaf yn y profiad dynol o flaen myfyrio diwinyddol a ffurfio athrawiaeth. Mewn geiriau eraill, yr ymateb cyntaf i Dduw yw ei addoli, ac yna ceisio deall pwy sy'n cael ei addoli a pham. Bu agwedd o'r fath tuag at ddiwinyddiaeth mewn bodolaeth dros y canrifoedd. Fe'i hawgrymwyd gan Anselm pan grybwyllodd 'ffydd yn ceisio deall', a cheir yr un ystyr yn yr hen ymadrodd Lladin, *lex orandi, lex credendi*,[2] seiliedig ar eiriau Prosper o Aquitaine (*c*.390–463), sy'n golygu yn llythrennol 'fel y bo deddf gweddi yn sefydlu deddf credu'. Mewn geiriau eraill, cyfyd diwinyddiaeth allan o addoli. Ysgrifennodd John Bell o Gymuned Iona yn yr Alban: 'ffurfir ein diwinyddiaeth yn yr addoliad, trwy ganu, gweddïo a phregethu, a thrwyddynt y mae ein disgyblaeth yn cael ei hannog ac mae ein hysbrydion yn cael eu meithrin',[3] tra dywed Christopher Cocksworth 'mae'n rhaid seilio ein meddwl am Dduw mewn gweddi oherwydd dyma'r ffordd yr ydym yn perthnasu â Duw'.[4] Yr hyn sy'n gyffredin i'r pedwar awdur yw mai ffydd sy'n cael ei byw yw'r ffydd Gristnogol: y mae ei realaeth wedi ei wreiddio ym mywydau pobl yn hytrach nag mewn dadl academaidd. Nid syniad deallusol yw Duw, ond realiti y gelwir gwŷr a gwragedd i berthynas ag ef trwy fywydau o dystiolaeth a gwasanaeth. Mae'r hyn a feddyliant amdano yn eilradd i'w hymrwymiad i'w addoli a'i ddilyn. Ac yn yr eglwys y mae'r lle pennaf i wneud hyn. Gweithred gymunedol yn ei hanfod yw addoli, lle'r ymgasgla pobl Duw ynghyd i roi iddo glod ac anrhydedd, i geisio maddeuant am eu beiau, i ganfod ei ewyllys ac i dderbyn grym ei Ysbryd Glân i ddilyn ei ewyllys yn eu bywydau beunyddiol.

Wedi dweud hynny, mae'n bwysig sylweddoli nad yw addoli yn digwydd mewn gwacter ysbrydol oherwydd i hanes cariad creadigol, achubol a chynhaliol Duw gael ei adrodd eisoes yn y gorffennol. Oherwydd fod gweithredoedd achubol Duw wedi'u datgan, a bod pobl wedi ymgynnull i'w dathlu, mae cyd-destun cymdeithasol a diwinyddol i'n haddoli, lle deellir presenoldeb Duw ac y gall yr addolwr ymateb i'r presenoldeb hwnnw. Mae fformwleiddiad diwinyddol eisoes yn bod, ac fe ddaw'n amlwg yn yr addoliad ffurfiol, fel arfer yn y litwrgi ac yn yr emynau a hefyd trwy ailadrodd credoau. Ond rhaid i'r crediniwr unigol gydnabod gwerth Duw yn gyntaf cyn ceisio fformwleiddio diwinyddol oherwydd trwy adnabod Duw mewn perthynas y mae modd ffurfio gwybodaeth a dealltwriaeth ohono. Daw'r crediniwr yn rhan o draddodiad hanesyddol ac yn y traddodiad hwnnw y mae cenhedlaeth ar ôl cenhedlaeth o bobl wedi addoli ac wedi dilysu fformwlâu diwinyddol er mwyn mynegi gwybodaeth am y berthynas sydd rhyngddynt a'r Creawdwr. Etifeddu'r rhain y mae pob Cristion ymhob cyfnod, ond maent yn ymateb yn gyntaf trwy addoli ac yna trwy geisio deall. Ond y maent hefyd yn elwa o'r ddealltwriaeth a fformwleiddiwyd eisoes y tu mewn i'r gymuned ffydd.

ADDOLI DUW

Ar yr olwg gyntaf, gweithgaredd dynol yw addoli lle mae gwŷr a gwragedd yn priodoli gwerth i rywbeth neu rywun. Mewn termau Cristnogol, hanfod addoli yw cydnabod gwerth Duw, a ddatguddiwyd oherwydd ei fod yn Dad yr Arglwydd Iesu Grist. Cynigir addoliad iddo oherwydd ei fod wedi'i ddatguddio ei hun yn Iesu fel cariad gwaredol. Medd George Florovsky, diwinydd yn Eglwys Uniongred Rwsia: 'Christian worship is the response of men to the Divine call, to the "mighty deeds" of God, culminating in the redemptive act of Christ.'[5] Yn ôl y traddodiad Cristnogol, datguddir natur Duw trwy ei ymwneud â phobl Israel ond fe'i datgelir yn fwy cyflawn yn ymgnawdoliad, croeshoeliad ac atgyfodiad Iesu o Nasareth. Datguddiad o'i natur, fel y'i crynhoir yn nhraddodiad diwinyddol yr eglwys, sy'n ennyn ymateb yn y crediniwr. Mae addoli yn digwydd wrth i sylw'r crediniwr gael ei ddenu at sancteiddrwydd Duw a'i arallrwydd nowmenal (yr hyn sy'n awgrymu presenoldeb y dwyfol) ac wrth i'r cyfarfod hwnnw ei lenwi â bywyd newydd ysbrydol. Dyma'r priodweddau sy'n dangos teilyngdod Duw i gael ei anrhydeddu gan ei greaduriaid.

Mae'r ymdeimlad fod Duw yn deilwng i gael ei addoli yn thema allweddol yn y Beibl. Mewn stori ar ôl stori mae cyfarfod â Duw yn arwain yn naturiol at addoli. Mae'r Cread, oherwydd natur ei berthynas gyda'r Creawdwr, a heb wneud dim byd yn benodol, yn datgan gogoniant Duw (Salm 24: 1), er, mewn gwirionedd, nad yw adlewyrchu'n oddefol addoliad Duw yn ddigon, gan y cyfarwyddir 'bydded i bopeth byw foli'r Arglwydd' (Salm 150: 6) yn ogystal. Crëir bodau dynol i foli'r Arglwydd (Salm 102: 18), a da yw moliannu'r Arglwydd a chanu mawl i'w enw (Salm 92: 1–2). Mae'r sawl sy'n dod i bresenoldeb Duw, neu sydd ym mhresenoldeb y dwyfol, yn deall yn reddfol eu bod yno i'w addoli. Yn ôl crefydd yr Hebreaid, y dybiaeth oedd bod Duw mor sanctaidd ac yn ennyn y fath barchedig ofn fel bod cyswllt uniongyrchol ag ef yn amhosibl. O ganlyniad, felly, byddai bodau dynol yn cael profiad o wyneb Duw, o law Duw, Ysbryd Duw, presenoldeb Doethineb, colofn o gwmwl neu dân, neu ymddangosiad bod dwyfol, megis angel er enghraifft. Fel hyn y caiff cymeriadau'r Hen Destament eu hannog i addoli, yn aml trwy gysylltiad â negeseuwyr Duw. Pan ddaeth colofn o gwmwl ar wersyll yr Hebreaid yn yr anialwch, yna 'Byddai pob un . . . yn codi ac yn addoli' (Ex. 33: 10). Wedi breuddwydio am ysgol rhwng y nefoedd a'r ddaear ac angylion Duw yn dringo a disgyn ar hyd-ddi, gosododd Jacob golofn 'a thywallt olew drosti', gan enwi'r lle yn Bethel, 'tŷ Dduw'. 'Y mae'n siŵr fod yr Arglwydd yn y lle hwn,' meddai. 'Mor ofnadwy yw'r lle hwn' (Gen. 28). Mae profiad Eseia yn y Deml (Eseia 6), profiadau Eseciel wrth afon Cherbar (e.e. Esec. 1: 28), Elias ar Fynydd Horeb (1 Brenh. 19) oll yn awgrymu parchedig ofn, a'r ymateb cywir, os nad greddfol, yw addoli. Ar ddechrau'r ugeinfed ganrif disgrifiodd Rudolf Otto'r profiad hwn fel profiad y sanctaidd neu'r *nowmenus* a ddadansoddodd fel *mysterium tremendum et fascinans* – rhyfeddod sydd ar yr un pryd yn ein dychryn ac yn ein denu.[6]

Mae'r profiadau hyn, wrth gwrs, yn rhyfeddol, yn ddirgel ac yn amwys, ac nid yw rhywun yn wastad yn glir ynglŷn â sut i'w dehongli. Ymddengys mai'r llinyn arian sy'n eu cysylltu oll yw'r ymdeimlad o barchedig ofn, os nad dychryn, sy'n dod i ran yr addolwr. Fel yr ysgrifennodd Paul Tournier:

> Adam is afraid when God calls him in the Garden of Eden; Cain is afraid when God speaks to him; Moses is afraid before the burning bush; Isaiah is afraid in his vision; even the Virgin Mary is afraid when the angel Gabriel visits her.[7]

Mae profiad o bresenoldeb Duw yn tarfu yn arw am ei fod yn dwyn rhywun i gysylltiad ag un sydd mor annhebyg, ac un y mae ei agosrwydd yn datgelu ein ffaeledigrwydd, ein marwoldeb a'n pechod. O ganlyniad, yr ymateb dynol i'r profiad o Dduw yw un sy'n mynnu gonestrwydd llwyr ar ran y sawl sy'n addoli. Rhaid i Eseia, er enghraifft, gyfaddef 'Gwae fi! Mae wedi darfod amdanaf! Dyn a'i wefusau'n aflan ydwyf, ac ymysg pobl a'u gwefusau'n aflan yr wyf yn byw; ac eto, yr wyf â'm llygaid fy hun wedi edrych ar y brenin, Arglwydd y lluoedd' (Eseia 6: 1). Mae addoli Duw yn ennyn yn y sawl sy'n addoli adnabyddiaeth o'i natur fel creadur a'i arallrwydd llwyr i Dduw (neu, yn well hwyrach, arallrwydd Duw i ni) ac felly cydnabyddiaeth o'n beiau, ein gwendidau a'n pechod. Mae addoli yn arwain at edifeirwch, cydnabod pechod y natur ddynol a amlygir pan ddaw gwŷr neu wragedd i gysylltiad â sancteiddrwydd Duw. Yn ei bresenoldeb, y mae'r addolwyr yn deall yng ngeiriau'r apostol Paul, 'Y maent oll wedi pechu, ac yn amddifad o ogoniant Duw' (Rhuf. 3: 23). O ganlyniad, mae'n iawn dynesu at Dduw yn wylaidd, gan gydnabod ei fod yn wahanol i ni. Ac eto, fel y dywed epistol Iago wrthym, pan fyddwn yn wylaidd gerbron Duw, mae Duw yn ein dyrchafu (4: 10) am ein bod yn darganfod ei fod hefyd yn Dduw cariad a gras. Mae'r addolwyr sy'n dod gerbron Duw gan gydnabod pwy yw Duw, a chan gydnabod eu cyflwr pechadurus gerbron y Creawdwr, yn medru, trwy wyleidd-dra ac edifeirwch, gael maddeuant ac ymhyfrydu yn Nuw yn dragywydd.

Mae addoli Duw i fod yn ymateb i realiti Duw, neu yn ymateb i Dduw fel y mae mewn gwirionedd: ef yw'r un dyrchafedig a sanctaidd sy'n ymostwng i fod gyda'i greaduriaid trwy ras a chariad. Yn ôl Richard G. Jones, mae addoliad yn dathlu 'y math o Dduw y mae Cristnogion yn credu ynddo – Duw Tad ein Harglwydd Iesu Grist sy'n trigo gyda ni yn nerth yr Ysbryd Glân. Fe'i addolwn ef oherwydd mai ef yw realiti eithaf y bydysawd, ffynhonnell pob gwerth a gwirionedd a chymeriad a daioni a phrydferthwch. Fe'i addolwn ef yn syml oherwydd pwy *ydyw ef*.' Gall hyn ymddangos fel petai'n awgrymu fod addoli yn deillio yn unig o gred neu argyhoeddiad personol. Fodd bynnag, dengys y ffordd at y berthynas agos a ddylai fodoli rhwng cred ac argyhoeddiad diwinyddol ar y naill law, ac addoli ar y llall. Nid oes modd ysgaru'r naill oddi wrth y llall. (Rydym yn addoli am ein bod yn credu: credwn, felly rhaid i ni addoli.) Ac fe osgoir mympwy hefyd, oherwydd, medd Richard Jones ymhellach, 'Yr unig gyfiawnhad dros addoli yw mai fel hyn y mae Duw mewn gwirionedd, fel yr Un a ddatguddiodd Iesu ac mae'r Beibl wedi ysgrifennu amdano. Ar wahân i hyn nid oes unrhyw ddiben i'n haddoliad o gwbl.'[8] Mae addoli, felly, yn ymateb i'r ffaith fod Duw yn derbyn ac yn caru ei greaduriaid, tra'n cydnabod hefyd fod Duw yn sanctaidd, yn dragwyddol ac yn wrthrych parchedig ofn. Oherwydd hynny y mae modd dal at neges yr efengyl fod trugaredd yn gorchfygu. Er bod barn yn bodoli, mae gras a chariad Duw a welir yn atgyfodiad Crist sy'n goroesi barn y groes.

Mae dau syniad y tu ôl i hyn y dylid eu cadw mewn cof. Yn gyntaf, mae addoli yn ddyledus i Dduw mewn ystyr gyffredinol.

ADDOLI

Mae Duw felly yn cael ei barchu fel Creawdwr, Gwaredwr a Chynhaliwr gan adlewyrchu pwy ydyw a beth a wnaeth i'r greadigaeth gyfan. Ond mae iddo hefyd, yn ail, yr ystyr fod Duw wedi gwneud rhywbeth i'r unigolyn, yn ei fywyd ei hun. Felly, mae hanes iachawdwriaeth gyffredinol y deuwn i wybod amdano trwy gysylltu â chymuned ffydd a'i thraddodiad, a hefyd dystiolaeth bersonol, lle'r ydym yn cydnabod y bu Duw yn bresennol ac yn gweithredu yn ein bywydau. Medd Susan J. White: 'Addolwn Dduw oherwydd ein bod yn cydnabod y ddau fath o hanes Cristnogol ac yn ein haddoliad y mae'r ddau hanes yn cymryd rhan mewn dialog greadigol â'i gilydd, ac allan o'r ddialog honno mae bywyd a ffydd newydd yn ymddangos.'[9] Yn wir, mae hyn yn ein harwain at galon hunaniaeth Gristnogol. I Stephen Sykes, 'Christianity consists in the interaction between its external forms and an inward element, constantly maintained by participation in communal worship.'[10] Mewn geiriau eraill, mae bod yn Gristion yn golygu ymwneud â honiadau athrawiaethol am yr hyn yw Duw a'r hyn a gyflawnodd yn Iesu Grist. Mae'n rhaid i'r stori gyffredinol ddod yn bersonol wir wrth i gredinwyr weld realiti iachawdwriaeth Duw a chydnabod fod ei gariad ar eu cyfer hwy. Trwy hyn, gallant ymrwymo i fyw yn ôl ei ewyllys, mor belled ag y gellir ei dirnad. Dylid ysbrydoli a meithrin hyn trwy addoli cymunedol yn yr eglwys.

Mae'n dilyn o hyn fod addoli yn weithred ac yn gyflwr.[11] Mae'n weithred am ein bod yn treulio amser yn gwneud rhai pethau i foli Duw. Mae'n gyflwr am ei fod yn digwydd, yn naturiol braidd, pan fyddwn yn iawn ddeall y ffordd yr ydym yn ymwneud â Duw, gwybod pwy ydym 'yng Nghrist', ac yn gweithio hyn allan yn ein bywydau beunyddiol. Mewn rhai ffyrdd, daw'r syniad hwn i'r amlwg yn adnodau'r Testament Newydd megis 'offrymu eich hunain yn aberth byw, sanctaidd a derbyniol gan Dduw' (Rhuf. 12: 1) neu'r syniad Paulaidd fod y corff yn Deml yr Ysbryd Glân (1 Cor. 6: 19). Mae'r person cyfan, yng Nghrist, yn cyfrannu i addoli oherwydd statws yr un hwnnw (neu honno) fel bod a waredwyd. O ganlyniad, daw addoli yn rhan o bob agwedd o fywyd y sawl sy'n arddel ffydd.

Gan fod addoli yn weithred ac yn gyflwr, mae'n dilyn y dylai ddigwydd ar achlysuron ac amseroedd arbennig ac y dylai hefyd fod yn rhan cyffredinol a naturiol o fywyd y Cristion. Mae'n hollol briodol cadw adegau arbennig ar wahân ar gyfer gweithredoedd penodol o addoliad; i'r rhan fwyaf o Gristnogion, mae hyn yn golygu neilltuo amser ar y Sul i fynychu gwasanaethau mewn eglwys. Esbonia Michael Marshall yn glir fod amseroedd penodol i addoli yn angenrheidiol oherwydd cyfyngiadau amser ar y natur ddynol.

> God *is* everywhere, but I am not. God is infinite, but I am finite. Always, therefore, for the finite creature, the opening on to the universal is necessarily through the specific. People who start by trying to recognize God and worship him *everywhere* generally end up knowing him *nowhere*. In order to recognize God *everywhere* we must first start by coming to know him *somewhere*.[12]

Yr ymgynnull hwn ar adegau arbennig sy'n aml yn nodi grŵp o bobl fel credinwyr Cristnogol, a thrwy neilltuo amser i gydgyfarfod ar gyfer gweithred benodol o addoliad, caiff gwŷr a gwragedd eu hysbrydoli i fyw eu bywydau fel Cristnogion yng ngwasanaeth Duw.

Pan ddeuant ynghyd i addoli, bydd Cristnogion yn defnyddio cân, gweddi, darlleniadau o'r Beibl a phregethu er mwyn moli mawrhydi Duw a chanu ei glodydd, gwrando ar ei air, gweddïo dros ei gilydd a thros y byd, a chlirio eu cydwybod. Yn anad dim, maent yn dwyn i gof aberth Iesu, sy'n peri bod agweddau eraill addoliad yn bosibl, trwy fara a gwin.[13] Mae'r rhai sy'n dod ynghyd yn cael sicrwydd, cysur, maddeuant a iachâd ond y maent hefyd yn cael eu herio i ymrwymo ymhellach i ffyrdd Duw yn y byd. O ganlyniad, mae i amseroedd addoli penodol arwyddocâd ehangach; maent yn dystiolaeth gyhoeddus (rhywbeth sy'n rhan hanfodol o'r bywyd Cristnogol) hyd yn oed pan fydd nifer y sawl sy'n dod ynghyd yn fychan ac yn lleihau. Mae'n tystio yn gyffredinol i'r dimensiwn ysbrydol mewn bywyd ac, yn fwy penodol, i gred arbennig am natur, bodolaeth a gweithredoedd Duw, a ddatguddiwyd yn Iesu Grist. Ni fydd manylion y datguddiad hwnnw yn amlwg, ond mae'r cysylltiadau yno. Mae'r amseroedd arbennig hyn a neilltuwyd ar gyfer addoli yn hanfodol, yn rhannol am mai grŵp cydnabyddedig o bobl y mae Duw am sefydlu a rhoi iddynt y cyfrifoldeb o dystiolaethu i'w weithredoedd yn y byd. Mae dod ynghyd i addoli, felly, yn ymateb cywir i gariad Duw am y 'byd' (In 3: 16). Ond y mae iddo hefyd swyddogaeth mwy ymarferol lle

ADDOLI

y gall pobl y mae eu bywydau yn brysur ac yn gymhleth ddod yn hawdd i'r ddisgyblaeth o neilltuo amser penodol i addoli Duw.[14]

NODWEDDION ADDOLI

Nodweddir addoli Duw yn bennaf fel 'aberth o fawl', sy'n adlewyrchu'r ymdeimlad mai peth drud yw addoli a gwasanaethu Duw. Yn ôl Martin Luther, er enghraifft:

> Pan ddatganaf Air Duw byddaf yn cynnig aberth; pan glywi Air Duw gyda'th holl galon, cynigi aberth. Pan weddïwn a phan roddwn mewn cariad i'n cymydog, cynigiwn aberth. Felly hefyd, pan dderbyniaf y Sagrafen hon, cynigiaf aberth – sef yw hynny, cyflawnaf ewyllys a gwasanaeth Duw, cyfaddefaf Ef, a rhoddaf ddiolch iddo Ef. Nid aberth dros bechod mo hyn, ond aberth diolch a mawl.[15]

Mae cymundeb â'r dwyfol yn dibynnu ar osod y bywyd hwn a'i bleserau o'r neilltu. Mae bywyd, o'i ildio, yn baradocsaidd yn dwyn newydd-deb a bywyd tragwyddol (gw. e.e. In 12: 25). Mae'n arwain yr addolwyr i fod yn barod i roi o'u gorau, boed hynny yn amser, ynni, mawl neu ddiolch.

O gadw hyn mewn cof fel y cefndir diwinyddol, mae i'r weithred o addoli lawer o nodweddion. Mae oedfaon addoliad fel arfer yn dilyn rhyw fath o batrwm litwrgïaidd lle mae'r rhai a ddaeth ynghyd yn cychwyn trwy foli Duw, lle cydnabyddir Duw am bwy ydyw ac y canolir y meddwl draw oddi wrth yr hunan er mwyn cydnabod 'gwerth' y Goruchaf. Mae cydnabod gwerth a sancteiddrwydd Duw yn arwain yr addolwyr i edifeirwch a chyffesu pechodau; yna y mae maddeuant yn cael ei ddatgan. Mae anogaeth yn dilyn cyffes (neu weithiau yn ei ragflaenu lle'r anogir yr addolwyr i edifarhau drwy wrando ar y Gair) trwy ddarllen a chyhoeddi'r Gair, ac y mae hyn yn arwain at ymbiliau lle dygir y byd a'i anghenion gerbron Duw. Pwynt canolog y gwasanaeth, lle daw hyn oll i uchafbwynt, yw Swper yr Arglwydd neu'r Ewcharist lle dygir i gof farwolaeth ac atgyfodiad Iesu, a'u cydnabod fel yr hyn sy'n rhoi ystyr i weithredoedd mawl, cyffes, anogaeth ac ymbil, sydd oll yn ymgorffori cydnabod gwerth Duw.

O edrych ar oedfaon addoli, mae modd canfod nifer o egwyddorion diwinyddol sy'n rhoi i ni ddealltwriaeth well o'r hyn y credir sy'n digwydd pan fydd Cristnogion yn dod ynghyd i addoli. Noda Susan J. White chwech: gwasanaeth i Dduw; adlewyrchu ar y ddaear addoliad y nefoedd; cadarnhad yr addolwr; cymundeb; cyhoeddiad; a mynediad i faes trosgynoldeb.[16] Er o bosibl nad ydynt oll yn bresennol ym mhob gwasanaeth o addoliad, neu nas canfyddir gan bawb sy'n bresennol mewn gwasanaethau o addoliad, bwriedir i'r nodweddion hyn gael eu profi a'u cydnabod pan ddaw Cristnogion ynghyd i addoli Duw. Yn sicr, maent yn llwyddo i arddangos cyfosodiad angenrheidiol gweithgaredd a goddefoldeb dynol lle mae'r sawl sy'n addoli yn gwneud eu haberth o foliant tra ar yr un pryd yn derbyn daioni a gras Duw. Hyn sydd fwyaf arwyddocaol: mae addoli yn fwy na gweithred cynulleidfa o gredinwyr. Mae yn weithred-mewn-perthynas lle mae Duw yn dwyn ato bobl sydd wedi ymateb i'w alwad ac yn cymryd rhan yn y berthynas gydag ef a wnaed yn bosibl trwy Iesu Grist.

Felly, dyna yw addoli cyhoeddus: ymateb Cristnogion y datgenir eu bod yn blant i Dduw, o ddiolchgarwch ac ufudd-dod i'r un a'u hachubodd. Mae iddo natur dyletswydd ddwys ac ymateb llawen tra'i fod yn gyfanswm cyfraniad yr addolwr unigol a'i ymgasglu ynghyd â gweddill y gynulleidfa yn yr eglwys. Bydd y Cristion yn cyfarfod Cristnogion eraill i roi i Dduw y gogoniant a haedda, ond hefyd i roi i Dduw o lwyrfodd calon. Ond am ei fod yn adlewyrchu addoliad y nefoedd, mae'r addoliad daearol yn datgelu, mewn ffordd rannol a phetrusgar, weledigaeth oll-gwmpasog lle mae pethau fel y dylent fod. Mae addoliad yn y nefoedd yn berffaith a thragwyddol. Mae addoliad ar y ddaear yn amherffaith a thymhorol. Ac eto, hyd yn oed yn yr addoli rhannol ac annigonol hwn, mae modd cael cip ar sut y dylai pethau fod ac wrth wneud hynny, rhy'r deinamig a'r sbardun i herio pethau i gydymffurfio â gofynion y Deyrnas. Felly mae addoliad dynol fel drych o'r addoliad nefol sy'n gallu, yng ngeiriau Susan J. White, 'ein cynnal yn yr ymdrech ddynol, yn ogystal ag yn yr ymgyrch dros gyfiawnder a thangnefedd ar y ddaear'.[17]

Trwy addoli Duw, caiff Cristnogion eu cadarnhau a'u hadfywio yn eu bywydau a'u hannog yn eu galwedigaeth. Mewn geiriau eraill, mae'n hybu pobl i gysegru eu bywydau beunyddiol, gan gynnwys eu galwedigaeth ddaearol, i Dduw ac i ogoniant Duw. Fel gyda phob syniad am alwedigaeth, perygl hyn yw y gall arwain at gyfiawnhau y *status quo* a all filwrio yn erbyn y weledigaeth a

ADDOLI

ddisgrifiwyd uchod, sy'n herio pobl i drawsnewid y byd yn ôl egwyddorion y Deyrnas.[18] Oherwydd hynny, rhaid i addoli ganiatáu i ni dderbyn a byw yn y byd fel y mae, fel ymgysegriad i ewyllys Duw, tra'n dal ar yr un pryd fod ewyllys Duw yn mynnu ein bod yn cysegru ein hunain i drawsnewid y byd a sefydlu heddwch a chyfiawnder. Mae addoli yn cael ei fywiogi gan y ffaith ei fod yn digwydd ym 'maes trosgynoldeb' lle daw Cristnogion 'i bresenoldeb y Duw byw', sy'n 'fenter eithriadol beryglus, lle gall sancteiddrwydd ofnadwy Duw dorri ar unrhyw adeg i mewn i'n profiad, a'n trawsnewid'.[19] Cymer addoliad y crediniwr i fannau sanctaidd Duw, nid trwy hawl, ond trwy ras.[20] Deillia pob agwedd arall o'r bywyd Cristnogol o'r cyswllt hwnnw rhwng y Tad a'r plentyn mabwysiedig.

Ymhellach, addoli cyhoeddus yw prif gyd-destun cyhoeddi gwirioneddau efengyl Iesu Grist gerbron y byd.[21] Felly, y mae'n agwedd hanfodol ar dystiolaeth yr eglwys i barhau i ymgynnull mewn mannau penodol ac ar adegau penodol er mwyn cyhoeddi yn gyson Air Duw a'i weithredoedd. Mae diben deublyg i hyn: goleuo'r gynulleidfa a chynnal ei haelodau yn eu ffydd, tra'n herio'r byd i wrando, credu a byw yr efengyl.

MWY NA GEIRIAU

Mae addoli Duw, yn enwedig yn ei ffurf gyhoeddus yn y Gorllewin, wedi tueddu i bwysleisio'r ymenyddol bron er colled i agweddau eraill y cymeriad dynol. Beia rhai John Calvin (neu, o leiaf, canlynwyr Calvin a ddatblygodd ei syniadau) am yr agwedd or-ddeallusol hon lle mae addoli yn israddol i hyfforddiant. I Calvin, nid oedd symbolaeth y sagrafen yn ddigon ynddo'i hun: rhaid oedd esbonio'r symbolaeth i'r bobl er mwyn iddynt ei ddeall yn iawn. O ganlyniad, cymerodd y bregeth, sef datgan ac esbonio Gair Duw, y lle canolog yn y traddodiad Diwygiedig, a'r perygl yn sgîl hyn oedd y buasai dysgu yn cymryd lle addoliad fel canolbwynt gweithgaredd yr eglwys.[22]

Gor-ddweud yw hyn, oherwydd mae datgan ac esbonio yn agweddau pwysig ar y bywyd crefyddol (mae darparu'r esboniad yn baradocsaidd yn cynnal dirgelwch hanfodol y gwrthrych – Duw). Rhaid cyfaddef hefyd nad yw agwedd or-ddeallusol at addoli yn ddigonol. Rhaid dwyn y person cyfan i mewn, ac i wneud hyn rhaid apelio at y synhwyrau, at deimlad, at y dychymyg yn ogystal â'r deall. Mae'r addolwr yn ymwneud â'r hyn sy'n digwydd ar wahanol lefelau, a rhaid ei annog i wneud hynny, fel bod profiad addoli yn un lle profwyd y gwir Dduw, y dwyfol, yr arall. Gall litwrgi fod o gymorth; felly hefyd ddefodau symbolaidd megis y sagrafennau, defnyddio delweddau megis eiconau, ac arogl fel yn y defnydd o arogldarth. Er na fu'r holl agweddau hyn yn gymeradwy ym mhob traddodiad Cristnogol, gallai mathau eraill o gynrychiolaeth trwy luniau, neu apelio mewn ffyrdd gwahanol at y synhwyrau, gael eu defnyddio yn fuddiol i gyfoethogi addoliad. Pan grynhoir rhyfeddod, llawenydd a mawredd mewn gwahanol ffyrdd trwy'r addoli cyhoeddus, yna gall y person cyfan fod yn rhan ohono, ac addoli fod yn fynegiant o fywyd yr addolwyr yn hytrach na gweithred ddynol ysbeidiol.

Mae modd gweld yr ymdeimlad hwn o addoli yn codi o gyfanrwydd y bod dynol yn y Testament Newydd. Pan ofynnwyd iddo pa un oedd y gorchymyn mwyaf, ateb Iesu oedd 'Gwrando, O Israel: y mae yr Arglwydd ein Duw yn un Arglwydd, a châr yr Arglwydd dy Dduw â'th holl galon ac â'th holl enaid ac â'th holl feddwl ac â'th holl nerth' (Mc 12: 29–30). Mae cariad Duw yn cael ei ddatgan mewn addoli a ddylai fod yn fynegiant o'r person cyfan: teimladau, deallwriaeth, cymeriad, ewyllys, corff, doniau a thalentau. Mae caru Duw gyda'r holl galon yn herio'r blaenoriaethau sydd gennym mewn cariad a'r ffordd y carwn eraill; rhaid i garu eraill fod yn fynegiant o garu Duw. Awgryma caru Duw gyda'r enaid gydnabod teilyngdod Duw yng nghraidd ein bod. Golyga caru Duw gyda'r meddwl roi'r meddwl ar waith i ystyried o ddifrif, yn hytrach na pheidio meddwl o gwbl. Mae caru Duw gyda'n cryfder yn golygu caru Duw yn ein gwaith a'n gweithredoedd. Mae caru Duw, a'i addoli, yn golygu ildio ac aberth ar bob un o'r lefelau hyn.[23]

Tra bod y rhan fwyaf o weithredoedd mewn addoliad Cristnogol yn ymwneud â geiriau, y mae agweddau eraill hefyd. Y sagrafennau yw prif agweddau gweledol addoliad Cristnogol. Mae sagrafennau, fel y'u cynhaliwyd trwy gydol hanes yr eglwys, yn arwyddion o realiti ac o ras Duw, a gelwir ar y naill a'r llall i sancteiddio bodau dynol. Yn y traddodiad Catholig y mae saith (Bedydd, Conffyrmasiwn, Ewcharist, Penyd, Eneiniad, Ordeinio a Phriodas) tra bod yr enwadau Protestannaidd wedi tueddu i'w cyfyngu i ddau, sef y Bedydd a'r Ewcharist. Awgryma Jürgen Moltmann fod Bedydd yn 'sagrafen derbyn ac yn borth gras' tra bod Swper yr Arglwydd yn 'sagrafen cadarnhad a llwybr gras'.[24] Mae hyn yn esbonio pam mai sagrafen sy'n cael ei pherfformio unwaith yn unig yw Bedydd, tra bod y credyniwr yn derbyn sagrafen Swper yr Arglwydd yn rheolaidd (er bod cymun dyddiol, wythnosol, misol a hyd yn oed blynyddol wedi eu sefydlu a'u cyfiawnhau gan wahanol gymundebau Cristnogol).

Nid yw Bedydd na Swper yr Arglwydd yn weledol yn unig, gan y digwydd y naill a'r llall yng nghyd-destun litwrgi ddatblygedig sydd fel arfer yn cynnig esboniad diwinyddol o'r sagrafen. Ond mae'r ddau yn cynnwys pŵer symbol i fynegi'r dwyfol mewn dull y tu hwnt i eiriau: Bedydd trwy symbolaeth glanhau ac o farw ac atgyfodi eto gyda Christ, a'r Ewcharist trwy ddefnyddio cynhyrchion naturiol – bara a gwin – i ddwyn i gof aberth Crist dros faddeuant pechodau. Diffiniodd John Calvin sagrafen fel 'arwydd allanol lle mae'r Arglwydd yn selio ar ein cydwybod ei addewid o'i ewyllys da tuag atom er mwyn cynnal gwendid ein ffydd'.[25] Mae bodau dynol yn greaduriaid materol ac ysbrydol yn byw mewn byd materol. Yn ôl Calvin, sefydlir sagrafennau gan Dduw er mwyn cyfleu gwirionedd ysbrydol trwy realaeth faterol er mwyn i fodau materol ganfod gwirionedd ysbrydol (hynny yw, gwirionedd am Dduw yn hytrach na gwirionedd am y deyrnas a grëwyd). Er bod cytundeb sylfaenol yma rhwng y cymundebau Cristnogol, mae union natur y sagrafen yn destun dadl. Gall Bedydd, ym mwyafrif yr eglwysi Cristnogol, fod naill ai i grediniwr mewn oed neu faban y mae ei rieni yn addo ei fagu yn y ffydd Gristnogol. Cred rhai Cristnogion y dylai Bedydd ddilyn cyffes ffydd, a bod hyn yn cau allan bedyddio babanod. Yr hyn sy'n bwysig yn y naill ffurf a'r llall yw, yng nghraidd y sagrafen, fod gras Duw wedi ei ddatguddio i fodau dynol ac felly ei fod ar gael i'r ddynolryw. Fel gyda ffurfiau eraill ar addoliad, gall y gwrthrych dynol fod yn rhy amlwg mewn bedydd gan ddisodli'n hawdd y lle canolog a ddylai berthyn i Dduw wrth gofio am ei ras achubol.

Mae i'r Ewcharist neu'r Cymun Bendigaid neu Swper yr Arglwydd hefyd hanes cymhleth lle cynigiwyd gwahanol esboniadau am yr hyn sydd mewn gwirionedd yn digwydd pan fydd Cristnogion yn rhannu'r bara a'r gwin. Ar y cychwyn, byddid yn dathlu Swper yr Arglwydd fel pryd llawn, ac ar ddiwedd y pryd byddent yn cael diferyn o win a thamaid o fara fel symbol aberth Crist a'r nefol wledd. Bu dadlau ffyrnig erioed dros esboniad yr eglwys am yr Ewcharist, a hyn yn troi yn arbennig o gwmpas pwnc presenoldeb Crist yn y pryd. Yn y nawfed ganrif, pwysleisiodd Pascasus Radbertus bresenoldeb real a gwirioneddol Crist yn y bara a'r gwin. Er gwaethaf pryderon ynghylch materoli realiti ysbrydol, cynhaliwyd hyn a'i esbonio ymhellach gan Tomos o Acwin a fynnai fod sylwedd y bara a'r gwin yn cael ei drawsnewid yn gorff a gwaed Crist. Ond mae Acwin yn pwysleisio mai newid sylwedd ac nid newid ffurf yw hwn ac awdur y newid yw'r asiant anfeidrol (Duw). Felly daw at y casgliad, weddol betrus, y gellir sôn am y newid fel 'traws-sylweddiad'.[26] Mae corff a gwaed Crist rywsut felly yn cael eu gwneud yn real yn y bara a'r gwin ac mae hyn yn caniatáu ail-gynrychioli aberth Crist yn ystod yr addoliad.

I raddau helaeth, mae eglwysi Protestannaidd wedi gwrthod hyn, a gwelant y cymun fel coffa o farw Crist, er yr erys peth dadl ynghylch presenoldeb Crist yn y pryd. Yn y traddodiad Protestannaidd, deillia hyn o'r gred, er mai arwydd yw'r sagrafen, fod cyswllt uniongyrchol rhwng yr arwydd a'r hyn y mae'n arwydd ohono.[27] I Luther, golygai hyn bresenoldeb cydsylweddol Crist yn y bara a'r gwin, lle'r oedd y bara a'r gwin yn aros felly o ran sylwedd, ond yn cael eu hasio â sylwedd corff a gwaed Crist. I Zwingli, nid oedd y pryd yn ddim mwy na choffa o Swper Olaf Crist y nos y bradychwyd ef, a oedd yn dwyn i gof ei aberth dros bechodau'r byd. Cadwai Calvin at dir canol, bron, rhwng eithafion safbwyntiau'r Diwygiad. Gwrthodai'r ystyr Catholig o drawssylweddiad ond derbyniai fod Crist yn bresennol yn y pryd. Yn groes i Luther, fodd bynnag, ni chynigiodd unrhyw ddamcaniaeth i esbonio'r presenoldeb. Mynnai yn hytrach mai dirgelwch ysbrydol ydoedd, a mater o ffydd. Fel hyn, mae iddo swyddogaeth mewn addoliad sy'n dwyn yr addolwr y tu hwnt i ddealltwriaeth ymenyddol i ddirgelion gras Duw.

Pan ddeillia addoliad o'r person cyfan a'i gryfhau trwy ddefnyddio gweledigaeth a symbol, mae'n galluogi'r weithred ei hun i ysbrydoli'r addolwr i fwy o wasanaeth. Mae cyswllt hanfodol, a wneir yn eglur trwy addoli, rhwng dysgu rhywbeth am Dduw, teimlo a chanfod cariad Duw, derbyn gras a grym Duw, a'r ymdeimlad y dylai hyn esgor ar weithredoedd a gwasanaeth moesol. Yn wir, gwelir hyn yn y Testament Newydd lle mae Iesu yn cadarnhau na ellir gwahanu'r gorchymyn cyntaf oddi wrth yr ail, 'Câr dy gymydog fel ti dy hun.' Mae caru Duw i'w amlygu mewn caru eraill. O ganlyniad, mae addoli yn arwain at wasanaethu. Mynegodd Michael

ADDOLI

Marshall hyn mewn ffordd argyhoeddiadol iawn pan ysgrifennodd: 'Aiff Cristnogaeth o'i lle mewn ffordd drychinebus a pheryglus pan fo Iesu'n cael ei addoli ond heb gael ei ganlyn.'[28] Fe'i bwriedir 'i newid ein safbwynt yn yr union ffordd radicalaidd hwn, i ni fyw dyfodol Duw yn y presennol, ynghanol byd dryslyd, heb ei gyfeirio'n iawn'.[29] Mewn addoliad, cyfeirir ein llygaid tuag at Dduw a'i Deyrnas a dyma yw ysbrydoliaeth ei holl ymwneud â'r byd, byd a fwriadwyd ar gyfer sefydlu'r Deyrnas ond lle caiff y Deyrnas ei chuddio yn fwy na'i chyflawni gan weithgaredd dynol. Mewn gair, mae addoli, fel gweithred, yn hybu datblygu cymeriad addolgar sy'n ymwneud â'r byd yn y fath fodd fel bod bywyd ei hun yn cael ei fyw i addoli Duw.

CYD-DESTUN DIWINYDDOL ADDOLI

Mae addoli yn digwydd y tu mewn i naratif gyffredinol fawr escatolegol, sef hanes gweithredoedd achubol Duw ar ran y byd. Mae'n digwydd mewn cyd-destun lle gŵyr pobl fod Duw wedi gweithredu yn y gorffennol i ddwyn iachawdwriaeth, ac o hynny, maent yn gwybod hefyd am bresenoldeb y Deyrnas ar y ddaear ac addewid ei chyflawniad yn llawn. I Christopher Cocksworth, mae addoli ar ffurf 'arwydd' i'r credinwyr ac i'r byd o 'iachawdwriaeth escatolegol'. Mae'n edrych yn ôl ar ddigwyddiadau hanesyddol, yn cydnabod bendith y presennol sy'n cael ei fyw gydag Immanuel, Duw gyda ni, ac yn edrych ymlaen at gyflawniad yn y dyfodol lle sefydlir y Deyrnas yn ei holl gyflawnder.[30]

Mae'r datganiad o fawl a diolch i Dduw yn weithred ac yn waith sy'n perthyn i'r gynulleidfa gyfan. Mae'n iawn i hyn fod yn rhywbeth y mae pawb sydd wedi ymgynnull yn ei wneud. Ac eto, tuedda i guddio'r ffaith mai'r brif agwedd y ceisia addoli ei dathlu yw sefydlu perthynas newydd, dod yn greadur newydd lle cyfrifir credinwyr, y sawl sydd 'yng Nghrist', fel plant ('meibion') Duw. Am mai perthynas ydyw, fe ddylai dull o gyfathrebu fodoli o Dduw at bobl ac nid yn unig *vice versa*. Duw yn unig yw gwrthrych addoliad, ond nid yw Duw yn oddefol ym mywyd yr eglwys, gan gynnwys ei bywyd o addoli. Felly nid yr hyn a gynigia bodau dynol i Dduw yw addoliad, ond cynnig Duw ei hun i fodau dynol, a'r gwahoddiad iddynt ddod i gysylltiad ac i berthynas ag ef ei hun.

Y Duw sy'n weithredol yn addoli'r eglwys yw Duw'r Drindod, Tad, Mab ac Ysbryd Glân, a Iesu Grist, Mab Duw, sy'n ganolog yn llygad yr eglwys am mai trwyddo ef y caiff Cristnogion fynediad at y Tad. Mae Iesu Grist, felly, yn ganolog yn y weithred o addoli am y llywodraethir y weithred gan hanes yr iachawdwriaeth a ddaeth i binacl yn ei farwolaeth a'i atgyfodiad. Ef sy'n datgelu Duw i ni a thrwyddo ef yr ymatebwn. 'Cymer Duw y cam cyntaf trwy ein cyfarch yn Iesu Grist ac ymatebwn trwy Iesu Grist gan ddefnyddio emosiynau, geiriau a gweithredoedd amrywiol,' yn ôl James White.[31] Iesu Grist, fel Duw ymgnawdoledig, yw'r cyfarfyddiad rhwng Duw tragwyddol a dynoliaeth feidrol. Fe welwn Dduw ynddo ef, a gwelwn sut y gall bodau dynol ymgysylltu â Duw. O ganlyniad, rhaid i addoliad fod yn Grist-ganolog. Ymhellach, mae agosrwydd y berthynas â Duw a'r gallu i gynnig gwir addoliad yn rhoddion yr Ysbryd Glân i'r eglwys. Yr Ysbryd sy'n byw ynom sy'n llefain 'Abba, Dad', (Rhuf. 8: 15–16) tra mai'r Ysbryd sy'n darparu rhoddion i'r holl eglwys (1 Cor. 12) ac yn galluogi'r eglwys i addoli Duw fel y mae mewn ysbryd a gwirionedd (In 4: 23). Fel hyn mae'r Drindod yn ysbrydoli ein haddoli ac yn darparu'r moddion i addoli.

Ond y mae'n wir hefyd mai'r Drindod ynddi ei hun yw prif locws addoliad. Mae'r cariad sydd rhwng y Tad, y Mab a'r Ysbryd Glân yn y cyflwr o fewndrigo a chydymfodaeth sy'n bodoli yn y Duwdod ynddo'i hun yn weithred neu yn gyflwr o addoli. (Daethpwyd i alw hyn mewn diwinyddiaeth ddiweddar yn *perichoresis*, gair a ddefnyddiwyd gan y Tadau Groegaidd i ddisgrifio natur fyw y berthynas yn y Drindod.) Pan ddaw credinwyr yng Nghrist, a thrwy gyfrwng yr Ysbryd, at y Tad mewn clod a diolchgarwch y maent nid yn unig yn addoli Duw ond yn cael eu dwyn i addoliad o Dduw. Felly, nid yw addoli, er yn perthyn i'r eglwys fel ei gweithred a'i chyfrifoldeb, mewn gwirionedd yn tarddu o fodau dynol. Yn hytrach, daw gwir addoli o Dduw ar ffurf yr Ysbryd Glân a roddir i gredinwyr ac ar ffurf ymgorfforiad yng Nghrist. Daw cylched addoli o Dduw i fodau dynol ac yna dychwela i Dduw. Mae Duw yn weithredol yn rhoi'r gallu a'r rhoddion ar gyfer addoli, ac yn derbyn yr addoliad a gynigir yn ôl iddo. Bydd addolwyr yn derbyn yr Ysbryd sy'n symbylu ac yn arwain ymateb i ddatguddiad Duw ac yn eu tynnu yn nes i berthynas y Drindod, tra'u bod ar yr un pryd yn gofalu eu bod yn cynnig geiriau o fawl ac addoliad, a bywydau o dystio i weithredoedd achubol Duw.

Felly, mae addoli yn ymateb i ras Duw a wnaed yn bosibl gan y gwahoddiad graslon i gyfranogi yng nghyd-gariad deinamig personau'r Drindod. Mae cyfyngu ein dealltwriaeth o addoli i weithgaredd dynol yn arwain bron yn anorfod at ymdeimlad anfoddhaol o addoli fel rhywbeth sydd ond yn gwneud darpariaeth ar gyfer anghenion, teimladau a dealltwriaeth ddynol. Yn lle hyn, mae addoli yn cychwyn gyda chydnabod fod Duw yn rhagflaenu bodau dynol a'i fod yn rhagflaenu eu hymateb i'w gariad. Mae blaenoriaeth Duw, neu ei ragflaeniaeth, yn golygu bod ei weithred yn rhagflaenu ym mhob ffordd yr ymateb a wna'n bosibl.[32] Mae hyn yn wir am bob agwedd o'r bywyd Cristnogol. Nid yw cred na chyfeillach Gristnogol yn ganlyniad i athrylith a gweithgaredd dynol yn unig, canlyniad rhesymeg ddynol neu ymgynnull ynghyd. Mae'r naill a'r llall yn ymateb i weithred gychwynnol Duw.[33] Duw sy'n agor deall dyn trwy ddatguddiad a thrwy hyn daw cred yn bosibl.[34] Duw sy'n galw pobl ynghyd i gyfeillach, a thrwy hynny greu'r eglwys i ddwyn ffrwyth gerbron y cenhedloedd fel mynegiant o gorff Crist. Mae hyd yn oed genhadaeth yr Arglwydd 'yn ychwanegu beunydd at y gynulleidfa' (Act. 2: 47). Am addoliad, felly, gellir dweud: '[it] is not a human activity directed *at* God, but a divine activity initiated *by* God in which we are privileged to share'.[35] Mewn geiriau eraill, nid ydym yn gweithredu i gynnig ein haddoliad. Fe'n delir yn rhywbeth mwy sydd â'i ddechrau a'i ddiwedd yn Nuw.

Mae addoliad yn cychwyn ac yn gorffen ym mywyd Duw, sy'n golygu yng nghalon y Drindod, ond nid mewn modd sy'n osgoi ymdrech a gweithgaredd dynol. Yn hytrach, fe'i gweithir allan mewn modd sy'n cadarnhau ac yn cyfansoddi ymdrech ddynol. Mae addoli yn weithred gan Dduw, ond yn y fath fodd fel ei bod hefyd yn wir weithred ddynol. O ganlyniad, craidd addoli yw cael y cydbwysedd yn iawn rhwng gweithredu a bod yn oddefol, rhwng rhoi a derbyn, rhwng gwneud a bod. Yna yn unig y gall gweithredoedd dynol fod yn addolgar, gan y bydd yr obsesiwn gyda gwneud rhywbeth wedi diflannu. Bydd gweithredoedd yn llifo o gymeriad sydd mewn perthynas â Duw. Fel hyn gall addoli hefyd ddwyn bendith i'r addolwyr gan y cyfryngir gras Duw trwy'r berthynas a weithredir yn y bywyd dynol yn hytrach na thrwy weithredu dynol.

CASGLIADAU

Mae addoli, felly, yn gyflwr o fodolaeth lle saif pobl gerbron Duw a gerbron y byd. Mae'n gorfforaethol yn yr ystyr fod corff Crist ar ei fwyaf cyflawn pan ddaw Cristnogion ynghyd i addoli. Ond y mae hefyd yn unigol i'r graddau fod gwŷr a gwragedd yn ffurfio'r corff (neu'r eglwys). Rhaid cynorthwyo unigolion i addoli Duw, ond rhaid eu hannog hefyd i gyd-gyfarfod. Maent yn cynrychioli'r eglwys wrth weithredu ar ei rhan, nid yn gymaint yn yr ystyr o gyfiawnhau eu gweithredoedd, ond am ei bod yn eu hysbrydoli i weithredu. Mewn geiriau eraill, dylai'r wybodaeth fod rhywun yn rhan o'r eglwys fod yn gymorth i reoli ei agwedd tuag at bobl yn y byd. Mae'n help i atgoffa Cristnogion y dylent fyw bywyd mewn dull addolgar.

Mae'n amlwg mai addoli yw'r peth cyntaf mae Cristnogion yn ei wneud, ond fe ddeillia hefyd o pwy yw'r Cristion. Wrth arfer a byw ffydd, try Cristnogion eu sylw yn gyntaf at addoli Duw oherwydd fod y profiad o'r dwyfol a gwybodaeth achubol am Grist yn arwain yn naturiol at y cyfryw ymateb. Ond mae'r bywyd Cristnogol yn fwy na phrofiad, mae iddo hawliad diwinyddol ynghylch ontoleg newidiol. Nid yw'r Cristion bellach yn perthyn i'r 'byd' gyda'i werthoedd a'i safonau a'i ddulliau. Impiwyd y Cristion ar Grist ac y mae'n bodoli felly yn agosrwydd y Duwdod. Crist yw ail berson y Drindod. Trwy fedydd i Grist, gall Cristnogion hefyd gyfranogi o'r berthynas yn y Duwdod. O ganlyniad, mae Cristnogion yn bodoli mewn cyflwr o fod-mewn-perthynas â Duw a'u cydfodau dynol lle mae Duw yn wrthrych eu haddoliad tra ar yr un pryd yn ysbrydoliaeth ac yn grymuso eu defosiwn a'u gweithredoedd. Yn yr ystyr hwn, mae i addoli ystyr ehangach o lawer na'r hyn a briodolir iddo yn gyffredin. Mae'n golygu bywyd yn ei gyfanrwydd ac mae'n cynnwys yr awgrym fod Duw yn cael ei addoli, nid yn unig trwy i wŷr a gwragedd gasglu ynghyd i ganu clodydd, i gynnig diolch ac ymbiliad, ac i rannu cyfeillach a chymundeb, ond yn y ffordd y caiff bywyd beunyddiol ei fyw, trwy berthynas sy'n datblygu, trwy'r tasgau a wneir a thrwy'r ymrwymiadau i les y gymdeithas.

I'r Cristion, nid yw addoli 'yn wrthrych arall i'w astudio, ond yn ymarferiad gras, byw'.[36] Nid yw addoli, felly, yn wir yn rhywbeth i'w drafod ond rhywbeth i'w wneud a'i fyw, a thrwyddo yr

ADDOLI

ydym yn ymwneud â Duw. Am fod a wnelo ymwneud â Duw hefyd ag ymwneud â phobl eraill, dylai addoli yn wastad droi ein sylw at barhau ein haddoliad o Dduw yn y byd, gan gyfeirio ein hymwneud â'r byd tuag at addoli Duw. O ganlyniad, 'rhan o addoli yw'r ymdrech barhaus tuag at gymodi dyn â'i gyd-ddyn'.[37] Mae addoli, felly, yn gadael credinwyr yn myfyrio am y berthynas rhyngddynt â'r Creawdwr ac, o ganlyniad, mae'r berthynas honno yn cael ei gweithredu yn y byd mewn perthynas â phobl eraill.

Y bywyd Cristnogol sy'n cael ei fyw mewn addoli yw'r modd i berthynu'r eglwys a'r byd. Daw hyn â deinameg 'ffydd yn ceisio deall' i gysylltiad ag amodau empeiraidd sydd ynddynt eu hunain yn dueddol o newid. Mae a wnelo'r bywyd Cristnogol â meddwl a gweithredu sy'n agored i arbrofi a chywiriad[38] ac sy'n deillio o fywyd sy'n cael ei fyw yn addoli Duw. Mae addoliad yn ffenomen gymunedol lle gall bywyd yr unigolyn ffynnu mewn perthynas ag eraill yn seiliedig ar y berthynas sylfaenol â Duw yng Nghrist. Cyd-destun cymunedol benodol y bywyd Cristnogol yw'r eglwys. Ond y mae hefyd cyd-destun cymunedol gyffredinol, sef y byd. Yn y cyd-destun hwnnw, saif y bywyd Cristnogol yn dyst i farn a gras, i bontio'r agendor rhwng y Creawdwr a'r creadur yng Nghrist, i brynedigaeth y ddynolryw a'i galwedigaeth i ddilyn y Gwaredwr. Mae addoli yn anad dim yn weithred ac yn gyflwr o fod yn grediniwr fel rhan o'r eglwys. Ond y mae'n cael ei fyw yn y byd.

Try addoliad sylw dynol tuag at Dduw a'i ogoniant a thrwy hyn, galluogir gwŷr a gwragedd i edrych eto ar eu cydfodau dynol a'u hanghenion.[39] Cydnabu'r ysgolhaig Testament Newydd C. F. D. Moule hyn pan ysgrifennodd: 'Ultimately, life has no meaning at all unless it is all for God and unless its whole aim is worship. That is why worship, in the more limited, specialized sense, becomes, in its turn, meaningless and barren unless it issues in life and work.'[40] Mae addoli, felly, yn ein gwneud yn addas i wasanaethu ein cyd-ddyn yn y byd. Mae'n ein dwyn i gysylltiad â Duw a safonau Duw, ac yn ein herio i ddwyn y safonau hynny i'r byd a cheisio cydymffurfio'r byd â hwy. Mae'n weithred ac yn gyflwr, ac o'r herwydd dylai dreiddio i bob agwedd o fywyd dynol. Mae'n ein cyfarfod lle'r ydym, yn dangos lle dylem fod ac yn ceisio ein harwain yno. Mae felly yn gyflwr hanfodol ac angenrheidiol i'r bywyd Cristnogol y dylai popeth arall ddeillio ohono.

LLOFFION YM MAES CREFYDD

1 Gw. Samuel Wilson Carruthers, *Three Centuries of the Westminster Shorter Catechism* (Prifysgol New Brunswick, 1957).
2 Mae'r ymadrodd yn seiliedig ar eiriau Prosper Aquitaine (c.390–463), 'Ut legem credendi lex statuat supplicandi' (fel y bo deddf gweddi yn sefydlu deddf credu), Capitula Coelestini 9 (Migne, Patrologia Latina 51, 205–12).
3 *Book of Order of the Church of Scotland* (Caeredin, 1994), t. ix.
4 Christopher Cocksworth, *Holy, Holy, Holy: Worshipping the Trinitarian God* (Llundain, 1997), t. 5.
5 George Florovsky, 'Worship and every-day life: an eastern orthodox view', *Studia Liturgica*, 2 (Rhagfyr 1963), t. 268.
6 Gw. Rudolf Otto, *The Idea of the Holy* (Llundain, 1980).
7 Paul Tournier, *The Meaning of Persons* (Llundain, 1957), t. 164.
8 Richard G. Jones, *Groundwork of Worship and Preaching* (Peterborough, 1980), t. 23.
9 Susan J. White, *Groundwork of Worship* (Peterborough, 1997), t. 21.
10 Stephen Sykes, *The Identity of Christianity* (Llundain, 1984), t. 283.
11 Gw. David F. Ford a Daniel W. Hardy, *Living in Praise: Worshipping and Knowing God* (Llundain, 2005).
12 Michael Marshall, *Free to Worship* (Llundain, 1982), t. 38. Italeiddio yn y gwreiddiol.
13 Michael Perry, *The Paradox of Worship* (Llundain, 1977), t. 95.
14 Yn ôl C. F. D. Moule, 'The surest way to profane the whole week would be to try to make every day equally holy, since we live within the narrow limits of human capacities, the only practical way to hallow the whole is to bring a token portion of it consciously to God', yn *idem*, *Worship in the New Testament*, II (Llundain, 1978), t. 82.
15 Martin Luther, *Sermon for Maundy Thursday*. Adleisiodd Bryn Jones hyn pan ddywedodd: 'Whenever we worship it is with a desire to give over to God something we feel we cannot keep to ourselves. Whether it is the thankfulness of the heart, the praise of the soul or the adoration of the spirit, we long to bestow them on him and in this sense they become our sacrifices of worship', yn *idem*, *Worship: A Heart for God* (Bradford, 1989), tt. 116–17.
16 White, *Groundwork of Worship*, t. 2.
17 Ibid., t. 5.
18 Ibid., tt. 6–7.
19 Ibid., t. 12.
20 Evelyn Underhill, *Worship* (Llundain, 1937), t. 3.
21 Ibid., t. 9.
22 Gw. Roger Grainger, *The Language of the Rite* (Llundain, 1974); hefyd, Perry, *The Paradox of Worship*, t. 5; Marshall, *Free to Worship*, t. 45.
23 Fel hyn dywedodd William Temple: 'What worship means is the submission of the whole being to the object of worship. It is the opening of the heart to receive the love of God; it is the subjection of conscience to be directed by him; it is the declaration of need to be fulfilled by him; it is the subjection of desire to be controlled by him; and, as the result of all these together, it is

the surrender of the whole being. It is the total giving of self.' Wedi'i ddyfynnu yn Marshall, *Free to Worship*, t. 46.
24 Jürgen Moltmann, *The Church in the Power of the Spirit* (2il arg., Llundain, 1992), t. 227.
25 John Calvin, *Institutes of the Christian Religion*, II, gol. J. T. McNeill (Llundain, 1960), t. 1277.
26 Tomos o Acwin, *Summa Theologiae* (Rhydychen, 1964), 3a 75.4, t. 73.
27 Yn ôl Karl Barth: '[the] visible and invisible operation and reception of grace in the sacramental actions of baptism and the Lord's Supper' yn cynnwys '[the] two fold operation of sign and thing signified', yn *idem*, *Church Dogmatics IV/ii The Doctrine of Reconciliation* (Caeredin, 1958), t. 55.
28 Marshall, *Free to Worship*, t. 26.
29 Ibid., t. 34.
30 Cocksworth, *Holy, Holy, Holy*, t. 215.
31 James F. White, *Introduction to Christian Worship* (Nashville, 1990), t. 26.
32 Perry, *The Paradox of Worship*, t. 7.
33 Gw. White, *Groundwork of Worship*, t. 158; hefyd, Underhill, *Worship*, t. 3.
34 Gw. Karl Barth, *Church Dogmatics III/ii The Doctrine of Creation* (Caeredin, 1960), t. 399.
35 Ibid., t. 10. Italeiddio'r awdur.
36 White, *Groundwork of Worship*, t. 30.
37 Perry, *The Paradox of Worship*, t. 75.
38 Term Daniel Hardy am hyn yw *directed openness*. Gw. Daniel W. Hardy, *God's Ways with the World* (Caeredin, 1996), t. 13.
39 Underhill, *Worship*, t. 225.
40 Moule, *Worship in the New Testament*, II, t. 85.

5

YR EGLWYS YN Y BYD[1]

Pa un a ydym yn sylweddoli hynny ai peidio, mae'r byd a'r eglwys ill dau yn wynebu argyfyngau: argyfyngau sy'n bygwth nid yn unig natur y ddau ond eu bodolaeth hyd yn oed. Mae twf poblogaeth ar raddfa o rhwng 250,000 a 400,000 o fodau dynol bob dydd, a chynnydd mewn cynnyrch diwydiannol ac amaethyddol sydd wedi llygru ac erydu'r ddaear gan ddifa adnoddau naturiol anadferadwy, yr effaith tŷ-gwydr a'r teneuo yn yr haen osôn, i gyd yn ffactorau sy'n arwain at honiadau fod yr apocalyps ar fin dod. Ar ben hyn i gyd ceir y materion moesol cysylltiedig megis yr ymdeimlad o agendor cynyddol rhwng cyfoethog a thlawd (yn genedlaethol ac yn rhyngwladol) a hunanoldeb ymddangosiadol diwylliant y Gorllewin sydd wedi dileu pob ymdeimlad o gyfrifoldeb am y cenedlaethau sydd i ddod. Yng ngoleuni, neu fel arall, hyn i gyd, daw'r broblem ecolegol i fod y mater pwysicaf sy'n wynebu'r ddynolryw heddiw ac yn un sy'n galw am newid meddwl ac ewyllys (tröedigaeth) ym mhob bod dynol. Y bygythiad yw nad oes gan y byd ddyfodol ac, yn y cyfamser rhwng y presennol ac Armagedon, mae mwyafrif y bobl yn amharod i glywed pwysigrwydd y neges a'i derbyn fel y gellir dod o hyd i ateb. Dylid archwilio gwahanol ffyrdd o fyw, yr angen am gyfiawnder ac ymdeimlad o stiwardiaeth – agweddau ar y berthynas ddynol – hyn i gyd, ac fe ddadleuir hefyd fod angen eu trawsnewid os yw'r byd am oroesi.[2]

Ochr yn ochr â hyn, ymddengys fod Cristnogaeth, o leiaf yn y Gorllewin ac yn sicr ym Mhrydain, mewn argyfwng. Mae'r enwadau Protestannaidd traddodiadol, yn ystod yr ugeinfed ganrif, i gyd wedi dioddef dirywiad aruthrol nid yn unig yn y niferoedd sy'n mynychu gwasanaethau ac yn aelodaeth yr eglwysi, ond hefyd yn lefel y dylanwad sydd gan yr eglwys yn y gymdeithas ar lefel bersonol a chymdeithasol.[3] Nid yw'r newidiadau mewn agweddau moesol a ddaeth yn sgîl safonau materol gwell wedi gadael yr eglwys heb ei chyffwrdd ac, yn enw datguddiad parhaus, mae'r eglwysi yn ailystyried eu hagwedd tuag at, er enghraifft, ysgariad, rhieni di-briod a gwrywgydiaeth. Gall hyn fod yn beth da neu beidio. Mae'n cydnabod rhyddid sylfaenol i weithio allan dulliau byw moesol a gadarnheir yn hytrach nag a waherddir gan yr efengyl ac ar yr un pryd gydnabod y cyd-destun y mae'r eglwys ynddi. Ond ymddengys fel pe bai'n cynnig diffyg delfryd ac adwaith i newidiadau diwylliannol yn hytrach na syniad cydlynol am y bywyd moesol.[4] Mae safbwynt o'r fath yn bygwth ymrannu o fewn yr eglwys rhwng pobl o wahanol dueddiadau diwinyddol ac ar yr un pryd mae'n cyflwyno i'r byd, ac i'r sawl sydd â nemor ddim diwinyddiaeth soffistigedig, neges ddryslyd sy'n peri dryswch yn ei thro.

Yn ogystal â moesoldeb, mae'r neges Gristnogol ei hun o bosib mewn argyfwng. Mae dadlau diwinyddol ac athronyddol wedi drysu yn hytrach na goleuo'r sefyllfa fel y daeth cywirdeb gwleidyddol yn hytrach na myfyrdod beirniadol i gael y llaw uchaf mewn llawer o drafod ynglŷn ag athrawiaeth. Mae ein defnydd o iaith wedi cael ei herio'n haeddiannol, ond y mae fformiwlâu newydd yn rhy aml wedi anwybyddu'r ffaith fod corff cyfan o ystyr wedi ei ymgorffori mewn datganiadau credoaidd, a llawer ohono'n hanfodol i hunaniaeth y Cristion. (Gellid enwi fformiwlâu newydd i gyfeirio at y Drindod fel enghraifft o hyn lle collir y syniad o berthynas trwy ollwng yr enwau traddodiadol Tad a Mab a defnyddio termau sy'n cyfeirio at bwrpas Duw yn eu lle, megis Creawdwr, Achubwr, Cynhaliwr. Yn hanes diwinyddiaeth, y mae creu, achub a chynnal yn weithredoedd y Duw Trindodaidd ac nid yn rhan o swyddogaeth y personau (*hypostases*) gwahanol. Nid yw dweud tri pheth am Dduw o angenrheidrwydd yn osodiad Trindodaidd. Rhaid chwilio am ffyrdd cynwysedig sy'n fwy derbyniol o safbwynt diwinyddiaeth Gristnogol neu derbyn fod ein diwinyddiaeth yn cael ei thrawsffurfio gan ystyriaethau cymdeithasegol ac ieithyddol yn unig.)

Ochr yn ochr â hyn nid yw'r erydu graddol a fu ar yr ymdeimlad o gymuned, a ddaliwyd yn anfwriadol ond yn rymus yn honiad bondigrybwyll y cyn-brif weinidog Margaret Thatcher nad oes y fath beth â chymdeithas,[5] wedi gadael crefydd yn ddianaf. Ystyrir hyd yn oed yr ysbrydol yn rhywbeth sy'n bodoli'n bennaf er mwyn cysur a defnydd yr unigolyn. Daw, nid o'r tu hwnt fel datguddiad o'r gwirionedd, ond fe'i ceir y tu mewn, yn nyfnderoedd yr unigolyn yn fodd i fynegi a gwireddu angen personol. Mae agweddau tuag at grefydd a gynrychiolir gan Fudiad yr Oes Newydd ac amryw fudiadau ysbrydolrwydd eraill wedi datblygu ochr yn ochr â secwlareiddio nad yw'n cydnabod gwerth nac yn gweld yr angen am waredwr sy'n dod i mewn i'r byd, i amser ac i'r profiad dynol i ddatgelu Duw. Mae unigolyddiaeth Gartesaidd, wedi ei throsglwyddo i foderniaeth (neu ôl-foderniaeth) fel hunanoldeb materol yn ogystal ag ysbrydol yn bygwth ynysu bodau dynol nid yn unig mewn rhaniad gogledd-de ond o fewn cymunedau unigol hefyd.[6]

Y canlyniad yw argyfwng hunaniaeth i'r eglwys. Beth yn union yw ei phwrpas? Fe'i canfyddir i raddau helaeth fel hafan i bobl grefyddol, y sawl sydd arnynt angen rhyw fath o sicrwydd a diogelwch yn eu bywydau ond nid fel mudiad sydd am gyfrannu rhywbeth i fywyd cymdeithasol, economaidd a gwleidyddol y gymdeithas ehangach. Dwyseir yr argyfwng hunaniaeth hwn yng Nghristnogaeth y Gorllewin gan y newid yng nghraidd disgyrchiant o'r 'byd cyntaf', y 'gorllewin', y 'gogledd' (gall y fath amrywiaeth o derminoleg awgrymu'r niwrosis sy'n effeithio arnom ar hyn o bryd ynglŷn â'n hunaniaeth) i'r 'trydydd byd', 'deuparth y byd', y 'de' (estynnir y niwrosis hyd yn oed at y grwpiau hynny y cydnabyddwn eu bod yn wahanol i ni, ond na allwn ddiffinio yn union pwy ydynt na beth yw eu harwyddocâd).[7]

Mewn sawl ffordd y cyswllt rhwng y byd (mewn argyfwng) a'r eglwys (mewn argyfwng) yw neges yr efengyl neu, yn fwy cywir o safbwynt Cristnogaeth, Iesu Grist. Llefarwyd neges Iesu i'r sefyllfa ddynol. Soniodd am argyfwng yn y berthynas rhwng y Creawdwr dwyfol a'r creadur dynol, ac roedd dyfodiad Iesu yn foment *kairos* pryd yr osgoid yr argyfwng gan bresenoldeb mewnfodol, rhagflaenol Teyrnas Dduw. Mae diwinyddiaeth Gristnogol wedi dehongli'r neges hon yn nhermau person Iesu, y Gair a wnaethpwyd yn gnawd, ac nid yn unig yn nhermau ei ddysgeidiaeth. Mae Iesu ymgnawdoledig y credoau yn dod â'r Creawdwr a'r creadur at ei gilydd trwy ei fywyd sydd wedi ei fyw mewn perthynas. Yn ei berson daw â Duw at ddyn mewn dirgelwch sydd prin yn cael ei esbonio gan fetaffiseg draddodiadol ond a gynhelir gan ddiffiniad Chalcedon (lle diffiniwyd Crist fel un person o ddwy natur 'heb gymysgu, heb gyfnewid, heb ymrannu, heb ymwahanu, a hynny heb ddiddymu mewn unrhyw ffordd y gwahaniaeth rhwng y ddwy natur o achos yr undeb, ond diogelu yn hytrach briodoledd pob un o'r (ddwy) natur'[8]) tra ei fod ef yn byw mewn perthynas fabol berffaith â Duw'r Tad. Trwy hyn daw Iesu â'r ddynolryw i berthynas uniongyrchol â Duw. Hwn yw'r un fel y cadarnhaodd diwinyddion rhyddfrydol y bedwaredd ganrif ar bymtheg, sy'n dangos i ni sut un yw Duw, ond ef hefyd yw'r un sy'n dangos i ddynion sut rai ydynt hwy. Ac wrth ddelio â'r ochr hon daw â maddeuant iddynt a dengys fod Duw yn eu caru. Daw'r Iawn trwy'r un y mae'r ddwy natur yn bodoli yn ei berson mewn harmoni perffaith, a gwneir bywyd sy'n cael ei fyw mewn perthynas yn bosibl trwy fedydd i Grist, bedydd y mae'r credinwyr drwyddynt yn cymryd arnynt Grist ac yn darganfod 'mwyach, nid myfi sy'n byw, ond Crist sy'n byw ynof fi' (Gal. 2: 20).

Yr efengyl Gristnogol, felly, sy'n rhoi man cychwyn yn y berthynas rhwng yr eglwys a'r byd. Mae hyn yn galw am ryw lefel o gytundeb ynglŷn â'r neges y dylai'r eglwys ei phregethu a'i chrynhoi yn ei bodolaeth empeiraidd. Nid yw hyn yn golygu fod yn rhaid i'r eglwys fyd-eang fod yn gwbl gytûn ar fanylion ei neges ond y dylai'r eglwys roi blaenoriaeth i'r ffaith fod ganddi neges (efengyl) y mae'n ei datgan i'w haelodau ei hun ac i'r byd trwy ei geiriau a'i gweithredoedd. Trwy'r neges hon a thrwy berson Iesu Grist mae'r eglwys yn ei hadnabod ei hun ac yn deall popeth arall. *Raison d'être* yr eglwys yw hawliad-ffydd sydd, trwy ymddiried, yn dod yn sail i feddwl a gweithredu ac felly yn sail i'w dealltwriaeth o realiti. Mae gwahaniaethau diwinyddol wedi bod erioed ac fe fydd rhai am byth. Ond rhaid cael cytundeb yn rhywle er mwyn adnabod fod rhywun, neu rywbeth, yn Gristnogol. Ymddengys fod hyn yn beryglus o agos at alwad y bedwaredd ganrif ar bymtheg am ddarganfod hanfod Cristnogaeth, cnewyllyn yr efengyl a guddiwyd dan blisgyn o ychwanegiadau eglwysig,[9] eithr mae yna un gwahaniaeth. Os oedd Duw yng Nghrist yn cymodi'r byd ag ef ei hun, mae'n rhaid felly cytuno ar lawer mwy na phrif gynnwys dysgeidiaeth Iesu. Yn hytrach, rhaid cael cytundeb ar arwyddocâd holl ddigwyddiad Crist. Cafwyd yma ddatguddiad o Dduw fel Duw perthynas gariadus, fel Duw sy'n wahanol i ni sy'n rhaid i ni gael ein cymodi ag ef, Duw sydd wrth chwilio am ei greaduriaid yn ymddarostwng mewn *kenosis* (fod y Mab wedi gwagio'i hun er mwyn ymgnawdoli, gw. Phil. 2: 7) ac yn y pen draw hunan-aberth fel Duw sy'n ceisio sefydlu perthynas gariadus agosach rhwng ei greaduriaid. Mae hyn yn golygu dealltwriaeth o ddysgeidiaeth Crist a'i berson fel man cychwyn ar gyfer gweithio allan fywyd, a'i fyw yn ei holl gyflawnder.

Mae'r Iesu Ioanaidd ar ryw ystyr yn ymgorffori'r ymdeimlad hwn o fan cychwyn trwy honni mai ef yw'r 'ffordd, a'r gwirionedd a'r bywyd' (In 14: 6): ni ddiffinir na derbyn yr un o'r rhain fel pecyn parod ond fe'u cyflwynir yng nghyd-destun gweithredoedd Duw yn y byd lle mae perthnasau'n dod yn hanfodol ac yn arwain nid at gyfyngu ond at y rhyddid lle mae cyflawnder bywyd yn bosibl. Rhaid i hwn, wrth gwrs, fod yn ddehongliad o ffydd, o ymddiried mai hyn yn wir a gyflawnwyd yn Iesu Grist. Ond gan fod cytundeb llwyr yn annhebygol, a chan fod cri'r oes yn aml am ymarferoldeb yn hytrach nag ideoleg, rhaid i ni symud yn ofalus gydag ymdeimlad o sut beth yw bod yn Gristion, a beth a olyga hyn i'r berthynas wironeddol rhwng yr efengyl, yr eglwys a'r byd. Rhaid i'r gwirionedd diwinyddol a ddysgir gan yr efengyl fod â rhyw fath o berthynas â realiti empeiraidd. Os oes cysylltiad i fod rhwng yr eglwys a'r byd, a honno'n un a fydd yn gwneud synnwyr yn ein cyd-destun ni, rhaid i ddiwinyddiaeth ddechrau â'r egwyddor sylfaenol na all y gwirionedd fod naill ai'n ddamcaniaethol neu'n ymarferol ond fod yn rhaid iddo fod y ddeubeth. Mae'r eglwys yn bodoli yn y byd i wneud safiad; i gyhoeddi ei byd-olwg fel y gwir ac i weld y gwirionedd hwnnw yn cael ei weithio allan yn y byd. Mae hyn yn galw am ddealltwriaeth ddamcaniaethol o'i neges ond hefyd yn galw am gydnabod fod bod yn Gristion, neu fyw yn y ffordd Gristnogol, yn golygu cynnwys ideolegol ac ymarferol fel ei gilydd.

Mae pwyslais diwinyddion America Ladin ar arfer (*praxis*), ac ar ddiwinyddiaeth fel myfyrdod ar arfer,[10] wedi cynnig her i agweddau mwy traddodiadol a gorllewinol. Wedi eu hysbrydoli gan ddadansoddiad Marcsaidd, honnant mai'r unig ffordd i ddirnad y gwirionedd yw wrth ymgymryd â gweithredu trawsnewidiol a rhyddhaol. Mae'r union bwyslais fod hwn yn weithredu o fath arbennig (trawsnewidiol a rhyddhaol) yn awgrymu fod y gwirionedd yn fwy na thebyg yn cael ei ddirnad trwy ymadwaith llawer mwy soffistigedig rhwng ideoleg ac arfer. Mae hyd yn oed yn debygol fod y berthynas hon yn llawer mwy soffistigedig nag a awgryma'r ymdeimlad o 'gyfnewid dilechdidol' (lle bo syniadau sy'n gwrthwynebu ei gilydd yn dod i gyd-berthynas neu drafodaeth ddeinamig).[11] Ysbrydolir gweithredu yn aml gan gred gadarn ac fe'i newidir yng ngoleuni'r credoau hynny. 'Mae'r hyn a gredir am bresenoldeb Duw yn y byd ac yn y bywyd dynol,' meddai Daniel Hardy, 'yn ffurfio'r hyn a wneir gan fodau dynol, a sail ymarfer da yw credo dda.' Ond ychwanega, rhwng cromfachau, 'a *vice versa*'.[12] I Brian Russell, 'yn ddelfrydol, dylai myfyrio ragflaenu gweithredu, cyd-ddigwydd ag e, a'i ddilyn'[13] ac adlewyrchir hyn yn sialens *orthopraxis* America Ladin sy'n galw am newid cred yng ngoleuni ein gweithredu i adlewyrchu proses wyddonol lle newidir damcaniaeth yn ôl canlyniadau arbrofol.

Mae'n hawdd derbyn fod y cyfryw brosesau yn ddilys. Ond mae'r syniad mai bywyd dynol rywfodd yw swm a sylwedd y cyfnewid dilechdidol hwnnw fel pe bai'n gwadu cyflawnder pob bywyd unigol a'r ffordd naturiol y mae pobl yn dal eu hargyhoeddiadau, yn penderfynu gweithredu ac yn gweithredu o argyhoeddiad. Ymddengys fod y safbwynt hwn yn cynnal ymdeimlad o ddeuoliaeth rhwng yr elfennau gwybyddol ac ymarferol tra dylid yn hytrach bwysleisio cyd-ddibyniaeth y ddwy elfen. Mewn termau Aristotelaidd, *phronēsis* yw hyn, a gyfieithir braidd yn garbwl fel 'doethineb ymarferol'.[14] Mae diwinyddiaeth yn cynnal meddwl a gweithred oherwydd yn y bôn mae'n ymwneud â Duw, sydd fel Arglwydd a Chreawdwr, fel yr Achos Cyntaf neu Sylfaen Bodolaeth, yn gwneud pob rhan o fywyd yn atebol iddo ef ei hun a gerbron yr hwn y mae pob rhan o fywyd yn cael ei fyw. Nid yw ideoleg a gweithredu ond dwy ochr yr un geiniog pan fo diwinyddiaeth fel *fides quaerens intellectum* ('ffydd yn ceisio deall') yn cydnabod y gwirionedd sy'n ein barnu, ein herio a'n rhyddhau[15] ac sy'n alwad sydd i'w chyflawni, yn ymarferol a chorfforol yn ogystal ag yn feddyliol, yn ein bywyd beunyddiol.[16] Ychydig o weithredoedd a wneir heb ryw fath o ddamcaniaeth i'w dilysu sy'n ysbrydoli ac yn rheoli'r ymdrech ddynol. Ysbrydolir a rheolir y Cristion gan y berthynas â Iesu Grist sy'n cynnwys gwybodaeth o'r Crist-ddigwyddiad a geir trwy fywyd o fyfyrdod, gweddi a chariad hunan-roddol. Yn y modd hwn seilir y bywyd Cristnogol mewn gwirionedd, ac ar yr un pryd mae'n benagored er mwyn darganfod gwybodaeth newydd ac er mwyn cael profiadau newydd. Gan nad yw'r efengyl yn dod mewn pecyn parod, ac nad yw'n cynnwys ufudd-dod llwyr i gôd moesegol, fe'i crynhoir fel cyflwyno cyflawnder bywyd (In 10: 10): bywyd sy'n cael ei fyw mewn undod â Duw trwy Grist. Fel y cyfryw mae iddo oddrych a gwrthrych, ac mae hunaniaeth unigol y naill a'r llall yn caniatáu rhywfaint o hyblygrwydd ac arbrofi. Mae'r gwrthrych unigol (Duw) hefyd yn galw am ymrwymiad cariadus ymhlith ei holl oddrychau, i'w weithredu mewn perthynas ac mewn cymuned. Felly, fel cyflawnder bywyd mae Cristnogaeth yn ymwneud â'r cyd-destun unigol a chymdeithasol, a'r angen am *praxis* moesegol a chariadus, ond gwna hynny oddi mewn i rwyddineb a hyblygrwydd perthynas a phererindod yn arwain at gyflawniad yn hytrach na rhestr-wirio gaeedig foesegol sydd i reoli bywyd.

Fel y cyfryw, ceir darlun cyflawn o'r dasg grefyddol: i ymgymryd â'r ymchwil am ddealltwriaeth a mynegiant digonol, ac i weld gweithredu ymarferol y ffydd grefyddol trwy gyfranogi o drawsnewid parhaus y byd gan Dduw i gydymffurfio â'i ewyllys Ef. Tasg y bobl yw gweithio allan y ffydd hon mewn cymuned. Felly, nid cwestiwn moesol yw hwn: sef sut y dylid byw'r bywyd Cristnogol mewn cyd-destunau arbennig. Yn hytrach, mae'n ymwneud â metaffiseg y sefyllfa. Beth yw'r hawliad-ffydd y tu ôl i'r hunaniaeth Gristnogol ynglŷn â'r berthynas rhwng yr eglwys, y byd a neges yr efengyl? I'r eglwys Gristnogol, ymddengys yn rhesymol awgrymu mai'r prif hawliad-ffydd y bwriedir iddo fod yn berthnasol i realiti, yw bod Duw yng Nghrist wedi torri i mewn i hanes i gymodi'r byd ag ef ei hun (2 Cor. 5: 19; Col. 1: 20; hefyd Eff. 2: 16). Y pwynt yma, fodd bynnag, yw bod yr hawliadffydd hwn yn galw am feddwl a gweithredu er mwyn gwneud hunaniaeth y Cristion yn hysbys. Mae hyn yn ein harwain i ystyried y model Cristnogol cyntaf ar gyfer perthynas y byd a'r eglwys, sef bod gwahaniaeth i'w gadw rhwng y ddau yn syml oherwydd fod yr eglwys i gynnig yr hunaniaeth benodol Gristnogol honno.

Nodweddid eglwys y Testament Newydd, ar y cychwyn o leiaf, gan lefel o wahaniaeth, neu arwahanrwydd, rhyngddi a'r gymuned yn gyffredinol. Parhâi ei haelodau i fyw yn y byd a rhyngweithio fel yr arferent wneud cyn eu tröedigaeth. Cynhelid yr un strwythurau cymdeithasol â chynt ac ni fygythiwyd yr un ohonynt yn uniongyrchol. Ond yn yr eglwys, ymhlith y rhai a oedd 'yng Nghrist' bu'n rhaid ailddiffinio'r perthnasau hynny'n sylfaenol. Byddai caethweision, y cenhedloedd a merched yn parhau i fod yn wahanol i bobl rydd, yr Iddewon a dynion, ond nid oedd y gwahaniaethau hyn i fod i gyfrif dim yng nghymdeithas yr eglwys (Gal. 3: 28). Yr oedd yr eglwys i weithredu, yn naturiol, fel cymdeithas amgen, ac yn un lle, yn ôl Colin Gunton, 'fallen forms of relationship are invalidated and outgrown: are unlearned through the grace of God and the work of the Spirit',[17] a hynny drwy ffurfio cymdeithas yn ddigymell o ganlyniad i'r profiad o ras Duw yn Iesu Grist. Fel y cyfryw, roedd yr eglwys i fod yn wrthddiwylliannol o ddechreuad ei bodolaeth, yn herio normau bywyd cymdeithasol a gwleidyddol trwy sefydlu cymuned a seiliwyd ar egwyddorion a gwirebau gwahanol i rai y byd. Ar y cychwyn ni fwriedid i'w her, er ei bod yn uniongyrchol, fod yn wrthryfelgar ond yn foesegol ac yn batrwm. Fel y mabwysiadai unigolion agwedd a chyfeiriad gwahanol o ganlyniad i 'wisgo Crist amdanynt' cynigient fel cymuned hunaniaeth gymdeithasol a *praxis* amgen i'r rhai y tu allan i'r eglwys. Yn llyfr yr Actau, rhoddir y pwyslais yn gryf ar undod cymuned y credinwyr; roeddent yn un â'i gilydd a cheisient gwrdd ag anghenion ei gilydd, tra ystyrid eu holl feddiannau'n eiddo cyffredin (Act. 2: 44–5, 4: 32). Ar yr un pryd, roedd y grŵp hwn yn dystion i'r byd o weithredoedd gwaredol Crist gyda'r bwriad o dynnu mwy o bobl i mewn i gymuned yr eglwys.

Os yw hwn yn bortread cywir o'r Eglwys Fore, ac os yw o leiaf yn rhannol yn cyflawni'n ufudd alwad yr eglwys, yna rhaid i ni gydnabod bwlch rhwng yr eglwys a'r byd. Mewn gwirionedd, ceir mewn dysgeidiaeth Gristnogol uniongred ymdeimlad o fwlch sy'n rhaid ei bontio. Mae'r Beibl yn portreadu Duw fel y Creawdwr sydd â diddordeb a rhan ym mywyd ei gread. Eto mae'r profiad cyntaf o Dduw yn aml yn un sy'n hyrwyddo ofn a braw fel y sywleddola dyn fod Duw yn ddwyfol ac yn un sy'n wahanol iddo ef ei hun. Mae Eseia yn y Deml (Eseia 6: 5), Eseciel wrth Afon Chebar (Esec. 1) a Ioan y Difinydd ym Mhatmos (Dat. 1: 17) i gyd yn rhannu'r ymdeimlad hwn o fwlchogrwydd ac yn wir y bygythiad fod yna'r fath wahaniaeth rhwng goguniant Duw a gwendid dyn fcl bod y naill yn debygol o ddinistrio'r llall. Mae diffiniad Rudolf Otto o brofiad crefyddol fel *mysterium tremendum et fascinans* yn crynhoi'r syniad o Dduw sydd, am ei fod yn ddirgelwch tragwyddol, yn ein llenwi â braw ond, am ei fod yn gariad tragwyddol, hefyd yn ein llwyr gyfareddu.[18] Felly, mae'r profiad yn un o fwlch, yn dod, os mynnwch, 'wyneb yn wyneb' â'r un 'cwbl wahanol', ond mae'n fwlch a bontir oherwydd fod y 'cwbl wahanol' yn tynnu'r gwrthrych ato'i hun ('Duw yn cymodi'r byd ag ef ei hun').

Cynhelir yr ymdeimlad o fwlch a bontir ym mherson Iesu. Yng Nghrist, fel y daw Duw yn ddyn, pontir y gagendor rhwng yr ysbrydol, y dwyfol, y trosgynnol, y Duw anfeidrol, a'r materol, yr amhur, y cyffredin, a'r bod meidrol. Mae holl drysorau'r nefoedd yn bresennol yn Iesu Grist. Yn ôl Efengyl Marc (1: 15), neges gyntaf Iesu a bregethwyd i bobl Galilea yw bod presenoldeb neu agosrwydd Teyrnas Dduw yn galw am ymateb o edifeirwch, ymdeimlad o newid cyfeiriad, a sylweddoli eu bod yn troedio'r llwybr anghywir (*metanoia*). Mewn termau diwinyddol, rhaid cydnabod pechadurusrwydd dynol a'r brynedigaeth ddwyfol. Er gwaethaf ei anocheladwyaeth,[19] a maddeuant grasol Duw sy'n torri ar draws y bwlch, mae pechod, serch hynny, yn rhwystr rhwng y ddynolryw a Duw sy'n gwneud ymyriad Duw yn angenrheidiol. Rhaid i'r bwlch hwn fod o leiaf yn rhan o ddysgeidiaeth yr eglwys ac yn rhan o'r ddealltwriaeth o'i pherthynas â'r byd. Daw'r efengyl, ym mherson Iesu Grist, o'r tu hwnt i natur a thu hwnt i'n profiad personol ni ac mae'n ein barnu ac ar yr un pryd yn arwain at gariad a maddeuant digymell. Fel y cyfryw, mae mewn perthynas ddilechdidol â phopeth sy'n naturiol gan gadarnhau rhai pethau a thrawsnewid eraill. Rhaid i'r eglwys, felly, gynnal ymdeimlad o arwahanrwydd a hynodrwydd er mwyn dod â barn sylfaenol y groes i bwyso ar y byd a hefyd edrych mewn gobaith y tu hwnt i'r groes a barn i'r atgyfodiad, i faddeuant ac i Deyrnas Dduw.

Un o fanteision yr agwedd hon yw nad yw'n galw am unrhyw ddiddymu na negyddu o'r safbwynt Cristnogol. Mae'n galluogi agor lle i ryngweithio yn weithredol wrth wneud rhywbeth i'r byd ac yn oddefol wrth adael lle i'r byd ei egluro'i hun. Yn ôl John Reader: 'yr her fawr, gyfoes i eglwysi lleol yw sut i ddarganfod ffyrdd i ddechrau trafod lefelau amrywiol y profiad dynol mewn ffordd nad yw'n feirniadol na'n fygythiol'. Mae'n golygu hyblygrwydd wrth ddal at y traddodiad a'r athrawiaeth Gristnogol (y prif naratif) er mwyn clywed pobl sy'n byw eu bywydau'n wahanol. Gellir osgoi gwrthdaro cyn belled ag y derbynnir y gwahaniaeth. Ond yn bwysicach fyth, ni ddylid cefnu ar gredo draddodiadol Cristnogaeth.[20]

Mae traddodiadau sagrafennol yn yr eglwys Gristnogol yn tueddu i leoli presenoldeb Duw yn y byd yn bendant yn y Cymun fel gweithred unigryw cymdeithas y credinwyr. Dywed Daniel Hardy, gan gynrychioli'r safbwynt Anglicanaidd:

As Christian people, we are concerned to participate in God's work in the world. The way by which we show that is to *perform* our participation each Sunday . . . through common worship in the Eucharist. There we give thanks for God's continuing work in the world through Jesus Christ and the Holy Spirit, and are joined to it. But we do more: our giving of thanks *involves* us in what God has done, and we are joined to God's ongoing work through our participation.[21]

I Hardy, mae Duw ar waith yn y byd pa un a ydym yn ei ganfod a'i ddeall ai peidio. O ganlyniad, mae ei brif ddiddordeb yn ddiwinyddol yn hytrach nag yn ymarferol gul. Mae'n ceisio cadarnhau'r ffordd y cysyllta'r Cymun y cymunwr â gweithred Duw, heb fod a wnelo'r cymunwr ddim o gwbl o anghenraid â'r weithred honno. Ond sylwer bod presenoldeb a gweithgarwch Duw wedi'i leoli mewn ffordd arbennig yn yr eglwys. Felly, mae'n anhepgorol i'r eglwys gyhoeddi neges sy'n cynnig rhywbeth nad yw eisoes yn y byd i'r byd.

Mae esboniad David Schindler ar ddysgeidiaeth y Pabyddion am *Communio* yn cydnabod fod y Cymun yn rhan o genhadaeth yr eglwys.[22] Yn sylfaenol dylid ystyried y byd fel *imago Dei* a'r genhadaeth Gristnogol yw bod yn bresennol fel eglwys a thynnu'r holl gread i gymundeb â Duw. Mae hyn yn cadw'r gwahaniaeth rhwng y byd a'r eglwys o fewn rhagluniaeth Duw, ond yn cydnabod y ddau fel gwrthrych gras a chariad dwyfol. Mae'n cydnabod hefyd er mwyn i'r eglwys fod yn eglwys rhaid iddi ganolbwyntio ar ei neges o gymod a'i harfer drwy'r Cymun.[23] Mae *Communio*, fodd bynnag, yn rhoi statws unigryw i'r eglwys yn ewyllys Duw i gyfranogi mewn cymodi popeth ag ef ei hun. Mae athrawiaeth o'r fath yn dechrau ag ymdeimlad o hunaniaeth eglwys a gaiff wedyn bennu'r berthynas â'r byd. Yng nghyd-destun y berthynas hon yn bennaf yr ystyriwyd gwasanaeth fel priod waith y Cristion. Mae geiriau Iesu fod Mab y Dyn wedi dod nid i gael ei wasanaethu ond i wasanaethu (Mth. 20: 28), ei anogaeth i gadw'r ail brif orchymyn sef caru dy gymydog fel ti dy hun (Mc 12: 31, a.y.y.b.) a'i gyfarwyddyd i'r disgyblion i garu fel y carodd yntau hyd at hunan-aberth (In 15: 12–3) i gyd yn awgrymu cydnabod dwy deyrnas wahanol, y naill yn bodoli i dystiolaethu i Dduw trwy wasanaethu'r llall.

Fel y cafwyd newid yn yr eglwys fyd-eang, a her y trydydd byd i ddiwinyddiaeth yn cyflwyno'r sawl sydd ar y cyrion a'r tlodion fel rhai a chanddynt gyfraniad dilys a hyd yn oed ffurfiannol i'w wneud, goleddfwyd y syniad o wasanaeth. Yn hytrach na golygu gweithredu ar ran rhywun, mae angen ystyried gwasanaeth yn nhermau cadarnhau, galluogi a grymuso rhai eraill. Ac mae hyn yn arwain at ystyried y safbwynt gwrthgyferbyniol i'r un a fynegwyd eisoes, sef bod yn rhaid ceisio Duw yn y byd. Mae dehongliad Jürgen Moltmann o Mathew 25: 31–46, dameg y defaid a'r geifr, yn gweld hyn wedi ei gysylltu â'r syniad o wasanaeth Cristnogol gan fod y ddameg yn bygwth yr eglwys â phresenoldeb Crist ('y barnwr sydd i ddod') yn y byd. Daw i'r casgliad: 'nid sut mae pobl a digwyddiadau y tu allan i'r eglwys yn ymateb i'r eglwys yw'r cwestiwn priodol, ond sut mae'r eglwys yn ymateb i bresenoldeb Crist yn y sawl sydd "y tu allan iddi", y newynog, y sychedig, y gwael, y noeth a'r carcharorion'.[24] Cred Moltmann y dylid diffinio'r berthynas rhwng yr eglwys a'r byd yn bennaf yn nhermau gwasanaeth, ond gwelwn fod y cyfryw wasanaeth wedi ei reoli nid gan yr hyn y gall neu y dylai'r eglwys ei gynnig ond gan yr hyn y cred y byd y mae arno ei angen. Rhaid i'r eglwys, wedi ei hysbrydoli gan yr argyhoeddiad fod Duw ar ochr y dioddefwyr, rhai ar y cyrion a'r tlodion, ymateb i'r anghenion a fynegir gan y byd. A thrwy drawsnewid eu dioddefaint, yn hytrach na thrwy roi balm, eli neu gyffur cwsg y mae gan yr eglwys ran i'w chwarae yn y bywyd cyhoeddus.

Y perygl yma yw cadarnhau gweithred Duw yn syml trwy'r rhai sy'n ceisio newid y byd am lawer rheswm. Mae'r rhai sy'n 'gwneud' diwinyddiaeth yn cynnwys grwpiau megis y pensiynwyr sy'n gorymdeithio i Parliament Square i brotestio ynghylch darpariaeth dila'r wlad am yr hyn y talasant amdano drwy eu hoes, y gweithredwyr Greenpeace sydd wedi peri'r fath drafferth i'r Ffrancwyr yn y Môr Tawel, Merched Comin Greenham ugain mlynedd yn ôl, neu Swampy ac eco-ryfelwyr y 1990au. Yng Nghymru gellid cynnwys aelodau Cymdeithas yr Iaith wrth iddynt brotestio yn erbyn codi arwyddion ffyrdd uniaith Saesneg neu Feibion Glyndŵr, a brotestiai nid yn unig yn erbyn y ffaith fod pobl o'r tu allan yn prynu tai yn y fro Gymraeg ond fod y system wedi prisio'r trigolion lleol allan o blaid rhai mwy cefnog o'r ochr arall i Glawdd Offa. Dyma'r chwyldrowyr: y rhai sydd wedi herio'r *status quo*, y rhai sy'n ceisio, o safbwynt arbennig, 'argyhoeddi'r byd ynglŷn â phechod a chyfiawnder a barn' (In 16: 8). Yn gymaint â bod y grwpiau hyn wedi nodi'n gywir a lledaenu achos cyfiawn, gallent ddisgwyl rhywfaint o gefnogaeth ddiwinyddol. Ond, hyd yn oed o dderbyn fod yn rhaid i brotestwyr greu helynt er mwyn cael gwrandawiad,[25] nid yw hyn heb ei broblemau. Y gwir yw y gall hyd yn oed y sawl nad ydynt yn siarad o safbwynt crefydd gysurus a chyfleus ystyried gweithgarwch o'r fath yn annerbyniol. Nid yw'n hawdd adnabod pobl o'r fath fel ymladdwyr dros ryddid, fel rhai daionus mewn byd o ddrygioni. Mewn gwirionedd, i lawer, maent yn niwsans a dim mwy. Ond oherwydd y rhoddir pwyslais ar y weithred o drawsffurfio, heb ystyried y rheswm y tu ôl iddo, gwneir yr honiad diwinyddol y deuir o hyd i Dduw lle y mae (neu o leiaf lle y mae rhywun) eisoes yn newid y byd.

Mae hwn yn ddatblygiad diddorol mewn diwinyddiaeth fodern. Nid yw monotheistiaeth Iddewig-Gristnogol erioed wedi cyfyngu presenoldeb Duw i eglwys neu gymuned ffydd: y ddaear yw ei droedfainc (Eseia 66: 1), ffrwyth ei egni creadigol ac, yn anorfod, hi yw lleoliad ei weithgarwch grasol a gwaredigol. Fodd bynnag, nid oes cytundeb fod yna weithgarwch achubol gan Dduw y tu hwnt i ffiniau'r eglwys empeiraidd. Beth bynnag, neu felly yr honnir, ni fydd Duw cariadus yn condemnio'r sawl na fedrai erioed fod wedi clywed am Iesu Grist i ddamnedigaeth dragwyddol. Gosodwyd o'r neilltu yn ddistaw y ddysgeidiaeth ganoloesol (a seiliwyd ar waith Cyprian ac Origen) *extra ecclesiam nulla salus* (nid oes cadwedigaeth y tu allan i'r eglwys), yn rhannol oherwydd rhaid cydnabod bodolaeth crefyddau eraill a dilynwyr duwiol y crefyddau hynny, ac yn rhannol oherwydd cydnabod yn syml na ddylid cyfyngu ar Dduw. Roedd Ail Gyngor y Fatican, i raddau helaeth dan ddylanwad Karl Rahner a'i ddamcaniaeth o 'Gristnogaeth anhysbys' neu 'Gristnogaeth ddienw', yn fodlon cydnabod fod iachawdwriaeth yn bosibl i bawb o 'ewyllys da' sydd, o leiaf yn ddamcaniaethol, yn cynnwys pobl o grefydd wahanol a'r rhai heb yr un grefydd, yn ogystal â'r rhai sy'n perthyn i cnwadau Cristnogol eraill. Ar un olwg, cadarnhad syml o bresenoldeb Duw o fewn y drefn greedig yw hwn. Yn nhermau cenhedlaeth hŷn, dyma fewnfodaeth Duw. Yn ôl Jürgen Moltmann, bydd hyn yn arwain at barch at natur, a fydd yn gymorth i arwain at ddatrys yr argyfwng ecolegol a thrwy hynny roi glasbrint ar gyfer perthynas ehangach rhwng yr eglwys a'r byd.

> We shall have to integrate human beings once more into the all-embracing community of creation, from which we have detached

ourselves. We shall have to understand once more that nature and we ourselves are God's creation, and in the name of God's creation we shall resist humanity's destruction of nature.

Bwriedir i hyn sicrhau fod y ddynolryw i gyd yn cydnabod cyfrifoldeb tuag at y ddaear a'i dyfodol. Ond, sylwer, mae'n dal swyddogaeth benodol i'r eglwys am ei fod yn dechrau trwy gydnabod hawliad-ffydd arbennig mewn perthynas â Duw fel Creawdwr. I Moltmann, roedd y dyfodol yn ansicr. Ac yntau'n ysgrifennu yng nghanol y Rhyfel Oer a'r bygythiad niwclear a oedd ynghlwm wrtho, credai fod y byd wedi cyrraedd ei 'ddydd barn' pryd y gallai dinistr ddigwydd unrhyw funud. Cyfrannodd yr argyfwng ecolegol at hyn. Ond, iddo ef, yr unig ymateb cyfrifol yw byw fel pe bai'r dyfodol yn dibynnu ar y ddynolryw yn y ffydd y bydd teyrngarwch Duw i'r cread yn golygu yr osgoir apocalyps.[26] Ceir, felly, berthynas uniongyrchol rhwng y Creawdwr a'i waith sy'n golygu nad oes gan yr eglwys ar y naill law ddim monopoli ar Dduw ac ar y llaw arall fod yn rhaid i'r eglwys edrych y tu hwnt i'w therfynau er mwyn canfod rhagor am wirionedd Duw.

Nid presenoldeb Duw yn y byd yw'r pwnc dan sylw, ond sut y dylid asesu arwyddocâd y presenoldeb hwnnw (sy'n rhaid iddo ar ryw ystyr fod yn bresenoldeb gwaredigol am fod Duw yn waredwr oherwydd ei natur ac nid oherwydd ei weithredoedd yn unig). Mae cadarnhau presenoldeb Duw mewn llawer modd yn ddibwrpas os nad yw'n cyffwrdd o gwbl â bywydau bob dydd pobl. Felly mae'r mater yn golygu deffro rhyw fath o ymdeimlad ysbrydol, rhyw ymwybyddiaeth fod Duw yn bresennol, rhyw gydnabod yr angen dynol am Dduw ymhlith pobl nad ydynt fel rheol yn grefyddol a chydnabod cryn ddiddordeb mewn ysbrydolrwydd (term bwriadol lac a llithrig yn aml)[27] y tu allan i'r eglwys. Mewn geiriau eraill, mae'n golygu adnabod y funud dragwyddol pan fo dynion a merched yn amgyffred rhywbeth mwy, rhywbeth dirgel ac anesboniadwy y cânt eu tynnu ato bron iawn heb sylweddoli.[28] Roedd ffenomen o'r fath yn destun cryn ddadlau yn dilyn marwolaeth Diana, Tywysoges Cymru.

Honnodd Basil Hume, wrth siarad ar GMTV (28 Rhagfyr 1997) fod Diana wedi deffro'r reddf ysbrydol mewn pobl. Dywedodd ei bod yn cynrychioli 'llawer o bethau a edmygwyd gan bobl' ac yn ei marwolaeth 'cyffyrddodd rhywbeth â phobl ar lefel dwfn iawn'. Roedd marwoldeb, a guddir o'r golwg fel rheol mewn ysbytai a hospisau, wedi dod yn gyhoeddus, ac roedd hyn, yn ôl y Cardinal Hume yn aml yn ysgogi'r bywyd ysbrydol mewn pobl.

Mae bron yn amhosibl gwybod beth yn hollol a achosodd y mynegiant torfol o alar a cholled nac ychwaith a fu hyn yn fodd ai peidio i ddeffro ymwybyddiaeth o'r ysbrydol a'r dwyfol mewn pobl. Os rhywbeth, dangosodd y digwyddiad beryglon posibl dod at grefydd trwy gysyniadau cyffredinol o ysbrydolrwydd fel y ceid hanesion am weledigaethau neu ymddangosiadau gwyrthiol o Ddiana wynfydedig. Yn hyn o beth, mae rhywbeth sy'n peri cryn bryder ynglŷn â'r agwedd hon. Rhaid i rôl yr eglwys fod yn un gywirol yma oherwydd y mae'n dwyn i ddigwyddiadau'r byd neges arbennig ac epistemoleg arbennig ynglŷn â realiti'r bydysawd. Ni all yr eglwys gadarnhau popeth sy'n digwydd yn y gobaith y deuir i'r casgliadau cywir. Rhaid iddi, yn hytrach, nodi teimladau galar, tristwch, diffyg pwrpas, dicter a hyd yn oed euogrwydd, yn ogystal ag ymboeni am yr ysbrydol a'r tragwyddol a dod â hwy i gysylltiad â'r efengyl Gristnogol. Efallai yn wir fod anniddigrwydd yn y meddwl dynol sy'n chwilio am y rhywbeth hwnnw na ellir meddwl am ei fwy (chwedl Anselm)[29] neu anniddigrwydd yn y galon na all ganfod gorffwystra ond yn Nuw ei hun (chwedl Awstin).[30] Ond nid oes fawr o ystyr i'r teimladau eu hunain heb y gred gydberthynol, oherwydd mae dadl ontolegol Anselm a gweddi gyffesol Awstin ill dwy yn eiriau ffydd sy'n ceisio deall, nid dealltwriaeth ddynol naturiol yn ceisio ffydd. Mae Cristnogaeth yn cynnig mwy na chadarnhad: mae'n cynnig hunaniaeth. Mae'r efengyl yn cynnig safbwynt sy'n rhoi ystyr i bopeth arall. Mae colli hyn yn gadael i'r efengyl a'r eglwys fel agweddau adnabyddadwy o Gristnogaeth gael eu gogynnwys ac yn y pen draw eu llyncu gan ymdeimlad o'r byd sy'n fwy addas i hunanddealltwriaeth ac anghenion dynol na dirnad gwirionedd Duw.

Mae neges yr efengyl yn caniatáu cynnal tensiwn yn y berthynas rhwng yr eglwys a'r byd. Rhaid gwahaniaethu a rhaid cael ymdeimlad o farn ac edifeirwch a gyflwynir fel rhan annatod o neges yr efengyl. Rhaid cynnal hyn nid yn unig oherwydd y gwahaniaeth rhwng pobl, rhwng yr eglwys a'r byd, ond oherwydd y sylweddolir mai Duw yw Duw ac fel y cyfryw nid yw fel yr ydym ni. Felly rhaid i'r ffordd ymlaen gynnwys y dewrder i weld Duw ar waith ym mhob rhan o'i gread fel cadarnhad o ryddid hanfodol Duw: ymdeimlad ohonom ni yn perthyn iddo ef ac nid ohono ef yn perthyn i ni. Os yw hyn yn wir, yna rhaid fod Duw yn rhydd, hyd yn oed o athrawiaeth a chredoau traddodiadol, i'w ddarganfod mewn cyflawnder dirgel y tu hwnt i'n dirnadaeth lwyr. Eto rhaid goleddfu hyn mewn termau Cristnogol trwy haeru fod y Duw dirgel hwnnw, sy'n fwy ac yn amgenach na'r holl fformiwlâu amdano, yn cael ei ddatgelu yn Iesu Grist (In 1: 18). (Ar yr un pryd, wrth gwrs, dylid cofio mai dyma'r argyhoeddiad a fu'n ysbrydoliaeth i Gynghorau'r Eglwys ffurfio'r athrawiaethau a'r credoau traddodiadol.) Dyma athrylith gynhenid yr efengyl Gristnogol, sy'n cynnwys elfen ddeinamig mewn dealltwriaeth ond sy'n cynnig hawliad-ffydd fel sylfaen gadarn a dilys. Fel y cyfryw ni ellir derbyn y byd yn syml fel y mae heb ryw gymaint o feirniadaeth a thrawsnewid. Am y rheswm hwnnw mae'n galw am briodi damcaniaethau a *praxis* er mwyn cyflwyno hunaniaeth Gristnogol adnabyddadwy lle gellir gofyn cwestiynau a cheisio cynnig atebion.

Mae'r eglwys a'r byd yn perthyn i'w gilydd trwy'r bywyd Cristnogol. Daw hwn ag egni ffydd sy'n ceisio deall i gysylltiad ag amodau empeiraidd sydd eu hunain yn dueddol i newid. Ni ellir crynhoi'r bywyd Cristnogol, felly, mewn diffiniadau a rhestrau-gwirio. Mae'n ymwneud â'r mudiad mewn meddwl a gweithred sy'n agored i arbrofi a chywiro[31] sy'n digwydd mewn cymuned lle gall bywyd yr unigolyn ffynnu mewn perthynas a seiliwyd ar berthynas â Duw yng Nghrist. Er mai'r eglwys yw'r sail gymunedol arbennig ar gyfer y bywyd Cristnogol, mae yna hefyd y gymuned gyffredinol, sef y byd y mae'r bywyd Cristnogol yn dyst iddo o farn a gras, o fwlch a bontiwyd. Felly mae'r hawliad-ffydd Cristnogol yn hanfodol i fodolaeth yr eglwys ac yn hanfodol i'w dealltwriaeth o'i chenhadaeth yn y byd. Nodweddir bywyd Cristnogol yn yr eglwys ac yn y byd gan gyflawniad personol, cymdeithasoldeb, a chyfrifoldeb am stiwardiaeth a fydd yn gymorth i atal dinistr ecolegol tra ar yr un pryd yn haeru fod hyn i gyd yn fater o berthynas a seilir yn Nuw. Nid oes gan yr eglwys reswm i fodoli heb gredu mewn Duw sydd wedi cymodi'r byd ag ef ei hun. O ganlyniad, mae'r berthynas rhwng yr eglwys a'r byd yn golygu bod yr eglwys yn tystio i gymodi ac yn gweithredu ynddo fel y gall Duw yn y pen draw fod 'oll yn oll' (1 Cor. 15: 28) a thrwy hynny yn sail undod a harmoni i'r holl gread.

YR EGLWYS YN Y BYD

[1] Cyhoeddwyd yr ysgrif hon yn wreiddiol yn *Diwinyddiaeth*, L (1999), tt. 38–59, dan y teitl 'Pa fath berthyn?'

[2] Am ddadansoddiad diwinyddol o'r argyfwng ecolegol, ac amrywiaeth o ymatebion, gw. Celia Deane-Drummond, *A Handbook in Theology and Ecology* (Llundain, 1996); Elizabeth Breuilly a Martin Palmer, *Christianity and Ecology* (Llundain, 1992); Dieter Hussel (gol.), *Theology for Earth Community* (Efrog Newydd, 1996); Rosemary Radford Ruether, *Gaia and God* (Llundain, 1993); Jürgen Moltmann, *God in Creation* (Llundain, 1993); Jonathan Clatworthy, *Good God: Green Theology and the Value of Creation* (Charlbury, 1997); Peter Scott, *A Political Theology of Nature* (Caergrawnt, 2003).

[3] Gw. R. Currie, A. Gilbert a L. Horsley, *Churches and Churchgoers: Patterns of Church Growth in the British Isles since 1700* (Rhydychen, 1977); Philip Richter a Leslie J. Francis, *Gone But Not Forgotten* (Llundain, 1998), rhagymadrodd, tt. xi, xii.

[4] Mater arall i'w ystyried fyddai'r berthynas rhwng yr efengyl a'r bywyd moesol, yn arbennig sut y gellir gosod unrhyw bwyslais ar ddelfrydau moesegol mewn crefydd a seiliwyd ar weithred ddigymell a maddeugar Duw.

[5] *Woman's Own* (31 Hydref 1987).

[6] Am ddadansoddiad o'r diwylliant modern a lle'r eglwys a'r efengyl ynddo, gw. Lesslie Newbigin, *Truth to Tell: The Gospel as Public Truth* (Llundain, 1991); idem, *The Gospel in a Pluralist Society* (Llundain, 1989); Colin E. Gunton, *The One, the Three and the Many: God, Creation and the Culture of Modernity* (Caergrawnt, 1993). Philip Jenkins, *The Next Christendom: The Coming of Global Christianity* (Efrog Newydd, 2002).

[7] Gw. David L. Edwards, *The Futures of Christianity* (Llundain, 1987), yn enwedig penodau 4, 6 a 7. Yn 1900 yr oedd 80 y cant o Gristnogion y byd yn byw yn Ewrop neu ogledd America. Erbyn 2000 amcangyfrifwyd na fydd ond 40 y cant o Gristnogion y byd yn dod o'r Gorllewin. Gw. P. Pawlowsky, *The Basics: Christianity* (Llundain, 1994), t. 71.

[8] R. Tudur Jones (gol.), *Ffynonellau Hanes yr Eglwys* (Caerdydd, 1979), t. 171.

[9] Yn ôl Robert Morgan, ni cheisiodd rhyddfrydiaeth ddiwinyddol grynhoi hanfod Cristnogaeth eithr yn hytrach ddangos hunaniaeth Cristnogaeth. Gw. Robert Morgan, 'St John's Gospel, the incarnation and Christian orthodoxy', yn D. F. Ford a D. L. Stamps (goln), *Essentials of Christian Community* (Caeredin, 1996), tt. 148–9; hefyd E. Troeltsch, 'What does "Essence of Christianity" mean?', yn R. Morgan a M. Pye (goln), *Ernst Troeltsch: Writings on Theology and Religion* (Llundain, 1997). Mae adnabyddiaeth Adolf Harnack o hanfod (*Wesen*) Cristnogaeth fel pe bai'n fwy cydnaws â'r disgrifiad a geir yma. Gw. A. Harnack, *What is Christianity?* (Llundain, 1901).

[10] Gw. e.e. Leonardo Boff a Clodovis Boff, *Introducing Liberation Theology* (Tunbridge, 1987), tt. 4–9; Gustavo Gutiérrez, *A Theology of Liberation* (2il arg., Llundain, 1988), tt. 5–8.

[11] Gw. Paul Ballard a John Pritchard, *Practical Theology in Action* (Llundain, 1996), t. 60.

12 Daniel W. Hardy, *God's Ways with the World: Thinking and Practising Christian Faith* (Caeredin, 1996), t. 71.
13 Brian Russell, 'The reform of theological education', yn Ford a Stamps (goln), *Essentials of Christian Community*, t. 224.
14 Gw. John Reader, *Local Theology: Church and Community in Dialogue* (Llundain, 1994), t. 2; Charles Davis, *Religion and the Making of Society* (Caergrawnt, 1994), tt. 84–92.
15 Dyma ystyr Ioan 8: 31–2: 'Os arhoswch chwi yn fy ngair i, yr ydych mewn gwirionedd yn ddisgyblion i mi. Cewch wybod y gwirionedd, a bydd y gwirionedd yn eich rhyddhau.'
16 Yn Phil. 2: 12, 'gweithredwch mewn ofn a dychryn yr iachawdwriaeth sydd eiddo ichwi', mae ystyr o ymdrech gynhwysfawr i'r *katergadzesthe* ('gweithredwch') Groeg. Gw. M. Bockmuehl, *The Epistle to the Philippians* (Llundain, 1997), tt. 151–2.
17 Colin E. Gunton, *Christ and Creation* (Carlisle, 1992), t. 110.
18 Rudolf Otto, *The Idea of the Holy* (Llundain, 1980).
19 Crynhoir anocheladwyaeth pechod orau o bosib yn Rhufeiniaid 7: 14–23, yn enwedig adnodau 18–19: 'Y mae'r ewyllys i wneud daioni gennyf; y peth nad yw gennyf yw'r gweithredu. Yr wyf yn cyflawni, nid y daioni yr wyf yn ei ewyllysio, ond yr union ddrygioni sy'n groes i'm hewyllys.'
20 Reader, *Local Theology*, tt. 9, 18.
21 Hardy, *God's Ways with the World*, t. 222. Italeiddio'r awdur.
22 David L. Schindler, *Heart of the World Center of the Church* (Grand Rapids, 1995).
23 Ibid., t. 312.
24 Jürgen Moltmann, *The Church in the Power of the Spirit* (2il arg., Llundain, 1992), tt. 126, 129.
25 Gw. Reader, *Local Theology*, t. 45.
26 Jürgen Moltmann a J. Baptist Metz, *Faith and the Future* (Llundain, 1995), tt. 176–7. Mae Rosemary Radford Ruether yn cymryd agwedd fwy sylfaenol. Gwêl hi'r broblem ecolegol fel un sy'n codi o hanesion Beiblaidd sy'n cefnogi hierarchiaeth a phatriarchaeth. Ceir yr ateb wrth gydnabod fod y ddaear yn organeb fyw ('Gaia') ac wrth ddarganfod a chymhwyso hanes benywaidd a hanesion menywod. Gw. *Gaia and God*.
27 Am asesiad positif o'r diddordeb poblogaidd mewn ysbrydolrwydd gw. Richter a Francis, *Gone But Not Forgotten*, tt. 36, 44; hefyd David Hay, 'Religion lacking spirit', *The Tablet* (2 Mawrth 1996), t. 292.
28 Dyma'r hyn a elwir yn 'grefydd ymhlyg'. Gw. Edward Bailey, *Implicit Religion: An Introduction* (Llundain, 1998).
29 Dyma'r cyfieithad yn J. I. Daniel a John Fitzgerald (goln), *Ysgrifau Athronyddol ar Grefydd* (Caerdydd, 1982), tt. 9–11.
30 Dyma'r cyfieithiad yn D. Miall Edwards, *Bannau'r Ffydd* (Wrecsam, 1929), t. 31. Mae'r gwreiddiol yng nghyffesiadau Awstin.
31 Mae Daniel Hardy yn galw hyn yn *directed openness*. Gw. *God's Ways with the World*, t. 13.

6

DIWINYDDIAETH A GWLEIDYDDIAETH

Er gwaethaf y syniad cyffredin a phoblogaidd na ddylai gwleidyddiaeth a chrefydd gymysgu, y gwir amdani yw bod crefydd yn ei hanfod yn wleidyddol, yn ystyr ehangaf y gair. Yn sylfaenol, gwleidyddiaeth yw'r ffordd i lywodraethu gwlad er mwyn hwyluso'r bywyd cymdeithasol. Mae'n gosod cyfyngiadau ar yr unigolyn i sicrhau nad yw'n ymyrryd yn ormodol ar ryddid a bywydau pobl eraill wrth iddo geisio ei ryddid ei hun. Mae'n gosod safonau cymdeithasol sy'n diffinio troseddu ac sydd hefyd yn dynodi'r gosb briodol i droseddwyr. Mae'n diffinio hunaniaeth trigolion y wlad ac mae'n dylanwadu ar y teulu yn arbennig trwy ddarparu addysg plant.[1] Gwleidyddiaeth, felly, yw'r ffordd i lywodraethu'n dda, i gadw trefn ar gymdeithas, i sicrhau ei bod heb ddyled yn economaidd ac i sicrhau diogelwch ei thrigolion. Yn sgîl hyn i gyd, mae'n hawlio ffyddlondeb ei dinasyddion ac yn ennyn eu ffyddlondeb trwy ffurfio eu hunaniaeth gymunedol. Felly, mae a wnelo gwleidyddiaeth â bywyd: bywyd pob unigolyn a'r bywyd cymunedol lle mae'r angen anochel i gyfyngu ar ryddid personol er mwyn byw yn gymdeithasol yn holl bwysig.

Yn draddodiadol, esbonio gwreiddiau'r bydysawd a thrwy hynny ateb cwestiynau sylfaenol ynghylch dechreuadau'r byd a phwrpas y ddynolryw oedd prif ddiddordeb crefydd a oedd hefyd yn amlinellu amcan a nod y cwbl. O ganlyniad, cynigia egwyddorion a gwerthoedd i'w hymlynwyr, gan ddangos sut y dylem fyw ein bywydau. Prif ddiddordeb crefydd, felly, yw bywyd a hwnnw'n fywyd yn ôl yr ewyllys a'r arfaeth ddwyfol.

O'r diffiniadau hyn gellir gweld bod diddordeb crefydd a diddordeb gwleidyddiaeth i raddau'n cydgyffwrdd. Hyd yn oed ar lefel unigol, daw'n amlwg fod agwedd wleidyddol ar grefydd.

Mae gwerthoedd ac egwyddorion unigolyn yn rhwym o effeithio ar y ffordd y mae'n byw ei fywyd a thrwy hynny yn rhwym o effeithio ar bobl eraill hefyd. Felly, mae'r egwyddorion a roddir i rywun gan ei ddaliadau crefyddol yn rhai cymdeithasol ac yn anochel wleidyddol. Wrth eu mabwysiadu, mae'r unigolyn yn effeithio ar ei amgylchfyd ac ar fywyd gweddill y ddynolryw. Gwelir hyn yn natblygiad naturiol y ddysgeidiaeth Gristnogol. 'Do, carodd Duw y byd gymaint nes iddo roi ei unig Fab', meddai efengyl Ioan (In 3: 16) ac, am fod cariad Duw dros y greadigaeth gyfan ac nid at fodau dynol yn unig, nid oes unrhyw ddysgeidiaeth Gristnogol na ddylai hefyd gynnwys y ffordd y mae Cristnogion a'r eglwys yn perthyn i'r drefn gymdeithasol-economaidd allanol.[2] Mae Cristnogaeth felly yn anochel wleidyddol, hyd yn oed os yw'n anodd cytuno ar bolisïau gwleidyddol penodol oherwydd, yn y bywyd cymdeithasol, y mae Cristnogion yn dilyn eu dealltwriaeth bersonol o'u ffydd.

Ni olyga hyn nad oes unrhyw broblem wrth gysylltu crefydd â gwleidyddiaeth. Yn y bôn, disgyblaeth ymarferol a phragmatig yw gwleidyddiaeth: mae'n rhaid iddi ymateb yn effeithiol i'r sefyllfa bresennol tra hefyd yn edrych i'r dyfodol gyda chynllun neu weledigaeth hir-dymor. Nid rhywbeth i gadw'n dynn wrth ideoleg a damcaniaeth yw, felly, ond rhywbeth sy'n ymateb yn ddilys i broblemau a materion wrth iddynt godi. Ar y llaw arall, nid oes gan yr efengyl Gristnogol unrhyw atebion rhagdybiaethol i gwestiynau gwleidyddol y dydd. Yn hytrach, mae a wnelo'r efengyl Gristnogol â Iesu Grist, yr achubiaeth sydd ar gael ynddo ef, a'r bywyd cyflawn sy'n dilyn. Mae'r efengyl yn rhyddhau dynion a merched i fod yn gyfrifol yn eu bywydau cymdeithasol. Swyddogaeth gwleidyddaeth yw ceisio sicrhau cyfundrefnau cymdeithasol a fydd yn cadw pobl yn ddiogel yn gymdeithasol ac yn economaidd. Wrth gwrs, mae gan ddinasyddion gyfrifoldeb tuag at y cyfundrefnau hynny. Ond, hefyd, mae'r cyfundrefnau hynny'n sicrhau buddiannau amrywiol i'r unigolyn, pan ydynt yn gweithio yn iawn, oherwydd iddynt sicrhau rhyddid a bywyd a diogelwch i'w dinasyddion.

Gellir dweud, felly, er gwaethaf y gred boblogaidd, na ellir – ac na ddylid – datgysylltu crefydd a gwleidyddiaeth. Mae a wnelo'r ddwy â bywyd, ac mae ar y naill angen y llall i raddau helaeth er mwyn cyflawni ei thasg.

DIWINYDDIAETH A GWLEIDYDDIAETH

RHYDDHAD A CHYFRIFOLDEB

Mae gwleidyddiaeth yn gweithredu oddi mewn i'r tyndra rhwng pragmatiaeth i wynebu problemau'r presennol a gweledigaeth arbennig ar gyfer cymdeithas well yn y dyfodol. Mae'r efengyl yn dadansoddi'r tyndra hwnnw yn nhermau rhyddhad a chyfrifoldeb. Ai pwrpas crefydd yn gyffredinol, a Christnogaeth yn benodol, yw sicrhau rhyddhad i'r gorthrymedig a chyfarfod ag anghenion y rhai sydd ar waelod cymdeithas? Neu, megis yn nhraddodiadau crefyddol y Gorllewin, ai pwrpas crefydd yw dysgu'r bobl i fyw fel dinasyddion cyfrifol? Mae'r ddau gwestiwn yn foesol eu naws ond tu ôl iddynt y mae ystyriaeth o neges sylfaenol Cristnogaeth: ai neges rhyddhad neu gyfrifoldeb yw'r efengyl? Ac os yw'r ddau'n berthnasol, sut y gellir cadw tyndra deinamig ac ymarferol rhyngddynt?

Heb amheuaeth, mae a wnelo Cristnogaeth â rhyddhad. Yn Efengyl Luc, darllenwn fod Iesu'n cysylltu ei weinidogaeth bersonol gyda darn o broffwydoliaeth Eseia sy'n eithriadol o chwildroadol:

'Y mae Ysbryd yr Arglwydd arnaf, oherwydd iddo f'eneinio i bregethu'r newyddion da i dlodion. Y mae wedi f'anfon i gyhoeddi rhyddhad i garcharorion, ac adferiad golwg i ddeillion, i beri i'r gorthrymedig gerdded yn rhydd, i gyhoeddi blwyddyn ffafr y Arglwydd.' Wedi cau'r sgrôl a'i rhoi'n ôl i'r swyddog, fe eisteddodd; ac yr oedd llygaid pawb yn y synagog yn syllu arno. A'i eiriau cyntaf wrthynt oedd: 'Heddiw yn eich clyw chwi y mae'r Ysgrythur hon wedi ei chyflawni' (Luc 4: 18–21).

Ochr yn ochr â hyn, gwelwn fod dysgeidiaeth Iesu'n galw ar ei ddisgyblion i fyw'n gyfrifol mewn cymuned a chymdeithas lle rhoddir ystyriaeth lwyraf a haeddiannol i bobl eraill: 'Câr dy gymydog fel ti dy hun' (Mc 12: 31); 'Nid oes gan neb gariad mwy na hyn, sef bod dyn yn rhoi ei einioes dros ei gyfeillion' (In 15: 13); 'Yr oedd yr holl gredinwyr ynghyd yn dal pob peth yn gyffredin. Byddent yn gwerthu eu heiddo a'u meddiannau, a'u rhannu rhwng pawb yn ôl y byddai angen pob un' (Act. 2: 44–5); 'Ond gwyliwch rhag i'r hawl yma sydd gennych fod yn achos cwymp mewn unrhyw fodd i'r rhai gwan' (1 Cor. 8: 9).

Mae'n rhaid cydnabod nad oes unrhyw ymgais eglur yn y Testament Newydd i uno'r ddwy agwedd hon. Yn hytrach, mae tyndra rhwng y ddau syniad lle mae'r rhyddid sydd ar gael yng Nghrist Iesu hefyd yn arwain y Cristion at arfer ei gyfrifoldeb. Ac, yn ddiamau, ni ystyriwyd hyn yn ddatblygiad naturiol i'r crediniwr, fel y mae'r cyfeiriadau niferus yn y Testament Newydd at gofio'r tlawd ac at fyw mewn ffordd gariadlon yn tystio. Yn hanes yr eglwys, fel arfer, tueddwyd i bwysleisio naill ai'r rhyddhad neu, yn amlach fyth, gyfrifoldeb personol. Ambell waith, dadleuwyd dros chwyldroi drwy ddehongliad arbennig yr efengyl, fel y digwyddodd yn achos Thomas Müntzer yn ystod y Diwygiad Protestannaidd[3] ac fel y gwelwyd yng ngwaith nifer o ddiwinyddion rhyddhad America Ladin yn ystod yr ugeinfed ganrif. Ond, fel arfer, defnyddiwyd yr efengyl i gefnogi'r *status quo*. Fe'i defnyddiwyd i ddiogelu'r drefn gymdeithasol trwy ddatgan ei bod yn sanctaidd ac yn ddigyfnewid. Yn y ffordd hon, mae crefydd yn ffactor bwysig wrth sicrhau cymdeithas integreiddiedig. Mae credu yn Nuw, Creawdwr a Chynhaliwr y drefn gosmig gyfan, yn awgrymu dilysrwydd a sefydlogrwydd hyd yn oed i'r cyfundrefnau hanesyddol a grewyd gan ddynion er mwyn hwyluso'r bywyd cymdeithasol. Ymhellach, mae nifer o orchmynion uniongyrchol yn y Testament Newydd i weddïo dros lywodraethwyr am fod eu hawdurdod yn tarddu o ordeiniad Duw (Rhuf. 13: 1–7; 1 Tim. 2: 1–3, 13).[4] Yn sylfaenol, dyna oedd y tu ôl i wrthwynebiad ffyrnig Martin Luther i Müntzer a'i gefnogaeth frwd dros y tywysogion i drechu chwyldroad y werin yn yr unfed ganrif ar bymtheg. Nid yw'n gwbl eglur ai dyna oedd yr unig ddewis iddo er mwyn sicrhau ymlediad y Diwygiad a'r egwyddorion Protestannaidd. Yn sicr, fel arweinydd y mudiad Protestannaidd, roedd arno angen cefnogaeth y tywysogion i'w amddiffyn rhag y sawl a lynai yn dynn wrth y drefn Babyddol. Ond nid ystyriaethau personol yn unig oedd y tu ôl i weithgarwch Luther yn erbyn y werin. Yn hytrach, roedd yn dilyn ei ddadansoddiad diwinyddol mai o Dduw yr oedd pob awdurdod yn tarddu. O ganlyniad i hyn, ac er gwaethaf traddodiad y proffwydi yn Israel a oedd yn datgan barn Duw yn erbyn anghyfiawnder cymdeithasol, nid yw erioed wedi bod yn hawdd i gyfiawnhau trawsffurfiad gwleidyddol a chwyldroad cymdeithasol ar sail y dystiolaeth Gristnogol.

    Wedi dweud hynny, yn ystod yr ugeinfed ganrif gwawriodd ar nifer o arweinwyr yr eglwys ac ar nifer o ddiwinyddion nad diogelu nerth ac awdurdod yn unig sy'n bwysig yn ôl y ddysgeidiaeth Gristnogol. Mae'n rhaid hefyd ystyried camddefnydd awdurdod a nerth. Mewn geiriau eraill, daeth y cwestiwn canlynol i amlygrwydd: sut ddylai'r eglwys ymateb i lywodraethau sy'n llygredig eu naws ac sydd, o ganlyniad, yn anwybyddu hawliau dynol sylfaenol? Diau mai Dietrich Bonhoeffer oedd y diwinydd a ddaeth i deimlo'r broblem hon yn fwy na neb yn ystod yr ugeinfed ganrif, neu o leiaf gellir dirnad yn ei fywyd ac yn ei waith y tyndra sylfaenol sy'n ymddangos wrth geisio bod yn ufudd i'r awdurdodau dilys tra hefyd yn cydnabod eu bod yn llygredig os nad hefyd yn hollol ddrwg. Magwyd ef yn y traddodiad Lutheraidd, a derbyniodd ddilysrwydd syniad Luther am y ddwy deyrnas lle mae'r eglwys yn perthyn i'r deyrnas ysbrydol a chanddi awdurdod yn y cylch hwnnw, a'r llywodraeth ddinesig sydd â chyfrifoldeb dros y gyfundrefn wleidyddol.[5] Prif bwynt y ddysgeidiaeth oedd nad oedd yr un awdurdod â'r hawl i ymyrryd yng ngweithgareddau'r llall. Achosodd hyn gryn broblemau i Bonhoeffer yn ystod y 1930au gyda llwyddiant Adolf Hitler a'r Blaid Natsiaidd yn yr Almaen, gan gofio fod Hitler wedi dod i rym trwy ddefnyddio'r gyfundrefn ddemocrataidd ac nid trwy ei thrawsfeddiannu. Canlyniad ei fyfyrdod oedd cymryd rhan yn y cynllun ofer i ladd Hitler, penderfyniad a arweiniodd at ei farwolaeth ei hun ar grocbren yng ngwersyll Flossenburg yn nyddiau olaf y rhyfel. Mae'n bwysig cofio nad gwrthod syniad teyrngarwch i'r llywodraeth wnaeth Bonhoeffer, ond gwrthod y syniad fod gan yr eglwys rywsut atebion ac ymatebion digonol i holl broblemau'r byd. Yn hytrach, mae'r eglwys yn bodoli i ddatgan achubiaeth Duw trwy air a thrwy weithred. Nid ideoleg noeth yw hon, ac felly mae'n rhaid iddi effeithio ar y byd yn uniongyrchol, trwy lunio polisïau arbennig y gellir eu mabwysiadu mewn sefydliadau a chyfundrefnau dynol, ac yn anuniongyrchol, trwy weithgarwch unigolion a achubwyd yn tynnu sylw at Deyrnas Dduw a'i chyfiawnder yn eu cylchoedd bach eu hunain. Ond rhywbeth i'w ymarfer *in via* yw agwedd yr eglwys at wleidyddiaeth. Rhan ydyw o bererindod Gristnogol yn y byd meidrol hwn, a rhan hefyd o broses dysgu a datblygu lle mae'r Cristion yn darganfod ffyrdd newydd i dystiolaethu i iachawdwriaeth Duw ymhob cyfnod ac yng nghyd-destun pob problem. Felly, nid yw byth yn cyrraedd ei diffiniad terfynol.

Gan ei fod yn perthyn i'r traddodiad Calfinaidd, gallai Karl Barth wrthwynebu Hitler heb yr un problemau ag oedd gan

Bonhoeffer. Roedd Luther wedi ildio'n wasaidd i awdurdod y tywysogion am fod eu hawdurdod yn ddilys yn rhagluniaeth ac arfaeth Duw. Roedd safbwynt Calvin yn fwy soffistigedig. Cydnabu hefyd fod pob awdurdod yn tarddu o Dduw ac o ganlyniad i hynny dylai trigolion bob gwladwriaeth ufuddhau i'w llywodraethwyr. Ond sylweddolai hefyd fod llywodraethwyr yn medru bod yn llygredig. Ar y naill law, nid oedd hyn namyn mwy na'r hyn yr oedd pobl bechadurus yn ei haeddu.[6] Ond ar y llaw arall, gallai gwladwriaeth lygredig ofyn i'w thrigolion fyw a gweithredu mewn ffordd sy'n gyferbyniol i ewyllys Duw. Yn yr achosion hyn, yn ôl Calvin, nid oes rhaid i'r dinasyddion ufuddhau[7] er bod yn rhaid i awdurdod cymunedol arwain y brotest hon iddi fod yn brotest ddilys. Er na chyfaddefai Calvin hyn, pa awdurdod cymunedol dilys arall oedd, ond yr eglwys? Dyna, wrth gwrs, oedd casgliad Barth.

Yn nhyb Barth, ni all fod ond un arglwydd, sef Iesu Grist. O ganlyniad, roedd yn naturiol iddo wrthwynebu'r Führer gan fod Hitler yn gofyn am yr un ymlyniad a'r un teyrngarwch gan ei bobl a oedd yn ddyladwy i Grist yn unig. Ni cheisiodd Bonhoeffer na Barth drawsffurfiad cymdeithasol, ond roeddent ill dau yn chwilio am gyfyngiadau i'r bywyd gwleidyddol nad oedd byth yn bosibl i'w torri, a hynny o safbwynt diwinyddol. Ymateb Barth oedd llunio *Datganiad Barmen* er mwyn pwysleisio hyn, ac oherwydd na cheisiodd fabwysiadu safbwynt gwleidyddol penodol ond yn unig danlinelli honiadau'r efengyl yn wyneb un o'r llywodraethau mwyaf anfad yn hanes y byd, roedd *Datganiad Barmen* ymhlith dogfennau pwysicaf yr eglwys yn ystod yr ugeinfed ganrif.

Prif faich y ddogfen oedd pwysleisio arglwyddiaeth Grist dros Gristnogion a'r angen sy'n dilyn i wadu hawl unrhyw arglwydd arall dros eu bywyd. Unigolyddiaeth y ddogfen oedd ei phrif wendid, fe ddichon, oherwydd iddi ganolbwyntio ar y berthynas rhwng Duw a'r unigolyn a'r unigolyn a'r gymuned yn hytrach na hawlio perthynas rhwng Duw a'r gymuned. Ond wedi cydnabod hyn, roedd rhywbeth dewr a phell-gyrhaeddol am y datganiad. Yn sicr, roedd goblygiadau pendant i wleidyddiaeth yn y safbwynt hwn. Cydnabyddwyd yn y ddogfen nad oedd yr eglwys ond yn eglwys *in via*. Er ei bod yn ymwybodol o ewyllys Duw, a gall ddefnyddio'r wybodaeth honno i alw am ffordd arall, radicalaidd o fyw, mae'n rhaid dal i gyffesu nad yw'n gwybod pob manylyn o'r bywyd hwnnw. O ganlyniad, gwaith yr eglwys yn wastad yw galw ar i'r byd geisio darganfod ffordd well o fyw yn seiliedig ar Arglwyddiaeth Crist.⁸ Roedd y llywodraethau hynny nad oedd yn cymryd rhan yn yr ymchwil hwnnw am ffurfiau mwy cyfiawn felly dan gondemniad ac nid oedd yn rhaid i'r Cristion ufuddhau iddynt. Mae'r egwyddorion yn eglur ac yn blaen: ond cymerai rywun dewr i ymarfer yr egwyddorion hyn yn yr Almaen yng nghyfnod Hitler.

Yn debyg i *Ddatganiad Barmen*, lluniwyd *Dogfen Kairos* De Affrica yn 1985 mewn cyd-destun o argyfwng, ond âi ymhellach na'i rhagflaenydd i gydnabod yr angen am weithgarwch arbennig mewn ymateb i'r sefyllfa ac mewn ymgais i ddatrys ei phroblemau. Yn ystod 1985, dechreuodd pobl ifanc y trefedigaethau gynnal protestiadau mawr yn erbyn anghyfiawnder a hiliaeth o ganlyniad i ddeddfwriaeth apartheid. Roedd *Dogfen Kairos* yn galw ar yr eglwys i gydnabod fod yr argyfwng yn datgelu mai moment *kairos* yn hanes y wlad, os nad yn hanes y byd hefyd, oedd hon, sef moment arbennig mewn hanes pan fo'r uwchfodol yn torri i mewn a barn Duw ar anghyfiawnder yn cael ei datgan gan alw ar y bobl i wneud penderfyniad i ryddhau'r rhai gorthrymedig.

Prif fyrdwn y ddogfen oedd datgan bod gormes yn bechod ymhob ffurf, boed yn hiliol, yn economaidd neu yn rhywiol. Hefyd, datganodd fod y sawl a weithredai mewn ffordd ormesol yn bechadurus yng ngolwg Duw. Nid yw Duw yn niwtral yn ôl y ddogfen hon: saif yn gadarn ac yn bendant ar ochr y gorthrymedig yn erbyn y gormeswyr. Galwodd y ddogfen ar i'r eglwys anghofio ei 'Diwinyddiaeth Wladwriaethol', a dderbyniai'n rhy hawdd syniadau Rhufeiniaid 13 am ordinhad dwyfol awdurdodau gwleidyddol, ac i sefyll ar yr un ochr â Duw ei hun, gyda'r bobl orthrymedig gan roi'r hawl iddynt fyw mewn gobaith y caiff eu bywydau eu trawsffurfio. Datganodd yn eglur nad oedd modd bod yn Gristion heb weithio'n ddygn yn erbyn gormes, hyd yn oed pan fo'r wladwriaeth ei hun yn gyfrifol am y gormes hwnnw. Haerodd mai ysbrydoliaeth ar gyfer bywyd newydd yw'r efengyl, a Theyrnas Dduw yw'r enw ar y bywyd hwnnw. Gobaith, felly, yw'r catalydd ar gyfer newid gwleidyddol a chymdeithasol, ond mynnai'r ddogfen fod yr eglwys yn cydweithredu â grwpiau eraill yn y gymdeithas er mwyn ennill y newidiadau angenrheidiol. Newid yn hytrach na chymodi oedd yr angen, ac felly gellid cyfiawnhau anufudd-dod dinesig pan ddeuai o ganlyniad i ymgais y Cristion i ufuddhau i ewyllys a chyfiawnder Duw.

Canlyniad hyn oedd i'r *Ddogfen Kairos* gael ei chydnabod yn alwad i ddiriaethu neges rhyddid Duw mewn bywyd ac i sicrhau y daw rhyddhad yn realiti i'r bobl a fu'n byw dan ormes. Mae'r elfen weithredol hon yn llai amlwg yn *Natganiad Barmen*, ond yno, hefyd, mae arglwyddiaeth Crist yn hyrwyddo gweithredoedd cyfrifol. Gellir gweld o'r ddwy enghraifft hon fod y ddau fotiff 'rhyddhad' a 'chyfrifoldeb' yn ymddangos dro ar ôl tro mewn ymatebion Cristnogol i wleidyddiaeth.

Yn ystod yr ugeinfed ganrif, datblygodd nifer o fudiadau pwysig mewn Diwinyddiaeth Gristnogol a geisiodd ymelwa ar radicaliaeth yr efengyl a defnyddio'r radicaliaeth honno i feirniadu'r cyfundrefnau gwleidyddol a chymdeithasol a ddatblygodd ynddynt. O'r 1960au ymlaen, daeth her i'r byd Cristnogol gan ymddangosiad diwinyddiaeth ryddhad America Ladin[9] a'r mudiadau a ddaeth yn ei sgîl ledled y byd. Troir yn awr i edrych yn fras ar y ddiwinyddiaeth honno fel enghraifft o ddiwinyddiaeth sy'n herio'r *status quo* yn hytrach na'i gefnogi.

DIWINYDDIAETH RYDDHAD

Yn ei gwahanol ffyrdd mae pob diwinyddiaeth ryddhad yn honni bod yn ffordd newydd i ddiwinydda. Nid ffyrdd arall i fyfyrio uwchben yr athrawiaethau Cristnogol mohonynt, ond diwinyddiaeth sy'n seiliedig yn y lle cyntaf ar weithredoedd a bywydau'r tlawd a'u hymgais am ryddhad. Diwinyddiaeth i ymawdurdodi ydyw, sy'n cynnig y gallu i bobl reoli eu bywydau eu hunain a derbyn rhyddid i fyw bywyd cyflawn. Dichon ei bod wedi llwyddo i raddau i wneud hyn. Cynigiodd obaith i'r sawl a fu heb obaith: gobaith a esgorodd ar weledigaeth o fyd gwell hyd yn oed pan fethodd â chyflawni'r weledigaeth.[10] Awgrymodd y diwinyddion rhyddhad, gan ddefnyddio gwaith Marx, mai Duw hanes yw Duw'r Beibl, ond bod Duw yn cyflawni ei ewyllys yn y byd trwy gydweithrediad â'r ddynolryw. I raddau, felly, roedd pobl, yn ogystal â Duw, yn berchnogion hanes. O ganlyniad, roedd modd hyrwyddo diwedd pob awdurdod a phob cyfundrefn ormesol trwy ddangos fod pobl yn feistri ar eu bywydau yn hytrach na dioddefwyr eu tynged. Yn ogystal â hyn, roedd modd hyrwyddo gobaith yn y bobl a'r bywyd cyflawn ar eu cyfer hyd yn oed pan na ddinistriwyd y cyfundrefnau gormesol oherwydd i'r diwinyddion rhyddhad ddangos nad oedd y cyfundrefnau hynny (sef y *status quo*) yn ganlyniad ewyllys Duw. Canlyniad drygioni dynion a merched oeddynt. O ganlyniad, gellir eu gwrthwynebu a cheisio eu dymchwel.

Sylfaen diwinyddiaeth ryddhad oedd profiad y tlawd yn America Ladin a ddaeth i weld bod eu tlodi yn ganlyniad uniongyrchol gweithgareddau a diddordebau y cyfoethog yn eu gwlad eu hunain a ledled y byd. Datblygodd cymunedau'n ddigymell, y *communidad eclesial de base*, lle ymgynullai'r tlawd i drafod eu sefyllfa yng nghyd-destun gweddïo ac efrydu'r Beibl. Gwelwyd bod yr efengyl yn galw ar i bobl weithredu i drawsffurfio eu cymdeithas a'u gwlad a'r byd, a'u sefydlu ar sail cyfiawnder a'r bywyd cyflawn i bawb. I ddechrau, rhoddwyd y bai am eu tlodi ar gwmnïoedd rhyngwladol a oedd yn cadw llywodraethau llygredig mewn grym yn America Ladin er mwyn cadw costau cynhyrchu'n isel. Mae'r cyhuddiad hwn wedi'i ailfynegi erbyn hyn wrth i ddiwinyddion De America sylweddoli ei fod yn or-syml. Serch hynny, mae'n rhaid cydnabod o hyd fod cymaint â 100 miliwn o bobl yn byw mewn tlodi eithafol yn Ne America er gwaethaf cronfeydd cyfoethog o olew, alwminiwm a choffi mewn gwahanol wledydd yno, ac economeg a masnachau'r byd a hyrwyddir gan y cenhedloedd mwyaf pwerus a mwyaf cyfoethog sy'n bennaf cyfrifol am hyn. Anghyfiawnder – os nad drygioni a phechod noeth – yw hyn, ac mae cydnabod anghyfiawnder y sefyllfa yn achosi i ddiwinyddion rhyddhad ddatgan barn Duw ar y sefyllfa economaidd. Ond nid anghyfiawnder economaidd yn unig oedd yn nodweddu gwledydd America Ladin. Hefyd dioddefent gamdrin a diystyrru hawliau dynol enbyd a chreulon. Ar y cyfandir hwnnw, roedd llofruddiaethau a phobl yn 'diflannu' yn ddigwyddiadau cyffredin. Yr enwocaf o'r rhain, efallai, oedd llofruddiaeth Oscar Romero, Archesgob San Salvador, wrth iddo ddathlu'r Cymun. Efe oedd y llais a gododd yn gyson yn erbyn gormes yn ei wlad. O ganlynaid, cydweithredodd y grwpiau a fyddai ar eu hennill trwy gadw'r *status quo*, sef busnes a'r fyddin, er mwyn rhoi taw ar ei lais. Bu farw Romero: ond cryfhawyd achos rhyddhad yn ei wlad trwy ei ferthyrdod.

Fel mudiad protest y tyfodd diwinyddiaeth ryddhad yn wreiddiol, er y daeth i olygu llawer mwy wrth iddi ddatblygu trwy'r 1970au a'r 1980au. Er bod y sefyllfa'n debyg, mae ffurf ychydig yn wahanol ar ddiwinyddiaeth ryddhad y gwahanol wledydd yn ôl y cyd-destun y mae'n datblygu ynddo.

DIWINYDDIAETHAU RHYDDHAD

Er na enwyd diwinyddiaeth De Affrica yn ddiwinyddiaeth ryddhad, ymddengys ei bod yn briodol sôn amdani yn y cyswllt hwn am ei bod yn perthyn i'r mudiad i ddymchwel hiliaeth apartheid ac i gydnabod gwerth y bobl groenddu. Yn ôl dehongliad y bobl groenwyn, rhagluniaeth oedd y tu ôl i'w gwladychiad o'r wlad. Troes y dadlau dros ryddhad o gwmpas mater lliw croen gyda galwad i gydnabod urddas pob person ar lun a delw Duw.[11]

Yn Sri Lanka, awgrymwyd bod rhyddhad yn gyfystyr â diwinyddiaeth. Gan fod Cristnogion yn y lleiafrif yn y wlad, dadleuir bod yn rhaid parchu crefyddau Asia, megis Bwdhaeth, er mwyn dangos parch at bobl Asia. Mae rhyddhad, yn ôl rhai, i'w gweld yn brif neges y crefyddau i gyd, gan gynnwys y rhai brodorol. O ganlyniad ni ddylai Cristnogion anwybyddu bodolaeth y crefyddau hynny mewn ymgais i wthio eu neges ar y bobl. Dyna a ddigwyddodd dan reolaeth imperialaidd a thrwy ymgyrchoedd y cenhadon. Yn hytrach na'r hunaniaeth a ddatblygwyd dan ormes cenhedloedd imperialaidd estron a'r genhadaeth Gristnogol a ddaeth yn ei sgîl, mae angen i'r bobl ddarganfod eu hunaniaeth eu hunain sy'n datblygu'n rhannol, yn ôl Aloysius Pieris, trwy drafodaethau rhyng-grefyddol. Yn ei dyb ef, dylid ffurfio cymunedau i drafod y materion hyn gyda chynrychiolwyr y crefyddau i gyd.[12] Dyma beth sy'n gyfystyr yng nghyd-destun Asia â *communidad eclesial de base* America Ladin.

Yn y Ffilipinau, mae diwinyddion wedi pwysleisio'r angen i ailysgrifennu hanes a'i rhyddhau oddi wrth ormes imperialaidd Sbaen, Gogledd America a Siapan. Wedi i'r gwledydd hynny adael, ni ryddhawyd y bobl oherwydd i unbennaeth gael ei sefydlu a'r canlyniad oedd dioddefaint. Mae 'diwinyddiaeth ymdrechu' (*struggle*) wedi datblygu er mwyn cynnig hunaniaeth i'r tlawd wrth iddynt geisio diogelu eu rhyddid eu hunain.[13] Nid rhyddhad ei hun sydd o bwys, felly, ond yr ymgyrch i'w sefydlu. Bydd y tlawd yn darganfod hunaniaeth a gwerth eu bywyd wrth gymryd rhan yn yr ymdrech hon.

DIWINYDDIAETH A GWLEIDYDDIAETH

Mae diwinyddiaeth ddu hefyd yn cydnabod fod pobl yn dioddef gormes am wahanol resymau gan gynnwys lliw eu croen, er bod hynny'n aml yn mynd law yn llaw â thlodi economaidd.[14] Cymaint oedd pwysigrwydd a phoblogrwydd diwinyddiaeth ryddhad a'i phwyslais ar gyd-destun ac ar yr alwad ar i bobl dlawd, orthrymedig, ddifreintiedig gael eu rhyddhau fel bod ymgais, hyd yn oed ym Mhrydain, i sôn am ddiwinyddiaeth ryddhad,[15] er bod y gorchwyl hwnnw wedi canolbwyntio'n fwy ar yr angen am ddiwinyddiaeth gyd-destunol am gyfiawnder yn fwy nag opsiwn Duw i sefyll gyda'r tlawd.
Enghraifft arall o ddiwinyddiaeth gyd-destunol yw diwinyddiaeth ffeministaidd. Nid daearyddol yw'r cyd-destun y tro hwn. Prif sylfaen y mudiad hwn yw'r gred fod merched yn cael eu gormesu gan gyfundrefn batriarchaidd y byd a sefydlwyd ac a gynhaliwyd gan ddynion. Ei nod yw sefydlu cyfundrefn fwy cyfartal a fyddai'n caniatáu i ddynion yn ogystal â merched gael eu rhyddhau a byw'r bywyd cyflawn. Mae'r feirniadaeth fod diwinyddiaeth ffeministaidd yn perthyn i'r dosbarth canol, croenwyn, academaidd wedi arwain at sefydlu diwinyddiaeth 'wreicyddol' (*womanist*) sy'n ceisio tynnu sylw at anghenion merched sy'n perthyn i grwpiau ethnig ac sy'n dioddef gormes driphlyg sef tlodi, hiliaeth a rhywiaeth.

EI PHRIF NODWEDDION

Prif gynsail diwinyddiaeth ryddhad, ymhob ffurf arni, yw'r honiad fod Duw i'w ddarganfod yn y sefyllfa leol a hynny oherwydd iddo geisio ryddhau pobl oddi wrth nerthoedd gormesol y byd. Mae dau oblygiad pwysig i'r cynsail hwn. Yn gyntaf, nid hanes Duw â'i ymwneud ag Israel yn yr Hen Destament, ac nid hanes Iesu Grist a'r brynedigaeth a enillwyd trwy'r groes a'r atgyfodiad fel y'i amlinellir yn y Testament Newydd, sydd o'r pwys mwyaf. Yn hytrach, dirnad Duw yn y presennol a'r cyd-destun penodol sy'n ganolog. Gwneir defnydd o straeon y Beibl er mwyn bwrw goleuni ar y cyd-destun lleol. O ganlyniad, daeth stori'r Ecsodus, er enghraifft, yn gynddelw gweithgarwch Duw yn gyffredinol ar ran y tlawd a'r gorthrymedig yn hytrach na stori am Dduw yn ethol cenedl arbennig i fod yn oleuni i'r cenhedloedd. Yn ail, mae'n arwain at y ffaith fod diwinyddiaeth ryddhad yn dechrau gyda dadansoddiad o sefyllfa benodol a cheisio enwi prif anghyfiawnderau'r sefyllfa honno. Wedi enwi'r anghyfiawnder, mae diwinyddiaeth ryddhad yn pwysleisio'r angen i wneud rhywbeth amdano trwy ddefnyddio'r term Marcsaidd *praxis*. Yn ôl Marx, *praxis* yw'r gweithgarwch dynol sy'n arwain at newidiadau cymdeithasol, economaidd a gwleidyddol ac sydd felly yn ffurfio hanes. Yn nhyb diwinyddion rhyddhad, mae'r tlawd yn cael eu heithrio o'r broses hanesyddol hon. Er mwyn sicrhau eu rhyddid, mae'n rhaid iddynt gymryd rhan ynddi. A'r ffordd i wneud hyn yw trwy *praxis*. Wrth bwysleisio *praxis*, mae diwinyddion rhyddhad yn ein hatgoffa mai ffydd i fyw yw Cristnogaeth ac nid ffydd i feddwl neu fyfyrio amdani yn unig. Pan fydd ffydd fel hon yn cyfarfod ag anghyfiawnder, mae'n anhepgorol ei bod yn fodd i'w drawsnewid. O ganlyniad, mae pob ffurf ar ddiwinyddiaeth ryddhad yn cydnabod deinamig radicalaidd yr efengyl sy'n dod yn gyntaf mewn barn a'r nerth i drawsnewid pechaduriaid yn saint. Geni drachefn ac nid datblygiad naturiol yw hanfod yr efengyl Gristnogol, ac mae hyn yn wir yn gymdeithasol yn ogystal ag yn bersonol. Mae'r efengyl i farnu a newid 'pob realiti sy'n gyferbyniol i deyrnasiad y bywyd a gyhoedda'r Arglwydd', meddai Gustavo Gutiérrez,[16] lladmerydd gwreiddiol diwinyddiaeth ryddhad yn America Ladin. Ac mae rhyddhad yn dod o blith y tlawd eu hunain ac nid o'r tu allan, oherwydd fod y rhyddhad sy'n dod o'r tu allan yn dal yn ffurf ar ddibyniaeth ac felly yn ffurf ar imperialaeth ormesol.

Mae'n bwysig nodi fod y term 'y tlawd' yn un technegol i ddiwinyddion rhyddhad. Mae'n cyfeirio at y bobl sy'n dioddef gormes gyfundrefnol a systemataidd. Yn wreiddiol, roedd Gutiérrez yn enwi'r bobl sy'n byw yn slymiau America Ladin fel y dioddefwyr amlycaf – maent yn dlawd oherwydd nad oes ganddynt arian nac eiddo. Nid ydynt ar fai'n bersonol am hyn, ond cânt eu heithrio a'u diystyru'n gymdeithasol o hyd. Ond y mae ef ac eraill wedi dod i gydnabod fod pobl eraill yn dioddef gormes cyfundrefnau heb fod yn gyfrifol amdanynt neu'n analluog i'w newid, ond mynegir eu gormes mewn ffyrdd ar wahân i rai economaidd. Yn ôl Jorge Pixley a Clodovis Boff, y tlawd yw'r sawl sy'n ymylol mewn unrhyw gymdeithas, y sawl sy'n dioddef dan awdurdod pobl eraill ac sy'n cael eu hecsploitio o ganlyniad.[17] Ymhlith y rhain y mae'r tlawd economaidd, merched, grwpiau ethnig, lleiafrifoedd crefyddol a'r sawl sy'n arddel rhywioldeb gwahanol. Ond â diwinyddion rhyddhad ymhellach nag enwi'r sawl sy'n dioddef. Cyhoeddant fod gan y tlawd le arbennig yn arfaeth Duw. Yn ôl José Comblin, mae'r tlawd 'gyda Iesu, *de facto*'. Eiddo'r tlawd yw'r Deyrnas 'heb ystyried eu haeddiant personol'.[18] Ac mae'n bwysig cofio nad yw Duw yn bresennol gyda'r tlawd trwy ddioddef gyda hwy yn unig, motiff sy'n boblogaidd yn niwinyddiaeth y Gorllewin ar ôl profiad erchyll yr holocost. Yn hytrach, mae'n bresennol gyda'r tlawd fel Duw'r rhyddhawr. Mae Duw gyda'r tlawd, nid fel 'cyffur' (chwedl Marx) i'w helpu i fyw mewn sefyllfa anodd, ond mae yno i feirniadu'r sefyllfa a pherswadio'r tlawd i ymrwymo i'w newid yn llwyr.[19] Fel hyn gwelir bod Duw yn ysbrydoli newidiadau cymdeithasol, hyd yn oed y rhai chwyldroadol, pan fo'r bobl orthrymedig yn ceisio dymchwel eu gormes.

Wrth gwrs, mae'r syniadau hyn wedi bod yn faen tramgwydd i lawer yn y Gorllewin oherwydd yr awgrym fod gan Dduw ei ffefrynnau, sef y tlawd. Fodd bynnag, mae'n bwysig nodi bod Duw yn sefyll ar ochr y tlawd oherwydd ei ras ef ac nid oherwydd eu haeddiant hwy. Yn ôl Gutiérrez, 'mae'r tlawd yn haeddu blaenoriaeth nid am eu bod yn foesol a chrefyddol well nag eraill, ond oherwydd fod Duw yn Dduw ac yn ei lygaid "mae'r olaf yn flaenaf"'. Mae'r gosodiad hwn yn gwrthdaro â'n dealltwriaeth arferol o gyfiawnder, ac felly mae'r flaenoriaeth yn ein hatgoffa nad yw'n ffyrdd ni yr un peth â ffyrdd Duw (Eseia 55: 8).[20] Yn ôl Leonardo a Clodovis Boff, mae'r 'opsiwn i'r tlawd', sy'n mynnu fod yr eglwys yn sefyll gyda'r tlawd oherwydd mai dyna lle saif Duw, yn fater o fywyd neu farwolaeth. Mae'r tlawd yn dioddef oherwydd gormes pobl eraill sy'n atal eu bywyd a'u potensial rhag byw'r bywyd cyflawn. Gan fod Duw yn Dduw bywyd, mae ar ochr y sawl sy'n darganfod fod eu bywydau dan fygythiad.[21] Mae rhyw elfen heriol a gwefreiddiol i'r syniadau hyn: maent yn datgan barn ar bob cyfundrefn, pob busnes a phob gwladwriaeth nad yw'n dal diddordebau'r bobl i gyd yn holl bwysig. Nid yw'n hawdd anghytuno â hynny, hyd yn oed os yw'r pwyslais ar y tlawd yn peri i rywun deimlo'n anesmwyth.

Nid yw diwinyddiaeth y Gorllewin wedi ei chael yn hawdd i dderbyn dyrchafiad y tlawd i lefel sanctaidd oherwydd iddynt ddioddef gormes. Os yw'r eglwys i fod ar ochr y tlawd a'r gorthrymedig, yna mae'n rhaid bod yn erbyn y gormeswyr. Ystyr hyn yw na fydd trafod egwyddorion yn ddigonol. Ond mae'n anodd cysoni sefyll yn erbyn y gormeswr â'r syniad bod y Cristion i garu ei gyd-ddyn, ac i garu ei elynion hyd yn oed, yn arbennig wedi i drais gael ei gyfiawnhau gan Gutiérrez a diwinyddion rhyddhad eraill pan y'i defnyddir yn achos rhyddhad.[22] Er nad yw'n sôn am drais yn benodol, mae Enrique Dussel yn cyfiawnhau gweithgarwch y tlawd er mwyn ennill eu rhyddid oherwydd eu bod *de facto* gyda Christ. Seilir rhan o'i feirniadaeth ar yr honiad y gall cyfundrefnau a sefydliadau fod yn bechadurus yn ogystal ag unigolion. O ganlyniad, os yw'r gymdeithas a'r wladwriaeth yn anghyfiawn ac yn cael eu llywodraethu'n anghyfreithlon er budd y cyfoethog a dynion busnes, yna mae'r sawl sy'n llywodraethu yn bechadurus ac nid ydynt 'yng Nghrist'. Ymhellach, meddai Dussel, ni ellir cyfrif gwrthwynebu cyfundrefn anghyfreithlon yn weithred anghyfreithlon. Nid yw categori cyfreithlondeb yn cyfrif i'r tlawd sy'n gwrthwynebu trais a gormes oherwydd fod eu penderfyniadau a'u gweithgareddau yn seiliedig ar ystyriaethau tragwyddol.[23]

Mewn cyd-destun gwahanol, gofynnodd, a hawliodd, y *Ddogfen Kairos* am ailystyried agweddau arferol tuag at drais. Mae'n rhaid gwahaniaethu rhwng protest dreisgar sy'n hunan-amddiffynnol a thrais gan y wladwriaeth sy'n fodd annilys i gefnogi cyfundrefn anghyfiawn. O ganlyniad, cefnogodd y ddogfen anufudd-dod i'r wladwriaeth fel dewis dilys i'r Cristion hyd yn oed yng ngoleuni Rhufeiniaid 13 a diwinyddiaeth Galfinaidd lle mae trais llywodraeth anghyfiawn yn cael ei ddilysu fel cosb Duw ar bechod dynol.[24] Unwaith mae'r wladwriaeth i'w gweld yn llygredig, mae categorïau cyfreithlondeb ac anghyfreithlondeb yn newid.

Er gwaethaf y problemau a gyfyd yng ngoleuni'r opsiwn i'r tlawd a chyfiawnhau trais, mae'n wir o hyd fod diwinyddiaeth ryddhad wedi llwyddo i ddeffro'r eglwys yn rhyngwladol i gydnabod ehangder yr anghyfiawnder yn y byd ac i ymrwymo i'w newid. Hyrwyddodd y syniad fod diwinyddiaeth yn rhywbeth sy'n codi mewn cyd-destunau arbennig ac felly bod angen datblygu diwinyddiaethau lleol ledled y byd. Awgrymodd diwinyddion rhyddhad na all hyn fod yn fudiad haniaethol, myfyrgar, academaidd a deallus yn unig, ond mae'n rhaid iddo hefyd drawsnewid realiti. O ganlyniad, pwysleisiwyd unwaith eto fod Cristnogaeth yn ffydd wleidyddol ac yn ffydd sy'n ymwneud â realiti bywyd. Y gwendid mawr, o bosibl, yw bod diwinyddiaeth ryddhad wedi pwysleisio gweithredoedd a chyflwr tymhorol bodau dynol ar

DIWINYDDIAETH A GWLEIDYDDIAETH

draul esbonio achubiaeth Duw a enillwyd trwy Iesu Grist ac sy'n eiddo i ni yn yr Ysbryd Glân. Ni ddylid gor-wahanu'r ddau oherwydd eu bod yn perthyn i'w gilydd fel rhannau o'r un efengyl. Mae cyfiawnhad trwy ffydd, ac felly mae angen cadw dealltwriaeth draddodiadol yr efengyl mewn golwg. Ond arweinia hyn at weithredoedd da. Ac felly ni all fod ond yn wleidyddol ac yn radicalaidd ei naws wrth iddo sefyll dros hawliau a chyfiawnder i'r anghenus yn y byd.

DATBLYGIADAU DIWEDD YR UGEINFED GANRIF

Awgrymai datblygiadau mewn diwinyddiaeth wleidyddol ddiwedd yr ugeinfed ganrif fod cyfnod diwinyddiaeth ryddhad ar ben. Y broblem gyda'r ddiwinyddiaeth honno yw iddi feirniadu'n dda ond nid yw cystal mewn awgrymu dewis arall ymarferol. Mae'n llwyddo i ddangos beth sy'n annerbyniol mewn cymdeithas ac yn y byd ond nid yw eto wedi awgrymu unrhyw ffordd i sefydlu cyfundrefn well. Mae sawl diwinydd wedi awgrymu fod hyn yn anghyfrifol, tra bo eraill wedi awgrymu nad oedd diwinyddiaeth ryddhad yn effeithiol. Ar ôl deng mlynedd ar hugain o ddiwinyddiaeth ryddhad, mae'r tlawd yn America Ladin yn dlotach nag erioed.[25]

Canlyniad hyn oll yw fod John Atherton[26] a Peter Sedgwick,[27] er enghraifft, yn pwysleisio'r angen i feithrin agwedd lawer mwy cyfrifol a chadarnhaol tuag at gymdeithas ac economeg, un sy'n seiliedig ar gydnabod gwerth cynhenid ein diwylliant cyfoes. Ac ystyr hyn yw arddel agwedd fwy cadarnhaol tuag at ddatblygiadau gwleidyddol yn Ewrop er 1989 ac, yn rhyfeddach fyth, derbyn uchafiaeth nerthoedd y farchnad mewn economeg. Yn ddigon diddorol, mae Atherton a Sedgwick hefyd yn hyrwyddo diwinyddiaeth 'leol' sy'n dechrau trwy ddehongli'r cyd-destun a chymdeithas ddynol mewn ffordd feirniadol ac, yn gyffredinol, mewn ffordd optimistaidd. Mewn geiriau eraill, maent hwy hefyd yn cydnabod mai hanes yw'r llwyfan i Dduw weithio allan ei ewyllys, gyda phobl yn chwarae rhan bwysig ynddi. Mae Sedgwick ac Atherton yn chwilio am ddiwinyddiaeth sy'n cefnogi agweddau neilltuol cyfalafiaeth yn gyffredinol ac economi'r farchnad yn arbennig am eu bod yn weithgareddau dynol, ac mae creadigrwydd dynol yn adlewyrchu deinamig creadigol Duw ei hun.

LLOFFION YM MAES CREFYDD

Prif gwestiwn unrhyw wleidyddiaeth gyfrifol yw sut y gellir ateb problem sylfaenol economeg, sef sut dylid dosrannu cynnyrch prin mor eang ag sy'n bosibl? Mae economi'r farchnad a gwleidyddiaeth yr adain dde yn gwneud eu penderfyniadau economaidd ar sail cystadleuaeth oherwydd pan fo cystadleuaeth mae adnoddau'n cael eu defnyddio mewn ffordd gost-effeithiol. Wrth gwrs, nid yw cystadleuaeth ond yn gweithio mewn cyd-destun lle mae pobl yn anghyfartal â'i gilydd. Mae'n dibynnu'n fwy na dim ar hunan-les yn y gred (gydag Adam Smith) fod hunan-les yn sicrhau gwasanaethu'r daioni cyhoeddus a chymdeithasol. O ganlyniad, pwysleisia gwleidyddiaeth yr adain dde y gorchymyn 'câr dy gymydog fel ti dy hun' gan dynnu sylw fod angen hunangariad cyn i garu cymydog ddod yn bosibl. Nid yw hunan-les i'w ddarostwng i les y gymdeithas ond bydd gwasanaethu hunan-les yn arwain at wasanaethu lles y cymuned. Yr unigolyn ac nid cymdeithas yn gyffredin sydd i'w ystyried o'r arwyddocâd uchaf.

I raddau, mae'r alwad am fabwysiadu agwedd gadarnhaol tuag at gyfalafiaeth fyd-eang yn seiliedig ar gwymp 'economïau cynllunedig' Ewrop yn 1989. Ceisiodd y bloc comiwnyddol fabwysiadu cyfundrefn economi'r farchnad unwaith y torrwyd yr iau gomiwnyddol. Yn ôl John Atherton, dengys hyn fod economi'r farchnad yn rhagori ar y llall oherwydd, yn gyntaf, nad oedd y gamdriniaeth a'r llygredd a nodweddodd y gyfundrefn gomiwnyddol wedi sicrhau dosraniad cyfartal yn y gwledydd comiwnyddol ac, yn ail, am ei bod wedi parhau'n hwy na chomiwnyddiaeth ac yn fuan daeth yn ddyhead y gwledydd cyn-gomiwnyddol.

Canlyniad diwinyddol hyn i gyd, yn ôl Atherton, yw'r ymgais i ddeall Duw a gweithredoedd Duw fel 'dialog feirniadol' gyda phrofiadau a dealltwriaethau secwlaraidd. Ni ellir cysylltu ewyllys Duw yn uniongyrchol ac yn neilltuol â'r profiadau hynny. Maent yn perthyn i broses dehongli'r hyn sy'n iawn yn ôl ewyllys Duw mewn rhyw gymdeithas benodol. I Atherton, mae'n rhaid gweld y gwirionedd am Dduw, a'r gwirionedd am berthnasedd Duw â phobl o ganlyniad dialog rhwng cyfundrefnau economeg, dealltwriaeth Gristnogol o'r gymdeithas a mewnwelediadau'r ysgrythur a'r traddodiad Cristnogol. Yn ei dyb ef, mae Duw yn ei ddatguddio'i hun ymhobman, hyd yn oed mewn cyfundrefnau economaidd ac felly daw economeg, gwyddoniaeth, moeseg a gwleidyddiaeth, yn ogystal ag agweddau ysbrydol bywyd, yn gyfryngau i Dduw ddatguddio ei bwrpas i ni. Trwy'r ddialog hon, mae'r ddealltwriaeth gymdeithasol gywir yn datblygu. Felly, mae'n rhaid i ni dderbyn cyfraniad y bywyd secwlaraidd at y wybodaeth am Dduw a pheidio â gwthio unrhyw ddealltwriaeth neilltuol Gristnogol ar y gymdeithas secwlar. O ganlyniad, wrth gwrs, nid yw'r ffordd y trefnir cymdeithas a'r economi ar hyn o bryd o angenrheidrwydd y ffordd i'w trefnu yn y dyfodol.

Fodd bynnag, mae'r fath yma o resymu yn llawn problemau. I'w derbyn, mae'n rhaid derbyn hefyd fod pob datblygiad dynol i'w ddehongli fel agwedd ar ragluniaeth Duw a'i ewyllys ar gyfer y ddynolryw. Pen draw hyn yw polisi tawelyddiaeth yn yr eglwys. Mae'n amddifadu'r eglwys o'i llais proffwydol, a'r hawl i sefyll yn enw Duw a datgan fod rhywbeth yn anghywir neu hyd yn oed yn ddrwg. Mae'r eglwys yn cael ei darostwng i rôl atodol, yno i gefnogi'r llywodraeth a'i pholisïau yn hytrach nag i ymyrryd trwy feirniadu a chyflwyno goblygiadau gweledigaeth wynfydol. Mae'n agos iawn at weld crefydd fel agwedd ar fywyd dinesig a dim mwy.

Ffordd i fyfyrio ar rôl y dinesydd a'r ffordd y cysyllta hynny â diwinyddiaeth gyffesiadol yw crefydd ddinesig. 'Mewn egwyddor, mae'n ddisgyblaeth sy'n dod i delerau â hunaniaeth gyffesiadol, gyda holl faich hanesyddol yr hunaniaethau hynny, popeth y maent yn ymhlygu'n foesol, a sut y maent yn perthyn i Dduw.'[28] Fodd bynnag, nid oes angen ffydd neilltuol ar grefydd ddinesig. Mae'n bodoli i gynnig sylfaen ysbrydol i'r wladwriaeth, ac i gyfrifoldeb yr unigolyn tuag at y wladwriaeth. Fel hyn y gellir colli golwg ar y realiti crefyddol sy'n bodoli y tu ôl i fynegiadau crefyddol.

Felly, mewn unrhyw ddiwinyddiaeth wleidyddol mae'n rhaid cadw'r hawl i feirniadu'r gyfundrefn lywodraethol o safbwynt yr efengyl. Amcan Cristnogaeth ar y llwyfan cyhoeddus a gwlcidyddol yw hyrwyddo arweinwyr gwleidyddol yn benodol a'r ddynolryw yn gyffredinol i ddarganfod mynegiant llwyrach o gyfiawnder. Am y rheswm hwn, dylid amau unrhyw ddiwinyddiaeth wleidyddol sy'n dadlau dros dderbyn polisïau gwleidyddol neu ddatblygiadau hanesyddol yn unig. Mae syniadau John Atherton yn dod yn beryglus o agos at hyn.

LLOFFION YM MAES CREFYDD

CASGLIADAU

Mae diwinyddiaeth ryddhad wedi dangos bod efengyl Iesu Grist yn hanfodol wleidyddol a hyd yn oed yn chwyldroadol ym mywydau unigolion a, thrwyddynt hwy, mewn cymdeithas. O safbwynt diwinyddol pwysleisiodd yr angen i weithio dros gyfiawnder ac i ymrwymo iddo a chanlyniad hyn fyddai enwi'r dioddefwyr a'r gormeswyr, sefyll wrth ochr y tlawd ac yn erbyn eu gormeswyr, yn ogystal â chynnig ffyrdd newydd o fyw ynghyd. Yn hyn o beth, cyfeiria at yr angen i ddiwinyddiaeth fod yn gymdeithasol, nid i ni golli golwg ar gyfrifoldeb personol ond i annog unigolion i fyw mewn perthynas ag eraill ac mewn gofal drostynt. Heb amheuaeth, mae gan chwyldroad ei swyddogaeth yn y bywyd unigol ac yn y bywyd cymdeithasol er mwyn i'r drwg radicalaidd gael ei drawsffurfio i'r hyn sy'n radicalaidd dda. Ac mae'r ffydd sydd ag achubwr croeshoeliedig ac atgyfodedig yn ei chanol â'r potensial i wneud hynny, wrth iddi ddangos fod Duw yn tynnu ei bobl at y goleuni trwy'r tywyllwch mwyaf dygn a didostur.

Mynegiant y bywyd cymdeithasol, sy'n tarddu o berson, dysgeidiaeth a gwaith Iesu, yw gwleidyddiaeth Gristnogol. Mae a wnelo gwleidyddiaeth Gristnogol â'r athrawiaethau Cristnogol (sy'n dweud wrthym amdanom ni ac am Dduw) ac â chymhwyso'r ffydd i broblemau diriaethol pob cenhedlaeth. Rhan o'r ddysgeidiaeth Gristnogol yw'r honiad nad yw realiti empeiraidd bob tro yn cyfateb i ewyllys Duw. A dyna pam mae barn yn elfen o'i dysgeidiaeth ac yn rhan o'i newyddion da. Heb y gallu i farnu, nid oes modd newid dim. Oherwydd hyn, ac oherwydd fod gwahaniaeth rhwng yr hyn sydd a'r hyn a ddylai fod, mae'r athrawiaethau Cristnogol yn hanfodol bwysig ac ni ddylid eu hanwybyddu fel petaent yn anymarferol ac iwtopaidd. Trwy feirniadu'r presennol ac ymrwymo i egwyddorion cyfartaledd a chyfiawnder, mae Cristnogaeth hefyd yn herio amgylchiadau bywyd ac yn ceisio eu gwella. Yn y ffordd hon bydd gwleidyddiaeth Gristnogol yn dod â neges rhyddhad i'r rhai sy'n dioddef, a beirniadaeth ar bechod personol a chyfundrefnol. Ac yna bydd yn cynnig gweledigaeth o'r dyfodol i'r ddynolryw weithio tuag at ei diriaethu. Felly, dan ysbrydoledd ffydd, gobaith a chariad mae Cristnogion yn parhau mewn perthynas feirniadol â'r drefn bresennol tra bod dro ar ôl tro yn agored i bosibiliadau newydd i ffurfio cymdeithas well. Yn y pen draw, mae a wnelo gwleidyddiaeth Gristnogol â'r ffaith fod gwleidyddion i gyflawni eu cyfrifoldebau yn unol ag ewyllys Duw. A'r gred Gristnogol yw y dylai'r wybodaeth honno effeithio ar eu polisïau a'u gweithgarwch gwleidyddol. Mae Cristnogaeth yn tynnu sylw at yr angen i gadw'r tyndra rhwng cyfrifoldeb ar y naill law a rhyddhad ar y llall. Ni fydd y naill na'r llall yn arwain yn naturiol at gyfiawnder. Byddai arfer cyfrifoldeb nad yw'n caniatáu mewnwelediadau rhyddhad a'r angen am gyfiawnder yn gwadu delw Duw ar y ddynoliaeth. Byddai canlyn rhyddhad heb gyfrifoldeb yn annigonol yn y byd modern a'i anghenion a'r problemau sy'n tarddu o'r bywyd cymdeithasol fel y mae ar hyn o bryd. Gyda'i gilydd, maent yn cynnig posibilrwydd datblygiadau pellach trwy sicrhau gwerth y bodau dynol ond hefyd trwy atgoffa'r bodau dynol fod ganddynt gyfrifoldebau arbennig tuag at ei gilydd a thuag at Dduw oherwydd eu creu ar ei llun a'i ddelw ef. Ac felly, gall gwleidyddiaeth sy'n cydnabod y ddau fod yn ffordd i alluogi pobl i fyw bywyd cyflawn. Mewn termau Cristnogol, ni all fod unrhyw reswm arall dros wleidyddiaeth.

[1] J. Philip Wogaman, *Christian Perspectives on Politics* (Llundain, 1988), t. 7.
[2] John Atherton, *Christianity and the Market* (Llundain, 1992), t. 79.
[3] Am Müntzer (c.1495–1525), gw. Andrew Bradstock, *Faith in the Revolution* (Llundain, 1997), tt. 3–66; Christopher Rowland, *Radical Christianity* (Caergrawnt, 1988), tt. 89–102.
[4] Alan Richardson, *The Political Christ* (Llundain, 1973), t. 79.
[5] Dietrich Bonhoeffer, *Ethics* (Llundain, 1955), t. 319.
[6] John Calvin, *Institutes of the Christian Religion*, II, gol. J. T. McNeill, (Llundain, 1960), t. 1512.
[7] Ibid.
[8] Gw. Keith Clements, *Learning to Speak: The Church's Voice in Public Affairs* (Caeredin, 1995), t. 171.
[9] Ceir dadansoddiad gwerthfawr iawn o ddiwinyddiaeth America Ladin yn David Protheroe Davies, *Diwinyddiaeth ar Waith* (Lerpwl, 1984).
[10] Gw. Alistair Kee, 'The conservatism of liberation theology: four questions for John Sobrino', *Political Theology*, 3 (Tachwedd, 2000), 30–43.
[11] Gw. e.e. *Kairos Document: A Theological Comment on the Political Crisis in South Africa* (Johannesburg, 1985).
[12] Gw. e.e. Aloysius Pieris, *An Asian Theology of Liberation* (Caeredin, 1988).
[13] Gw. e.e. Eleazar S. Fernandez, *Toward a Theology of Struggle* (Maryknoll, 1994).
[14] Gw. e.e. James H. Cone, *A Black Theology of Liberation* (Maryknoll, 1990); *idem*, *Black Theology and Black Power* (Maryknoll, 1997); *idem*, *God of the*

Oppressed (Maryknoll, 1997); Robert Beckford, *Jesus is Dread* (Llundain, 1998).

15 Christopher Rowland a John Vincent (goln), *Liberation Theology UK* (Sheffield, 1995).

16 Gustavo Gutiérrez, *We Drink from our own Wells: The Spiritual Journey of a People* (Llundain, 1984), t. 10.

17 L. Boff a C. Boff, *Introducing Liberation Theology* (Tunbridge Wells, 1987), t. 29.

18 J. Pixley a C. Boff, *The Bible, the Church and the Poor* (Tunbridge Wells, 1989), t.133.

19 Ronaldo Muñoz, *The God of the Christians* (Tunbridge Wells, 1991), t. 87.

20 Gustavo Gutiérrez, *A Theology of Liberation* (2il arg., Llundain, 1988), t. xxviii.

21 Boff a Boff, *Introducing Liberation Theology*, tt. 44–5.

22 Gutiérrez, *A Theology of Liberation*, t. 64.

23 Enrique Dussel, *Ethics and Community* (Tunbridge Wells, 1988).

24 Calvin, *Institutes of the Christian Religion*, II, t. 1512.

25 Kee, 'The conservatism of liberation theology: four questions for John Sobrino', tt. 30–43.

26 John Atherton, *Christianity and the Market* (Llundain, 1992).

27 Peter Sedgwick, *The Enterprise Culture* (Llundain, 1992).

28 Andrew Shanks, *Civil Society, Civil Religion* (Rhydychen, 1995), tt. 2–3.

7

DEMOCRATIAETH: BETH DDYLAI CRISTNOGION EI DDWEUD?

Er gwaethaf y duedd ymhlith cenhedloedd y Gorllewin i fawrygu democratiaeth fel y ffurf orau ac uchaf i lywodraethu gwlad, mae'n anodd diffinio'r cysyniad ei hun. Yn ei hanfod, ystyr democratiaeth yw 'rheolaeth y bobl'. Yn gyffredinol, ystyr hyn yw llywodraeth y mwyafrif, pan roddir i gynrychiolwyr y bobl y gallu i ffurfio ac i ddilyn polisïau gwleidyddol trwy fynych etholiadau sy'n agored i ystod eang o ymgeiswyr, pan nad yw'r etholwyr yn dioddef unrhyw fath o orfodaeth yn ystod yr etholiadau, pan all y cyfryngau adrodd ar bolisïau mewn ffordd ddiduedd, a phan bod pob pleidlais yn cael ei chyfrif yn gyfartal.[1]

Gellir dweud llawer o blaid pob un o'r pwyntiau hyn yn anad dim oherwydd eu bod yn pwysleisio gallu'r bobl i reoli gweithgareddau eu cynrychiolwyr etholedig. Ond gellir gofyn nifer o gwestiynau ynglŷn â'r duedd i ddeall democratiaeth mewn termau trefniadol yn unig. Er enghraifft, beth sy'n digwydd i leisiau'r lleiafrifoedd mewn cymdeithasau y llywodraethir arnynt gan y mwyafrif? I ba raddau mae egwyddorion democratiaeth yn cael eu cyflawni pan fo'r bobl yn gadael pob penderfyniad dros bolisi a gweithgarwch gwleidyddol i gydwybod eraill ac, efallai, i'r sawl nad oeddent wedi pleidleisio drostynt yn y lle cyntaf? Sut mae 'gwleidyddiaeth plaid' yn galluogi neu'n rhwystro'r broses ddemocrataidd pan fo'r cynrychiolwyr etholedig naill ai'n dioddef rhyw fath o orfodaeth i ddilyn polisïau eu harweinwyr gwleidyddol neu'n derbyn 'absenoldeb gyda chaniatâd'[2] o ddadleuon seneddol (fel, er enghraifft, yn narlleniad cyntaf y bil i gyflwyno cardiau adnabod yn Nhŷ'r Cyffredin ym Mhrydain, Rhagfyr 2004)? A ddylid ystyried democratiaeth mewn termau trefniadol yn unig, neu a ddylai llywodraethau democrataidd ddilyn amcanion penodol? Ac, os felly, pa fath o amcanion y dylent eu dilyn? Ai 'hunan-les unigol, i gynorthwyo unigolion i gyflawni eu galluoedd, diogelu hawliau unigol, cynyddu cyfiawnder, ceisio'r daioni cyffredin' sydd ymhlyg mewn democratiaeth, neu 'ryw gyfuniad o'r rhain'?[3]

Nid oes ateb hawdd i unrhyw un o'r cwestiynau hyn, er bod cenhedloedd y Gorllewin bellach yn ymfalchïo yn eu statws fel y rhai sy'n cynnal cyfundrefnau llywodraeth ddemcrataidd ac, yn y blynyddoedd diwethaf, wedi cyflwyno eu cenhadaeth ar lwyfan y byd yn nhermau hyrwyddo democratiaeth a'i lledaenu ledled y byd. Ynghyd â'r profiad diweddar gyda'r 'rhyfel ar derfysg' honedig, yr ymosodiadau ar Affganistan ac Irac, y datblygiadau gwleidyddol dilynol yn y ddwy wlad ac ymyriad ymddangosiadol grwpiau pwerus o Gristnogion ceidwadol yn yr etholiad am arlywyddiaeth yr Unol Daleithiau (yn 2004), mae hyn yn ein gadael gyda chwestiwn gweddol sylfaenol. Os dilyn delfryd yw nod democratiaeth yn hytrach na gosod trefn benodol, a ddylem ystyried ein cyfundrefnau gwleidyddol fel petaent wedi cyrraedd eu diffiniad terfynol? Daw rhyfaint o gymorth i ateb y cwestiwn hwn o'r ddelfryd ddemocrataidd fel y'i mynegwyd dros drigain mlynedd yn ôl gan Reinhold Niebuhr yn ei lyfr *The Nature and Destiny of Man* (1943).

Er nad oedd Niebuhr yn gymaint o ddiwinydd newydduniongrededd ag y meddyliwyd cynt, fel y dangoswyd yn ddiweddar,[4] ac er bod ei ddadansoddiad yn cael ei nodweddu gan ddelfrydiaeth athronyddol sydd bellach wedi colli ei hapêl, mae'n wir o hyd fod hanfod ei ddadl yn werth ei hailadrodd. Mewn ffordd a oedd yn hanfodol Hegelaidd, dadleuodd Niebuhr fod democratiaeth yn ganlyniad ymdrech hanesyddol y cenhedloedd i geisio ffordd ganol rhwng y ddau ddewis posibl, sef anarchiaeth ar y naill law (hynny yw, sefyllfa heb unrhyw lywodraeth gan bobl a lle mae pawb yn rhydd i ddilyn ei amcanion ei hun), a gormes ar y llaw arall (hynny yw, llywodraeth yn nwylo'r lleiafrif sy'n dylanwadu arni ac yn ei defnyddio er eu budd eu hunain). Yn ôl Niebuhr, roedd cynseiliau beiblaidd i'r syniadau hyn. Yn yr ysgrythur, gellir gweld y llywodraeth fel ordeiniad Duw ac felly fel adlewyrchiad o'r awdurdod dwyfol. Fodd bynnag, mae hefyd yn wir fod yr ysgrythur yn datgan barn a digofaint ar deyrnaswyr ac ar farnwyr oherwydd eu bod yn gormesu'r tlawd. O ganlyniad, datblygiad hanesyddol a gyfyd o'r her i drefnu pŵer ac awdurdod ac i gadw cydbwysedd wrth arfer yr awdurdod hwnnw yw democratiaeth. Fe'i lleolir

DEMOCRATIAETH: BETH DDYLAI CRISTNOGION EI DDWEUD?

hanner ffordd rhwng yr angen am drefn ar yr naill law (dyletswydd pob cenedl a chymuned oedd sicrhau trefn, yn nhyb Niebuhr), a rhyddid ar y llall (sef nodwedd amlycaf y bod dynol). A chedwir y cydbwysedd hwnnw drwy gydnabod mai cytundeb yw prif gynsail democratiaeth, lle mae pobl yn cytuno ar y ffordd y trefnir eu cymdeithas. Ac os nad yw hynny'n ddigon, gellir hefyd mynnu y saif awdurdod arbennig uwch ei ben ac y tu hwnt i bob trefn gwleidyddol, sef Duw. Felly, yn ôl Niebuhr, 'egwyddor drefniadol' yw democratiaeth, 'ac mae ei phŵer yn atal cymdeithas rhag syrthio i anarchiaeth; ond nid yw ei phŵer yn gyfystyr â'r pŵer dwyfol'.[5] Mewn democratiaeth, felly, osgoir gormodedd a chamddefnydd o bŵer trwy gydnabod na all unrhyw bŵer daearol fod yn absoliwt. Nid trefn yn unig yw democratiaeth yn ôl Niebuhr, ond ymgais i ymarfer llywodraeth y bobl, gan y bobl, ar gyfer y bobl, dan gyfarwyddyd rhagluniaeth ddwyfol sydd â'r gallu i gadw'r gyfundrefn ar y llwybr iawn.[6]

Mae syniadau Niebuhr yn ganmoladwy iawn. Yn wahanol i Hegel, a dueddai i weld yr hyn a elwir bellach yn 'ddemocratiaeth ryddfrydol' fel y drefn economaidd a ordeinir gan Dduw, sylweddolodd Niebuhr fod pob cyfundrefn wleidyddol yn anochel ymarferol a deinamig: nid yw'n bosibl cyrraedd diffiniad terfynol ar wleidyddiaeth. Yn nhermau Dietrich Bonhoeffer, mae gwleidyddiaeth yn weithred *penultimate* ac nid yn un *ultimate*, am na all ein hachub na'n cyfiawnhau.[7] O ganlyniad, dylai gwleidyddiaeth fedru ymateb i sefyllfaoedd newydd wrth iddynt godi ac felly ni ellir byth dweud ei bod wedi cyrraedd ei ffurf derfynol. Ymhellach, roedd Niebuhr yn ymwybodol fod gan ddemocratiaeth rinweddau penodol. Dyna, fe ddichon, y gyfundrefn wleidyddol orau sy'n hysbys i ni, ac efallai a fydd hysbys i ni byth. Ac eto mae'n dioddef posibilrwydd anghyfiawnder a gyfyd oherwydd pechod dynol. O ganlyniad, mae angen bod â gwyliadwriaeth barhaus. Dyma a achosodd i Niebuhr lunio'r epigram a ddyfynnir yn aml bellach: 'Man's capacity for justice makes democracy possible, and man's inclination to injustice makes democracy necessary.'[8] Mae'r cymdeithasau a nodweddir gan ddifaterwch gwleidyddol felly mewn perygl o syrthio'n ddisymwth tuag at ormes oherwydd fod y bobl yn methu â galw i gyfrif eu cynrychiolwyr gwleidyddol. Eto i gyd, dyma beth sy'n gwneud democratiaeth yn ddelfryd yn hytrach na threfn wleidyddol yn unig, oherwydd iddi ofyn i bob un gymryd ei gyfrifoldeb tuag at y broses wleidyddol o ddifrif (gan gofio fod y rhai dan oed a grwpiau penodol mewn cymdeithas megis troseddwyr bob amser wedi'u cadw allan o'r broses). Ond hyd at y dydd pan fydd pawb yn cymryd ei gyfrifoldeb gwleidyddol o ddifrif, mae democratiaeth yn ddelfryd i'w ganlyn. Yn olaf, awgrymodd Niebuhr egwyddor ddiwinyddol sy'n gymorth i osgoi eilunaddoli'r wladwriaeth: mae angen i gyfundrefnau democrataidd gydnabod y cyfiawnder uwch a saif mewn beirniadaeth ddilechdidol uwch eu pennau a throstynt, sef cyfiawnder Duw. Hyd at ddyfodiad Teyrnas Dduw yn ei chyflawnder, ni fydd unrhyw gyfundrefn wleidyddol yn llwyr ymgorffori'r gorchymyn dwyfol am gyfiawnder, pa mor glodwiw bynnag y mae eu daliadau na'u trefniadau. Ond hyd at yr amser hwnnw, dylai canlyn egwyddorion cyfiawnder a daioni fod yn brif nodwedd pob ymgyrch a chyfundrefn wleidyddol. O ganlyniad, dylid tafoli pob cyfundrefn wleidyddol yn ôl ei hymgais i ymgorffori cyfiawnder ac i'r graddau y mae'n ymgorffori daioni.

Yn y pen draw, y syniad hwn o'r dwyfol sydd uwchlaw pob cyfundrefn ddynol sy'n achub democratiaeth rhag disgyn i ormes ac sy'n dangos y ffordd orau i Gristnogion sut i drin gwleidyddiaeth, sef bod ffydd yn trin gwleidyddiaeth yn feirniadol. Ni ellir cefnogi unrhyw bolisi na chyfundefn wleidyddol heb ddod â rhywfaint o feirniadaeth sy'n cydnabod mai perthyn i'r *penultimate* y maent. Mae egwyddor cyfiawnder sy'n hysbys yn y Beibl fel allweithio ewyllys Duw yn galw ar i'r ddynolryw geisio yn barhaus am gyfundrefnau gwleidyddol, cymdeithasol ac economaidd gwell a thecach. Ac mae a wnelo hyn gymaint â democratiaeth ag unrhyw ffurf wleidyddol arall.

Daeth peryglon derbyn democratiaeth yn anfeirniadol yn ddigon hysbys yn ystod y blynyddoedd diwethaf. Trwythir y Gorllewin gan y syniad bod polisïau a honiadau secwlariaeth yn gasgliadau naturiol rheswm gyda'r honiad ychwanegol (nad yw fel arfer yn cael ei fynegi), na allai unrhyw un rhesymol eu gwrthod. Yn hytrach na modd i dafoli tystiolaeth sy'n caniatáu i ni ddod i gasgliad rhesymol ac ymarferol, mae rheswm wedi dod yn gydymaith i ryddfrydiaeth secwlaraidd a'i dehongliad o ddemocratiaeth. Mewn gwirionedd, mae rhyddfrydiaeth secwlaraidd yn safbwynt penodol llawn beirniadaethau-gwerth yn yr un modd â phob bydolwg dynol arall, ac mae'n agored i gael ei gamdrin megis pob polisi gwleidyddol arall. Gwelwyd enghraifft hynod o hyn yn ddiweddar gyda phenderfyniad llywodraeth Ffrainc i wahardd

DEMOCRATIAETH: BETH DDYLAI CRISTNOGION EI DDWEUD?

plant rhag gwisgo unrhyw symbol crefyddol yn ysgolion y wlad. Hyd yn oed mewn byd a newidiwyd am byth gan yr ymosodiad ar Ganolfan Masnach y Byd ac ymddangosiad terfysgaeth hollfydol, ni ddylid dehongli gweithgareddau fel hyn fel rheswm yn diogelu'r cyhoedd rhag eithafiaeth grefyddol, fel y mae'n honni bod o bryd i'w gilydd. Yn hytrach, dyma ryddfrydiaeth secwlaraidd ar ei gwaethaf, yn annioddefgar i bob mynegiant o grefydd ac yn ei gwrthod oherwydd ei bod yn gyferbyniol i'w hamcanion a'i gwerthoedd ei hun. Yn hytrach nag ymgorffori ei daliadau ei hun o oddefgarwch a rhyddid crefyddol, mewn gwirionedd ffurf ar ffwndamentaliaeth – neu hyd yn oed derfysgaeth – ydyw, yn cyfyngu yn annioddefgar ar ryddid penodol un grefydd oherwydd fod y grefydd honno'n coleddu gwerthoedd sy'n wahanol i werthoedd y llywodraeth. Gall hyn fod mor beryglus ag unrhyw fudiad a ysbrydolir gan grefydd. Cyfnewidiwyd Duw am ogoniant y dyn rhyddfrydol, rhesymol. Ond mae'r gallu i orfodi ac i derfysgu yn bodoli'n bosibilrwydd fan hyn gymaint ag y mae mewn cyfundrefnau gwleidyddol eraill. Nid rhyddfrydiaeth secwlaraidd, felly, yw cydymaith naturiol delfryd democratiaeth, hyd yn oed pan ymddengys yn gymar naturiol iddi yng ngoleuni dehongli democratiaeth yn drefn wleidyddol yn unig.

Wedi ystyried hyn i gyd, ymddengys fod tair agwedd bosibl tuag at wleidyddiaeth y dylid eu hosgoi, a'r ddwy gyntaf yn gyfystyr â'r 'Ddiwinyddiaeth eglwysig' a'r 'Ddiwinyddiaeth wladwriaethol' a amlinellwyd yn *Nogfen Kairos* a gynhyrchwyd yn Ne Affrica yn 1985 mewn gwrthwynebiad i apartheid.

Yn gyntaf, fel mewn 'Diwinyddiaeth eglwysig', dylid osgoi'r agwedd honno sy'n ysbrydoleiddio Cristnogaeth ac sy'n ystyried crefydd a gwleidyddiaeth fel dau beth cwbl wahanol i'w gilydd o ganlyniad. Yn ôl y safbwynt hwn, ni all Cristnogaeth ymyrryd â gwleidyddiaeth oherwydd fod gan y wladwriaeth hawl i drefnu materion gwleidyddol a materol. Ac nid oes gan y wladwriaeth hawl i ymyrryd â chrefydd oherwydd ei bod yn perthyn i gylch arall, ysbrydol. Arweinia'r agwedd hon at dawelyddiaeth (ac nid at niwtraliaeth) sy'n analluog i ddiogelu'r bobl yn erbyn gormes na hyd yn oed i feirniadu cyfundrefnau gormesol.

Yn ail, fel yn 'Niwinyddiaeth y wladwriaeth', dylid osgoi canmol a derbyn polisïau, gweithgareddau neu bleidiau gwleidyddol yn galonnog oherwydd nad yw agwedd felly'n sylweddoli natur *penultimate* y broses wleidyddol. Mae'n rhaid tymheru cefnogaeth bob amser gyda'r ddealltwriaeth fod unrhyw bolisi gwleidyddol yn brin o'r ddelfryd eithaf. Mae hyn yn wir am ddemocratiaeth yn yr un modd ag y mae'n wir am unrhyw bolisi unigol. Er bod llawer i'w ddweud dros gefnogi egwyddorion democrataidd y Gorllewin, ac er bod democratiaeth y Gorllewin yn medru bod yn well nag ymarferion gwleidyddol mewn mannau eraill yn y byd, mae'n dal yn ddatblygiad hanesyddol. I genhedloedd y Gorllewin, dylai hyn olygu fod cyfundrefnau gwleidyddol yn datblygu'n barhaus yn yr un ffordd ag y mae'r broses hanesyddol yn parhau. Ond golyga hefyd na ellir gwthio democratiaeth yn hawdd ar bobl nad ydynt wedi meithrin yr awydd amdani na gwthio'r gyfundrefn orllewinol ar wledydd sydd ag ymarferion gwleidyddol tra gwahanol. Mae gwthio democratiaeth ar wledydd eraill yn gyfystyr â ffurf ar unbennaeth ac imperialaeth ddiwylliannol sy'n gwrthddweud union ddelfrydau democratiaeth ac sydd hefyd yn eu bradychu'n llwyr. Wrth gwrs, gwneir hyn, o bosibl, gyda'r bwriadau gorau, ond mae'r sawl sydd o blaid hyn fel arfer yn methu â sylweddoli fod pob cyfundrefn wleidyddol yn ganlyniad i ddatblygiadau hanesyddol. Ac maent yn methu â sylweddoli fod gwendidau posibl yn y ffordd y datblygodd gwleidyddiaeth yn y Gorllewin.

Yn drydydd, dylid osgoi'r syniad o grefydd sy'n ymsefydlu mewn gwrthwynebiad i awdurdod gwleidyddol oherwydd iddi ystyried yr awdurdod hwnnw'n gyferbyniol i ewyllys Duw. Byddai'r syniad hwn yn cadw gwahaniaeth rhy bendant rhwng y crefyddol a'r gwleidyddol a fyddai'n tueddu i fradychu goblygiadau amlwg yr ymgnawdoliad, sy'n datguddio cyswllt ymroddedig Duw â bodolaeth faterol ac ymgorfforedig.

Yn hytrach na'r ffyrdd hyn o drin gwleidyddiaeth, mae angen byw mewn pethynas feirniadol â democratiaeth sy'n galw am annibyniaeth benodol o'r gyfundrefn wleidyddol er mwyn ei thafoli, a'i herio i symud ymlaen tuag at fynegiant gwell o'i delfrydau. Mewn geiriau eraill, mae'n rhaid i Gristnogion fod yn gydwybod gymdeithasol. Ni ddylai grwpiau ffydd fod heb lais mewn materion cyhoeddus a gwleidyddol: ond ni ddylid eu defnyddio i fendithio polisïau gwleidyddol penodol chwaith. Yn hytrach, mae'n rhaid i grwpiau ffydd bob amser alw gwleidyddiaeth (a gwleidyddion) i gyfrif, gan sicrhau nad yw cyfundrefnau, polisïau a marchnadoedd yn cael mwy o amlygrwydd ac arwyddocâd na phobl. Oherwydd pobl a'u ffyniant sy'n ganolog i ddiddordeb yr efengyl a'i neges, a phobl hefyd a ddylai fod o'r arwyddocâd eithaf mewn

DEMOCRATIAETH: BETH DDYLAI CRISTNOGION EI DDWEUD?

cyfundrefn ddemocrataidd. Heb hynny, mae'n anodd iawn gweld rhinweddau yn y gyfundrefn ddemocrataidd, os nad yn amhosibl ei chyfiawnhau o gwbl.

[1] Gellir gweld y rhestr hon gan Joseph L. Allen, yn J. Macquarrie a J. Childress (goln), *A New Dictionary of Christian Ethics* (Llundain, 1986), tt. 150–1.

[2] Yr ymadrodd Saesneg oedd 'absent with leave'.

[3] *A New Dictionary of Christian Ethics*, t. 151.

[4] Gw. Stanley Hauerwas, *With the Grain of the Universe* (Llundain, 2002), tt. 113–40.

[5] R. Niebuhr, *The Nature and Destiny of Man*, II (Llundain, 1943), t. 279.

[6] Am ddadansoddiad cyflawnach o syniadau Niebuhr ar wleidyddiaeth, gw. Robin W. Lovin, *Reinhold Niebuhr and Christian Realism* (Caergrawnt, 1995), tt. 158–90; hefyd, E. R. Lloyd-Jones, *Niebuhr*, Cyfres y Meddwl Modern (Dinbych, 1989), tt. 40–56.

[7] D. Bonhoeffer, *Ethics*, gol. E. Bethge (Llundain, 1964), tt. 120–43.

[8] Wedi'i ddyfynnu gan J. W. Gladwin yn D. J. Atkinson a D. H. Field (goln), *New Dictionary of Christian Ethics and Pastoral Theology* (Caerlŷr, 1995), tt. 294–6 (t. 295).

8

Y DA A'R DRWG: SWYDDOGAETH SICRWYDD MEWN MOESEG

Ers y ddeuddegfed ganrif o leiaf, bu moeseg yn ymwneud â'r ffordd y mae pobl yn deall sut i fynd o'r lle maent i'r lle y dylent fod.[1] Er ei fod yn bwnc amwys a chymhleth pe na bai ond am y ffaith nad yw'r hyn y 'dylai' rhywun fod neu wneud yn cyfateb yn wastad nac yn hawdd i'r hyn yw rhywun ac i'r hyn a wna, y mae moeseg, yn ôl y diffiniad hwn, yn mynnu'r sicrwydd fod delfryd foesol yn bod er mwyn symud pobl tuag at y ddelfryd honno. Afraid dweud fod yr anghysondeb rhwng ymddygiad dynol a'r ddelfryd foesol yn mynnu dealltwriaeth foesegol hyblyg, ac yn galw am ddealltwriaeth o fethiant dynol, a maddau iddo. Ond nid yw'r ffaith eu bod yn cael eu hanwybyddu, a hynny mewn modd amlwg a gwarthus, yn golygu bod delfrydau am yr hyn a ddylai rhywun fod a gwneud yn gyfeiliornus. Yn hytrach, mae amwysedd mewn moeseg yn ei gwneud yn hanfodol i ddatgan rhai gwerthoedd ac egwyddorion er mwyn cael proses o wneud penderfyniadau sy'n seiliedig ar wybodaeth. Mae modd diffinio moeseg felly fel yr astudiaeth o ymddygiad dynol sy'n cydymffurfio â rheolau a safonau ymddygiad a dderbynnir yn gyffredin, a moesoldeb, o'i weld fel ymddygiad cywir, fel crefft gwneud penderfyniadau.

Mae a wnelo hyn oll yn benodol â'r dasg o fyw. Mae bywyd yn blith draphlith o faterion lle mae'n rhaid pwyso a mesur rhwng dewisiadau, a dod i farn pa un sydd orau i'w ddilyn. Mae'r bod moesol yn ceisio gwneud y penderfyniadau hynny ar sail cyd-nabod fod rhai pethau'n iawn ac eraill yn ddrwg, neu o leiaf fod modd mesur pethau rywsut mewn graddfeydd o dda a drwg. Unwaith y deuir i'r farn hon, yna mae moesoldeb yn mynnu ymrwymiad i ddilyn y penderfyniad hwnnw hyd nes yr awgryma pwysau'r dystiolaeth ei fod yn anghywir ac y dylid ceisio ffordd arall. Mewn gwirionedd, mae tasg byw beunyddiol yn mynnu fod pobl yn

Y DA A'R DRWG: SWYDDOGAETH SICRWYDD MEWN MOESEG

gwneud penderfyniadau ac yn ymrwymo i ddilysrwydd eu barn ac i ddilysrwydd y broses o wneud penderfyniadau, ac y mae'r rhan fwyaf o bobl, y rhan fwyaf o'r amser, yn byw felly.[2] Mae penderfyniadau moesol fel arfer yn seiliedig ar amrywiaeth o wahanol ffactorau, gan gynnwys y rhai a gynhwysir mewn damcaniaeth foesegol. Ond nid bodoli y mae damcaniaethau moesegol i ddangos sut y mae modd ym mhob achos a than bob amgylchiad i wneud y penderfyniad iawn. Yn hytrach, maent yn rhoi cymhorthion i wneud penderfyniadau megis ystyried canlyniadau, dyletswydd, rheolau, cyfreithiau, arferion, gwerthoedd ac egwyddorion, y ddeddf naturiol, rheswm, cydwybod a ffydd. Datgelant fod yna ddelfrydau y dylem anelu atynt, a dangosant fod ffyrdd i adnabod y delfrydau hynny. Maent yn helpu i'n galluogi i ganfod ffordd ddilys i weithredu dan bron bob amgylchiad, a ffordd y gellir yn foesegol ei chyfiawnhau. O ganlyniad, dylid eu trosglwyddo o genhedlaeth i genhedlaeth er mwyn hybu cymdeithas wâr. Maent yn mynnu ein bod yn ymrwymo i ddilyn cyfrifoldeb moesegol a daioni, ac y maent yn cydnabod, i raddau helaeth iawn trwy oblygiad, fod ymrwymiad o'r fath yn galw am gydnabod fod pethau eraill yn ddrwg, na ddylid eu dilyn, a hyd yn oed y dylid eu condemnio fel pethau anghywir. Mae cynnydd mewn cymdeithas ddynol yn dibynnu ar y parodrwydd i ddod i farn fel hyn ac ymrwymo i'r camau perthnasol. Pan ganfyddir y dilechdid rhwng y da a'r drwg, daw moeseg yn ddeinamig a chreadigol, a gwireddir y potensial i newid a thrawsncwid. Mae hawlio fod gwahaniaethu yn amhosibl neu yn berthynol yn peri bod gweithgaredd dynol yn dod yn analluog trwy danseilio'r hyder yn ein gallu i ddod yn hyderus i farn resymol y medrwn ei gweithredu yn ymarferol. Fodd bynnag, daeth perthynolaeth yn air o bwys mewn ôl-foderniaeth, a gadawodd hyn ni mewn perygl o fod yn foesol analluog.

METHIANT PERTHYNOLAETH

Mae David Cook yn cynnig y sefyllfa isod, y gellir ei darllen fel un braidd yn wamal, i ddangos y problemau sy'n codi o ddod i farn foesegol am weithred benodol, ac a all fod yn dda neu yn ddrwg.

> In Timbuctu, it may be 'right' to eat your grandparents while they are fit and well, in order to send them to the next life fit and healthy. In

Taunton, it may be 'right' to put them in an old folks' home. In Tiree, it may be 'right' to take aged grandparents into the home, regardless of the effects of such action. People in each of these places would call 'wrong' what happens to grandparents in the other two places.³

Er y gall yr esiampl erbyn hyn fod braidd yn dreuliedig, y mae'n effeithiol wrth wneud y pwynt fod y perthynolwr yn ystyried y gwahaniaeth rhwng y da a'r drwg i fod yn ddi-ystyr. Y cwbl sydd ar ôl yw'r cyd-destun a'i arferion diwylliannol. Mae ystyriaethau hanesyddol, diwylliannol a hyd yn oed crefyddol sy'n arwain pobl i weithredu mewn gwahanol ffyrdd mewn gwahanol leoedd. Ymhellach, dengys yr esiampl ei bod, yn 1983, yn berffaith dderbyniol i ddatgan fod arferion eich diwylliant a'ch cyd-destun chi yn iawn, ac i ddatgan fod arferion diwylliant a chyd-destun arall yn anghywir, yn enwedig pan font yn gwrthdaro yn erbyn eich gwerthoedd chi. Hyd yn oed o gadw mewn cof yr anhawster sy'n rhwym o godi pan fydd rhywun yn barnu rhwng y ffordd y trinnir teidiau a neiniau yn Taunton a Tiree, dylai fod yn glir eu bod mewn categori hollol wahanol i Timbyctŵ, er gwaethaf y ffaith fod yr holl weithredoedd dan sylw wedi eu symbylu gan yr awydd cyffredin i geisio'r hyn sydd orau i berthnasau oedrannus. Oherwydd, yn wahanol i'r sefyllfa yn Timbyctŵ, yn Taunton a Tiree rhagdybir bod bywyd yn well na marwolaeth i'r teidiau a'r neiniau. Dylai hyn ynddo'i hun awgrymu, os yw mewn unrhyw ffordd yn gategori moesegol ystyrlon, nad oes modd i'r tair esiampl fod yn iawn. Fodd bynnag, awgryma perthynolaeth ddiwylliannol na all cydnabod hyn, hyd yn oed, arwain at farn foesegol. Mae'r perthynolwr diwylliannol yn amharod i awgrymu y gall ymddygiad sy'n gwrthdaro mewn diwylliant a chyd-destun gwahanol fod yn anghywir. Os yw pobl Timbyctŵ yn meddwl ei bod yn iawn i weithredu fel hyn, yna y mae *ipso facto* yn iawn iddynt hwy, hyd yn oed pe na baem ni fyth yn breuddwydio am weithredu yn yr un ffordd. 'Imperialaeth ddiwylliannol' yw hyd yn oed awgrymu i'r gwrthwyneb. A dyma'r un peth y mae perthynolwyr diwylliannol yn barod i'w gondemnio fel rhywbeth anghywir.

Ymhellach i'r ymdeimlad hwn o berthynolaeth daw'r syniad mai ychydig iawn o weithredoedd ynddynt ac ohonynt eu hunain y gellir eu disgrifio fel da neu ddrwg. Yn hytrach, niwtral yw pob gweithred, a daw'n dda neu'n ddrwg yn unig yn ôl y cyd-destun lle mae'n digwydd. Mewn llyfr diweddar, cofnoda Os Guinness

Y DA A'R DRWG: SWYDDOGAETH SICRWYDD MEWN MOESEG

brofiad Kay Haugaard, tiwtor mewn ysgrifennu creadigol yn UDA, sy'n defnyddio'r stori *The Lottery* i fesur ymateb yr oedolion sy'n dilyn ei chwrs. Mae *The Lottery* wedi ei gosod mewn tref fechan yng nghefn gwlad America. Er mwyn sicrhau lles y gymuned a llwyddiant y cynhaeaf, mae holl drigolion y dref yn cymryd rhan yn y loteri lle mae un person yn cael ei ddewis i fod yn aberth dynol. Mae'r stori yn symud ymlaen tuag at ei huchafbwynt lle mae'r holl drigolion, gan gynnwys ei theulu ei hun, yn lladd Tessie Hutchinson. Yn gynnar yn y 1990au, darganfu Kay Haugaard am y tro cyntaf ddosbarth o oedolion deallus lle nad oedd yr un yn barod i gondemnio'r weithred fel rhywbeth drwg. A dweud y gwir, nid oedd yn ymddangos fel petai unrhyw adwaith moesol o gwbl, a gwnaed nifer o awgrymiadau i gyfiawnhau'r hyn a ddigwyddodd yn y stori.[4]

Mae'r naill enghraifft a'r llall yn datgelu tueddiadau penodol yn yr hyn y daethpwyd i'w adnabod fel ôl-foderniaeth. Yn gyntaf, mae'r syniad na all neb farnu'r hyn sy'n dda oddi wrth yr hyn sy'n ddrwg. Nid oes norm, gwerthoedd na chyfreithiau sy'n rhwymo pawb. Mae ymateb myfyrwyr i'r naill enghraifft a'r llall yn tueddu i awgrymu nad oes modd wfftio fel anfoesol neu ddrwg weithredoedd a wneir gan bobl sy'n credu'n ddiffuant eu bod yn gwneud y peth iawn, hyd yn oed pan ymddengys y dylid eu ceryddu.

Yn ail, mae cydnabyddiaeth fod bywyd oll yn cael ei fyw o safbwynt arbennig ac o'r tu mewn i 'strwythur hygrededd' penodol (*plausibility structure*, ymadrodd sy'n deillio o waith Peter Berger ar gymdeithaseg gwybodaeth a chrefydd ac sy'n cyfeirio at gredoau ac arferion cymdeithas sy'n rhoi iddi ei chydlynedd ac a dderbynnir gan aelodau'r gymdeithas honno fel rhai rhesymol). Beth bynnag eu tarddiad a'u ffurfiant, daeth yn bwysig peidio â rhagdybio fod eich strwythur hygrededd chi yn fwy credadwy nag un rhywun arall. Felly, mae ymateb pobl yn Timbyctŵ yn hollol ddealladwy ac yn wir y mae modd ei gyfiawnhau am eu bod yn gweithio o gyfundrefn gred benodol am y bywyd i ddod. Oherwydd mewn ôl-foderniaeth mae pliwraliaeth, a ddiffinnir fel rhyddid oddi wrth un 'patrwm swyddogol cydnabyddedig o gred neu ymddwyn' yn rhywbeth i'w gymeradwyo a'i goleddu.[5] Ni ddaeth ar draws meddwl neb i wneud unrhyw sylw ynglŷn ag a yw'r strwythur credinedd ei hun yn iawn.

Yn drydydd, fe geir camsynied cyffredin fod modd rhoi perthynolaeth lwyr yn lle perthynolaeth angenrheidiol. Mae'n gyffredin wrth astudio moeseg i gyfeirio at agwedd ddyletswyddol Kant. Yn ei dyb ef, ni ellir meddwl am ddim byd da ond ewyllys dda. O ganlyniad mae dyletswydd, fel ymarferiad yr ewyllys dda, yn sylfaen i foesoldeb. Mae gwadiad pendant Kant o foesoldeb dweud celwydd, er enghraifft, ar sail y syniad mai ein dyletswydd bob amser, dan ba amgylchiadau bynnag, yw dweud y gwir, yn arwain llawer i ddatgan yr angen am berthynolaeth angenrheidiol. Dan rai amgylchiadau, gall y ddyletswydd i warchod bywyd, a nodwyd gan Tomos o Acwin fel canlyniad uniongyrchol i egwyddor gyntaf y Ddeddf Naturiol,[6] wrthdaro â'r ddyletswydd i ddweud y gwir. Pa ddyletswydd sydd bwysicaf bryd hynny? Mae'r ffaith fod dyletswyddau yn gallu ein hwynebu â gwrthdrawiad buddiannau wedi gadael yr argraff na all dyletswydd ynddi'i hun alw yn absoliwt am deyrngarwch dynolryw.

Yn bedwerydd mae'r modd y mae ansicrwydd yn hydreiddio cymdeithas. Deillia hyn o'r syniad nad oes gwirioneddau na normau allanol yn bod, a bod yn rhaid i werthoedd gymryd lle gwirionedd a hwylustod gymryd lle moesoldeb. Canlyniad hyn yw ansicrwydd pa le i droi er mwyn cael sail i benderfyniadau moesegol normadol.

O ganlyniad, dadleuodd rhai am yr angen i ailddehongli ein hagwedd at foeseg i wneud i ffwrdd â sicrwydd y gorffennol a brofwyd yn sylfeini o dywod ac yn llai sicr o lawer nag y rhagdybiwyd cynt, o blaid agweddau sy'n tynnu ar gorff ehangach o wybodaeth a chydnabyddiaeth ehangach y gallai argyhoeddiadau moesol y gorffennol fod yn anghywir. Un agwedd o'r fath yw 'moeseg ansicrwydd' John Elford.[7]

MOESEG ANSICRWYDD

Yn ganolog i achos John Elford y mae'r rhagosodiad nad yw'r mannau lle credwn y mae modd cael sicrwydd ar gyfer gwneud penderfyniadau moesegol (y Beibl neu'r eglwys fel rheol) yn rhoi i ni systemau moesegol di-ffael a chyson y gellir eu cymhwyso yn gyffredinol. I Elford, mae'r sawl sy'n hybu defnydd Beiblaidd fel datguddiad allanol a normadol safonau moesegol yn camgymryd, oherwydd fod eu casgliadau naill ai yn ddethol neu eu bod yn euog o impio system ffug ar ddatganiadau Beiblaidd amwys ac amrywiol. Ni ddatgelwyd unrhyw gyfundrefn foesegol: y cyfan sydd gennym yw egwyddorion a gwerthoedd gwahanol sydd weithiau yn croesddweud ei gilydd. Nid yw Cristnogaeth yn ffydd foesegol ddeddfol, ond yn un sy'n ceisio cael ei hymlynwyr i dyfu i aeddfedrwydd a llawnder bywyd sy'n cynnwys y rhyddid i fod yn annibynnol a'r rhyddid i wneud darganfyddiadau newydd mewn gwybodaeth. Gall pobl yn awr fyw eu bywydau a gwneud eu penderfyniadau moesol ar sail meini prawf gwahanol i'r rhai a ddefnyddiwyd gan awduron y Beibl. O ganlyniad, golyga moeseg y rhyddid moesol i ddarganfod a dilyn yr hyn sydd dda heb lyffetheiriau rheolau, arferion a thraddodiadau'r gorffennol. Rhaid ei weithio allan o'r newydd ym mhob cenhedlaeth, ac yn arbennig yn ein hamser ni pan nad yw hen gonfensiynau bellach yn gymwys wrth i ni geisio byw yn ystyrlon ar yr hyn a elwir gan Robert Whelan yn 'adfeilion consensws moesol'.[8]

Nid yw dadl o'r fath yn arwain John Elford at y casgliad nad oes modd dod i farn foesol ddilys, ond fod yn rhaid i ni wneud penderfyniadau fel rhan o broses. Dywed:

> even the best of our moral endeavours will remain provisional ones: will remain, that is, continually subject to review and revision in the light of new knowledge and needs. So understood, the moral life becomes an exciting part of the general flux of human life, rather than something which stands over and against it.[9]

Mewn geiriau eraill, gallwn ennill sicrwydd i wneud gweithred yn bosibl, ond ni all y sicrwydd hwnnw fyth fod yn ddeddfol, ac ni ellir ei seilio'n ddifeddwl chwaith ar ddeddfau'r gorffennol. Mae rywsut yn cymryd yn ganiataol y gall bodau dynol ddarganfod yr hyn sy'n dda a'i ddilyn pan fyddant yn rhydd i wneud hynny a heb eu cyfyngu gan gyfundrefnau moesol allanol a hynafol.

Mae llawer i'w ganmol yn hyn. Nid côd moesol sy'n mynnu ufudd-dod haearnaidd yw'r efengyl Gristnogol, ond addewid yn hytrach o lawnder bywyd. Fe ddaw nid fel pecyn parod i'w osod, ond fel rhodd raslon yn arwain at weithgaredd cyfrifol. O ganlyniad, ac fel y cydnebydd Elford, mae'n caniatáu newid mewn barn foesol: newid oedd yn angenrheidiol, er enghraifft, i drawsffurfio arferion cymdeithasol megis caethwasiaeth ac sy'n caniatáu i ni fod yn arbennig o hyblyg pan ddeuwn wyneb yn wyneb â phenderfyniadau moesol dwys, megis ymladd rhyfeloedd i amddiffyn y diniwed, neu sy'n caniatáu newid mewn agweddau tuag at ryw a rhywioldeb pan fydd tystiolaeth seicolegol a ffisiolegol yn mynnu hynny. Fodd bynnag, a derbyn nad yw dysgeidiaeth foesol y Beibl yn ei chynnig ei hun i gyfundrefnu a datgan normau mor rhwydd ag y tybia rhai, erys rhai rhagdybiaethau penodol lle dylem fod yn sicr, yn hytrach nac yn ansicr, neu fe ddaw unrhyw gysyniad o fywyd moesol yn amhosibl. Hwyrach nad yw'r gorchymyn i garu, a grynhowyd yn sgilgar gan Awstin yn y datganiad 'carwch, a gwnewch a fynnwch',[10] neu'r sylweddoliad fod Duw yn mynnu cyfiawnder, galwad oedd mor eglur yng ngwaith proffwydi'r wythfed ganrif cyn Crist, neu'r hanes am greu bodau dynol ar lun a delw Duw sydd trwy hynny yn eu trwytho â rhyw radd o sancteiddrwydd, boed trwy *analogia entis* (sef, y gellir sôn am Dduw mewn termau ontolegol, trwy gydweddiad, oherwydd iddo achosi'r ddynolryw i fodoli) neu *analogia relationis* (fod cymhariaeth gydweddol rhwng Duw a'r ddynolryw yn y ffaith bod y ddau'n byw mewn perthynas ag eraill, Duw yn y Drindod a'r ddynolryw mewn cymuned), nid yw'r rhain yn help i ddweud yn union sut i weithredu mewn rhai sefyllfaoedd (ac efallai na ddylent). Ond mae eu presenoldeb diamwys yn naratif y Beibl yn awgrymu eu bod yn faterion neu'n egwyddorion y mae'n rhaid i ni fod yn sicr yn eu cylch, hyd yn oed os ydynt braidd yn anodd eu harfer neu eu cymhwyso mewn sefyllfaoedd diriaethol, am eu bod yn cynnig i ni sylfaen, ac o'r sylfaen honno, gall rhywun ddechrau anelu at y bywyd moesol. Yn wir, nid yw'r foeseg Gristnogol yn un ddeddfol, ond mae'n mynnu peth sicrwydd ynghylch y ffordd y mae'n portreadu Duw, ewyllys Duw a pherthynas Duw â'r greadigaeth er mwyn i hyder mewn barn foesol fod yn bosibl. Enilla'r hyder hwnnw trwy wybod fod bywyd yn cael ei fyw gerbron y Duw sydd wedi gweithredu trwy gariad mewn hanes i waredu'r byd ac sydd felly yn mynnu cariad yn ei greaduriaid tuag ato ef a thuag at eraill. Mae'n cael ei fyw yng ngobaith yr atgyfodiad ac o ganlyniad yn cael ei wireddu trwy gydnabod ewyllys Duw, ei ddatgelu mewn hanes a'i gyfeirio tuag at ddatguddiad y Deyrnas a'i chyflawniad yn y dyfodol. Nid oes dim o hyn yn gosod y ddeddf i lawr ynglŷn â gweithgaredd arbennig, ond y mae'n sylfaen i ystyried pynciau moesol a gwneud penderfyniadau moesol yn hyderus: yr hyder fod modd canfod safonau moesol i ryw raddau,

Y DA A'R DRWG: SWYDDOGAETH SICRWYDD MEWN MOESEG

a hyder a ddeil er gwaetha'r posibilrwydd o fod yn anghywir, gan fod penderfyniadau dynol yn cael eu gwneud yng nghyd-destun maddeuant grasol Duw.

Waeth faint o gyfiawnhad sydd drosto, problem ansicrwydd ynghylch gwneud penderfyniadau moesol sy'n gwneud i ni gredu na allwn ddatgan fod pethau yn dda neu yn ddrwg, nad oes modd i ni fod â hyder mewn dull arbennig o weithredu, ac mai gwell i ni yw peidio ag ymrwymo o gwbl, gan aros yn gadarn ar y ffens. Mae polisi o'r fath yn rhwym o fethu ar y seiliau pragmataidd syml y gall arwain at ddiffyg gweithredu llwyr ac at wrthod gwneud y penderfyniad i ddechrau. Yn hytrach, rhaid i fodau dynol ddod i benderfyniadau, gan weithredu yn unigol neu gyda'i gilydd, er mwyn byw, a seiliant eu penderfyniadau ar asesu gwahanol ffactorau megis ymwybyddiaeth o egwyddorion, cyfreithiau, rheolau, arferion a thraddodiadau. Mae'r gydwybod ddynol, fel greddf am yr hyn sy'n dda a drwg, y wybodaeth naturiol o'r dibenion sy'n nodweddiadol o'n bod fel creaduriaid rhesymol (*synderesis*) ac fel yr ymrwymiad i weithredu yng ngoleuni'r hyn sy'n iawn (*conscientia*),[11] yn ennill ei hyder i weithredu o ymdeimlad o sicrwydd yn y ffactorau hynny.

Cymerer, er enghraifft, y gwaharddiad 'Na ladd'. Nid yw hyn ynddo'i hun yn atal rhai pobl rhag lladd pobl eraill. Mae'n rhaid felly i bobl gydymffurfio iddo fod ag unrhyw rym. Ond, os derbynnir ef gan y ddynolryw neu beidio, y mae'n waharddiad sy'n rhinweddol ynddo'i hun, ac atgyfnerthir hyn gan ddau ffactor: yn gyntaf, mae'n wireb angenrheidiol er mwyn gwneud bywyd cymdeithasol yn bosibl, ac yn ail, mae'n cadarnhau sancteiddrwydd bywyd dynol. Gellid dadlau, yn ddamcaniaethol, nad yw bywyd dynol yn sanctaidd[12] neu fod 'barn foesol gonfensiynol am ladd' pobl ddiniwed yn anfoddhaol,[13] ond, heb i hyn gael ei ystyried yn nod rhinweddol neu ddymunol, ni all y naill farn na'r llall dynnu oddi wrth y rheidrwydd i gydnabod y gwaharddiad er mwyn gwneud cymdeithas wâr yn bosibl. Oherwydd hyn, mae'n rheol a ddylai, o gymryd fod popeth arall yn gyfartal, bennu sut yr ydym yn byw ein bywydau. At hyn, y mae'n rheol sy'n mynnu cael cryn bwysau tystiolaeth yn ei herbyn os yw am gael ei thorri. Mae penderfyniad i gadw at ddeddf o'r fath fel rheol yn cael ei gymryd yn ganiataol, ond erys y ffaith fod llawer o bobl yn cadw ati am eu bod yn sicr mai dyma'r peth iawn i'w wneud, er y gwyddant y cyfyd adegau pan gaiff ei thorri.

Er yr ymddengys fod galwad Elford am ryddid o hen honiadau moesol yn cyfateb i alwad i ganiatáu aeddfedrwydd Cristnogol, fe all ymddangos fel cyfiawnhad dros 'newid ein meddyliau am ddoethineb dderbyniedig ac atebion yr arferid eu derbyn'.[14] Nid yw'n wir dweud nad oes unrhyw ddoethineb o'r oesoedd gynt sy'n rhoi i ni sicrwydd, neu hyder o leiaf, dros benderfyniadau moesol. Tra bod annibyniaeth dyn yn mynnu y gellir datgan doethineb y gorffennol yn farw, awgryma achos 'Na ladd' fod peth doethineb o'r gorffennol y dylid ei ddilyn yn y presennol oherwydd ei bod wedi cael gafael ar wirionedd ynghylch gweithgaredd moesol. Mae hyn yn debyg i'r hyn y cyfeiriwyd ato gan Jon Davis fel 'archaeoleg rhinwedd' lle cymerir rhai gwerthoedd yn ganiataol fel rhai y rhoddwyd prawf arnynt ac a safodd y prawf.[15] Gall y rhain gynnwys gonestrwydd, trugaredd, maddeuant a gwirionedd, sydd oll â chynsail yn y traddodiad Iddewig-Gristnogol ac a gefnogir trwy iddynt gael eu defnyddio trwy hanes. Nid oes yr un yn dangos yn union beth ddylid ei wneud mewn sefyllfa arbennig: ond awgryma profiad y gorffennol fod ynddynt ddigon o rinwedd i arwain at wneud penderfyniadau rhinweddol a gweithredu moesol. Mae'n 'archaeoleg' oherwydd fod modd, yn drosiadol, 'gloddio' tystiolaeth am y ffactorau hyn a'u heffeithiolrwydd o'r gorffennol. Nid yw dealltwriaeth o'r fath yn rhagdybio ymdeimlad Hegelaidd o *Geist* yn gweithio ei hun allan trwy brosesau hanesyddol. Y cyfan sydd arno ei angen yw cydnabod nad pethau newydd mo'r rhan fwyaf o benblethau moesol, a bod bodau dynol wedi llunio ffyrdd i ymdopi â hwy a all fod o gymorth yn y presennol, hyd yn oed pan fyddant yn gwahardd ac o ganlyniad yn cyfyngu ar annibyniaeth ddynol.

Perthynolaeth yw canlyniad gwreiddio moesoldeb mewn golygweddau diwylliannol; ansicrwydd yw lle datgenir pob syniad yr arferid ei ddal gynt yn agored i'w ailystyried. Gall y rhain fod yn ffyrdd apelgar dros ben i ymateb i gymhlethdod bywyd cyfoes, a hefyd i anawsterau agweddau ôl-fodern pan geir hwy yn wreiddiedig yn y *psyche* dynol. Ond y perygl yw y byddant yn wastad yn gadael drws ar agor i gyfiawnhau unrhyw weithred. Cadw'r ddelfryd, yn enwedig pan gaiff ei dwyn i gysylltiad â realaeth, a'r ffordd y metha gwrdd â'r ddelfryd, sydd o leiaf yn cynnal safon tra ar yr un pryd yn cadw posibilrwydd cynnydd. Mewn geiriau eraill, gosod delfryd sy'n gwneud moesoldeb yn bosibl. Nid yw'r ffaith fod rhai priodasau yn chwalu ynddo'i hun yn ddigon o gyfiawnhad dros roi'r gorau i ddelfryd priodas fel 'a mutual, exclusive, lifelong, one-flesh union between a husband and wife characterized by... fidelity, truth, trust, love and commitment'.[16] Mae cyfreithloni puteindra yn bychanu'r holl syniad o sancteiddrwydd cyfathrach rywiol. Nid yw'r ffaith fod cymdeithas gyfoes y Gorllewin wedi ffoli ar ryw a chymysgaredd, ac yn agored i hynny, ynddo'i hun yn annilysu'r ddelfryd. Gall fod cyfiawnhad yn y pen draw i gyfreithloni defnyddio cyffuriau, a gall fod yn angenrheidiol, hyd yn oed, ond ni ddylai hynny dynnu oddi wrth y ddelfryd na ddylem gamdrin ein cyrff, ond yn hytrach eu trin â pharch.[17] Fe geir yn wastad rai sy'n lladd, brifo a chamdrin plant, ond ni all hyn fyth fod yn ddigon o gyfiawnhad dros newid y ffordd yr ydym yn edrych ar bynciau babanladdiad, camdrin a paedophilia. Rhaid i ni gadw ymdeimlad o'r ddelfryd a datgan fod y pethau hyn yn anghywir. Ac os byddwn yn datgan eu bod yn anghywir, oni ddylem fedru bod â ffydd yn y datganiad hwnnw? Nid yw hyn yn awgrymu fod penderfyniadau moesegol yn hawdd, nac y medrwn yn wastad wneud y rhai iawn. Fodd bynnag, os oes rhaid i ni gyfaddef ein bod yn ansicr, yna dim ond perthynolaeth sydd ar ôl, a golyga perthynolaeth, yn ymarferol, fod modd cyfiawnhau unrhyw beth.

Nid yw amwysedd moesegol, yn enwedig yn wyneb newidiadau a gorfodaeth bywyd modern, yn golygu na ddylid cael rhai egwyddorion sylfaenol, yn deillio o'r traddodiad crefyddol ac a fu trwy felin profiad, y mae gennym y sicrwydd i seilio penderfyniadau moesol arnynt. Y cyfan mae'n ei olygu yw y byddwn weithiau yn gwneud y rhai anghywir. Mae posibilrwydd gwneud y penderfyniad anghywir yn gwneud rhyw radd o berthynolaeth yn angenrheidiol am y rheswm syml ei fod yn golygu nad yw'r da a'r drwg yn dod atom fel categorïau absoliwt hyd yn oed os ydynt yn bodoli fel egwyddorion cyffredinol, neu fel realaeth 'ym meddwl Duw'. Ond mae gwneud penderfyniadau moesol, er nad yw'n anffaeledig, yn waith angenrheidiol a dilys i fodau dynol. O'r herwydd, nid oes modd i foeseg ansicrwydd weithio pan fo'n golygu na allwn fod â hyder mewn penderfyniadau rhesymol. A dweud y gwir, nid awgrym am ansicrwydd yn yr ystyr hwn yw un Elford, ond yn hytrach un sy'n peri fod pob pwnc moesol yn agored i'w ailystyried, ac yn taflu amheuaeth ar atebion a dderbyniwyd gynt. Mewn geiriau eraill, y cyfan a ddywed yw bod ei sicrwydd ef yn wahanol i eiddo'r rhai sy'n ei gael yn y Beibl neu'r eglwys. Yn yr ystyr hwn, mae Elford yn hybu ymdeimlad o annibyniaeth a'r gallu i wneud penderfyniadau aeddfed a rhesymol a all gynnig dewis arall radical yn lle'r ddoethineb a dderbyniwyd. Buasai hyn yn gweithio pe na bai a wnelo moeseg â dim mwy na'r hunan unigol a phe na bai bodau dynol fyth yn cam-ddefnyddio eu rhyddid moesol. Y pwynt yw bod a wnelo moesoldeb, mewn gwirionedd, ag ymddygiad sydd o reidrwydd yn ffactor cymdeithasol ac sy'n mynnu bod bodau dynol yn caniatáu i ystyriaeth am eraill gymedroli eu hannibyniaeth hwy, a hyd yn oed, ar adegau, ei reoli. Felly, mae angen rhyw lefel o gytundeb er mwyn awgrymu fod unigolion annibynnol yn cael yr adnoddau i osgoi gwneud penderfyniadau hunanol (ac, o ganlyniad, anfoesol).

Yng ngoleuni hyn, erys y cwestiwn a oes seiliau dros awgrymu craidd cyffredin a all roi hyder mewn penderfyniadau moesol. Cyflwynodd Hans Küng y syniad o 'greigwely' moesol (*moral bedrock*, mae'r term yn perthyn i Jenny Teichmann[18]) yn bodoli *a priori* y gellir gwneud penderfyniadau moesol ohono, ac y gellir cael y dystiolaeth amdano ym mhob cyfundrefn grefyddol ac athronyddol. Geilw hyn yn 'etheg fyd-eang'.

ETHEG FYD-EANG

Yn ei etheg fyd-eang, ceisia Küng ddangos fod sylfaen gyffredin i gytundeb a hyder moesol cyffredinol eisoes yn bodoli. Gan ddilyn Michael Walzer, hawlia Küng fod moesoldeb craidd yn bodoli, cyfres o safonau moesegol elfennol sy'n ffurfio rhyw fath o 'finimaliaeth foesol' neu 'moesoldeb minimal'.[19] Y math hwn o foesoldeb 'tenau', wedi ei gyfyngu i rai gwerthoedd, safonau ac agweddau moesol a rennir gan y ddynolryw oll a ddylai, ym marn Küng, gael ei fabwysiadu fel etheg fyd-eang; mae hyn yn angenrheidiol er mwyn sicrhau dyfodol i'r ddynolryw.[20] Ymhlith y rhain mae hawliau sylfaenol y bod dynol: i fywyd, rhyddid, gwarchodaeth rhag poenydio a'i amddifadu o ryddid yn fympwyol; rhyddid rhag camwahaniaethu ar seiliau hiliol, crefyddol a thebyg.[21] Nid tarddiad gorllewinol sydd i'r hawliau dynol hyn: mae modd eu canfod yn ymhlyg yn y rhan fwyaf o gyfundrefnau crefyddol a moesol a grynhoir yn egwyddor cilyddiaeth, y 'rheol euraid' o wneud i eraill fel y mynnech iddynt hwy wneud i chi.[22] Etheg fyd-eang, yn syml, yw 'a minimal basic consensus relating to binding values,

Y DA A'R DRWG: SWYDDOGAETH SICRWYDD MEWN MOESEG

irrevocable standards and moral attitudes which can be affirmed by all religions despite their dogmatic differences, and can also be supported by non-believers'.[23] Oherwydd ei ffynhonnell gyffredin mewn llawer o gyfundrefnau crefyddol ac athronyddol, ac oherwydd fod tasg sicrhau heddwch ymysg y crefyddau fel rhagflaenydd heddwch yn y byd mor argyfyngus, llwyddodd Küng i gael cefnogaeth i'r etheg fyd-eang o ffynonellau gwleidyddol, crefyddol ac academaidd.[24]

Mae modd cyrraedd consensws byd-eang ar y ddealltwriaeth hon o ddynolryw a rennir ar seiliau minimaliaeth foesol, lle deuir i gytundeb ar egwyddorion sylfaenol yn hytrach na *praxis* unfath. Dyma esboniad Küng:

> [T]hat one may not torture children is elementary ethics ('thin' morality) in the various cultures and is as true in San Francisco as it is in Singapore. But the point at which corporal punishment becomes torture for a child is obviously not the same in San Francisco as it is in Singapore, and here very many historical, cultural, political and religious elements come into play.[25]

Mae llawer yma i'w ganmol ac y dylid ei ystyried yn ddwys. Mae'r etheg fyd-eang yn caniatáu sicrwydd wrth nodi egwyddorion a gwerthoedd craidd sy'n rhaid eu cynnal er mwyn gofalu nad yw'r byd yn cael ei ddad-ddynoli. Ymhellach, mae'n ceisio ymdrin yn sensitif â phliwraliaeth grefyddol a diwylliannol tra'n apelio ar yr un pryd at reswm dynol er mwyn gofalu fod pobl yn cyd-fyw yn heddychlon, yn oddefgar ac yn foesol. Fodd bynnag, dengys esiampl Küng pam fod derbyn pliwraliaeth yn wirebol yn arwain at berthynolaeth foesol lle mae modd cyfiawnhau pob gweithred. Os mai peth drwg (neu drosedd yn erbyn hawliau dynol) yw defnyddio cosb gorfforol yn San Francisco, pam fod rhesymau hanesyddol, diwylliannol neu unrhyw resymau eraill yn ddigon i awgrymu ei fod yn iawn gwneud hynny yn Singapore neu yn unman arall? Er y gall ymddangos ar y wyneb yn eangfrydig a chadarnhaol, mae'r safbwynt hwn yn y pen draw yn aneffeithiol am y rheswm syml ei fod yn ein gadael heb y grymusaf o agweddau moesegol, sef y gallu i adnabod, beirniadu a chywiro'r hyn sy'n ddrwg. Canlyniad hyn yw ymdeimlad o gael eich twyllo i gredu y daethpwyd i farn foesol pan, mewn gwirionedd, na ddaethpwyd i unrhyw benderfyniad ar wahân i gadarnhau'r *status quo*.

LLOFFION YM MAES CREFYDD

Gellid dadlau fod modd trin pob categori moesol, megis yr hawliau dynol a nodir fel rhai sylfaenol i etheg fyd-eang,[26] mewn ffyrdd tebyg. Y cyfan sydd gan Tseina, er enghraifft, yw dealltwriaeth leol, ddiwylliannol a thraddodiadol wahanol o'r hawliau hynny sy'n ei harwain i wneud pethau sy'n ennyn cerydd moesol gan genhedloedd eraill. Ond gall hawliau dynol fod yn hawliau dynol yn unig pan maent yn perthyn i'r ddynolryw oll, waeth pwy sy'n eu cydnabod. Nid yw eu torri yn dibynnu yn unig ar ystyriaethau diwylliannol a chyd-destunol. Golyga ymrwymiad i ddelfryd hawliau dynol ymrwymiad i'r ddynolryw ac ymrwymiad i gondemnio torri ar yr hawliau hynny lle bynnag a phryd bynnag y digwydd. Os yw'r cysyniad ei hun goruwch llywodraeth, diwylliant a chyd-destun, yna rhaid i'w arfer hefyd gyfateb i'r oruchafiaeth honno. I fod o unrhyw ddefnydd, felly, rhaid i'r ddelfryd arwain at hyder yn y ffordd yr ydym yn ei dehongli a'i harfer. Mewn geiriau eraill, nid yw hyd yn oed sicrwydd am egwyddorion yn ddigonol heb ymrwymiad tuag at sut y dylid eu deall yn ymarferol.

Yr hyn sy'n bwysig yma yw nid yn gymaint y farn â'r broses. Gwelir rhai gweithredoedd yn ddrwg ynddynt ac ohonynt eu hunain ac felly gwnaed i ffwrdd â hwy, waeth beth oedd y farn mewn cyd-destunau ac mewn diwylliannau eraill. Mae digon o dystiolaeth hanesyddol (os nad diwylliannol) i awgrymu y byddai cyfiawnhad, er enghraifft, i ddefnyddio cosb corfforol mewn ysgolion a dienyddio mân ladron ym Mhrydain. Nid yw'r naill na'r llall yn digwydd bellach, nid yn unig oherwydd newid hanesyddol a diwylliannol ond hefyd oherwydd y daethpwyd i bwynt pan farnwyd mai peth drwg oedd gweithredu yn y fath fodd, ac ymrwymodd y cyhoedd yng ngwledydd Prydain i'r farn honno. Rhaid i genedlaethau sy'n dilyn ymdopi â'r ffaith fod y gweithredoedd hynny wedi eu datgan yn rhai drwg, ac maent yn gorfod wynebu realaeth agweddau gwahanol mewn rhannau eraill o'r byd gyda'r datganiad hwnnw. Ac i'r datganiad hwnnw fod yn ystyrlon o gwbl, rhaid iddynt wneud hynny heb ddefnyddio cymal dihangol perthynolaeth foesol mai peth drwg i ni yn unig yw gweithredu felly.

Pan wneir goddef safbwyntiau crefyddol, cymdeithasol ac athronyddol eraill yn egwyddor, y canlyniad yn y pen draw yw moeseg aneffeithiol, gan ei fod yn ceisio cytundeb minimal tra'n caniatáu anghytuno sylweddol ar seiliau hanesyddol neu ddiwylliannol. Ni fydd hyn yn gweithio yn ymarferol. Pan gymerir gofal dyledus wrth wneud penderfyniadau, rhaid cael mwy o argyhoeddiad na bod yr hyn sy'n cael ei bleidio yn dda a'r hyn sy'n ei wrthwynebu yn gorfod bod yn ddrwg. Nid yw nodi creigwely o egwyddorion moesol neu foesoldeb denau gyffredin yn ddigon, oni fyddwn yn ymrwymo i agwedd fwy radical at eu cymhwyso sy'n cynnig sail i nodi pa ddehongliadau sy'n foesol dderbyniol a pha rai nad ydynt. Wedyn yn unig y bydd modd rhoi'r dilechdid angenrheidiol yn ei le i sicrhau cynnydd. Cyn hyn, y mae'r dilechdid yn bod, ond yn unig mewn tyndra sy'n llethu heb fod yn greadigol am nad yw'n caniatáu'r hawl i ddod i farn foesol, ac yna i ymrwymo i ddilyn yr hyn a ganfyddir fel y peth iawn.

CASGLIADAU

Trwy ymchwilio i foeseg ansicrwydd a'r etheg fyd-eang, dangoswyd bod y naill a'r llall yn arwain at rywfaint o berthynolaeth sy'n esgor ar y gorau ar farweidd-dra ac ar ei waethaf ar anfoesoldeb. Yn ei le, awgrymais fod moesoldeb yn dibynnu ar y gallu i ddod i farn foesol yn seiliedig yn gyntaf ar gaffael gwybodaeth am egwyddorion, gwerthoedd a chysyniadau cyffredinol o'r drwg a'r da ac, yn ail, ar ymrwymiad i'r penderfyniad hwnnw hyd nes y daw'r amser y dangosir bod y rhagosodiad yn wallus. Nid oes fawr ddim amheuaeth nad yw pledio sicrwydd, neu o leiaf hyder mewn barn foesol, yn mynd i sicrhau y bydd pobl yn cyd-fyw yn fwy heddychlon. Ymhellach, gall pledio sicrwydd gyda'r cafeat y gellir darganfod tystiolaeth ryw ddydd i ddangos bod ein penderfyniad yn wallus, awgrymu mai diogelach fuasai peidio â chychwyn y ddadl o gwbl, aros yn niwtral a mwynhau diogelwch perthynolaeth foesol. Yr hyn a awgrymwyd yma yw bod meddu ar hyder mewn gwneud penderfyniadau, er gwaethaf y peryglon, yn rhan angenrheidiol o focsoldeb gan ei fod yn arwain at ymrwymiad i weithredu mewn ffordd foesol, ac mae hyn yn wir boed yr hyder hwnnw yn seiliedig ar ffynonellau ysgrythurol neu rai cyffredin sydd â record brofedig. Efallai, yn wir, mai anfoesoldeb sydd y tu ôl i amharodrwydd i ddod i benderfyniadau o'r fath ac i weithredu yn unol â hynny.

Golyga'r ffaith fod bodau dynol yn greaduriaid rhesymol ein bod yn treulio ein hoes yn ennill gwybodaeth er mwyn i ni allu ymateb yn ddilys i'r sefyllfaoedd y cawn ein hunain ynddynt. I ryw raddau, am ein bod wedi ein cyfyngu gan ofod ac amser, ni allwn hawlio mai ein penderfyniadau ni yw'r gair olaf ar unrhyw bwnc: gallwn wneud camgymeriadau a medrwn wneud y peth anghywir trwy anwybodaeth ac o fwriad. Fodd bynnag, nid yw hynny'n annilysu'r broses o wneud penderfyniadau na'r penderfyniad a wnaed. Gall penderfyniadau a gweithredoedd, hyd yn oed pan fyddant wedi eu seilio ar yr egwyddorion mwyaf cynhwysfawr a rhinweddol, mewn gwirionedd fod yn anghywir: ond nid yw hynny ynddo'i hun yn dileu'r egwyddorion nac yn awgrymu na ddylem fod â hyder ynddynt i'n harwain i weithredu moesol. O gadw hyn mewn cof, daw'r gallu i farnu rhwng gwahanol ffyrdd o weithredu, a'r ganlyneb o ddatgan eu bod yn iawn (neu yn ddilys) ac eraill yn anghywir (neu yn annilys), yn rhan angenrheidiol o gynnydd dynol. Os seilir hwy ar gael neu werthuso egwyddorion, rheolau, traddodiadau ac arferion, gyda golwg ar dderbyn delfryd foesol, yna gwnaed y penderfyniadau hynny yn fedrus ac yn rhesymol, ac maent felly yn ddibynadwy hyd nes y gwrthbrofir eu realaeth. Mae'n dilyn, felly, y dylid medru cael hyder mewn penderfyniadau moesol ac mae hyn yn cynnwys y cyfrifoldeb i ymrwymo i'r penderfyniadau hynny. Dyma, hwyrach, mor sicr ag y medrwn fod. Ond mae unrhyw beth llai yn ein gadael yn analluog, yn methu dod i farn foesol, ac o'r herwydd yn methu dod i ben â'r dasg o symud o lle'r ydym i'r lle y dylem fod.

[1] A. Macintyre, *After Virtue: A Study in Moral Theory* (Llundain, 1981), t. 50; R. John Elford, *The Ethics of Uncertainty: A New Approach to Moral Decision-making* (Rhydychen, 2000), t. 31.
[2] Gw. Cyril S. Rodd (gol.), *New Occsasions Teach New Duties* (Caeredin, 1995), t. 87.
[3] David Cook, *The Moral Maze: A Way of Exploring Christian Ethics* (Llundain, 1983), tt. 28, 30, 66.
[4] Os Guinness, *Time for Truth: Living Free in a World of Lies* (Caerlŷr, 2000), tt. 21-4.
[5] Lesslie Newbigin, *The Gospel in a Pluralist Society* (Llundain, 1989), t. 1.
[6] Tomos o Acwin, *Summa Theologiae* (XXVIII) (Rhydychen, 1966), 1a 2æ 94 2, t. 81.
[7] Elford, *The Ethics of Uncertainty*.
[8] Robert Whelan, 'Introduction', yn *idem* (gol.), *Teaching Right and Wrong: Have the Churches Failed?* (Llundain, 1994), t. 4.
[9] Elford, *The Ethics of Uncertainty*, t. 1.
[10] Gw. *Augustine of Hippo: Selected Writings* (Llundain, 1984), t. 305.

Y DA A'R DRWG: SWYDDOGAETH SICRWYDD MEWN MOESEG

[11] Gw. Tomos o Acwin, *Summa Theologiae*, tt. 1–6, 75–7.
[12] Gw. H. Kuhse, *The Sanctity of Life Doctrine in Medicine: A Critique* (Rhydychen, 1987).
[13] Gw. J. Glover, *Causing Deaths and Saving Lives* (Harmondsworth, 1977).
[14] Elford, *The Ethics of Uncertainty*, t. 122.
[15] J. Davis, 'Re-sacralising education and re-criminalising childhood: an agenda for the year 2132', yn Whelan (gol.), *Teaching Right and Wrong*, t. 7.
[16] D. J. Atkinson a D. H. Field (goln), *New Dictionary of Christian Ethics and Pastoral Theology* (Caerlŷr, 1995), t. 565.
[17] Cf. triniaeth Elford o'r materion hyn, *The Ethics of Uncertainty*, pennod 6.
[18] Jenny Teichman, *Social Ethics: A Student's Guide* (Rhydychen, 1996), tt. 17-26.
[19] Hans Küng, *A Global Ethic for Global Politics* (Llundain, 1997), t. 95.
[20] Gw. W. Jens, K. Kuschel a H. Küng, *Dialogue With Hans Küng* (Llundain, 1997), t. 101; Hans Küng (gol.), *Yes to a Global Ethic* (Llundain, 1996), t. 2.
[21] Küng, *A Global Ethic for Global Politics*, t. 87.
[22] Ibid., 98-9; hefyd Hans Küng a Helmut Schmidt (goln), *A Global Ethic and Global Responsibilities: Two Declarations* (Llundain, 1998), tt. 68–9.
[23] Küng, *A Global Ethic for Global Politics*, t. 109.
[24] Küng (gol.), *Yes to a Global Ethic*; Küng a Schmidt (goln), *A Global Ethic and Global Responsibilities*, tt. 132–40.
[25] Küng, *A Global Ethic for Global Politics*, t. 96.
[26] Ibid., t. 87.

9

CRISTNOGAETH YMHLITH Y CREFYDDAU

Am nifer o resymau, erbyn dechrau'r unfed ganrif ar hugain daeth natur crefydd a'r ffordd y mae crefyddau gwahanol y byd yn perthyn i'w gilydd yn gwestiwn canolog mewn diwinyddiaeth. Wrth i'r ganrif flaenorol fynd yn ei blaen, tueddai cymunedau mewnfudwyr yng nghenhedloedd y Gorllewin ddarganfod hunaniaeth, a rhywfaint o ddiogelwch, y tu mewn i gyd-destun diwylliannol a chwltaidd eu traddodiadau crefyddol eu hunain. Ar un olwg, roedd ffyddlondeb ac ymrwymiad y cymunedau hyn i'w delfrydau crefyddol yn radicalaidd ac, ambell waith, yn ffwndamentalaidd, o leiaf i'r rhai a oedd yn edrych arnynt o'r tu allan. Ac achosodd hyn ddrwgdybiaeth a phryder ymhlith eu cymdogion a oedd naill ai'n grefyddol mewn enw'n unig neu wedi'u darbwyllo gan y naws ryddfrydol a rhyddfrydig a dreiddiai drwy'r Gorllewin ac a fynnai fod perygl mewn unrhyw gymuned sy'n cymryd eu credoau crefyddol o ddifrif, gan gynnwys cymunedau Cristnogol.

Yn rhyngwladol, cododd drwgdybiaeth wrth i grefydd chwarae rhan amlwg mewn brwydrau a rhyfeloedd yn y Dwyrain Canol, yn Affrica, yn India ac yn bennaf yn Bosnia yn y 1980au a'r 1990au. Er eu bod yn gymhleth ac y tu hwnt i amgyffred llawer o bobl, clywyd adlais dychrynllyd holocost yr Ail Ryfel Byd yn rhyfeloedd yr hen Iwgoslafia, gydag adroddiadau erchyll am ganlyniadau'r glanhad ethnig a'r ffordd benderfynol ac anfad y ceisiwyd dinistrio'r 'gelyn' yn llwyr, a chydnabuwyd y gelyn, wrth gwrs, yn ôl ei ethnigrwydd. Gan ei bod yn bwysig wrth greu hunaniaeth ac felly'n bwysig mewn ethnigrwydd, roedd crefydd hefyd wedi chwarae ei rhan yn yr erchyllterau hyn. Ac mae rôl crefydd yn y brwydrau hyn wedi perswadio llawer bod yn rhaid dilyn llwybr dialog rhyng-grefyddol er mwyn sicrhau dyfodol diogel a heddychlon i'r blaned. A thaflwyd crefydd unwaith eto i amlygrwydd wedi'r ymosodiad ar Ganolfan Masnach y Byd yn Efrog Newydd, ar 11 Medi 2001. Datgelwyd unwaith eto botensial crefydd ar ei mwyaf peryglus.

Nid yw'r sefyllfa gartref neu'r sefyllfa ryngwladol yn bygwth Cristnogaeth fel y cyfryw. Mae'r neges Gristnogol a'i defodau cwltaidd amrywiol wedi goroesi er gwaethaf pob drwgdybiaeth ohoni a bydd yn parhau oherwydd fod y ffactorau empeiraidd a chynhenid ynddi wedi diogelu ei phwysigrwydd a'i harwyddocâd yn nhyb rhan sylweddol o boblogaeth y byd. Ond mae datblygiadau cenedlaethol a rhyngwladol wedi herio ymlynwyr y crefyddau gwahanol am ddau reswm, ac er nad yw'r naill na'r llall yn arbennig o ddarbwyllol, mae'r ddau yn herio diwinyddiaeth Gristnogol yn yr unfed ganrif ar hugain.

Yn gyntaf, anogir ymlynwyr y crefyddau gwahanol i gyfrannu at ddialog rhyng-grefyddol, a chyfiawnheir y galw am y ddialog hon ar y dybiaeth oni fydd pobl yn siarad â'i gilydd a datblygu perthnasau ystyrlon rhyngddynt, yna, ar ei waethaf, y perygl yw y byddant yn lladd ei gilydd. Mae'r galwadau am ddialog wedi dwysáu oherwydd cydnabyddiaeth o broblemau cymdeithasol, economaidd ac ecolegol sy'n hollfydol o ran eu harwyddocâd, a'r sylw dilynol fod y byd yn lleihau drwy argaeledd cyfryngau cyfathrebu soffistegedig.[1] Ond nid yw diben a nod y fath ddialog yn gwbl eglur. Mae Jürgen Moltmann wedi amlygu afresymoldeb y fath syniadau am ddialog ryng-grefyddol. Os mai 'cyd-fyw'n heddychlon' yn unig yw'r amcan, felly mae'r ddialog ynddi'i hun yn nod yn hytrach na ffordd i gyrraedd nod gwell. 'Through conversations, the religious communities are supposed to dismantle their prejudices, get rid of their bogey-man images and their aggressions and arrive at peaceful coexistence in mutual respect,' ysgrifennodd.[2] A'r canlyniad yw y daeth dialog yn hanfodol er ei mwyn ei hun, neu i sicrhau fod pawb yn cyd-fyw'n dda â'i gilydd, neu daeth dialog yn llyb rhai yn elfen hanfodol yn yr ymchwil am y gwirionedd. Felly, deellir y 'gwirionedd' nid fel rhywbeth a ddatgelwyd 'unwaith ac am byth',[3] ond fel rhywbeth tebycach i jig-so sy'n cael ei wneud allan o ddarnau gwahanol ac amrywiol sydd i'w darganfod mewn llawer man. Nid oes unrhyw derfynoldeb i'r gwirionedd, ond caiff ei ddirnad yn raddol ac yn wahanol ymhob cenhedlaeth ac ymhob diwylliant.

Mae'n bwysig cofio nad yw'r syniad hwn, neu'r honiad y gallwn eistedd gyda'n gilydd a thrafod y dystiolaeth nes i ni i gyd gytuno ar beth sy'n wir (sef conglfaen yr ymchwil rhyddfydol) yn cael ei gadarnhau mewn unrhyw gyfundrefn grefyddol. Yn hytrach, mae pob crefydd yn annog dealltwriaeth weddol neilltuol o'u honiadau eu hunain sy'n gwneud dialog, lle mae pob plaid yn trafod ac yn gwrando, yn anodd a dweud y lleiaf. Serch hyn, y prif angen a enwir gan y sawl sy'n astudio'r crefyddau yw dialog agored ac onest a phwysleisir na fyddai dialog deilwng yn digwydd oni bai fod pob plaid sy'n cymryd rhan yn fodlon gwrando ar ei gilydd a bod yn fodlon i gael ei newid gan yr hyn y maent yn ei glywed. Yn ôl Maurice Wiles (cyn-athro brenhinol diwinyddiaeth ym Mhrifysgol Rhydychen), dyma ddiffiniad dialog: 'a genuinely reciprocal process, in which two parties stand on an equal footing of readiness to receive as well as give'.[4]

Yn ail, a chan ddilyn hyn, mae'r datblygiadau yma'n galw am ddiffiniad cliriach i Gristnogaeth. Ar hyn o bryd, canolbwyntio ar fod yn barchus ac yn ddinesydd deddfgadwol, a mabwysiadu goddefgarwch tuag at bawb arall yn brif ddelfryd foesegol (sy'n cael ei chydnabod yn aml oherwydd ei bod yn absennol mewn gweithgarwch cymdeithasol) yw'r naws ffug-grefyddol sy'n treiddio drwy genhedloedd y Gorllewin. Nid yw'r cyd-destun pliwralaidd yn herio'r neges Gristnogol yn gymaint â bod y neges Gristnogol yn cael ei cholli y tu ôl i grefydd genedlaethol a dinesig. Ysbrydolrwydd goddefgar, rhyddfrydig, rhesymol, gorllewinol yw hwn sy'n aml yn cael ei enwi'n Gristnogaeth ac sy'n ymddangos yn gymodol a hyd yn oed yn syncretaidd yn ei hagwedd tuag at grefyddau eraill. Yr eironi yw, felly, fod y safbwynt hollgynhwysol, ffug-ysbrydol hwn mewn gwirionedd yn wahanol iawn i neges Cristnogaeth fel y'i deallwyd yn draddodiadol, ac yn aml mae'r meddylfryd gorllewinol yn gwrthod honiadau traddodiadol Cristnogaeth am ei fod yn credu fod ei honiadau neilltuol yn bygwth naws gynhwysol a phliwralaidd y gymdeithas fodern.

Ochr yn ochr â hyn, mae rhyddfrydiaeth wedi ildio i ôl-foderniaeth sydd wedi newid unrhyw syniad am y gwirionedd gwrthrychol am werthoedd goddrychol, unigol ac, o ganlyniad, nid oes unrhyw gyfundrefn foesegol nac unrhyw strwythur sy'n rhoi ystyr i fywyd ar wahân i ystyriaethau a myfyrdodau ac anghenion personol yr unigolyn.[5] Felly mae'r ego unigol yn sefyll fel yr unig awdurdod yn y bywyd moesol a chymdeithasol, gan gynnwys maes y crefyddau. Yn gyffredinol, felly, mae'n rhaid caniatáu i bawb hawlio ei wirionedd ei hun sy'n golygu fforffedu'r gallu i gynnig

CRISTNOGAETH YMHLITH Y CREFYDDAU

hawliadau-ffydd penodol sy'n wir i bawb. Gall pawb sy'n chwilio amdani leoli'r gwirionedd yn lle bynnag y maent yn chwilio ac ym mha ffordd bynnag y maent yn ei ddirnad.

Mae'r problemau hyn yn wynebu pob crefydd sy'n cymryd rhan mewn dialog rhyng-grefyddol ond maent yn effeithio'n arbennig ar Gristnogaeth am ddau reswm penodol. Yn gyntaf, mae Cristnogaeth yng nghenhedloedd y Gorllewin – a siarad yn gyffredinol – wedi'i chysylltu'n arbennig â goddefgarwch ac ag ymddygiad moesegol i'r fath raddau fod 'gadael i eraill fod' a bod yn 'berson da', wedi dod yn brif ddogmâu'r ffydd ac maent yn cael eu gweithio allan trwy gadarnhau'r person arall yn ei ryddid ymreolaethol. Yn ail, mae gan Gristnogaeth hawliad-ffydd y mae'n honni sy'n wir nid yn unig am ei hymlynwyr ei hun ond am yr holl fyd oherwydd, yn ei chanol, y mae cymeriad a honnai (neu y cafodd ei honni amdano) mai ef yw'r 'ffordd, a'r gwirionedd a'r bywyd' (In 14: 6) a'i fod wedi gwneud Duw yn hysbys (In 1: 18). Gan anwybyddu am y tro unrhyw anhawster hermenewtig yn y fath ddarnau sy'n amlygu natur bersonol y gwirionedd yn y ddysgeidiaeth Gristnogol (hynny yw, bod y gwirionedd wedi'i ymgorffori ym mherson Iesu yn hytrach nag mewn fformwlâu athrawiaethol neu mewn rheolau moesegol), mae bodolaeth y fath honiadau yng nghanol y traddodiad Cristnogol yn achosi problem sy'n mynd yn ddyfnach mewn byd a nodweddir bellach gan bliwraliaeth grefyddol.

CRISTNOGAETH A'R CREFYDDAU ERAILL

Mae'r cwestiwn am statws a swyddogaeth Cristnogaeth ymhlith y crefyddau eraill wedi cael triniaeth weddol helaeth yn ystod yr hanner canrif diwethaf. Eto nid yw'n broblem newydd. Roedd Cristnogaeth yn bodoli erioed yng nghyd-destun pliwraliaeth grefyddol a diwylliannol. Ganed Iesu i ffydd a bywyd yr Hebreaid a oedd ar y pryd dan fygythiad y goresgynnwr Lladinaidd, ond diwylliant a drwythwyd gan feddwl, iaith ac ymarferion gwlad Groeg oedd gan yr Hebreaid erbyn hynny. Tarddodd Cristnogaeth yn wreiddiol o grefydd yr Hebreaid fel estyniad o ffydd Israel yn bodoli ynddi ac yna wrth ei hochr yn ogystal ag wrth ochr y cwltiau dirgelwch Groegaidd wrth iddi ymledu trwy'r hen fyd mewn ymgyrch genhadol a seiliwyd ar y cychwyn ar y synagog lleol. Er iddi gyfarfod â drwgdybiaeth a gwrthwynebiad yno, tyfai'r eglwys a darganfu ei bod yn angenrheidiol ac yn gyfleus i ddefnyddio cysyniadau athroniaeth Roegaidd i geisio deall ac i fynegi'r hyn a gredai oedd wedi digwydd yn Iesu Grist. Wrth i'r genhadaeth gychwyn, daeth apolegwyr a phregethwyr Cristnogol yn ymwybodol o fodolaeth honiadau crefyddol eraill ledled y byd a'r ymrwymiad iddynt a ddangoswyd gan bobl y cenhedloedd. Nid oedd hyn yn ddigon i'w hatal rhag cyhoeddi eu neges fel pe bai'n wir (gan dderbyn fod yr hyn sy'n wir yn wir yn gyffredinol), ond mae'n amlygu'r ffaith arwyddocaol fod y Cristnogion a'r disgyblion cynnar yn ymwybodol o'r cychwyn fod gan neges yr efengyl hawliad neilltuol am y gwirionedd ac am achubiaeth, er nad oeddent, fe ddichon, yn ymwybodol o'r derminoleg. Pregethent yr efengyl gyda bywiogrwydd a awgrymai fod angen i bawb ei chlywed ac ymateb iddi, gan gynnwys y rhai a oedd yn perthyn i draddodiadau crefyddol gwahanol a gredai, yn ôl pob tebyg, eu bod eisoes wedi amgyffred y gwirionedd ac yn byw yn ei oleuni.

Mae'r Beibl, a'r Testament Newydd yn arbennig, yn ymwybodol o'r broblem am hawliadau-ffydd neilltuol yn dod i gysylltiad â hawliadau-ffydd neilltuol eraill, yn arbennig yn ystod ymgyrch genhadol wreiddiol yr eglwys. Ni fydd rhestru adnodau arbennig yn darbwyllo neb, ond mae'n bwysig nodi rhai ohonynt er mwyn cadarnhau fod y cenhadon a'r efengylwyr Cristnogol cynnar wedi cydnabod yr anhawster a darddodd o'r datguddiad yng Nghrist. Os oedd Duw wedi dod yn hysbys yn Iesu Grist, yna, rywsut, mae'n rhaid fod hyn yn wir i bawb er gwaethaf yr hyn y maent yn ei gredu. Felly, mae Ioan 3: 16–18 yn cadarnhau fod cariad Duw ar gyfer pawb sy'n credu yn ei Fab er mwyn iddynt ennill bywyd tragwyddol: 'Nid yw neb sy'n credu ynddo ef yn cael ei gondemnio, ond y mae'r hwn nad yw'n credu wedi ei gondemnio eisoes, oherwydd ei fod heb gredu yn enw unig Fab Duw.' Mae'r syniad neilltuol hwn yn cael ei ailadrodd trwy'r efengyl sy'n cofnodi bod Iesu wedi dweud: 'Myfi yw'r ffordd a'r gwirionedd a'r bywyd. Nid yw neb yn dod at y Tad ond trwof fi' (In 14: 6). Yn llyfr yr Actau, dywedir wrthym: 'Ac nid oes iachawdwriaeth yn neb arall, oblegid nid oes enw arall dan y nef, wedi ei roi i ddynion, y mae i ni gael ein hachub drwyddo' (4: 11–2). Yn aml, awgrymir bod anerchiad enwog yr apostol Paul i'r Atheniaid o'r Areopagus yn gefnogaeth Feiblaidd i'r syniad fod pobl yn addoli'r un Duw ond yn gwneud hynny trwy foddion crefyddol gwahanol. Fodd bynnag, daw'r anerchiad yng nghyd-destun cyhoeddi Paul am 'y newydd da am Iesu a'r atgyfodiad' (Act. 17: 18) ac mae'n egluro nad yw addoli'r un, gwir Dduw trwy anwybodaeth yn ddigonol pan fedrant dderbyn eu goleuo trwy ddatguddiad yr un Duw hwn yn Iesu Grist. 'Yr hyn, ynteu, yr ydych chwi'n ei addoli heb ei adnabod, dyna'r hyn yr wyf fi'n ei gyhoeddi i chwi' (Act. 17: 22–5). Mae'r llythyr at yr Hebreaid yn derbyn fod Duw wedi llefaru mewn oesoedd cynt 'mewn llawer dull a llawer modd' ond 'yn y dyddiau olaf hyn llefarodd wrthym ni mewn Mab' (Heb. 1: 1–2) ac efe, felly, sy'n ganolog yn yr ymchwil am y gwirionedd am Dduw ac, o ganlyniad, i fywyd tragwyddol i'r ddynolryw.

Wrth gwrs, mae'n bosibl dehongli'r adnodau hyn mewn ffyrdd amrywiol ac, o bosibl, hyd yn oed mewn ffyrdd croes i'w gilydd. Mae John Macquarrie yn gwrthod unrhyw ddehongliad neilltuol, ar y dybiaeth (weddol amheus) fod y rhai sy'n dehongli'r Beibl mewn ffyrdd neilltuol yn unigolion 'sydd wedi'u twyllo gan yr ofergoeliaeth sy'n arbennig o resynus fod eu crefydd yn uwchraddol i bob un arall'. Mae'n honni nad oes gan yr unigolion hynny 'sylfaen mewn unrhyw ddehongliad rhesymol o'r ffydd Gristnogol fel y'i trosglwyddwyd i ni yn yr ysgrythurau nac yn nhraddodiadau gorau'r Eglwys'.[6] Mae geiriau Macquarrie yn ffafrio dehongliad agored rhyddfrydig, rhesymol fel darlleniad gorau'r ysgrythurau, onid hefyd yr unig ffordd o'u dehongli. Mae'n bosibl ei fod yn gywir. Ond ymddengys fod yr adnodau hyn yn awgrymu y digwyddodd rhywbeth unigryw yn Iesu Grist a bod yn rhaid cyhoeddi hyn i bawb, hyd yn oed i'r sawl sy'n ddall i'r unigrywedd hwnnw, neu'n anymwybodol ohono, neu'n fodlon ei wrthod yn llwyr. Yn bwysicach fyth, dengys yr adnodau hyn fod yn rhaid i ddatguddiad ddigwydd mewn cyd-destun penodol a lleol os yw Duw i gael ei ddatguddio o gwbl. Mewn geiriau eraill, os ydym i wybod rhywbeth am Dduw, mae'n rhaid i'r wybodaeth honno ddod i ni neu ddatblygu mewn amser penodol ac mae'n rhaid iddi ddod ar ffurf sy'n adnabyddus i ni. Y cwestiwn yw, felly, a oes gan ddatguddiad penodol ar amser penodol (neu hyd yn oed ddarganfyddiad penodol neu ddealltwriaeth benodol o'r gwirionedd) unrhyw arwyddocâd y tu hwnt i'w gyd-destun ei hun? Neu, fel y mae sawl un wedi dadlau, ai dirfodol yw'r profiad crefyddol sy'n dod yn newydd ymhob cyd-destun hanesyddol ac a ddylid hepgor hanes fel rhywbeth gormesol nad yw'n cynorthwyo'r crediniwr?[7]

Wrth edrych ar stori'r Beibl, ymddengys hanes Israel a'i hymwneud â Duw yn neilltuol yn dramgwyddus iawn oherwydd mai

Israel yn unig y mae Duw yn ei dewis, ac mae'n fodlon aberthu pob cenedl arall sydd hefyd, dylid nodi, yn eiddo iddo (gw. e.e. Eseia 43: 3). Cynydda'r problemau hyn wrth ystyried tystiolaeth y Testament Newydd sy'n honni fod un dyn arbennig mewn hanes wedi cyhoeddi'r Newyddion Da am ddyfodiad Teyrnas Dduw, mai Iesu, sef y Gair a wnaethpwyd yn gnawd ac sy'n cymodi'r ddynolryw â Duw, yw'r unig un sy'n gwneud achubiaeth yn bosibl, ac efe yn unig a gymerodd arno'i hun bechodau'r ddynolryw gyfan. Yn aml, ystyrir y neilltuolrwydd sydd yng nghalon yr honiadau hyn yn gwbl anghredadwy, yn arbennig mewn oes sy'n coleddu ei hunigolyddiaeth ond, yn ddigon paradocsaidd, sydd hefyd, ac ar yr un pryd, wedi'i chyfareddu gan rwydweithiau gwybodaeth hollfydol a chyfryngau cyffredinol o gadw cysylltiad â'r rhai sy'n byw ymhell. Er bod Israel yn 'olueni i'r cenhedloedd' a bod Crist yn waredwr i bawb ('felly y carodd Duw y byd', In 3: 16), ystyrir y fath neilltuolrwydd o hyd yn dramgwyddus. Ac eto, mae'n anhepgorol fod unrhyw wybodaeth sydd ar gael am Dduw wedi ei dirnad mewn cyd-destunau penodol, ac iddi ddod atom trwy foddion cyfarwydd. Mewn geiriau eraill, onibai fod Duw yn dafluniad ein hawyddau ein hunain (megis yn ôl honiadau Feuerbach[8]), neu fod Duw'n gwbl fewnfodol i'w ddarganfod yn trigo y tu mewn i'r bod dynol, mae'n rhaid fod digwyddiad neu ddigwyddiadau hanesyddol mewn lleoedd penodol ar amserau penodol ymhlith pobl benodol wedi bod yn ei ddatguddio, er mwyn i ni gael unrhyw wybodaeth amdano o gwbl. O ganlyniad, dyma'r cwestiwn a gyfyd o fodolaeth cymaint o grefyddau gwahanol yn y byd: a yw'n bosibl fod Duw wedi'i ddatguddio mewn llawer o ddigwyddiadau gwahanol a ddehonglwyd mewn cymaint o ffyrdd gwahanol ac a arweiniodd at hawliadau-ffydd sy'n ymddangos yn groes i'w gilydd? Neu a yw'n bosibl fod Duw wedi'i ddatguddio mewn un man ac ar un amser a gallai hyn fod yn ddilys i bawb ym mhob man ac ar bob amser?

Ym mha ffordd bynnag y mae Duw yn cael ei ddatguddio, ac ym mha ddigwyddiad bynnag, byddwn bob amser yn deall a mynegi'r datguddiad mewn termau sy'n gyfarwydd i'n cyd-destun ein hunain ac, o ganlyniad, byddant yn neilltuol o hyd. Mae neilltuolrwydd y digwyddiad yn cael ei ddyfnhau, felly, oherwydd neilltuolrwydd deall a mynegi'r datguddiad, ac mae'r ddau yna'n debygol o newid wrth i'r blynyddoedd fynd yn eu blaen a'r cyddestun dynol a'r ffordd o fynegi profiadau dynol newid a datblygu.[9]

CRISTNOGAETH YMHLITH Y CREFYDDAU

Mae'n ddigon naturiol i'r sawl sy'n derbyn fod Duw wedi'i ddatguddio ei hun mewn lle ac amser penodol fabwysiadu neilltuoliaeth sy'n credu fod eu datguddiad a'u dealltwriaeth ohono'n ddilys ar gyfer pawb ym mhob man ac ar bob amser. Cwestiwn pellach sy'n codi, felly, yw i ba raddau y gall ein mynegiant a'n dealltwriaeth am unrhyw ddigwyddiad newid heb golli ystyr gwreiddiol y digwyddiad ei hun (gan gymryd yn ganiataol, wrth gwrs, fod y fath beth ag ystyr gwreiddiol neu fwriadol yn bodoli – rhywbeth sy'n tueddu i gael ei wrthod gan ôl-foderniaeth)?

Sylfaen honiadau crefyddol neilltuol yw'r gred fod yr un Duw, uwchfodol, wedi'i ddatguddio mewn ffordd arbennig ac unigryw. Mewn Cristnogaeth, yr honiad neilltuol yw bod Duw wedi'i ddatgelu unwaith ac am byth yn Iesu Grist. Mae datguddiad Duw yng Nghrist, ei farwolaeth a'i atgyfodiad, yn darparu gwybodaeth unigryw i'r ddynolryw am Dduw ac yn effeithio achubiaeth i'r greadigaeth. O ganlyniad, mae'r neges yn ddilys ym mhob cyfnod ac ym mhob man. Mae'r stori neilltuol a lleol am Iesu, a'r honiadau a wnaed amdano gan yr eglwys, yn gyffredinol o ran eu hystod. Nid oes achubiaeth yn neb arall.

Mae'r driniaeth hon, sy'n cydnabod fod pob hawliad-ffydd ar wahân i'r rhai Cristnogol yn anwir, yn cael ei chrynhoi'n fachog yn athrawiaeth y Tadau a ddatblygwyd yn arbennig gan Cyprian ac Origen, sef *extra ecclesiam nulla salus* (nid oes cadwedigaeth y tu allan i'r eglwys). Gellir gweld y fath ddysgeidiaeth yn nifer o ddogfennau hanesyddol yr eglwys megis Credo Athanasiws y seithfed ganrif sy'n honni: 'Whosoever will be saved: before all things it is necessary that he hold the Catholic Faith which faith except everyone do keep whole and undefiled: without doubt he shall perish everlastingly.'[10] Roedd colect Gwener y Groglith yn Llyfr Gweddi Cyffredin Eglwys Loegr (1662) yn gofyn i Dduw: 'Trugarhâ wrth yr holl Iuddewon, Tyrciaid, Anffyddlonion, a Hereticiaid, a chymmer oddi wrthynt bob anwybodaeth, caledwch calon, a dirmyg ar dy air; ac felly dwg hwynt adref, wynfydedig Arglwydd.' Hefyd, mae'r deunawfed ymhlith Deugain Erthygl namyn Un Eglwys Loegr yn dod i'r casgliad fod 'yn rhaid hefyd cyfrif yn felldigedig y sawl a ryfygant ddywedyd y bydd pob dyn yn gadwedig trwy'r Gyfraith neu'r Sect y mae yn ei phroffesu, os bydd efe ddiwyd i lunio ei fuchedd yn ol y Gyfraith honno, a goleuni Natur. Canys y mae'r Ysgrythyr Lân yn gosod allan i ni yn unig Enw Iesu Grist, trwy'r hwn y bydd raid i ddynion fod yn gadwedig.'[11] Roedd y rhai nad oeddynt yn Gristnogion dan berygl o ddioddef cosb dragwyddol, syniad a hyrwyddodd yr angen am genhadu i droi'r paganiaid yn Gristnogion cyn iddi fod yn rhy hwyr. Roedd y fath syniadau yn amlwg trwy gydol y symudiad cenhadol yn y ddeunawfed ganrif a'r bedwaredd ganrif ar bymtheg. Ond daeth problem pliwraliaeth grefyddol i amlygrwydd oherwydd ymgyrchoedd y canrifoedd hynny, a dyna a achosodd addasiad yn y ffordd yr oedd Cristnogion yn credu y dylent drin ymlynwyr crefyddau eraill. Wrth i wledydd cred y Gorllewin feddiannu gwladfeydd o'r unfed ganrif ar bymtheg hyd at ddechrau'r ugeinfed ganrif felly daeth y ffydd Gristnogol (ar ei gwedd orllewinol) i gysylltiad uniongyrchol â Hindŵaeth, Bwdhaeth, Islam, Shinto, Tao yn ogystal â'r crefyddau cyntefig a llwythol a fodolai yn y byd. Yn wreiddiol, ystyriwyd hyn yn gyfle i ennill mwy o eneidiau i Grist ac i droi'r paganiaid yn Gristnogion. Rhagwelwyd y byddai Cristnogaeth yn cael ei sefydlu'n gyffredinol yn y byd trwy dröedigaeth cenhedloedd y byd yn yr un ffordd ag yr oedd y cenhedloedd Cristnogol wedi dod i oruchafiaeth yn wleidyddol ac yn economaidd yn y byd. Wrth gwrs, nid oedd gwirionedd honiadau Cristnogaeth yn amlwg ar unwaith ac, er gwaethaf y tröedigaethau niferus, roedd llawer yn y meysydd cenhadol wedi dal yn dynn wrth eu credoau a'u hymarferiadau crefyddol traddodiadol. Nid oedd blaenoriaeth Cristnogaeth yn amlwg nac yn hawdd i'w dangos. Eto i gyd, seiliwyd ymgyrchoedd cenhadol ar y gynsail ddogmataidd fod yn rhaid i bawb glywed yr efengyl ac ymateb iddi mewn ffydd ac fe'u tynnwyd i mewn i Deyrnas Dduw drwy fedydd yng Nghrist. Roedd y sawl a ymatebai'n wahanol, wrth gwrs, dan berygl o dreulio tragwyddoldeb yn uffern.

Yn ystod ail hanner yr ugeinfed ganrif, trawsffurfiwyd agweddau tuag at y crefyddau eraill a gellir dirnad y newid cynyddol hwn yn yr agwedd a ddangoswyd tuag atynt gan Gyngor Eglwysi'r Byd. Yn 1963, ysgrifennodd Willem Visser't Hooft, ei gyfarwyddwr ar y pryd, na all 'agwedd yr Eglwys Gristnogol tuag at y crefyddau ... ond bod yn agwedd y tyst sy'n cyfeirio at yr un Arglwydd Iesu Grist fel Arglwydd pob dyn'.[12] Fodd bynnag, yn y 1970au, daeth y cyngor dan ddylanwad diwinyddion nad oedd yn hanu o'r Gorllewin megis yr Indiad Stanley Samartha a oedd yn profi pliwraliaeth grefyddol bob dydd yn hytrach na'i thrafod fel pwynt damcaniaethol. O ganlyniad, daeth adroddiadau'r cyngor i bwysleisio'r angen i barchu crefyddau eraill[13] ac i gydnabod bod angen cymdeithasol y byd yn gofyn am gydweithrediad a nesâd rhwng y crefyddau er mwyn sicrhau cyfiawnder (cymdeithasol ac economaidd) a heddwch i bob cenedl.[14] Ailystyriwyd neilltuolrwydd crefyddol, ac erbyn diwedd yr ugeinfed ganrif enillwyd y ddadl am ddiddymu neilltuolrwydd crefyddol i bob pwrpas, a hynny am ddau reswm: roedd y fath safbwynt yn sarhaus ac yn anoddefgar tuag at ymlynwyr diffuant y crefyddau eraill ac roedd yn amlygu anghysondeb ymddangosiadol yn y ddysgeidiaeth Gristnogol a awgrymai fod y Duw sy'n gariad yn anfon y rhai na chlywodd erioed am Iesu Grist i gosb dragwyddol. Ar wahân i anfoesoldeb ymddangosiadol honiad o'r fath, fe'i gwelwyd hefyd yn rhywbeth a oedd y tu hwnt i'r gwirionedd goddrychol. O ganlyniad, gellir gweld tuedd i wrthod yr athrawiaethau hynny sy'n sôn am ddatguddiad neilltuol am eu bod yn honiadau a dim byd mwy. Yn hytrach na thriniaeth neilltuol trwy hawliadau-ffydd crefydd benodol, daeth yn boblogaidd i gadarnhau presenoldeb graslon a thosturiol Duw gyda phawb a hefyd i gadarnhau fod y presenoldeb hwnnw'n ysbrydoli ymateb ynddynt. Mewn byd sy'n dyrchafu amrywiaeth ac sydd hefyd yn diogelu hawl yr unigolyn i ryddid, mae'r syniad fod digwyddiad penodol, unigol yn ddatguddiad unigryw Duw yn cael ei wrthod yn gynyddol fel rhywbeth anwir ac yn rhywbeth sy'n cael ei wthio ar bobl o'r tu allan. O ganlyniad, fe honnir, rhaid cyfaddef ei fod yn bosibl, os yw Duw'n bodoli o gwbl, a'i fod yn cael ei ddatguddio o angenrheidrwydd mewn ffyrdd penodol, fod datguddiad yn digwydd mewn llawer ffordd wahanol mewn cyd-destunau lleol.

Wrth gwrs, dyma yw cnewyllyn y broblem. Cyfyd y cwestiynau i Gristnogaeth oherwydd yr angen i ddehongli honiadau am unigrywedd Crist (oherwydd mai Crist sy'n ganolbwynt ei bydolwg a'i hawliad-ffydd). Nid rhith neu ysbryd neu *logos* yw'r Crist ond cymeriad hanesyddol, sef Iesu o Nasareth. A'r broblem yw gweld sut y mae'r ffaith fod Crist yn ddyn mewn hanes yn gallu dygymod â honiadau crefyddau eraill sydd ambell waith yn groes i'r rhai Cristnogol. Daw hyn yn amlwg wrth i Gristnogion ddod i gysylltiad â chrefyddau eraill a'u hymlynwyr, sefyllfa sy'n ysbrydoli ailasesiad natur crefydd ei hun ac ymgais newydd y tu mewn i Gristnogaeth i drin athrylith grefyddol y ddynolryw mewn ffordd fwy cadarnhaol. O ganlyniad, dadleuir y bydd yn rhaid llunio diwinyddiaeth newydd sy'n gallu cwmpasu ffenomenau crefyddol ac ysbrydol yn ogystal â honiadau'r gwahanol grefyddau. Mae diwinyddiaeth fodern wedi gwneud hyn trwy sôn am ddau bosibilrwydd: pliwraliaeth a chynhwysoliaeth.[15]

PLIWRALIAETH

Sylfaen cysyniad 'pliwraliaeth' yw bod y ddynolryw yn deall y bydysawd, y byd a hwynt hwy eu hunain mewn ffyrdd gwahanol ac amrywiol a bod yr amrywiaeth honno yn ei dealltwriaeth yn gwbl ddilys. Nid yw'r gwirionedd yn un ac yn unigol, felly, ond yn bliwralaidd ac yn lluosog. Yn ei hystyr crefyddol, mae pliwraliaeth yn haeru fod dealltwriaeth amrywiol y realiti eithaf a syniadau pliwralaidd am Dduw (neu fod dwyfol ac uwchfodol) yn ddehongliad dilys o ddatguddiad y realiti hwnnw. Mae canlyniadau'r safbwynt hwn yn bell-gyrhaeddol: mae'n cymryd yn ganiataol fod bodau dynol â'r gallu i adnabod y dwyfol neu'r realiti eithaf; mae'n golygu fod unrhyw ymgais i asesu honiadau dynol am y gwirionedd yn amhosibl; ac mae'n golygu fod profiad o'r realiti eithaf, ar unrhyw ffurf arno, yn sicrhau achubiaeth i'r unigolyn a bod yr achubiaeth honno'n cael ei gweithio allan mewn ffyrdd gwahanol i wahanol bobl. Felly, mae presenoldeb y dwyfol ar gael i bawb ym mha le bynnag ydynt a phwy bynnag ydynt. Ymhellach, profiad o'r presenoldeb hwn a'r ymateb iddo sy'n esgor ar ddatblygu cyfundrefnau crefyddol. Mae'r ddynolryw yn anochel grefyddol yn ysu am gymundeb â'r dwyfol. Fel hyn y gweddïodd Awstin: 'Ti a'n gwnaethost i Ti Dy Hun, ac nid oes i'n calon orffwystra hyd oni orffwyso ynot Ti.'[16] Yn ôl y pliwralydd, lluniad dynol yw crefydd sy'n tarddu o ffactorau cyd-destunol a diwylliannol ond sydd hefyd yn ymateb i'r un hanfod crefyddol cyffredin. Mae'r trosgynnol ar gael i bawb. Ac mae crefyddau'r byd yn dyst i'r argaeledd hwnnw mewn cyd-destunau a diwylliannau gwahanol.

I raddau, Friedrich Schleiermacher oedd y diwinydd a arloesodd bliwraliaeth grefyddol. Yn ei dyb ef, y mae gan bob 'crefydd gadarnhaol' elfen neu hanfod sy'n gyffredin. Ond ni ellir deall yr elfen neu'r hanfod hwn ond yng nghyd-destun pob crefydd (neu ddiwylliant) gwahanol. Ni ellir eu deall drwy geisio tir cyffredin rhyngddynt i gyd.[17] Mewn geiriau eraill, ni ellir deall crefydd ynddi'i hun. Y cwbl oedd ar gael oedd crefydd fel y'i mynegir mewn Cristnogaeth, neu mewn Islam neu mewn Bwdhaeth ac ati. Dadleuai Schleiermacher a Georg Hegel ill dau fod crefydd yn bodoli cyn eu hymddangosiad hanesyddol yn y byd. Yng ngeiriau Dewi Arwel Hughes, 'dyma'r gred fod hanes crefydd ar ei gwedd unigol yn cael ei adrodd oddi mewn i, a thrwy gyfrwng, hanesion pliwraliaeth o grefyddau'.[18] Ond ni ellir deall crefydd yn ei hanfod ar wahân i'r ffordd y'i deellir y tu mewn i gyd-destun crefyddol arbennig. Dyma'r math o ddadl a hyrwyddwyd yng nghanol yr ugeinfed ganrif gan bliwralwyr megis Wilfred Cantwell Smith a John Hick.

Tynnodd Cantwell Smith a Hick ar eu profiadau personol yn eu hymgais i ateb y cwestiwn ynglŷn â'r berthynas rhwng y traddodiadau crefyddol gwahanol. Presbyteriad o Ganada oedd Cantwell Smith a gafodd ei hyfforddi fel hanesydd ac a dreuliodd sawl blwyddyn ym Mhacistan lle cafodd brofiad uniongyrchol o Islam. Yn nes ymlaen, daeth yn athro crefydd gymharol ym Mhrifysgol Iâl, UDA. Yn ei dyb ef, roedd hanes i gyd, nid hanes crefydd yn unig, yn allweithio 'hanes achubiaeth' (*Heilsgeschichte*).[19] Gellir gweld y crefyddau, felly, fel ymateb dynol i'r allweithio hwn. Presbyteriad hefyd yw John Hick, a chafodd ei hyfforddi yn athronydd. Daeth at ei gasgliadau pliwralaidd am ddau reswm. Yn 1967, cafodd ei benodi'n Athro H. G. Wood mewn diwinyddiaeth ym Mhrifysgol Birmingham, dinas â nifer arwyddocaol o grwpiau ethnig ymhlith ei dinasyddion. Ochr yn ochr â'r hyn yr oedd yn ei ystyried yn ymrwymiad diawydd a dirywiol ymhlith yr eglwysi a'r capeli Cristnogol, gwelodd ymrwymiad a duwioldeb a oedd yn gadarn ac yn ddeinamig ymhlith ymlynwyr y crefyddau eraill. Cyfyd cwestiwn pwysig, empeiraidd i Hick o'r sefyllfa hon: a allai'r bobl hyn i gyd fod yn anghywir?[20] Yn ail, credai nad oedd yn bosibl i honiadau Cristnogol am natur gariadus Duw gyd-fodoli â honiadau neilltuol ynglŷn ag achubiaeth. Os oedd y cyntaf yn wir, rhaid fod y diwethaf yn anwir. Ni allai Duw cariadus anfon cenedlaethau o bobl i uffern oherwydd nad oeddent wedi clywed am achubiaeth yng Nghrist. Felly, daeth y ddau ddyn hyn yn arloeswyr y cysyniad o bliwraliaeth grefyddol. Er iddynt gyrraedd casgliadau tebyg am y ffyrdd y mae'r ddynolryw yn cael profiad o Dduw, daethant at eu casgliadau mewn ffyrdd ychydig yn wahanol i'w gilydd.

Yn ôl Cantwell Smith, mae ffynhonnell uwchnaturiol gyffredin i bob crefydd. Mewn geiriau eraill, mae crefydd yn ffordd amrywiol

hanesyddol a diwylliannol i fynegi sut mae'r ddynolryw yn cyfarfod
â'r dwyfol neu â'r ysbrydol. O ganlyniad, datblygodd ffordd o drin
y crefyddau sy'n eu hystyried yn brosesau sy'n cyd-effeithio ar ei
gilydd ac sy'n ymwneud â'i gilydd. Mae'r fath ddadl yn awgrymu
llawer sy'n ddilys os yw crefydd yn lluniad dynol yn unig. Ym
mha le bynnag y mae mwy nag un traddodiad crefyddol, mae'n
weddol syml i un effeithio ar y llall. Fodd bynnag, mae'r syniad hwn
yn methu â chynnig unrhyw ddealltwriaeth am wirionedd hon-
iadau crefyddol na sut y maent yn perthyn i Dduw. Yn wir, mae
Cantwell Smith yn ymddangos weithiau fel pe bai'n diystyru
gwirionedd honiadau crefyddol penodol. Pwrpas crefydd, meddai,
yw nid i bobl gyfarfod â Duw ond i'w helpu i 'ymgartrefu yn y byd',
sef ymadrodd sydd iddo ef yn golygu 'i fyw bywyd yn dda'.[21]

Yn ôl John Hick, mae ffynhonnell gyffredin y profiad crefyddol
i'w dirnad *a posteriori*, wrth ddadlau o'r canlyniadau y mae'n
ysbrydoli yn ôl trwy gyd-destunau diwylliannol gwahanol. Ei
ddadl yw bod y 'traddodiadau mawr ôl-echelog' (*post-axiol*) i gyd
(Iddewiaeth, Islam, Bwdhaeth, Hindŵaeth a Christnogaeth) yn
cynhyrchu'r un effaith, sef diorseddu'r ego, neu 'the transformation
of human existence from self-centredness to a recentring in what
in our inadequate human terms we speak of as God, or as Ultimate
Reason, or the Transcendent, or the Real'.[22] Mae 'Duw', felly, yn
enw a wthiwyd ar realiti nad yw'n bosibl ei adnabod ond un a
ddylai fod yn ganolbwynt i'r bywyd dynol. Ymhellach, mae
bodolaeth y rheol euraid (i wneud i eraill fel y mynnech iddynt
hwy wneud i chi), y tu mewn i gyfundrefnau moesol sy'n datblygu
o'r crefyddau hyn, yn rhoi dilysrwydd achubol i'r crefyddau.
Gellir gwahaniaethu rhwng y crefyddau yn ôl yr effeithiolrwydd
achubol hwn: i ba raddau y maent yn ysbrydoli bywydau 'cariad,
trugaredd, pryder hunan-aberthol er daioni pobl eraill, caredig-
rwydd hael a maddeuant'.[23] Trwy gysylltu â phobl sy'n perthyn i
grefyddau eraill (sef yr allwedd i ddeall y safbwynt bliwralaidd),[24]
mae'n bosibl gweld fod ymlynwyr y crefyddau i gyd yn dangos y
trosgynoldeb hwn trwy ymarfer gwasanaeth hunan-aberthol a
datblygu ffrwythau'r ysbryd yn eu bywydau. Yn nhyb Hick, dyma
ymateb digon cyffredin i haeru bodolaeth un realiti goruchaf y tu
ôl i bopeth. Ni ellir profi'r realiti hwn ond mewn cyfundrefnau
diwylliannau penodol ac ni ellir ei fynegi ond mewn iaith benodol
a chyda delweddau penodol. Er y bydd mynegiannau am realiti yn
wahanol iawn i'w gilydd, mae pob un yn fynegiant dilys am

brofiad realiti yn y cyd-destun arbennig hwnnw y mae'n datblygu ynddo.[25]

Yn ôl Hick, felly, nid Duw yw prif ddiddordeb crefydd ond yr hunan, oherwydd gall rhywun ddarganfod ystyr yn ei fywyd yn y ffordd y mae ei anghenion personol yn cael eu mynegi ac yn cael eu hateb. Fel hyn enwodd Hick yr hunan a'i angen am 'achubiaeth/ rhyddhad' (ei derm ef) fel yr agwedd ganolog ymhob profiad crefyddol. Mae hyn yn digwydd mewn llawer o wahanol ffyrdd ond, mynnai, achubiaeth yw 'the transformation of human experience from self-centredness to God- or Reality-centredness'.[26] Achubiaeth, yn ôl Hick, yw profiad yr ymlynydd fel y mae'n cymryd rhan mewn defodau crefyddol sy'n ddilys yn nhermau ei ddiwylliant penodol a, hefyd, wrth iddo fyw bywyd daionus yn feunyddiol. Daw'r achubiaeth hon i amlygrwydd trwy dduwioldeb yr unigolyn a'i ymroddiad ac ymrwymiad i fywyd moesegol. Oherwydd ei fod yn gweld hyn yn effaith gyffredinol crefydd, ac o'r herwydd y mae'n effaith clodwiw, mae Hick yn sôn am yr effaith hwn fel prif angen y ddynolryw ac yn cydnabod pa beth bynnag arall y mae'r realiti y tu ôl i'r bydysawd yn ceisio ei wneud, mae'n ceisio cyfarfod â'r angen hwn. Ond nid yw'n gwbl eglur mai duwioldeb, ymroddiad ac ymrwymiad i fyw yn foesegol yw prif anghenion y ddynolryw yn fwy nag y byddai dianc rhag olwyn bywyd i Nirfana (Bwdhaeth) er enghraifft, neu achubiaeth i'r bywyd tragwyddol (Cristnogaeth).

Mae Cantwell Smith, hefyd, yn gweld yr hunan dynol a'i drawsffurfiad yn ganolbwynt y profiad crefyddol yn hytrach nag unrhyw ddealltwriaeth o'r Dwyfol. Yn ei dyb ef, mae'r crefyddau i gyd yn fynegiannau ffydd, term a ddefnyddia mewn cyferbyniad â'r 'traddodiad cronnol' (*accumulative tradition*). Mae a wnelo ffydd â'r hanfod, sef crefydd fel y mae ynddi'i hun neu'r goddrych crefyddol fel y mae ynddo'i hun, nad yw'n rhan o grcdu (sef y ffordd y mae rhywun yn deall y goddrych crefyddol). O ganlyniad i ryfeddod yr hanfod hwnnw, mynegir y profiadau crefyddol a adroddir yn y crefyddau gwahanol mewn ffyrdd amrywiol os nad hefyd mewn ffyrdd sy'n gwrthddweud ei gilydd. Mae'r traddodiad cronnol, sy'n eilaidd, yn ffurf ar grefydd fel y'i mynegir yn ymarferiadau ymlynwyr ac yn nefodau'r gwahanol grefyddau.

Mae Cantwell Smith yn diffinio Duw mewn termau amhersonol iawn: '[God is] a truth-reality that explicitly transcends conception but in so far as conceivable is that to which man's religious history has at its best been a response, human and in some senses inadequate'.[27] Nid yw'r gair 'Duw' yn ddim byd namyn symbol am realiti goruchaf na ellir mo'i ddiffinio mewn athrawiaethau dogmataidd ond y gellir ei adnabod mewn ffordd sy'n gwneud 'byw'n drosgynnol' (sef, byw yn ddaionus yn ôl y gwerthoedd a'r rhinweddau a enwyd uchod) yn bosibl.[28] Yn debyg i Hick, mae Cantwell Smith yn honni fod hyn yn fywyd moesol pan fo pobl yn gwybod am faddeuant ac yn gallu bod yn faddeugar, yn deyrngar, yn gyfiawn, yn drugarog ac yn gallu dioddef mewn ffordd dosturiol ac achubol.[29] Dyma fywyd sy'n cael ei fyw mewn perthynas: sef perthynas rhwng y bobl a Duw a'r berthynas rhyng-bersonol. Dyma grefydd yn ei dyb ef, oherwydd fod a wnelo crefydd â chyd-adnabod a chyd-garu personol. Ac, mewn gwirionedd, ni ellir adnabod Duw heb garu cymydog.[30] Fan hyn gellir gweld y ddwy sylfaen sydd yn bwysig i'r pliwralwyr, sef sylfaen athroniaeth Immanuel Kant ac, yn ddigon eironig, sylfaen dysgeidiaeth neilltuol Cristnogaeth.

Yn nhyb Kant, nowmenal yw'r real, ac mae'r real y tu hwnt i bob disgrifiad. Y cwbl sydd ar ôl yw portreadau ffenomenaidd y nowmenal sydd, o angenrhaid, yn analluog i gynrychioli realiti. Gellir disgrifio Duw, neu'r realiti eithaf, felly, gan ddefnyddio delweddau ffenomenaidd gwahanol, ond nid yw'r un ohonynt yn gwbl gywir. Cefndir eironig yw hwn pan fo pliwralwyr megis Cantwell Smith a Hick yn mynnu fod Duw (neu'r realiti eithaf) yn bresennol yn y rhai sy'n ymarfer rheol euraid caru cymydog ar y cynsail fod y rheol i'w darganfod mewn llawer o gyfundrefnau crefyddol gwahanol. Oherwydd fod cariad Duw, sy'n dod yn hysbys trwy garu cymydog, yn ganolbwynt cywir y duedd grefyddol, mae Cantwell Smith yn feirniadol o Gristnogaeth am canolbwyntio cymaint ar Grist. 'Os yw cymunedau crefyddol eraill, neu'r astudiaeth ohonynt, yn medru cynorthwyo'r grefydd Gristnogol i adennill ei Dduw-ganologrwydd, bydd hynny'n beth da,' meddai.[31]

Cyfyd dau bwynt pwysig o'r syniad hwn am Dduw. Yn gyntaf, gwelir y syniad ymhlyg yn honiadau Cantwell Smith a Hick, na ellir adnabod Duw y tu hwnt i weithgarwch rhyng-bersonol. Mae'n sylfaenol yn achos y pliwralydd fod Duw, y Real, y Dwyfol yn y pen draw yn anhraethadwy. Y cwbl sydd ar ôl yw casgliad o honiadau a wnaed gan bobl o'r tu mewn i wahanol draddodiadau crefyddol. Wrth gwrs, ar un lefel, mae'r pliwralydd yn gywir, yn arbennig yn ei syniad fod Duw yn anhraethadwy. Ond, yn ôl y ddysgeidiaeth Gristnogol (er enghraifft), mae Iesu Grist wedi gwneud Duw yn hysbys (In 1: 18), a dyna yw'r hawliad-ffydd canolog yn ei chyfundrefn hyd yn oed os yw'r Duw hwnnw yn dal i fod y tu hwnt i ddiffiniad. Ac arweinia hyn at yr ail bwynt, sef bod Cantwell Smith yn gwrthod unrhyw neilltuolrwydd trwy wrthod fod Iesu'n ganolog i honiadau crefyddol Cristnogaeth. Mae awgrymu y gellir gwneud hyn yn gwbl gamarweiniol. Heb Iesu, a heb gredoau penodol amdano, nid oes dim Cristnogaeth. Mae bod yn Gristion, yn nhyb Cantwell Smith, yn ddim byd namyn cymryd rhan yn y broses Gristnogol o ymgartrefu yn y byd, ac mae'r un peth yn wir i'r Mwslim, yr Hindŵ, y Bwdhydd a'r Iddew. Y dasg, yn ei dyb ef, yw dehongli pob traddodiad crefyddol fel un agwedd y tu mewn i hanes crefydd ddynol sy'n cynnwys pob mynegiant crefyddol am fod hanes yn ei grynswth yn 'hanes achubiaeth'. O ganlyniad, bydd yn rhaid dehongli pob crefydd mewn ffordd gynhwysol a fydd yn ein galluogi i ddysgu gan ymlynwyr y crefyddau eraill rywbeth am y gwirionedd fel y maent wedi ei ddirnad a hefyd rywbeth am yr anwiredd sydd ynghlwm wrth ein traddodiad ein hunain. O ganlyniad, mae Cantwell Smith yn cadarnhau fod hyn yn ffordd i bawb gymryd rhan yn y symudiad tuag at y gwirionedd.[32] Mae'r elfen ddirfodol yn hynod o bwysig. Ymddangosiad presennol y broses grefyddol sydd o bwys. Felly ni ddylid gweld y newyddion da yng ngweithgarwch Duw yn Iesu o Nasareth ganrifoedd yn ôl ond yn y potensial iddo wneud rhywbeth yn y presennol.[33]

Er i'r dadleuon hyn dros bliwraliaeth grefyddol ymddangos yn ddarbwyllol, mae ganddynt nam sylfaenol. Yn hytrach na cheisio cyfosodiad neu gyffredinolrwydd mewn traddodiadau cwltaidd a chrefyddol, maent yn gwthio cyfundrefn grefyddol arall ar grefyddau'r byd o'r tu allan. Er i'r driniaeth hon weld Duw, neu'r realiti eithaf, fel canolbwynt crefydd, hyd yn oed mewn crefyddau megis Bwdhaeth nad ydynt yn derbyn y cysyniad fod Duw personol yn hanfodol i realiti, mewn gwirionedd y mae'n gwthio dehongliad monolithig ar grefyddwyr sydd i gymryd lle eu dehongliadau amrywiol hwy. Mewn geiriau eraill, dyma ddealltwriaeth y pliwralwyr yn cael ei gwthio ar hunanddealltwriaeth y crefyddau eu hunain.[34] Wrth wneud hyn, ymddengys fod pliwralwyr yn hawlio safbwynt niwtral ac iddynt felly edrych yn wrthrychol ar yr honiadau crefyddol gwahanol a dod i gasgliad cywir am yr hyn sy'n wir. Mewn geiriau eraill, 'mae pliwralwyr yn hawlio gwybodaeth sy'n uwch na honno sydd gan ymlynwyr traddodiadau crefyddol mwyaf y byd'.[35] Yn ymarferol, mae'r pliwralwyr yn cynnig bydolwg arall, wedi'i fynegi mewn iaith grefyddol, sy'n awgrymu safbwynt arall i gystadlu â'r crefyddau am ymlynwyr. Yn hytrach na gwneud cyfiawnder â'r crefyddau hynny a chymryd eu honiadau o ddifrif, mae pliwraliaeth grefyddol yn ceisio eu trawsfeddiannu a'u cyfnewid am ei meta-naratif ei hun.

Os yw Duw, neu'r realiti eithaf, yn anhraethadwy, yna mae'n bosibl fod pliwraliaeth yn ffordd resymol i ddeall y gwirionedd ysbrydol. Mae'n bosibl wedyn fod y realiti anhraethadwy i'w adnabod dan lawer o enwau. Fodd bynnag, mae'n elfen sylfaenol yn nysgeidiaeth Cristnogaeth fod Duw wedi dod yn hysbys yn Iesu Grist. O ganlyniad, ymddengys fod pliwraliaeth yn amhendant ac yn ceisio sefydlu crefydd newydd yn hytrach na darganfod gwirionedd yr hen rai. Byddai derbyn pliwraliaeth yn gyflawn yn gwadu honiadau Cristnogaeth (a phob crefydd arall) yn bur helaeth ac, o ganlyniad, ni all diwinyddiaeth Gristnogol fod yn gwbl fodlon arni. Mae'n rhaid ceisio dewis arall.

CYNHWYSOLIAETH

Fel yr awgrymir gan y gair ei hun, cynhwysoliaeth yw'r ddamcaniaeth sy'n cynnwys ymlynwyr crefyddau eraill ar wahân i Gristnogaeth yn achubiaeth Crist. Ar y cyfan, mae cynhwysolwyr yn ceisio dangos fod Crist yn bresennol yn y crefyddau eraill tra hefyd ac ar yr un pryd yn mynnu mai Crist yn unig a wnaeth Dduw yn hysbys, a ddatgelodd Dduw mewn ffordd ddiffiniadol, ac a achubodd y ddynolryw. I raddau, mae cynhwysoliaeth yn ymateb i broblem darganfod Duw y tu hwnt i furiau'r eglwys. Yn ôl tadau'r eglwys, *extra ecclesiam nulla salus*. Nid oedd hyn yn golygu fod Duw yn gwbl anhysbys i'r sawl nad oedd yn aelodau'r eglwys ond roedd yn golygu nad oedd y fath wybodaeth yn ddigon i'w hachub.

Yn nhyb Karl Rahner, diwinydd Eglwys Gatholig Rhufeinig a fu hefyd yn lladmerydd enwocaf cynhwysoliaeth: 'mae'n rhaid cadw'r ddwy egwyddor mewn cof, sef angenrheidrwydd y ffydd Gristnogol ac ewyllys achubiaeth gyffredinol cariad a hollalluogrwydd Duw'.[36] Mae diwinyddiaeth Rahner yn gymhleth ond mae'n cynnwys y ddadl fod pawb yn cael profiad o Dduw trwy ddidwylledd cynhenid sy'n agored i ryfeddod bywyd. Cadarnheir rhyfeddod bywyd yn y ffordd y mae'r ddynolryw yn cydnabod pethau penodol fel enghreifftiau ystod eang o bosibiliadau. Dyma'r peth sy'n eu cysylltu â Duw. Mae'r profiad hwn o Dduw, sy'n arwain at ymateb personol sy'n cael ei allweithio yn y crefyddau gwahanol, yn un sy'n datgelu gras (sef, gweithgarwch Duw) yn y bywyd dynol pan fo pobl yn byw'n anhunanol, yn ôl y gwir a'r da, ac mewn ffydd a gobaith. Pan fo hyn yn wir, mae'n amlwg fod Duw wedi gweithredu mewn ffordd achubol ac mae'n bosibl iddo wneud hynny mewn cyd-destunau ar wahân i'r ffydd Gristnogol. Yn ôl Rahner, gellir enwi'r bobl sy'n dangos pŵer a nerth gras yn eu bywydau yn 'Gristnogion anhysbys'. Serch hyn, mynnai o hyd fod 'natur absoliwt ac unigryw Cristnogaeth' i'w ddarganfod yn ymgnawdoliad Mab Duw. Felly, mae'n bosibl i'r crefyddau eraill fod yn achubol hyd at y pwynt pan fo eu hymlynwyr yn clywed yr efengyl Gristnogol. Ar ôl hynny, nid yw'r grefydd wreiddiol bellach yn ddilys. Mae'r ymlynwyr ffyddlon i grefyddau ar wahân i Gristnogaeth i'w hystyried yn Gristnogion anhysbys tra'u bod yn byw yn ffyddlon y tu mewn i'r cyfundrefnau crefyddol hynny.[37] 'On account of God's universal will for salvation,' meddai, 'it is absolutely possible and probable that man has already accepted this reality without being conscious of the fact.'[38]

Datblygodd Hans Küng y syniad hwn trwy awgrymu gwahaniaeth rhwng 'moddion cyffredinol' achubiaeth sy'n bodoli ymhob crefydd o ganlyniad i ewyllys achubol Duw, a 'moddion arbennig' achubiaeth yn Iesu Grist. O ganlyniad, cadarnhaodd Küng werth cynhenid a gwirionedd crefyddau eraill tra hefyd yn mynnu nad oeddent i gyd yn wir i'r un graddau.[39] Ymhellach, mae ei derminoleg yn osgoi cymhwysiad eithaf trahaus yr enw 'Cristion' i ymlynwyr ffyddlon crefyddau eraill. Yn fwy diweddar, dan ddylanwad y pryder na ddaw heddwch i'r byd heb heddwch rhwng y crefyddau, newidiodd Küng ei bwyslais i gydnabod yr angen i wahaniaethu rhwng y crefyddau er mwyn cydnabod yr hyn sy'n anwir ynddynt yn ogystal â'r hyn sydd yn wir. Fodd bynnag, tueddai i enwi'r tebygrwydd rhwng cysyniadau Islamaidd, Hindŵaidd, Bwdhaidd a Christnogol mewn ffordd sy'n awgrymu cysondeb a hyd yn oed gyfatebiaeth rhyngddynt a fydd yn tywyllu'r ystyr sy'n codi yn eu cyd-destunau crefyddol gwreiddiol. Tardda hyn o'i sicrwydd fod pob crefydd yn rhannu yn yr un profiad sylfaenol o Dduw sy'n cael gwared â rhithiau am yr hunan ac am y byd, ac sy'n arwain pobl i drawsffurfio'r byd.[40] Ac nid yw apêl 'moddion arbennig' achubiaeth yn eglur pan fo 'moddion cyffredinol' ar gael ym mhob man arall.

Mae nifer o anawsterau ymhlyg mewn cynhwysoliaeth. Yn gyntaf, nid yw'n gwbl eglur sut y gellir honni fod Bwdhydd da neu Hindŵ da neu Fwslim da yn dda oherwydd iddo ymateb i'r Duw a ddatgelodd ei hun yn Iesu Grist ac i'r achubiaeth a ddaeth drwy ei farwolaeth ar y groes a'i atgyfodiad ar y trydydd dydd, pan fo bod yn Fwdhydd, yn Hindŵ neu'n Fwslim yn ymddangos *prima facie* yn wahanol iawn i fod yn Gristion. Er mwyn ymateb i'r broblem hon, mae cynhwysolwyr yn aml yn dod naill ai'n bliwralwyr neu'n neilltuolwyr. Wrth fod yn bliwralydd, mae'r cynhwysolwr yn cadarnhau fod y Bwdhydd da (er enghraifft) yn ymateb i achubiaeth Crist trwy ffyddlondeb i'w draddodiad ei hun hyd yn oed pan mae'n gwrthddweud dysgeidiaeth a moeseg Gristnogol. Mae John Hick yn beirniadu'r math hwn o driniaeth gynhwysol oherwydd ei phen draw yw rhoi'r gorau i ffigwr Iesu hanesyddol er mwyn gweld rhyw 'ffigwr-Crist an-hanesyddol neu uwch-hanesyddol, neu *logos*' yn ffynhonnell trawsffurfiad achubol ar waith ym mhob diwylliant, traddodiad a chrefydd. Peidia hyn â bod yn gynhwysol a daw'n bliwralaidd oherwydd nad oes llawer o wahaniaeth rhwng dadlau dros fodolaeth y *logos* mewn amryw draddodiadau crefyddol ac ystyried crefydd ar ei gweddau i gyd fel ymateb dynol i'r realiti eithaf.[41] Ar y llaw arall, mae'n bosibl y bydd cynhwysolwyr yn troi at honiadau neilltuol trwy gadarnhau'r angen i weld rhinweddau Cristnogol yn cael eu datgelu ym mywydau'r sawl nad ydynt yn cyffesu Crist. Ymddengys i Michael Nazir-Ali fabwysiadu'r math hwn o gynhwysoliaeth pan ysgrifennodd: 'we can say that it is possible to discern the Spirit's work in others only insofar as it is possible to discern Christ-likeness among them. This may be the Christ-likeness of love and forbearance, of suffering and forgiveness or of generosity and peace.'[42]

Cyfyd sefyllfa baradocsaidd o ganlyniad i ystyried bodolaeth y crefyddau yn y byd. Cadarnheir Cristnogaeth fel datguddiad unigryw realiti Duw ond mae'r gred honno wedi esgor ar gadarnhau'r gred yn hollbresenoldeb Duw, profiad cyffredin y ddynolryw ohono, a'r angen i Gristnogion gymryd rhan mewn dialog sy'n gwrando ar ymlynwyr y crefyddau eraill ac sy'n fodlon dysgu ganddynt o ganlyniad i'r ddialog honno. Mae Gavin D'Costa, sy'n sylwebydd cyfoes ar ddadl y crefyddau, yn gweld athrawiaeth y Drindod, a swyddogaeth yr Ysbryd Glân yn benodol, fel ffordd i ddilyn y ddadl hon achos mae'n helpu i ni weld ffordd o gysylltu neilltuolrwydd honiadau crefyddol i gyffredinolrwydd y realiti ysbrydol sydd y tu ôl iddynt. Mae gwaith yr Ysbryd, meddai, yn rhoi'r potensial i hanes i gyd fod yn foddion i ddatguddio Duw.

> Therefore, whenever and wherever God reveals herself in a manner often unrecognized or misunderstood by Christians, this is the God who is disclosed in Christ. Christians therefore need to learn more deeply about God from God's self-revelation wherever it has occurred.[43]

Mae defnydd D'Costa o'r termau 'hunanddatguddiad' (*self-revelation*) a 'dadlennu' (*disclose*) yn awgrymu ei fwriad i gadw sofraniaeth Duw uwchben profiad a dirnadaeth ddynol. Ymhellach, mae'n dewis yr union athrawiaeth Gristnogol sy'n gwbl neilltuol (sef y Drindod) oherwydd nad oes unrhyw grefydd arall sy'n rhoi cymaint o bwysigrwydd ar bliwraliaeth mewn undod. Ei fwriad yw dangos y gellir datblygu diwinyddiaeth y crefyddau o'r syniad am unigrywedd Cristnogaeth. Eto i gyd, honna hefyd fod datguddiad yn digwydd yn y crefyddau i gyd oherwydd y gallu dynol cyffredin i gael profiadau crefyddol ac i ddirnad, ac i raddau i ddeall, yr hyn sydd y tu ôl i'r profiad. Fodd bynnag, mae rhywbeth annigonol yn y ddadl hon. Sut y gall fod yn wir ddatguddiad pan fo Duw heb ei gydnabod (*unrecognized*) ac wedi'i gamddeall (*misunderstood*)? Nid yw D'Costa yn anymwybodol o'r broblem hon, ond mae'n bwysicach iddo roi *narrative space* y tu mewn i ddiwinyddiaeth Gristnogol i'r crefyddau eraill adrodd eu straeon eu hunain *without distortion* yn hytrach na chynnig criteria i gydnabod hunanddatguddiad Duw ynddynt.

Mae'r driniaeth hon yn ceisio cadw unigrywedd Cristnogaeth tra hefyd yn cadw at gyffredinolrwydd Duw a'i ewyllys achubol. O ganlyniad, amlinella D'Costa baradeim Cristnogol i ddeall sut y mae'r crefyddau eraill yn cynnig mewnwelediad i wirionedd Duw. Ond mae derbyn gwirionedd honiadau crefyddau eraill bob amser yn agor y posibilrwydd y bydd y paradeim gwreiddiol yn cael ei ddisodli. Yn y pen draw, ni ellir gwneud dim ond cadarnhau'r *status quo* sy'n derbyn fod pobl yn gweld y gwirionedd mewn llawer o ffyrdd amrywiol ac mewn llawer o fannau gwahanol, heb ddiffinio'r crefyddau eu hunain, er mwyn cadw dialog onest gydag ymlynwyr crefyddau eraill. Y cwbl sydd ar ôl yw'r paradocs fod

Duw wedi'i ddatguddio'n neilltuol mewn digwyddiad arbennig yn Iesu Grist, ond ei fod yn achub y rhai hynny nad ydynt erioed wedi clywed enw'r Iesu yn eu traddodiadau crefyddol eu hunain. I rai, dyma baradocs gras; i eraill mae'n ormod o gyfaddawd dros unigrywedd Crist.

CASGLIADAU

Byddai'n gamgymeriad sôn am wirionedd crefyddol fel pe baem â safbwynt freintiedig sydd yn ein galluogi i feirniadu'n wrthrychol ac yn derfynol ar ddilysrwydd yr hawliadau-ffydd amrywiol a gynigiwyd gan grefyddau gwahanol y byd. Mae'r ffaith hon yn arwain rhai i gadarnhau'r thesis bliwralaidd fod pob crefydd yn ymateb dynol dilys i'r realiti eithaf ac nad oes gan yr un ohonynt ddealltwriaeth gywirach na'r lleill am y realiti hwnnw. Mae eraill yn cael eu harwain at safbwynt y cynhwysolwyr i raddau oherwydd eu cred na fyddai Duw yn condemnio cymaint i gosb dragwyddol oherwydd ei ewyllys gariadus ac y bydd pawb yn cael eu hachub. Mae'r ddau fater yn achosi problemau arbennig. Mae'r ymdrech i gynnwys pawb yn arwain at gadarnhau'r *status quo* oherwydd eu bod yn gwrthod beirniadu safbwyntiau gwahanol a datgan bod rhai pethau'n gywir a rhai pethau'n anghywir. Mae'r cynnydd sy'n arwain at aeddfedrwydd yn amhosibl heb wneud y fath feirniadaethau. I symud ymlaen ac i gynyddu yn ein dealltwriaeth am bopeth, mae'n rhaid weithiau cymryd safbwynt penodol ar un ochr sy'n golygu, o angenrhaid, y bydd safbwyntiau eraill yn cael eu gwrthod.

Ymhellach, ac yn ddigon eironig, mae'r driniaeth hon o'r crefyddau yn defnyddio dysgeidiaeth Gristnogol neilltuol er mwyn gwadu posibilrwydd honiadau crefyddol neilltuol.[44] Cristnogaeth a gyhoeddodd mai Duw cariad yw, yn seiliedig ar ei chred yn ei weithgarwch yng Nghrist. Ymddengys yn amheus a dweud y lleiaf i ddilysu honiadau crefyddol eraill ar griteria Cristnogol. Dyma'r syniad rhyfedd a pharadocsaidd y gellir dadlau dros gynnwys pobl o safbwynt honiad neilltuol iawn.

Gall pliwraliaeth a chynhwysoliaeth arwain yn ddisymwth i berthynoledd sy'n gwadu dilysrwydd cyffredinol unrhyw safbwynt penodol. Gellir cyhoeddi'r neges Gristnogol fel y gwirionedd hyd yn oed mewn cymdeithasau secwlaraidd a phliwralaidd cyhyd â bod Cristnogion yn cydnabod y bydd ymlynwyr crefyddau eraill yn hawlio'r un gwirionedd am eu traddodiad eu hunain. Mae dialog yn angenrheidiol er mwyn sicrhau fod pawb yn parchu ei gilydd ac yn ceisio deall ei gilydd ac yn cael eu galluogi i gyd-fyw. Mae'n rhaid i ni fyw ynghyd, ond nid oes rhaid i ni ollwng credoau ac argyhoeddiadau i wneud hynny. Er gwaethaf y ffaith fod y dystiolaeth hanesyddol yn amlwg yn groes i'r honiad hwn, y gwir yw na ddylai ymrwymiad i Grist a'i ddysgeidiaeth arwain i elyniaeth rhwng pobl. Dylai caru cymydog a charu gelynion arwain yn naturiol i fyw'n heddychlon â phobl eraill, hyd yn oed y sawl sy'n perthyn i gymunedau crefyddol sydd, o bosibl, yn elyniaethus tuag at y ddysgeidiaeth Gristnogol. Y gwir yw nad yw'r ddysgeidiaeth hon yn bwysig y tu allan i ymrwymiad neilltuol i Grist. Felly, dylai ymrwymiad neilltuol arwain pobl i fyw'n heddychlon yn y byd tra hefyd yn annog pobl i wrando ac ymateb i'r efengyl a ddaeth â'r heddwch hwnnw iddynt yn y lle cyntaf.

Nid oes rhaid cytuno â honiad Hans Küng: 'the more a religion tries to assert its identity in traditional rites, dogmatic beliefs, and moral ideas, the more irrelevant it becomes for a secular society'[45] oherwydd fod y defodau a'r credoau a'r syniadau moesol hynny fel arfer yn rhan o hanfod y grefydd ei hun, neu'n tarddu o'r hanfod hwnnw. Hyd yn oed pan nad ydynt ond yn fynegiant o'r hanfod, maent yn dal yn bwysicach nag yr ymddengys i Küng awgrymu ac nid yw'n hawdd eu gollwng. Nid yw Duw ond yn hysbys o safbwynt crefyddol benodol, sydd, wrth gwrs, fel arfer yn gysylltiedig â diwylliannau penodol.[46] Ond, wedi cytuno â'r pwynt hwn, mae arwyddocâd cyffredinol i ddirnad ac i geisio'r gwirionedd, hyd yn oed pan fo'r dirnad a'r ceisio hwnnw yn digwydd mewn ffordd leol a diwylliannol-benodol. O ganlyniad, mae'n perthyn i'r byd cyhoeddus ac mae'n rhaid ei ddatgan i'r byd hwnnw am ei fod yn wirionedd. Un o ladmeryddion pwysicaf y safbwynt hwn yn hanner diwethaf yr ugeinfed ganrif oedd Lesslie Newbigin.

Roedd Newbigin yn ymwybodol o'r angen i drin ymlynwyr crefyddau eraill mewn ffordd sensitif. Roedd ef, yn debyg i John Hick a Wilfred Cantwell Smith, yn myfyrio ar ei brofiad personol, yn arbennig yn y cyfnod maith y bu'n genhadwr yn India. Eto i gyd, er iddo beri parch ynddo tuag at ymlynwyr y crefyddau hynny, roedd ei gysylltiad â'r Hindŵ a'r Mwslim wedi'i dynnu at gasgliadau tra gwahanol i rai'r pliwralwyr crefyddol. Credai'n ddiffuant fod yr efengyl i'w chyhoeddi. Mynnai, mewn ffordd a adlewyrchai safbwynt Karl Barth, fod y sawl a oedd yn meddu ar y neges yn methu 'dangos ei gwirionedd'; eu swyddogaeth oedd i'w byw a'i chyhoeddi.[47] Yn ei dyb ef, roedd hyn yn rhan o broses naturiol, epistemolegol. Os yw rhywun yn credu rhywbeth, mae'n dweud ei fod yn wir ac felly ei fod yn wir i bawb. Nid mater preifat yw'r gwirionedd: mae'n rhaid iddo fod yn gyhoeddus. Ac mae'r efengyl yn perthyn i fyd y gwirionedd cyhoeddus.[48] Mewn geiriau eraill, nid barn bersonol yw ffydd, ond 'gwirionedd sy'n wir i bawb'.[49] Er ei fod yn oddrychol, honnai Newbigin fod y gwirionedd hwn yn seiliedig ar gasgliadau rhesymol a wnaed yng ngoleuni profiad bywyd. Yn y pen draw, mae'n debyg fod gwrthrychiaeth yn ambosibl a bod pob gwybodaeth yn oddrychol. Ond, mewn adlais o waith yr athronydd Kierkegaard, haerodd Newbigin na all gwybod yr hyn sy'n wir fod yn rhywbeth goddrychol yn unig:

> The truth is that all knowing is the activity of a knowing subject, and that the creativity, the power of imagination, and the intuitive grasp of hitherto hidden patterns of meaning on the part of the knowing subject are involved in all our efforts to penetrate the world around us. But to affirm this subjective pole in all our knowing does not mean to make it merely subjective. What we discover in this enterprise is a trans-subjective reality, a real world which we share with all other human beings. We therefore publish it, commend it to others, and test it against all new situations and all other beliefs. It is subjective in the sense that I am personally committed to it. But it claims to make contact with realities beyond the self, and this claim is always subject to the text of adequacy to 'make sense' of the whole experience.[50]

Goddrychiaeth yw hon sy'n esgor ar yr hyn a alwodd Newbigin yn 'fwriad cyffredinol'.[51] Mewn geiriau eraill, meddai Newbigin, rhaid ei chyhoeddi a'i chymeradwyo i eraill.

Yn ddiwinyddol, mae'r problemau sy'n codi o ganlyniad i fodolaeth crefyddau eraill yn driphlyg. Yn gyntaf, mae hawliadau-ffydd sydd, ar bob golwg, yn gwrthddweud ei gilydd. Yn ail, o safbwynt Gristnogol, codir y cwestiwn sut y gall Duw cariad ganiatáu i bobl golli achubiaeth a mynd i ddistryw oherwydd nad ydynt wedi clywed yr efengyl? Yn drydydd, fel arfer mae dadansoddiad cymdeithasol sy'n awgrymu fod ymlynwyr crefyddau eraill yn ymddangos yn dduwiol, yn ddefosiynol ac yn ofalus i fyw bywyd yn ôl safonau moesol uchel. Mae hyn, fe ddadleuir, yn ganlyniad cyfarfod â'r dwyfol.

I raddau, nid yw'r un o'r cwestiynau hyn yn fan cychwyn dilys ar gyfer ein hymholiadau. Fel y mynnai Lesslie Newbigin, daw'r man cychwyn wrth gydnabod yr un a ddylai gael ei addoli, ei anrhydeddu a'i ddilyn. Dyma brif gyfrifoldeb yr eglwys ac, meddai, dylid cadw'r honiad hwn yn un neilltuol a gwrthod cyfaddawdu drosto. Yn ôl yr athrawiaethau Cristnogol, mae'r Duw sy'n hysbys fel Tad, a gymododd y byd ag ef ei hun yn Iesu Grist, ac sy'n symbylu ei bobl gyda'r Ysbryd, yn haeddu cael ei addoli gennym a derbyn ein hymrwymiad personol. Wrth gwrs, nid yw'r syniad hwn ond yn amlwg y tu mewn i'r cyd-destun Cristnogol. Dichon ei bod yn amhosibl amgyffred unrhyw wirionedd onibai i'r person gymryd y cam cyntaf i ymrwymo iddo. Felly, dim ond trwy ymateb i'r alwad hon i addoli gerbron y byd y bydd ymatebion dilys yn cael eu gwneud tuag at grefyddau eraill. Mae'n debyg y byddai'r fath driniaeth yn arwain at Gristnogaeth gliriach a mwy neilltuol na'r hon y mae'r pliwralwyr yn ei chynrychioli ac efallai hefyd yr un a gynrychiolir gan y cynhwysolwyr.

Yng ngoleuni'r honiadau Cristnogol am ddatguddiad Duw yng Nghrist, yr un sydd wedi achub y ddynolryw ac felly sydd wedi cymodi'r byd â Duw, mae honiadau'r pliwralwyr a'r cynhwysolwyr yn ymddangos naill ai'n anghrediniaeth neu'n cynnig dealltwriaeth grefyddol sy'n gywir. Maent yn dod â ni at bwynt argyfwng a phenderfyniad. Bydd yn rhaid naill ai ollwng yr honiadau Cristnogol a mabwysiadu pliwraliaeth neu bydd yn rhaid ymrwymo yn dynn wrth wirionedd yr athrawiaethau Cristnogol. Mae ceisio gwneud y ddau yn amhosibl.

---

[1] Gw. e.e. Jürgen Moltmann, *God for a Secular Society* (Llundain, 1999), tt. 236–44.

[2] Ibid., t. 233.

[3] Gwrthododd John Macquarrie y driniaeth hon yn ddeifiol fel myth sy'n perthyn i 'siarad yn benboeth', yn *idem*, 'Christianity and other faiths', yn *Union Seminary Quarterly*, XX (Tachwedd, 1964), 43, a ddyfynnwyd yn Maurice Wiles, *Christian Theology and Inter-religious Dialogue* (Llundain, 1992), t. 28.

[4] Wiles, *Christian Theology and Inter-religious Dialogue*, t. 4.

[5] Am ddadansoddiad sensitif o ôl-foderniaeth, gw. Os Guinness, *Time for Truth: Living Free in a World of Lies, Hype and Sin* (Caerlŷr, 2000).

[6] Macquarrie, 'Christianity and other faiths', 39, a ddyfynnwyd yn Wiles, *Christian Theology and Inter-religious Dialogue*, t. 6.

[7] Gw. e.e. Daphne Hampson, *Theology and Feminism* (Rhydychen, 1990).

8 Ludwig Feuerbach, *The Essence of Christianity* (Efrog Newydd, 1957).
9 Gw. e.e. David Brown, *Discipleship and Imagination: Christian Tradition and Truth* (Rhydychen, 2004); *idem, Tradition and Imagination: Revelation and Change* (Rhydychen, 2004).
10 Wedi'i ddyfynnu yn Reinhold Bernhardt, *Christianity Without Absolutes* (Llundain, 1994), t. 75.
11 Paul J. Griffiths, 'The uniqueness of Christian doctrine defended', yn Gavin D'Costa (gol.), *Christian Uniquenesss Reconsidered: The Myth of a Pluralistic Theology of Religions* (Maryknoll, 1996), t. 163.
12 W. Visser't Hooft, *No Other Name: The Choice between Universalism and Syncretism* (Llundain, 1963), t. 116.
13 Gw. adroddiad Cyngor Eglwysi'r Byd, *Living Faiths and Ultimate Goals* (Geneva, 1974).
14 Gw. adroddiad Cyngor Eglwysi'r Byd, *Towards World Community: Resources and Responsibilities for Living Together* (Geneva, 1975).
15 Alan Race oedd yr awdur cyntaf i ddefnyddio teipoleg neilltuoliaeth, cynhwysoliaeth a phliwraliaeth yn ei lyfr *Christians and Religious Pluralism* (Llundain, 1983; 2il arg., 1993). Gw. hefyd Gavin D'Costa, *Theology and Religious Pluralism* (Rhydychen, 1986), tt. 1–21.
16 Dyma gyfieithiad D. Miall Edwards o weddi Awstin yn ei gyffesiadau, gw. *Bannau'r Ffydd*, (Wrecsam, 1929), t. 31.
17 F. Schleiermacher, *On Religion: Speeches to its Cultured Despisers* (Efrog Newydd, 1958), tt. 236, 238.
18 Dewi Arwel Hughes, *Has God Many Names? An Introduction to Religious Studies* (Caerlŷr, 1996), t. 17.
19 Wilfred Cantwell Smith, *Towards a World Theology: Faith and the Comparative History of Religion* (Llundain, 1981), t. 172.
20 John Hick, *God Has Many Names* (Llundain, 1980), t. 5.
21 Cantwell Smith, *Towards a World Theology*, t. 21.
22 John Hick, *The Rainbow of Faiths: Critical Dialogues on Religious Pluralism* (Llundain, 1985), t. 18.
23 John Hick, *An Interpretation of Religion* (Llundain, 1989), t. 325; hefyd tt. 299, 309, 373.
24 Hick, *The Rainbow of Faiths*, t. 13; David A. Hart, *One Faith? Non-realism and the World of Faiths* (Llundain, 1995), t. x.
25 Hick, *An Interpretation of Religion*, tt. 173, 376.
26 Gw. John Hick, *Problems of Religious Pluralism* (Basingstoke, 1985), tt. 34, 91–4; *idem, An Interpretation of Religion*, tt. 43–4. Mae'n bwysig nodi nad yw'r achubiaeth ei hun yn drawsffurfiad yn nehongliad Hick o Gristnogaeth ond canlyniad yr achubiaeth yw'r trawsffurfiad hwnnw, gw. *An Interpretation of Religion*, t. 303.
27 Cantwell Smith, *Towards a World Theology*, t. 185.
28 Wilfred Cantwell Smith, *Questions of Religious Truth* (Llundain, 1967), t. 36.
29 Cantwell Smith, *Towards a World Theology*, t. 176.

30 Cantwell Smith, *Questions of Religious Truth*, t. 115.
31 Cantwell Smith, *Towards a World Theology*, t. 177.
32 Ibid., t. 152.
33 Ibid., t. 175.
34 D'Costa (gol.), *Christian Uniqueness Reconsidered*, t. ix.
35 Hughes, *Has God Many Names?*, t. 231; Lesslie Newbigin, *The Gospel in a Pluralist Society* (Llundain, 1989), t. 160.
36 Karl Rahner, *Theological Investigations*, VI (Baltimore, 1967), t. 391.
37 Karl Rahner, *Theological Investigations*, V (Baltimore, 1966), t. 174.
38 Ibid., t. 361.
39 Hans Küng, *On Being a Christian* (Llundain, 1977).
40 Hans Küng, *Christianity and the World Religions* (2il arg., Llundain, 1993).
41 Hick, *The Rainbow of Faiths*, tt. 22–3.
42 Michael Nazir-Ali, *Citizens and Exiles: Christian Faith in a Plural World* (Llundain, 1998), t. 96.
43 Gavin D'Costa, 'Christ, the Trinity and religious plurality', yn *idem* (gol.), *Christian Uniqueness Reconsidered*, t. 19.
44 Gw. D'Costa, *Theology and Religious Pluralism*, t. 45.
45 Küng, *Christianity and the World Religions*, t. 54.
46 W. Pannenberg, 'Religious pluralism and conflicting truth claims: the problem of a theology of the world religions', yn D'Costa (gol.), *Christian Unqiueness Reconsidered*, t. 97.
47 Newbigin, *The Gospel in a Pluralist Society*, t. 6.
48 Ibid., t. 22.
49 Ibid., t. 50.
50 L. Newbigin, 'Religion for the market place', yn D'Costa, *Christian Uniqueness Reconsidered*, t. 141; cymh. *idem*, *The Gospel in a Pluralist Society*, t. 50.
51 Newbigin, *The Gospel in a Pluralist Society*, tt. 77, 92, 126.

10

FFWNDAMENTALIAETH: EI GWREIDDIAU A'I HACHOSION[1]

Am amrywiaeth o resymau, mae'r byd modern ond yn rhy ymwybodol o fodolaeth ffwndamentaliaeth – neu o leiaf, o bresenoldeb ffwndamentalwyr ynddo. O'r sawl sy'n defnyddio cyfiawnhad crefyddol dros darfu ar weithgareddau clinigau erthylu, trwy'r sawl sy'n cefnogi gwedd arbennig ar fywyd teuluol a'r swyddogaethau cymdeithasol sy'n perthyn i'r ddau ryw, hyd at y rhai sy'n defnyddio trais a therfysgaeth daeth yr eithafwr crefyddol i amlygrwydd, a'i weld fel un o'r prif fygythiadau i drefn y byd yn yr unfed ganrif ar hugain. Hawdd iawn galw pobl o'r fath yn ffwndamentalwyr.

Cyfyd dau anhawster o hyn i unrhyw astudiaeth o ffwndamentaliaeth. Yn gyntaf, mae defnyddio un term i ddisgrifio'r fath amrywiaeth o fudiadau y tu mewn i gymaint o gyd-destunau crefyddol a chymdeithasol gwahanol yn peri bod diffinio yn beth anodd. Hwyrach y gwyddom yn reddfol beth yw ffwndamentalydd, ond ni fedrwn wastad disgrifio ffwndamentaliaeth. Yn ail, mae'r gair yn dueddol o gael ei roi ar rai grwpiau ac unigolion gan eraill, sef y sawl nad ydynt yn perthyn i'r grwpiau hynny. Nid label a roddir gan y bobl eu hunain ydyw; yn hytrach, cael ei osod y mae gan y sawl sydd, fel rheol, â gwedd wahanol ar y byd, ac un y gellir ei disgrifio fel arfer yn rhyddfrydol ac eangfrydig. Prin ei bod yn syndod fod James Packer, un o amddiffynwyr mwyaf abl efengyleiddiaeth Gristnogol a'i hawdur mwyaf toreithiog, wedi ysgrifennu yn 1958 fod ffwndamentaliaeth 'yn air sy'n cyfuno'r ystyr gysyniadol fwyaf niwlog gyda'r blas emosiynol cryfaf'.[2]

Er i hyn gael ei ysgrifennu bron i hanner canrif yn ôl, erys y broblem gyffredinol a nodwyd gan Packer yn wir. Ychydig iawn o ystyr a gyflëir gan y gair: nid yw'n dweud dim wrthym am yr hyn sy'n symbylu nac yn cynnal y ffwndamentalydd. Ond yn sicr, mae

FFWNDAMENTALIAETH: EI GWREIDDIAU A'I HACHOSION

iddo gynnwys emosiynol cryf iawn. Mewn geiriau eraill, defnyddir y gair 'ffwndamentalydd' yn gyffredinol er mwyn denu ymateb penodol, un negyddol, fel rheol. Nid yw hyn o gymorth oherwydd yr unig beth y mae'n llwyddo i'w wneud yw hybu rhagfarn a chaethiwo rhyddfrydwyr mewn anoddefgarwch a chulni. Yn lle hyn, dylem ymchwilio i'r modd y defnyddiwyd y gair gyntaf, a sut y datblygodd y defnydd ohono. Wrth wneud hynny, dichon y byddwn yn darganfod beth y gall ei olygu.

Y GWREIDDIAU

Ymddengys, o ran defnydd modern, i'r gair gael ei fathu gyntaf gan Gristnogion o duedd geidwadol yn 1909. Yn y flwyddyn honno, ymddangosodd y cyntaf o ddeuddeg llyfryn yn Unol Daleithiau America dan y teitl *The Fundamentals*. Roedd y llyfrynnau yn ymdrin ag athrawiaeth Gristnogol benodol megis ysbrydoliaeth ac awdurdod yr ysgrythurau, y duwdod, y geni gwyrthiol, gwyrthiau, marwolaeth Crist yn iawn dros bechod, ei atgyfodiad corfforol a'i ddychweliad personol ar derfyn yr oes, realiti pechod, iachawdwriaeth trwy ffydd trwy adfywiad ysbrydol, grym gweddi a'r ddyletswydd i efengylu.

Dyma, felly, oedd yn cael eu hystyried yn ddysgeidiaeth sylfaenol y ffydd Gristnogol. Ond gwnaeth y llyfrynnau hyn fwy na phwysleisio dysgeidiaeth gadarnhaol, gan eu bod yn nodi hefyd fudiadau a sefydliadau penodol a oedd, ym marn yr awduron, yn gwadu'r hanfodion hyn. Yn eu plith yr oedd Pabyddiaeth, Darwiniaeth (esblygiad), uwchfeirniadaeth mewn astudiaethau Beiblaidd, a chwltiau a sectau megis Seientiaeth Gristnogol, Mormoniaeth, Ysbrydegaeth a Thystion Jehofa. Dosbarthwyd y llyfrynnau yn helaeth yn y byd Saesneg ei iaith oherwydd cefnogaeth dau ŵr cyfoethog o Galiffornia, er nad yw hyd en dylanwad yn eglur iawn.[3]

Roedd y duedd hon tuag at ddiffinio hanfodion y ffydd yn bwysig i Gristnogion Ceidwadol America ar gychwyn yr ugeinfed ganrif. Yn 1910, nododd Cymanfa Eglwysi Presbyteraidd y Gogledd bum eitem fel rhai sylfaenol i'r ffydd Gristnogol: ysbrydoliaeth ac anffaeledigrwydd yr ysgrythurau, duwdod Crist, y geni gwyrthiol a gwyrthiau, marwolaeth Crist dros bechod, atgyfodiad Crist a'i ddychweliad personol.[4] Unwaith eto, roeddent yn pwysleisio'r athrawiaethau hyn fel ymateb i ryddfrydiaeth ddiwinyddol a beirniadaeth Feiblaidd a oedd wedi dechrau treiddio i sefydliadau eglwysig. Defnyddiai'r naill fel y llall ddulliau gwyddonol i drafod Duw ac i ddehongli'r ysgrythurau a oedd yn golygu rhoi blaenoriaeth i reswm dynol. Yn ddiwinyddol, roedd y rhyddfrydwyr yn perthyn i draddodiad y gellir ei olrhain i *cogito ergo sum* Descartes, ac a'n cyrhaeddodd trwy orchymyn diamod Kant, rheswm Ysbryd Absoliwt (*Geist*) Hegel, 'ymdeimlad o ddibyniaeth absoliwt' Schleiermacher, a dehongliad triphlyg Harnack o Gristnogaeth fel (i) Teyrnas Dduw a'i dyfodiad; (ii) Tadolaeth Duw a chanlyneb hynny, brawdoliaeth dyn; (iii) y cyfiawnder uwch a'r gorchymyn i garu. Cyhoeddasai Harnack ei astudiaeth *Das Wesen des Christentums* yn 1900 a buan yr ymddangosodd cyfieithiad Saesneg[5] tra byddai cyfieithiad Saesneg o *Von Reimarus zum Wrede* Schweitzer yn ymddangos yn 1911 a ddarluniai ymchwil canrif a mwy i fywyd Iesu hanes.[6] Casgliad Schweitzer oedd bod pob ysgolhaig wedi creu Iesu yn ei ddelw ei hun ac nad oedd modd disgrifio bywyd Iesu mewn unrhyw fanylder. Mae modd derbyn rhesymeg hyn gan ei bod yn amlwg nad yw'r efengylau yn ceisio llunio cofiant cronolegol bywyd Iesu o Nasareth (hynny yw, fel y mae'r byd heddiw yn deall y cysyniad o gofiant), ond gellir codi cwestiwn ynghylch doethineb ei gasgliad. Beth sydd weddill, felly, i ffydd, a beth fedrai pobl gyffredin ei gredu am Iesu? Fe geir atebion i'r cwestiwn hwn sy'n canolbwyntio ar fyth, moesoldeb neu werth yn hytrach nac ar hanes, ond nid ydynt yn apelio at feddwl y crediniwr syml. Ac efallai fod hyd yn oed Schweitzer wedi sylweddoli hyn, oherwydd wedi datgan ei fod yn amhosibl llunio bywyd Iesu hanes, aeth ati i geisio gwneud yr union beth hwnnw.

Ffurf ar grefydd wedi ei rhesymoli a'i dadfythu oedd rhyddfrydiaeth. Onid oedd modd deall rhywbeth trwy reswm, dylid rhoi'r gorau iddo. Pan gydiodd hyn mewn astudiaethau Beiblaidd gan arwain at feirniadaeth Feiblaidd, ymddangosai i rai mai'r canlyniad oedd i'r ysgrythurau gael eu galw'n chwedlau ar y gorau ac ar y gwaethaf yn ffynonellau annibynadwy. Ym meddwl y bobl, hawdd oedd cysylltu rhyddfrydiaeth â datgelu hen ofergoeliaeth trwy ailddehongli neu osod o'r neilltu rai o brif athrawiaethau diwinyddiaeth Gristnogol. Er bod nifer yn croesawu'r datblygiad hwn ac yn mabwysiadu rhyddfrydiaeth gyda brwdfrydedd, nid oedd yn bosibl bob tro i weld beth fyddai'n cael ei godi yn lle'r uniongrededd draddodiadol.

FFWNDAMENTALIAETH: EI GWREIDDIAU A'I HACHOSION

Mae'r symudiadau cynnar hyn yn rhagflaenwyr ffwndamentaliaeth fodern am eu bod yn nodi'r hanfodion. Ymddengys mai yn 1920 y defnyddiwyd y gair 'ffwndamentalydd' gyntaf. Y flwyddyn honno, datganodd rhai Cristnogion o duedd efengylaidd yng Nghonfensiwn Bedyddwyr y Gogledd, UDA, eu bwriad i 'ailddatgan, ailgadarnhau ac ailbwysleisio hanfodion ein ffydd yn y Testament Newydd'. Mewn erthygl olygyddol yn y *Watchman-Examiner*, cyfeiriwyd (yn ganmoliaethus) at y grŵp hwn fel ffwndamentalwyr, y sawl sy'n 'bwriadu brwydro'n lew dros yr hanfodion'. Yn anfwriadol, rhoes yr adroddiad hwn ei fys ar agwedd ar ffwndamentaliaeth a fyddai'n peri pryder cynyddol yn ystod yr ugeinfed ganrif, sef ei natur filwriaethus a oedd yn barod, ar adegau, i ddefnyddio trais i hyrwyddo ei nod.[7]

DATBLYGIADAU CYNNAR

Ymboenai'r ffwndamentalwyr cynnar â gwrthweithio'r agwedd resymegol at grefydd trwy bwysleisio gwirionedd llythrennol dysgeidiaeth oruwchnaturiol Cristnogaeth. Yn hyn o beth, roedd eu dull diwinyddol yn wahanol i eiddo'r rhyddfrydwyr trwy bwysleisio anffaeledigrwydd yr ysgrythur dros alluoedd rheswm dynol.

Fel hyn y rhoes James Packer y mater, gan ddefnyddio'r term 'efengylaidd' yn hytrach na ffwndamentalaidd:

> Evangelicals seek to approach and use [scripture] as [scripture] demands that men should; that is, they seek to think and live in accordance with its authoritative teaching. Accordingly, they hold that view of the nature and interpretation of scripture which they believe to be the Bible's own; and they reject views which they believe to be contrary to it ... They reject all approaches to scripture which would not permit it to function in the Church as a final authority.[8]

Awgryma Packer y bydd y ffwndamentalydd, mewn Cristnogaeth, yn ymostwng i awdurdod y gair ysgrifenedig. Ni fydd yn ceisio defnyddio unrhyw ddull i ddeall yr ysgrythur a fydd yn gwneud yr ysgrythur yn israddol i rywbeth arall. Felly, er enghraifft, nid oes modd defnyddio rheswm i ddeall yr ysgrythur gan fod hynny'n gwneud yr ysgrythur yn ddarostyngedig i awdurdod arall, a'r ysgrythur yw'r unig awdurdod. Buasai gwneud hynny yn oddrychedd, sef hawlio mai'r 'awdurdod terfynol am fy ffydd a'm bywyd yw dedfryd rheswm, cydwybod neu sentiment crefyddol'. Dyma, fe honnai, fyddai'r safbwynt rhyddfrydol. Yr agwedd efengylaidd, ar y llaw arall, yw derbyn y gair ysgrifenedig fel 'yr awdurdod llawn' a 'pharodrwydd i gymryd gair Duw a derbyn yr hyn a honna Ef yn y Beibl'.

I Packer, mae honni fod y Beibl yn anffaeledig yn fater o arddel ffydd yn anad unpeth yn nharddiad dwyfol y Beibl; hynny yw, mae'n adlewyrchu'r natur ddwyfol ac, yn ail, eirwiredd Duw a'r gallu i ymddiried ynddo. Oherwydd fod y datganiadau yn wir ac yn ddibynadwy, mae iddynt awdurdod. Cynigia'r agwedd hon mewn gwrthgyferbyniad i eiddo'r rhyddfrydwyr, a bortreadir ganddo yn y digriflun canlynol. Ynddo, dywed fod rhyddfrydiaeth yn:

> the modern version of the thesis that the written Word of God is true although it is false; that the teaching of Scripture is only roughly right, and that, though we ought to believe what we suppose the Bible means, we cannot believe all that it actually says.[9]

Felly, yn ôl diffiniad Packer, golyga ffwndamentaliaeth ddarostwng yr hunan i awdurdod yr ysgrythur. Mae peidio gwneud hynny yn golygu parhau yn ddiedifar, tra bod darostwng yr ysgrythur i farn neu ddatganiadau megis traddodiad (fel mewn Catholigiaeth Rufeinig) neu reswm (fel mewn rhyddfrydiaeth) yn gwyrdroi ffydd ac yn datgelu anghred yng Nghrist ac annheyrngarwch iddo.

Tra bo hyn yn ddehongliad boddhaol o ffwndamentaliaeth fel yr eginodd yn wreiddiol ac fel y datblygodd o ran gweld llythrenoldeb Beiblaidd fel yr unig ffordd i ymddarostwng i awdurdod Beiblaidd, teg fuasai gwneud tri phwynt yma fel beirniadaeth ar agwedd Packer. Yn gyntaf, mae'n wir y dylai Gair Duw ddod atom mewn barn yn gymaint, os nad mwy, nag mewn cadarnhad oherwydd y mae'n dyst i fethiant yn y berthynas rhwng y Creawdwr a'r cread a oedd yn mynnu marwolaeth Mab Duw er mwyn cymodi Duw â'r ddynolryw. Ymhellach, iawn yw credu fod hyn yn mynnu bod gwŷr a gwragedd yn ymddarostwng i ddechrau i'r ysgrythur fel datguddiad o wirionedd Duw. Serch hynny, mae gan fodau dynol feddyliau fel rhan o'u creadigaeth ar ddelw Duw. Fe ddylasem orfod eu defnyddio hyd eithaf ein gallu, yn hytrach na dim ond eu defnyddio os ydym yn dymuno neu eu cael hwy er

FFWNDAMENTALIAETH: EI GWREIDDIAU A'I HACHOSION

mwyn atal eu defnyddio ac ymddarostwng i gasgliad o ddatganiadau ysgrifenedig – datganiadau nad ydynt bob tro mor eglur nac mor gynorthwyol ag a honnir ambell waith.

Yn ail ac, o bosibl, yn bwysicach, mae safbwynt Packer yn awgrymu fod y cyfan a ddigwyddodd yn natguddiad Duw fel y mae'n cael ei nodi yn yr ysgrythur yn air terfynol ar y pwnc, er ei fod yn ymdebygu i'r gair cyntaf, sy'n gofyn am ein hymateb meddylgar yn nes ymlaen. 'Yn y dechreuad yr oedd y Gair,' medd Ioan (1: 1), tra bod cyngor Iesu wedi dameg y Samariad Trugarog (Luc 10: 25–37), er enghraifft, i fynd a gwneud yr un modd yn gyfarwyddyd i fynd allan a chanfod pwy yw fy nghymydog a sut ddylwn i ei drin yn hytrach na gorchymyn i gymhwyso ei ddysgeidiaeth benodol. Ysgrifennwyd rhannau helaeth o'r Testament Newydd dan yr argyhoeddiad fod Iesu ar fin dychwelyd yn ei ogoniant. Ac, wrth ymddangos, byddai'n dwyn amser i'w ben a'r greadigaeth i'w phwrpas dwyfol yn ôl rhagluniaeth Duw. Wrth i'r canrifoedd fynd heibio, daeth Cristnogion a diwinyddion i sylweddoli fod cyngor a roddwyd yn y fath awyrgylch yn anodd iawn i'w gymhwyso mewn cyd-destun nad yw'n ystyried bod ailddyfodiad Crist yn agos. Felly datblygodd y duedd i weld y bywyd Cristnogol fel pererindod ac un o ddarganfyddiad yn hytrach nag un o gymhwyso cyngor a gorchmynion y gellir eu codi'n llythrennol o'r Beibl. Mae'n rhaid ystyried y geiriau yn eu cyd-destun hanesyddol, meddwl amdanynt a myfyrio uwch eu pennau ac yna gweld eu harwyddocâd ar gyfer y presennol yn hytrach na'u codi'n syth o gyd-destun penodol gyda'r syniad y gellir eu cymhwyso yn uniongyrchol i'n cyd-destun ni.

Yn olaf, a yw Packer yn wir yn ymddarostwng yn llwyr i'r gair ysgrifenedig? Dehongliadol yw'r Beibl ei hun, ac mae angen ei ddehongli. Y cyfan a wna ef yw ei ddehongli mewn ffordd arbennig, a honni mai dyma'r ffordd gywir. Enghraifft hawdd i ddangos hyn yw geiriau Iesu yn y Bregeth ar y Mynydd, mai gwell yw tynnu allan lygad bechadurus neu dorri ymaith law bechadurus a cholli aelod na chael eich taflu i uffern am bechu (Mth. 5: 29–30). Nid yw'n bosib y buasai Packer yn honni y dylasem wneud hyn yn llythrennol. Dichon ei fod yn bosibl bod rhai rhannau o'r Beibl o fwy o gymorth o gael eu dehongli'n llythrennol. Yr anhawster fyddai gwybod pa rannau sydd i'w deall yn llythrennol a pha rannau nad ydynt. Mae hyn yn gofyn am ymrwymiad i feddwl ac ymchwilio sy'n mynd y tu hwnt i unrhyw awgrym o ufudd-dod slafaidd neu ymddarostyngiad i'r gair ysgrifenedig.

Mae'n debyg y buasai ffwndamentalydd yn protestio mai digriflun o'i ddealltwriaeth o awdurdod yr ysgrythur yw hwn, a dichon bod rhywfaint o wirionedd yn y cyhuddiad. Ond mae'n tynnu sylw hefyd at y ffaith nad yw'r honiad am awdurdod yr ysgrythur mor syml ag y mae'n ymddangos *prima facie*. Yn wir, mae rhesymeg soffistigedig y tu ôl iddo. Rheswm, felly, sy'n gosod y marc fan hyn fel y mae mewn rhyddfrydiaeth ddiwinyddol, ond bod ei ragdybiaethau yn wahanol.

Daw'r gwendid, neu'r anghysondeb, hwn yn amlwg yn nadansoddiad James Barr, a fu ymhlith y sylwebwyr cyntaf i drin y ffenomen. Gan ei fod yn ysgolhaig Beiblaidd, prif ddiddordeb Barr oedd y ffordd y mae'r ffwndamentalydd yn dehongli'r ysgrythurau. Yn ei dyb ef, nid llythrenoldeb oedd yn nodweddu eu dadansoddiad ond y cysyniad o anffaeledigrwydd. Mewn geiriau eraill, nid yw'r ffwndamentalwyr yn honni fod yn rhaid derbyn dysgeidiaeth y Beibl yn llythrennol, ond fod yn rhaid dehongli'r Beibl mewn ffordd sy'n dangos nad yw'n cynnwys unrhyw gymgymeriad o gwbl. O ganlyniad, wrth ddehongli Mathew 5, ni fyddai'r ffwndamentalwyr yn honni fod angen i'r pechadur gael gwared ag unrhyw aelod o'r corff a achosodd ei bechod ond byddai'n rhaid dehongli'r geiriau mewn ffordd sy'n dangos nad oedd dim byd yn gyfeiliornus yn nysgeidiaeth Iesu. Byddai'n anodd anghytuno â hyn ac, yn wir, mae'n debyg y byddai cryn dipyn o gytundeb ar unrhyw ddehongliad a bwysleisiai anfadrwydd pechod a'r angen i'w osgoi cyn belled ag y bo modd.

Ond â Barr ymhellach trwy awgrymu nad ei agwedd at y Beibl sy'n fwyaf nodweddiadol o'r ffwndamentalydd. Yn wir, ei brif nodwedd yw hyrwyddo profiad crefyddol penodol ymhlith ei ymlynwyr. Mae'r profiad efengylaidd hwn yn dechrau gyda'r gred fod yr eglwys yn farw, ac o'r sefyllfa honno mae'r unigolyn yn cael ei achub i ffydd gref, fyw. Yna mae'r unigolyn yn cyferbynnu'r profiad newydd â'r hen brofiad gan weld y diwethaf mewn goleuni anffafriol dros ben. Mewn geiriau eraill, conglfaen ffwndamentaliaeth yw'r gred fod gwahaniaeth enfawr rhwng gwir Gristnogaeth a chrefydd nominal.[10] Trwy hyn, yn nhyb Barr, mae a wnelo mudiadau ffwndamentalaidd â'r awydd i ddominyddu. Mae'r dyn yn dominyddu ar y ferch, mae'r arweinydd yn dominyddu ar ei ganlynwyr, mae'r egwlys yn dominyddu ar y gymdeithas ac mae Duw yn dominyddu ar y byd. Nid mater o ddehongli'r ysgrythurau ydyw, ond ffordd o wthio barn benodol am eu hystyr ar grefyddwyr yn neilltuol ac ar y cyhoedd yn gyffredinol. Mae'n bwysig nodi fod llawer o Gristnogion ffwndamentalaidd, neu efengylaidd, yn cyffesu mai profiad o ryddhad ac nid goruchafiaeth a gawsant wrth ddod i gysylltiad â'r mudiadau crefyddol ceidwadol. Ond ni ddylid gwrthod casgliadau Barr yn rhy gyflym. Yr hyn a welir bennaf yn ei feirniadaeth yw'r gwrthdaro rhwng dwy ffordd wahanol o ddeall hanfod Cristnogaeth. I Barr, mae nifer o honiadau sylfaenol a welir yn y Beibl ac a hyrwyddwyd yn yr eglwys dros y blynyddoedd nad ydynt wedi cyrraedd eu diffiniad terfynol. Felly, mae angen rhywfaint o ymchwil er mwyn rhoi goleuni newydd ar y gwirionedd am Dduw, am y ddynolryw ac am y bydysawd. A gellir tynnu ar bob math o ymchwil er mwyn darganfod darnau o'r gwirionedd amryfal hwn. I'r ffwndamentalwyr, mae Duw wedi datguddio'n union beth sydd angen ei gredu ac mae i'w weld yn y Beibl. Wrth gwrs, fel arfer mae'r Beibl yn cael ei ddehongli gan arweinwyr arbennig ond, yn gyffredinol, un ffordd sydd i gredu ac un ffordd sydd i fyw'r bywyd Cristnogol. O ganlyniad, mae'r sawl sy'n arddel ffyrdd eraill o gredu ac o fyw yn perthyn i rywbeth nad yw'n Gristnogaeth. Cristnogaeth neilltuol, gyfyngedig ac anghynhwysol sydd gan y ffwndamentalwyr. A dyna'r union beth y mae Barr yn ei wrthwynebu.[11]

Yr hyn sy'n amlwg yn ymddangosiad ffwndamentaliaeth Gristnogol yw'r gwrthdaro syniadau am ffurfiant diwinyddol a dealltwriaeth Feiblaidd. I rai, mae pob gwybodaeth yn gynhenid dda ac yn arwain pobl at y gwirionedd. I eraill, mae'r gwirionedd wedi ei ddatguddio ac nid oes rhaid ond ei gymhwyso. I'r garfan gyntaf, saif rheswm dynol mewn barn dros wybodaeth, bywyd a phrofiad. I'r ail garfan, daw popeth dan farn gair Duw fel y'i datguddiwyd. Ffwndamentalwyr oedd y rhai a ystyriai eu hunain fel cynheiliaid awdurdod yr ysgrythur; gwelai eraill hwy yn lladd ar y doniau deallusol a roddwyd iddynt gan Dduw ac yn disgyn i ofergoeliaeth. Ar lawer ystyr, yr hen ddadl am ddatguddiad a natur yw hon, y gwelir ei thensiynau yn y Testament Newydd ei hun (e.e. Rhuf. 1). A allai natur ddatgelu Duw (ac felly a allai gwyddoniaeth ac athroniaeth ddarganfod y gwirionedd), neu a oedd Duw yn cael ei ddatguddio'n unig trwy ei weithredoedd arbennig ei hun? Byddai hon yn ddadl gyson mewn diwinyddiaeth trwy gydol yr ugeinfed ganrif.[12]

LLOFFION YM MAES CREFYDD

EHANGU'R CYSYNIAD

Yn ei ystyr wreiddiol, symudiad crefyddol oedd ffwndamentaliaeth a seiliwyd ar ymlyniad at rai athrawiaethau yr honnid eu bod yn sylfaenol i Gristnogaeth ac yn groes i ryddfrydiaeth a moderniaeth. O ganlyniad, buan iawn y daethpwyd i'w gysylltu â 'gwrthod yn rhagfarnllyd bob beirniadaeth Feiblaidd, golwg fecanyddol ar ysbrydoliaeth a dehongliad llythrennol hollol o'r ysgrythur'.[13] Mewn gwirionedd, fe'u cysylltwyd â'r sawl oedd wedi ildio i rymoedd afreswm ac a oedd, felly, wedi disgyn i drobwll ofergoeliaeth.

Tua diwedd yr ugeinfed ganrif, dechreuwyd defnyddio'r gair am grwpiau a oedd yn perthyn i grefyddau heblaw Cristnogaeth. Er nad yw pawb yn cytuno y dylid ei ddefnyddio y tu allan i'r cyddestun Cristnogol lle datblygodd gyntaf, mae modd bellach adnabod rhai grwpiau fel rhai ffwndamentalaidd mewn Iddewiaeth, Hindŵaeth (er gwaethaf cynhwysedd gynhenid y grefydd honno), Bwdhaeth, Sîciaeth ac, yn fwyaf cyffredin, Islam. Ym mhob achos, mae defnyddio'r term yn golygu 'milwriaethus' ac 'eithafol', gyda'i bleidwyr fel arfer yn ymwneud â gweithgaredd heriol a symbylwyd gan eu hymdeimlad o alwad ddwyfol.

Hwyrach mai Islam yn fwy nag unrhyw grefydd arall a gysylltir ym meddyliau pobl gyffredin â ffwndamentaliaeth. Yn wir, fe geir rhai sy'n honni fod Islam ynddi'i hun yn grefydd ffwndamentalaidd a chrybwyllir tri phwynt fel arfer i gefnogi'r ddadl honno. Yn gyntaf, mae anffaeledigrwydd ysgrythurol yn rhan annatod o'r traddodiad Islamaidd. Yn wahanol i Iddewiaeth, gyda'i draddodiad dehongliadol o Halakah, a Christnogaeth, lle cafodd y Beibl nid yn unig ei ddehongli ond hefyd ei feirniadu, mae'r Koran yn Islam yn union air Duw wedi ei arddywedyd i Muhammad ac ychydig sy'n awgrymu y dylid ei ddarllen yn wahanol. Yn ail, ystyr Islam yw 'ymostyngiad'. Rhaid darostwng pob maes o fywyd i ewyllys Allah. Gan fod ewyllys Duw yn cael ei uniaethu gyda'r Koran, mae gan y Mwslim batrwm y mae'n rhaid ffurfio cymdeithas ar ei lun. Mae hyn yn cadarnhau lle canolog y gyfraith. A bod yn fanwl gywir, nid oes clerigwyr gan Islam. Yn hytrach, fe'i harweinir gan gyfreithegwyr sy'n arbenigo yn y gyfraith neu *sharia*.[14] A dwg hyn ni at y trydydd pwynt, sef nad yw Islam wedi gwahanu crefydd oddi wrth y wladwriaeth. Mae hyn yn rhannol oherwydd fod crefydd Islamaidd i'w dilyn mewn bywyd yn ei holl agweddau[15] ac yn rhannol oherwydd i Islam ennill grym gwleidyddol yn ystod oes ei sylfaenydd. O'r herwydd, nid oedd rhaid i'r gymuned charismataidd wreiddiol ddatblygu delwedd ohoni'i hun a oedd wedi'i hynysu rhag y pwerau secwlar nac yn wrthwynebus iddynt.[16]

Felly, defnyddir yr un gair bellach am amrywiaeth o grwpiau sy'n wahanol o ran nod a dulliau ac sy'n perthyn i wahanol grefyddau. Mae hyn yn peri bod diffinio yn anodd, er y ceisiwyd gwneud hynny lawer gwaith yn y cyfnod modern.

Ymysg y diffiniadau mwyaf diweddar yw hwnnw gan Harriet Harris, bod y term 'yn disgrifio'r farn fod ar rywun angen rhai gwironeddau sefydlog i fod yn sylfaen i'w gyfundrefn grefyddol'.[17] Ei dadl hi yw bod ffwndamentalwyr yn meddiannu seiliaeth (*foundationalism*) mewn byd ôl-seiliol, ac oherwydd hynny eu bod yn llifo'n groes i'r prif hegemoni. Tra bu'r ddadl ôl-seiliol yn un rymus ac yn un a gefnogir gan beth tystiolaeth empeiraidd yn ogystal ag athronyddol,[18] mae'n anodd gweld sut y gall hyn yn wir wahaniaethu rhwng ffwndamentalwyr a chredinwyr crefyddol eraill. Mae rhyw elfen o gred sylfaenol yn angenrheidiol ym mhob golwg grefyddol ar y byd – hwyrach, hyd yn oed, yn anhepgor – o leiaf am y crefyddwr cyffredin. Ymddengys, felly, fod angen diffiniad lletach. Awgrymwyd diffiniad lletach ac eithaf cynhwysfawr gan gydlynwyr Prosiect Ffwndamentaliaeth.

Cychwynnwyd Prosiect Ffwndamentaliaeth yn yr Unol Daleithiau gan Martin E. Marty ac R. Scott Appleby. Tynnodd ar dîm rhyngwladol o ysgolheigion o'r gwahanol draddodiadau crefyddol a chyhoeddodd bum cyfrol swmpus o'u canfyddiadau. Mae'r cyfrolau hyn yn llawn gwybodaeth a dadansoddiad o weithgaredd ffwndamentalaidd ledled y byd.[19] Felly maent yn ffynhonnell hanfodol ar gyfer unrhyw astudiaeth o'r pwnc.

Yn ôl Marty ac Appleby, tra bo ffwndamentaliaethau yn fodern, y maent yn gwrthwynebu rhesymoliaeth secwlar, yr alwad am oddefgarwch crefyddol a'r duedd tuag at berthynolaeth ac unigolyddiaeth sydd ar droed yn y 'Gorllewin'. Ond nodweddir ffwndamentalwyr gan yr ymrwymiad i ymladd: gair sy'n awgrymu fod y pynciau dan sylw yn ennyn teimladau grymus yn y ffwndamentalwyr a'r sawl sydd yn eu gwrthwynebu. Trwy ddefnyddio geiriau, syniadau, y bleidlais, a hyd yn oed fwledi, mynnant newid mewn polisi sifil neu maent yn ymladd am dir yn erbyn gelynion (cyffredinol neu benodol), y dieithryn, yr anffyddiwr, y moderneiddiwr neu'r sawl sy'n ceisio cyfaddawd.

Defnyddiodd Prosiect Ffwndamentaliaeth fath ar 'nodweddion teuluol' Wittgensteinaidd er mwyn canfod dull i adnabod ffwndamentaliaethau yn y gwahanol grefyddau. Nodwyd naw nodwedd o'r fath sydd fel petaent yn gyffredin i grwpiau ffwndamentalaidd, er nad ydynt yn wastad yn eu coleddu oll. Felly, mae ffwndamentaliaeth yn adwaith i wthio crefydd i'r ymylon; cynigia agwedd ddethol at y traddodiad crefyddol ei hun; mae'n dal at ddeuoliaeth foesol a wêl bopeth yn nhermau'r da a'r drwg; mae'n cynnig absoliwtiaeth ac anffaeledigrwydd dehongliad; mae'n credu mewn milflwyddiannaeth a meseianaeth lle profir y credinwyr yn iawn yn 'y diwedd'; mae iddi aelodaeth etholedig o blith y gweddill ffyddlon; mae'n tynnu gwahaniaeth haearnaidd rhwng y ffyddloniaid a'r pechaduriaid; fe geir dibyniaeth fel rheol ar arweinydd gwrywaidd, charismataidd; mae'n mynnu mathau penodol o ymddygiad.[20]

ACHOSION

Mae'n bwysig cofio bob amser mai ffenomen grefyddol, fwy na dim, yw ffwndamentaliaeth ac mai crefydd, sut bynnag, yw un o'r dylanwadau mwyaf grymus ar fodau dynol: gall gynnal elfen o reolaeth gymdeithasol trwy addo i'w dilynwyr wobr yn y nefoedd ar yr amod nad ydynt yn creu helynt ar y ddaear, a thrwy hyn, gynnig cefnogaeth y *status quo*. Ar y llaw arall, gall crefydd fod yn rym eithriadol er hybu chwyldro oherwydd ei bod yn awgrymu bodolaeth awdurdod uwch nag awdurdodau daearol. Y paradocs yw bod ffwndamentaliaeth yn tynnu ar y naill agwedd a'r llall: mae'n mynnu ufudd-dod, ond ufudd-dod i awdurdod uwch ewyllys Duw a ddatguddiwyd ar ffurf ysgrifenedig ac a gyhoeddir gan was arbennig Duw.

Wedi cydnabod grym crefydd, sef y cyd-destun lle cyfyd ffwndamentaliaeth, erys un cwestiwn anodd, sef pam y bu i'r ffenomen ymddangos mewn cyd-destunau mor wahanol yn yr ugeinfed ganrif?

Cynigia'r cymdeithasegydd, Steve Bruce, y diffiniad a ganlyn: 'Fundamentalism is a rational response of traditionally religious peoples to social, political and economic changes that downgrade and constrain the role of religion in the public world.'[21] Mae dau bwynt gan Bruce. Yn gyntaf, mai'r rhai ar ymylon cymdeithas a'r economi, a'r difreintiedig sydd fwyaf tebygol o ganfod gwerth ac ystyr personol mewn agweddau ffwndamentalaidd at grefydd. Daw ffwndamentaliaeth i'r brig, felly, mewn ymateb i fath o angen.

Awgryma Marty ac Appleby fod ffwndamentaliaethau yn codi ar adegau argyfwng gwirioneddol neu dybiedig, ac argyfwng hunaniaeth fel rheol, pan fo grŵp o bobl yn ofni difodiant neu gael eu hamsugno i ddiwylliant syncretaidd.[22] Yn ail, gwêl Bruce secwlariaeth – datgysylltu crefydd oddi wrth strwythurau a bodolaeth cymdeithas – fel achos arall. Mae cefndir y naill a'r llall yng nghyfnod y Goleuo ac y maent wedi arwain at or-symleiddio ffwndamentaliaeth.

Yn ôl y ddadl hon, gwelir ffwndamentaliaeth fel dewis gwleidyddol yng ngoleuni methiant moderniaeth. Hawliodd mudiad y Goleuo fod modd esbonio popeth yn naturiol heb orfod troi at y goruwchnaturiol. Tra helpodd gorchymyn diamod Kant ragdybio *a priori* dwyfol i gynnal ymdeimlad moesol y bydysawd, ac yr awgrymodd *Geist* Hegel bresenoldeb mewnfodol y dwyfol yn y greadigaeth ac yn y broses hanesyddol, yr hyn a wnaeth y naill a'r llall mewn gwirionedd oedd caniatáu i'r ddynolryw waredu'r regalia crefyddol yn llwyr gan nad oedd ar eu bywydau mo'u hangen bellach: naturiol oedd popeth ac felly nid oedd angen y goruwchnaturiol. Roedd hyd yn oed ymdeimlad o ddibyniaeth absoliwt Schleiermacher yn arwain at ganlyniad o'r fath gan mai canfyddiad rhywun o ddibyniaeth, ac nid yr hyn y dibynna'r ddynolryw arno, a ystyrid yn arwyddocaol yn y pen draw.

Ochr yn ochr â datblygiadau athronyddol a diwinyddol, tueddai gwyddoniaeth a thechnoleg yn y bedwaredd ganrif ar bymtheg i gyhoeddi gallu a gogoniant y dynol, ac arwain at ymdeimlad fod 'dyn wedi dod i'w oed': rhywun nad oedd arno bellach angen sicrwydd Duw i fyw bywyd llwyddiannus yn y byd. Canlyniad hyn oll oedd i grefydd golli ei swyddogaeth a'i grym i ffurfio dealltwriaeth dyn o'r byd o'i gwmpas ac, *ipso facto*, ei grym gwleidyddol. Tra bod crefydd gynt wedi rhoi fframwaith foesol, dealltwriaeth o achos a diben y bydysawd, a ffordd i sicrhau llwyddiant mewn mentrau dynol trwy weddi a galw ar enw'r duwdod, cyfryngau eraill bellach oedd yn gwneud hyn oll. Fel y dywed Jonathan Sacks: 'Science investigated nature, history explored the past, business maximised profits, technology increased control and governments mediated conflicts, all outside the sacred canopy of faith.'[23] Erbyn canol yr ugeinfed ganrif, daeth yn amlwg nad oedd optimistiaeth o'r fath, gyda'i wreiddiau mewn ffydd ym mhosibiliadau a gallu'r ddynolryw, bellach yn bosibl. Roedd pob pwynt cyswllt rhwng dealltwriaeth a gweithrediadau'r ddynolryw dan fygythiad. Daeth grym yr argyfwng ecolegol yn amlwg wrth i fodau dynol gydnabod y grym technolegol a oedd ar gael i ddinistrio bywyd ar y ddaear, a'r ffactorau economaidd a oedd yn dihysbyddu'r gronfa o adnoddau naturiol. Mewn rhannau o Asia ac Affrica, cysylltwyd hyn oll, a'r anghyfraith a'r llacrwydd moesol tybiedig a oedd yn mynd law yn llaw ag ef, â'r llanw gorllewinol y dylid ei wrthwynebu nid oherwydd y gwelliannau technolegol a ddeuai yn ei sgîl, ond oherwydd ei annuwioldeb a'i addoliad o Mamon.[24] Pan ymddengys pethau'n ansicr, a bod cynnydd fel petai yn arwain yn anorfod 'i'r affwys',[25] yna mae pobl yn troi at yr hyn a welant fel pethau sicr bywyd. Mae crefydd yn rhoi rhai o'r rhain, a pho gadarnaf y sicrwydd, cadarnach y mae pobl yn glynu at yr honiadau crefyddol.

Ac eto, ni ellir wfftio ffwndamentaliaeth fel ymateb difeddwl 'pobl ansicr ac ofnus' fel y myn yr arch-ryddfrydwr a'r afrealwr esgobyddol John Spong.[26] Gelwir ar enw crefydd am wahanol resymau, a daw yn arbennig o rymus mewn bywyd pan fo pethau'n mynd o chwith, nid yn unig am ei fod yn cyflenwi'r cyffur sy'n atgas i faterolwyr anffyddiol fel Marx ond am ei fod yn cynnig 'gorffwys i'r blinderog a'r llwythog' (Mth. 11: 28). Gall yr effaith fod yr un fath, ond mae'r gynhaliaeth ddamcaniaethol yn wahanol iawn. Gwêl y naill grefydd fel esgus i wadu eich cyfrifoldeb eich hun. Gwêl y llall mewn crefydd addewid a realiti Immanuel – Duw gyda ni – a'r cyfan y gall hynny ei olygu. Wrth gwrs, mae modd gorbwysleisio'r rhagenw sy'n arwain at neilltuoliaeth sy'n gwadu presenoldeb Duw gydag eraill. Ond rhaid gweld yr honiad mewn goleuni mwy cadarnhaol ac arwyddocaol oherwydd fod y sawl sy'n gryf eu hymrwymiad crefyddol yn ceisio trosglwyddo'r sêl crefyddol hwnnw yn weithredu ymarferol, a gwleidyddol yn aml. Mewn cyfnodau gwahanol i'n cyfnod ni, pan nad oedd syniadaeth secwlar yn tra-arglwyddiaethu ac nad oedd difrawder yn norm, disgwylid i grefydd arwain pobl i weithredu o argyhoeddiad dwfn.

Felly, mae sylfaen ddiwinyddol i fudiadau ffwndamentalaidd sy'n caniatáu iddynt gredu eu bod yn iawn. Mae crefyddau megis Cristnogaeth, Iddewiaeth ac Islam yn cynnig gwedd ar hanes lle mae Duw yn ymwneud â dwyn popeth o'u dechreuad i'w cyflawniad cywir. Mae diwinyddiaeth Gristnogol yn ddiwinyddiaeth addewid am y dyfodol a phresennol a ategir gan addewidion a gyflawnwyd mewn modd rhagflaenol. Bydd dealltwriaeth o'r fath yn rhwym o arwain at ymwneud gwleidyddol, a bydd yn apelio'n arbennig at bobl (yn enwedig adeg argyfyngau yn eu bywydau personol, cymdeithasol neu wleidyddol) am ei fod yn cynnig gobaith.

Daw ffwndamentalwyr, felly, at fywyd o safbwynt stori fawr (*metanarrative*) ddiwinyddol sy'n mynnu ufudd-dod i'r eithaf ac yn rhoi iddynt obaith am y dyfodol. Mae'r stori yn tramgwyddo'r farn gyffredinol y dylid wfftio storïau mawr am eu bod *a priori* yn ffals ac yn gamarweiniol. O'r tu mewn i'w storïau mawrion, mae ffwndamentalwyr crefyddol o bob math yn cyfeirio at yr un ffactor a ddaeth, am gyfnod, yn hollbwysig yn niwinyddiaeth yr ugeinfed ganrif, sef y cysylltiad rhwng athrawiaeth a *praxis* neu fywyd. Nid oes modd gwadu'r cyswllt cynhenid rhwng y ddau. Ysbrydolir gweithredu yn aml gan gred ddofn ac fe'i haddasir yng ngoleuni'r gred honno. Lle mae ffwndamentaliaeth yn gwyro oddi wrth y patrwm hwn (a fabwysiadwyd, i raddau helaeth, gan fudiadau crefyddol-wleidyddol megis diwinyddiaeth ryddhad) yw bod gweithredu yn cael ei gymhwyso o gred greiddiol, sy'n seiliedig fel rheol ar ddehongliad llythrennol o'r ysgrythur. Mewn geiriau eraill, nid yw'r credoau hyn yn cael eu hailystyried yng ngoleuni profiad ymarferol.

Yn hollol groes i fod yn safbwynt emosiynol a diddysg yr honnir yn aml ei fod,[27] mae ffwndamentaliaeth yn ei wahanol ffurfiau yn aml yn gymysgedd soffistigedig o gred ddiwinyddol, dehongliad cymdeithasol a gweithgaredd ôl-ddilynol sydd, oherwydd natur y gymysgedd, yn mynd yn hollol groes i'r *status quo* crefyddol a gwleidyddol ac sy'n anelu at ddyfodol lle'r ail-grëir y drefn gymdeithasol a gwleidyddol ar batrwm yr ewyllys dwyfol.[28] Mae ffwndamentaliaeth, yn ei holl weddau, yn synied amdani'i hun fel iawn ddealltwriaeth y traddodiad crefyddol ac oherwydd hynny y mae'n rhaid i bobl ffurfio eu bywydau unigol a'u cymdeithas sifil yn ôl y patrwm sy'n tarddu o'r ddealltwriaeth honno.[29] Hyn sy'n eu gwneud mor rymus, a hyn hefyd sy'n awgrymu dyfnder y bygythiad sydd ymhlyg ynddynt i strwythurau presennol a dealltwriaeth secwlar cymdeithas, gwleidyddiaeth a bywyd yn gyffredinol.

Y BROBLEM GYFOES

Fe ddeuwn yma at graidd y broblem a grëir gan ffwndamentaliaeth i'n cymdeithas fodern. Nid yw'r sawl sy'n dehongli'r ysgrythurau yn llythrennol neu'n eu hystyried yn ddeunydd anffaeledig ar gyfer eu ffydd ynddynt eu hunain yn broblemus, faint bynnag y dymuna eraill anghytuno â hwy. Deuant yn broblem yn unig pan ddeuant i'r maes cyhoeddus a defnyddio eu dehongliad o'r ysgrythurau i weithredu mewn ffyrdd sy'n annerbyniol i'r mwyafrif ond a gyfiawnheir yn eu meddyliau eu hunain gan y gred eu bod yn deall yn gywir ewyllys Duw.

Y parodrwydd hwn i ymwneud â'r maes cyhoeddus ac, o ymwneud, ei reoli hefyd, sy'n gosod nod ar y ffwndamentalydd yn y byd cyfoes. Mae grwpiau crefyddol sy'n ymneilltuo o gymdeithas ac yn dymuno cael llonydd i fyw eu bywydau yn ôl eu dealltwriaeth a'u dehongliad hwy o'u dysgeidiaeth grefyddol. Hwyrach mai'r amlycaf ymysg grwpiau o'r fath yw'r Amish archdraddodiadol sy'n wfftio'r byd modern ac yn ceisio byw yn unol â phatrymau a osodwyd mor bell yn ôl â 1697. Fodd bynnag, nid ffwndamentalwyr mo'r Amish hyd yn oed os oes ganddynt agwedd llythrennol tuag at eu testunau cysegredig ac er eu bod yn tybied fod bygythiad i'w hunaniaeth. Nid ydynt yn ffwndamentalwyr am nad ydynt yn ceisio trawsnewid cymdeithas yn unol â'u dealltwriaeth grefyddol hwy.[30]

Yn hytrach na gwrthgilio, mae ffwndamentalwyr yn cymryd rhan weithredol mewn bywyd cyhoeddus. 'Maent yn ymboeni am rym gwleidyddol, cyfiawnder economaidd a statws cymdeithasol. Ond y maent yn anad unpeth yn unigolion wedi eu symbylu gan grefydd, wedi eu dwyn ynghyd yn grwpiau syniadaethol strwythuredig, er mwyn addo gweledigaeth o adferiad dwyfol.'[31] Maent yn adnabod gelyn – secwlariaeth yn aml iawn – neu o leiaf ffurf anghyfreithlon o ddehongliad crefyddol sydd fel ei gilydd yn gwagio'r dimensiwn dwyfol allan o brofiad dynol. 'Mae'n gyfystyr ag anghred', a gostwng creadigaeth Duw i fod yn 'faes o fuddiannau materol cystadleuol'.[32]

Yn wyneb hyn, ymladd yn ôl wnaiff ffwndamentalwyr.[33] Nid ydynt am gael llonydd i fyw eu bywydau fel y mynnant: maent am ddylanwadu ar gymdeithas (naill ai'r gymuned grefyddol neu'r gymdeithas ehangach) am y credant fod Duw wedi dangos iddynt sut y dylid trefnu cymdeithas. Maent am adennill rhywbeth y teimlant a gymerwyd oddi arnynt. Dymunent adfer yr hyn a dybir neu a hawlir sydd yn hen ffyrdd diogel a adferwyd o fyd y maent yn colli gafael arno. Bydd ffwndamentalwyr yn gwneud 'yr hyn sydd raid' i sicrhau eu dyfodol mewn byd a ddiffinnir ganddynt. Gall 'yr hyn sydd raid' olygu ceisio peri i eraill gael tröedigaeth i'r wedd ffwndamentalaidd. Gall olygu hefyd geisio pasio deddfau a newid cyfansoddiadau er mwyn dwyn eu rhaglenni hwy i rym yn y gymdeithas gyfan. Mewn achosion eithafol, gall ffwndamentalwyr ryfela yn erbyn y moderneiddwyr, ymosod ar y sawl sy'n gwthio i mewn, neu gynnal cyrchoedd terfysgol yn erbyn y di-dduw.[34]

Mae'r pwyslais hwn ar *praxis* yn arwain yn y pen draw at ddiffinio ffwndamentaliaeth fel ideoleg. Nid diwinyddiaeth mohono, oherwydd ymfodlona hynny â chynnig gwybodaeth am Dduw a chymundeb gydag ef, yn aml fel dihangfa o'r ddaear bwdr. Nid athroniaeth mohono gan nad yw'n ceisio galluogi pobl i ddeall y byd a chymdeithas ddynol yn unig. Ideoleg ydyw gan ei bod yn symbylu ei ddilynwyr i newid y byd.[35] Mae diwinyddiaeth ac athroniaeth yn rhan o'i methodoleg oherwydd y gwna ei gwaith dan ddealltwriaeth o Dduw a'i ewyllys, ac yn defnyddio hynny i ddeall y byd. Ond fel y dywedodd Marx, felly hefyd y cred y ffwndamentalwyr, 'dehongli'r byd mewn gwahanol ffyrdd yn unig a wnaeth yr athronwyr; y pwynt, fodd bynnag, yw ei newid'.

CASGLIADAU

I lawer ysgolhaig a llawer o'r cyhoedd, mae ffwndamentalwyr fel ysbrydion aflan yn y byd sifil, yn baragonau afreswm, yn ein hatgoffa am y gorffennol dynol tywyll. Caiff y gair ffwndamentaliaeth ei gymhwyso, ac fe'i cymhwysir, boed i aelodau grŵp penodol hoffi hynny ai peidio, i fath arbennig o fudiad sy'n tarfu yn fwriadol ac a all ffrwydro mewn unrhyw grefydd geidwadol, mewn unrhyw ddiwylliant traddodiadol.[36]

Serch hynny, os ydym am ddeall y ffenomen, rhaid i ni osgoi'r hyn a eilw Owen Chadwick yn 'stereodeipio' lle pentyrrir pob crediniwr ynghyd mewn ffordd sy'n awgrymu mai'r un fath ydynt oll. Rhaid i ni ystyried y gwahanol ddehongliadau ym mhob traddodiad. Ac eto, byddwn yn parhau i ddefnyddio'r term i ddisgrifio mudiadau amrywiol sydd fel petaent yn rhannu llawer o'r nodweddion uchod. Gwir y dywed Marty ac Appleby:

In using one term, we do not mean to imply that all fundamentalisms are alike in their orientation to the world or to the other-world. Fundamentalism takes a different form in the actions of militant Buddhists in Sri Lanka than it does in the actions of Operation Rescue protestors in Wichita, Kansas. In regard to specific religious beliefs, Muslim guerilla fighters in Afghanistan have little or nothing in common with the religious Zionists who make up Gush Emunim and inhabit the newest West Bank settlements; Hindu nationalists who seek to define India in narrow religious terms disagree violently with their Muslim neighbors in Pakistan about almost everything. But all of these groups and individuals share certain common characteristics that together may be said to comprise a certain style of religio-political activism in today's world.[37]

Mae crefydd, yn ei holl ffurfiau, yn cyfrannu at ffurfio hunaniaeth: mae'n ateb angen sylfaenol pobl i ddeall pwy ydynt. Mae ffwndamentaliaethau yn 'diffinio, adfer ac yn atgyfnerthu hunaniaeth bersonol a chymunedol sydd mewn perygl o gael ei dinistrio gan symudiadau modern'.[38] Fe wnânt hynny mewn gwahanol ffyrdd mewn gwahanol gyd-destunau, ond fe geir apêl yn aml at genedlaetholdeb, at gyswllt hynafiaid â'r tir, yr angen i ofalu am iaith ac addysg, a'r angen i fyw mewn modd arbennig sy'n sicrhau y bydd yr unigolyn crefyddol yn wahanol i'r *hoi polloi*.

Canlyniad naturiol i ymwybyddiaeth fel hyn o hunaniaeth yw'r pwyslais ar fod yn wahanol i bobl eraill. Er nad yw hyn o raid yn broblem, oherwydd mai dim ond trwy gydnabod gwahaniaeth, yr ymdeimlad fod y llall mewn gwirionedd yn arall ac yn wahanol oddi wrth yr hunan, y gall gwir berthynas fodoli,[39] hawdd iawn y gall droi'n elyniaeth at eraill nad ydynt yn perthyn. Dangosodd Edward Said a Johannes Fabian fod modd defnyddio'r 'arall' i gryfhau eich hunaniaeth a hyrwyddo eich buddiannau eich hun. Mae nodi'r arall fel hyn yn arwain at 'syniadau o oruchafiaeth, ynysrwydd a bod yn anghymharus'.[40] Fel y dangosodd Reinhold Niebuhr, mae'r cymunedau a grëir gan grefyddau yn darparu amgylchedd o gariad i'r sawl sydd y tu mewn i'w ffiniau, ond y mae perthynas ar draws y ffiniau yn fwy problemus.[41] Un o nodweddion ffwndamentaliaethau yw eu bod yn cydnabod grŵp penodol fel un hollol wrthgyferbyniol iddynt, y gwrthodedig i'w ddilorni, y gelyn i'w ddifa. I'r BJP Hindŵaidd yn India, Mwslemiaid ydynt, i Unoliaethwyr Ulster, y Catholigion, i'r Gush Emunim yn Israel, yr Arabiaid, i Iran wedi'r chwyldro, UDA ydoedd.[42] Fel y dengys hanes crefyddol ond yn rhy amlwg, cam bychan iawn sydd o nodi'r rhai sydd dan ddamnedigaeth Duw, i bleidio gwneud i ffwrdd â hwy, a gweithredu ar hynny. Mae pob ideoleg sy'n crwydro o'r llwybr canol, sy'n defnyddio polisi a rhethreg eithafol, yn beryglus oherwydd y bydd yr iwtopia i'r etholedig rai yn wastad yn cau allan y gwrthodedig, sydd, *ipso facto*, yn gorfod cael eu canfod a'u dinistrio.[43] Mae ysbrydoliaeth gweledigaeth grefyddol o ddyfodol a gyfeirir tuag at arfer gorchmynion dwyfol yn gadael y ffwndamentalydd yn agored i'r angen i ddarganfod a dileu popeth nad yw'n cydymffurfio, dan y rhagdybiaeth naïf braidd y gall bodau dynol yn wir fod yn hollol deyrngar ac ufudd ac o ganlyniad felly sefydlu'r union fath o gymdeithas a byd a fynnir gan y gorchymyn dwyfol.

Gwaethygir y perygl yn wastad pan fo crefydd yn rhan o'r hanes, am y rheswm syml ei bod yn cynnig rhyw fath o gyfreithloni dwyfol (sydd felly'n gosod rhwymedigaeth dragwyddol) i hunaniaeth a hawliau tiriogaethol,[44] tra ar yr un pryd yn cynnig cefnogaeth i'r mudiadau hynny yn erbyn y sawl nad ydynt yn perthyn. Y cyfreithloni crefyddol hwn o bolisi gwleidyddol sydd ar ei fwyaf amlwg mewn mudiadau ffwndamentalaidd yn Sri Lanka Fwdhaidd, Iran Fwslemaidd, Israel Iddewig, India Hindŵaidd, y Punjab Sîcaidd ac UDA Gristnogol, a hwy hefyd yw'r bygythiad amlycaf i'r rhai sy'n bodoli y tu hwnt i'r ffiniau. Ond y mae bygythiad arall, ymhlyg, a ganfyddir ac a ddehonglir gan y sawl sydd y tu allan ac a all fod ymhell o fwriad y grŵp ffwndamentalaidd ei hun. Mae democratiaeth ryddfrydol ôl-fodern yn dibynnu ar yr anallu i ganfod absoliwtiau, a hawdd deall fod honiadau o fedru gwneud hyn yn ei hysgwyd. Yn ei hanfod, lle mae'r gwirionedd yn amlwg ac yn sicr, mae ffwndamentaliaeth yn fygythiad i'r wedd athronyddol bresennol ar y byd a ddywed mai peth personol yw gwirionedd ac nad oes mo'r fath bethau ag absoliwtiau.

Ffwndamentaliaeth, erbyn heddiw, yw term secwlariaeth i ddisgrifio'r hyn y tybiwyd nad oedd mo'i angen mwyach ond a wrthododd wywo, sef argyhoeddiadau crefyddol sy'n bygwth union sylfeini secwlariaeth a moderniaeth. Hefyd, gall y difenwi a gyfeirir tuag at y rhai o gymeriad eithafol neu ffwndamentalaidd fod mewn gwirionedd yn ddim ond adwaith moderniaeth yn ymladd am ei wynt wrth iddo gael ei dagu gan nodweddion empeiraidd yr hyn a adwaenir mewn cylchoedd academaidd fel ôl-foderniaeth. Mae ffwndamentalwyr fel petaent yn sefyll dros egwyddorion pendant, mae ganddynt rym argyhoeddiad ac nid ydynt yn chwit-chwat nac yn newid cyfeiriad. Gall hyn fod yn apelgar ac yn ffynhonnell cenfigen i rai, tra gall godi arswyd ar eraill. Hwyrach nad oes sylfaen yn y pen draw i'w hyder, ond mae eu dibyniaeth ar argyhoeddiad diwinyddol, yn enwedig mewn hinsawdd lle mae pawb, bron, yn gweld realiti mewn termau gwrthrychol ac unigolyddol yn unig, yn ddigon i godi broblem arswydus o fygythiol i rai. Yn y mân fanylion, mae pob mudiad ffwndamentalaidd yn wahanol iawn o ran nod ac ysbrydoliaeth: ond yr un yw'r effaith. Mae'n achosi ofn a phanig ac amheuaeth, ac fe'i gwelir fel drwg i'w ymladd, yn enwedig yn y Gorllewin 'rhyddfrydig a goddefgar'. Ond y mae'r ffaith ein bod oll dan fygythiad, a bod i ddelfrydau democratiaeth y Gorllewin eu rhinweddau, yn dangos perygl cynhenid y dylem fod yn ymwybodol ohono.

Nid oes modd ymladd ffwndamentaliaeth gyda dadleuon sy'n dilyn trywydd rhesymoliaeth y Goleuo. Nid hawdd fydd gwneud ysgrythurau, a ystyrir gan grwpiau ffwndamentalaidd fel rhai sy'n rhwymo ac yn cyfarwyddo'n llythrennol, yn destun agweddau hanesyddol-feirniadol (hyd yn oed a rhagdybio y dylid gwneud hynny). Hwyrach mai'r unig gam yw i ddemocratiaeth ryddfrydol ymdrin â ffwndamentaliaethau yn ôl ei hegwyddor: eu goddef a gadael iddynt ddilyn eu trywydd eu hunain. Hyd at ddiwedd yr ugeinfed ganrif, lle bynnag yr ymddangosodd ffwndamentalwyr fel mudiadau cyhoeddus, ar ba wedd grefyddol bynnag, bu'n rhaid iddynt yn aml ddysgu gwers cyfaddawdu.[45] Cedwir eu cymunedau crefyddol yn bur, ond yn eu hymwneud gwleidyddol, rhaid fu iddynt ymgynghreirio gyda'r rhai sydd ymhell y tu allan i'w pyrth crefyddol. Roedd hyn yr un mor wir am fudiadau moesol yn UDA ag am Unoliaethwyr Ulster,[46] Mwslemiaid ym Mhacistan, y Siwdan ac Iran,[47] gwleidyddiaeth Iddewig yn Israel, a gweithredwyr Hindŵaidd yn India.[48] Yr eironi, felly, yw bod ffwndamentalwyr yn cael eu harwain at wleidyddiaeth oherwydd eu hegwyddorion crefyddol, ond bod yn rhaid iddynt gyfaddawdu dros yr egwyddorion hynny er mwyn gweithio, yn bragmataidd, ochr yn ochr ag eraill er mwyn i'w polisïau gael eu cyflwyno neu eu mabwysiadu gan lywodraeth gwlad.

Ond erbyn dechrau'r unfed ganrif ar hugain, ac ers yr ymosodiad ar Ganolfan Masnach y Byd, Efrog Newydd, ar 11 Medi 2001, daeth yn fwy amlwg fyth y gall ffwndamentwyr fod yn fygythiad i'r rhai nad ydynt o'u corlan hwy. A thra bo hyn yn wir, dyletswydd llywodraethau democrataidd, yn genedlaethol a rhyngwladol, yw amddiffyn pobl rhag brawychiaeth a thrais ffwndamentalaidd, a gofalu nad yw byth yn trechu. Ni olyga hyn y dylid adnabod pob grŵp trafferthus fel terfysgwyr ond y dylid cyfeirio pob egni at wrthwynebu'r eithafwr treisgar. Bydd ffwndamentalwyr yn wastad yn rhan o'r byd cyhoeddus. Daw eu hymwneud yn beryglus ac yn annerbyniol pan na fydd pobl o liw gwleidyddol arall yn caniatáu i'w hargyhoeddiadau hwy eu harwain i gymryd camau mwy cynhwysol. Yma, o leiaf, gall ffwndamentalwyr crefyddol gynnig gwers amserol i bobl ym mhob cwr o'r byd. Ond daw eu hymwneud hefyd yn beryglus ac yn annerbyniol pan fydd eu cred yn arwain at weithgareddau ymosodol, treisgar a llofruddiol. Yma, o leiaf, mae'r ffwndamentalwyr crefyddol yn fygythiad mwyaf y byd modern. Rhaid eu deall, felly, er mwyn deall ein byd. Ond rhaid eu deall hefyd os bydd unrhyw obaith i sicrhau byd cyfiawn ac heddychlon i ni ac i'r cenhedlaethau sydd i ddod.

[1] Cyhoeddwyd yr ysgrif hon yn wreiddiol yn *Y Traethodydd*, CLXI/679 (2006), tt. 217–34.
[2] J. I. Packer, *Fundamentalism and the Word of God* (Caerlŷr, 1958), t. 30.
[3] Ibid., t. 28.
[4] Ibid.
[5] *What is Christianity?* (Llundain, 1901).
[6] *The Quest of the Historical Jesus* (Llundain, 1911).
[7] Gw. *Watchman-Examiner* (1 Gorffennaf 1920), t. 834; Harriet A. Harris, *Fundamentalism and Evangelicals* (Rhydychen, 1998), tt. 29–32; Martin E. Marty ac R. Scott Appleby, *The Glory and the Power: The Fundamentalist Challenge to the Modern World* (Boston, 1992), t. 64.
[8] Packer, *Fundamentalism and the Word of God*, t. 74.
[9] Ibid., tt. 100–1.
[10] James Barr, *Fundamentalism* (Llundain, 1995), tt. 11–13.
[11] Gw. James Barr, *Escaping from Fundamentalism* (Llundain, 1984).
[12] Gw. e.e. *Natural Theology: Comprising 'Nature and Grace' by Professor Dr Emil Brunner and the reply 'No!' by Dr Karl Barth* (Llundain, 1946).
[13] *The Times* (25 Awst 1955).
[14] Steve Bruce, *Fundamentalism* (Caergrawnt, 2001), tt. 42–3.
[15] Marty ac Appleby, *The Glory and the Power*, tt. 142–3.
[16] Bruce, *Fundamentalism*, tt. 42–3.
[17] Harriet Harris, 'How helpful is the term fundamentalist?', yn Christopher H. Partridge (gol.), *Fundamentalisms* (Caerliwelydd, 2001), t. 14.

18 Gw. e.e. D. Z. Phillips, *Faith after Foundationalism: Critique and Alternatives* (Llundain, 1988).
19 Golygwyd y cyfrolau gan Martin E. Marty ac R. Scott Appleby ac fe'u cyhoeddwyd gan Wasg Prifysgol Chicago: *Fundamentalisms Observed* (cyfrol 1) (1991); *Fundamentalisms and Society* (cyfrol 2) (1992); *Fundamentalisms and the State* (cyfrol 3) (1993); *Accounting for Fundamentalisms* (cyfrol 4) (1994); *Fundamentalisms Comprehended* (cyfrol 5) (1995).
20 Marty ac Appleby (goln), *Fundamentalisms Comprehended*, tt. 405–14.
21 Bruce, *Fundamentalism*, t. 11.
22 Marty ac Appleby (goln), *Fundamentalisms Observed*, tt. 823–4.
23 Jonathan Sacks, *The Persistence of Faith: Religion, Morality and Society in a Secular Age: The Reith Lectures 1991* (Llundain, 1991), t. 72.
24 Ibid., t. 76.
25 Ibid., 'towards the abyss', yng ngeiriau Robert Bellah.
26 John Shelby Spong, *Rescuing the Bible from Fundamentalists: A Bishop Rethinks the Meaning of Scripture* (San Francisco, 1991), t. 5; hefyd, Harris, *Fundamentalism and Evangelicals*, t. 193.
27 Harris, *Fundamentalism and Evangelicals*, t. 18.
28 Marty ac Appleby (goln), *Fundamentalisms and the State*, t. 3.
29 Paul J. Carter, 'The fundamentalist defense of the faith', yn J. Braemen a D. Brody, *Change and Continuity in Twentieth-century America: The 1920s* (Columbus, 1968), t. 214, n. 89.
30 Marty ac Appleby, *The Glory and the Power*, tt. 7–8.
31 Bruce B. Lawrence, *Defenders of God: The Fundamentalist Revolt Against the Modern Age* (Columbia, 1995), t. 1.
32 Ibid., t. 62.
33 Marty ac Appleby, *The Glory and the Power*, tt. 17–18.
34 Ibid., t. 178.
35 Gw. Michael Walzer, *The Revolution of the Saints: A Study in the Origins of Radical Politics* (Llundain, 1966).
36 Marty ac Appleby, *The Glory and the Power*, t. 3.
37 Ibid., t. 4.
38 Marty ac Appleby (goln), *Fundamentalisms and the State*, t. 620; gw. hefyd Giles Kepel, *The Revenge of God: The Resurgence of Islam, Christianity and Judaism in the Modern World* (Caergrawnt, 1994), tt. 122–3; Marty ac Appleby (goln), *Fundamentalisms and Society*, t. 192.
39 Gw. Jürgen Moltmann, *God for a Secular Society* (Llundain, 1999), tt. 144–5; Martin Buber, *I and Thou* (Caeredin, 1937); Emil Brunner, *Truth as Encounter* (Llundain, 1964), t. 68.
40 Marty ac Appleby (goln.), *Fundamentalisms and the State*, t. 273; Edward Said, *Orientalism* (Efrog Newydd, 1979); Johannes Fabian, *Time and the Other: How Anthropology Makes its Object* (Efrog Newydd, 1982).
41 Reinhold Niebuhr, *Moral Man, Immoral Society* (Efrog Newydd, 1960).
42 Marty ac Appleby (goln), *Fundamentalisms and the State*, t. 21.
43 Marty ac Appleby (goln), *Fundamentalisms Comprehended*, t. 480.

44 Gustavo Benavides a M. W. Daly (goln), *Religion and Political Power* (Albany, 1989), t. 9.
45 Marty ac Appleby, *Fundamentalisms and the State*, t. 641.
46 Steve Bruce, *Firm in the Faith* (Aldershot, 1984), t. 168.
47 Marty ac Appleby, *Fundamentalisms and the State*, tt. 104, 110–15.
48 Ibid., tt. 422–3.

11

FFWNDAMENTALIAETH:
Y SEFYLLFA BRESENNOL

I'r sawl fu'n dyst iddynt, bydd ymosodiadau terfysgol 11 Medi 2001 wedi eu hargraffu ar eu cof am byth. Hedfanwyd dwy awyren Boeing 767 yn fwriadol i ddau dŵr Canolfan Fasnach y Byd, Efrog Newydd, gan beri i'r adeilad gwympo a lladd tua 2,800 o bobl. Yn fuan wedyn, trawodd awyren arall lanfa'r hofrenyddion yn y Pentagon ac yna daeth pedwaredd awyren i lawr i'r gogledd o Somerset County, Pennsylvania. Mae graddfa'r marwolaethau, y delweddau dychrynllyd a'r gallu i edrych ar y digwyddiadau fel yr oeddent yn digwydd, yn peri i'r ymosodiadau hyn godi ben ac ysgwydd uwchlaw unrhyw rai eraill yn hanes terfysgaeth. Cyn hyn, bu modd bychanu terfysgaeth gan '[na chyrhaeddodd] nifer y rhai a laddwyd ledled y byd yn yr holl flwyddyn o ganlyniad i derfysgaeth ryngwladol erioed saith gant'.[1] Ond wedi 11 Medi, edrychai fel petai'r byd wedi newid am byth wrth i derfysgwyr daro mewn ffordd mor arswydus ar galon cenedl gyfoethocaf y byd, a honno fel petai'n ddiymadferth i atal y peth.

Y llaw y tu ôl i'r ymosodiadau, ym meddwl y Gorllewin, oedd Osama bin Laden, anghyddffurfiwr Saudi yr oedd ei ymroddiad i Islam a'i ymrwymiad i sefydlu gwladwriaeth Islamaidd wedi peri iddo ddod yn rhan o ryfel Affganistan yn erbyn yr Undeb Sofietaidd a rhoi grymoedd Islam ar waith yn erbyn dylanwadau gorllewinol yn y dwyrain canol. Beth bynnag oedd dyfnder ei ymroddiad, ac er gwaethaf yr ymdrechion (cywir) i bellhau'r erchyllterau oddi wrth gred Islamaidd, yn sicr mae'n ymddangos i ymosodiadau 11 Medi fod yn waith dynion yr oedd eu hargyhoeddiadau crefyddol yn caniatáu iddynt ladd a marw heb ystyried y canlyniadau, a bod eu trais wedi ei gyfiawnhau ac o bosibl hyd yn oed wedi ei symbylu gan ddealltwriaeth arbennig o honiadau a chredoau crefyddol. Yn wir, bu iaith a sentiment crefyddol yn ffynonellau grymus ers tro byd i gyfiawnhau trais ym mhob crefydd. Mae digwyddiadau 11 Medi yn atgoffa'r byd o duedd honiadau crefyddol eithafol ac eithriadol eu natur i ysbrydoli trais a'i gyfiawnhau trwy ewyllys dwyfol. Dadleuwyd bod crefydd ar ei gwedd ffwndamentalaidd wedi benthyg ei hun yn hawdd i ddehongliadau o'r fath, ac mai hyn a arweiniodd at y ffenomen a adwaenir fel 'braw sanctaidd', dull o ddylanwadu ar bobl a'u rheoli, ac o gyrraedd nod a ddiffiniwyd yn grefyddol a all ddefnyddio dulliau treisgar neu beidio i sicrhau llwyddiant. Y cwestiwn a erys yw i ba raddau y mae ffurf ffwndamentalaidd ar grefydd yn cynnig y posibilrwydd i frawychu pobl, y sawl sy'n glynu at y gred a'r rhai sydd y tu hwnt? Oherwydd os gwna, yna i raddau, fe erys craidd y ddealltwriaeth a all arwain at weithgaredd terfysgol o'r fath yn fygythiad tawel ond grymus. Yn y bennod hon, fe fyddwn yn rhoi golwg fras ar ffwndamentaliaethau crefyddol gan ofyn a yw eu gweithgaredd mewn gwirionedd yn fath o derfysgaeth neu fraw sanctaidd. Fe derfynwn gyda rhai sylwadau i werthuso, a holi sut mae modd i rai o gred grefyddol wahanol fynd i'r afael yn effeithiol â ffwndamentaliaeth, pan fydd yn tyfu'n beryglus.

CRISTNOGAETH

Fel y dywedwyd eisoes, daeth ffwndamentaliaeth fel ffenomen grefyddol i'r amlwg yn yr Unol Daleithiau fel mudiad a fwriadwyd i gadw purdeb y ffydd yn hytrach na chydymffurfio'r byd ag unrhyw batrwm crefyddol. Fe gafwyd hyrddiau o weithredu yn gynnar megis prawf Thomas Scopes yn 1925, pryd y cyhuddwyd Scopes o dorri deddf talaith Tennessee trwy ddysgu esblygiad, a'r Gwaharddiad rhag cynhyrchu, gwerthu ac yfed diodydd alcoholaidd a ddaeth i rym yn 1919 ac a barhaodd tan 1933. Roedd y gweithgaredd hwn fel petai'n deillio'n uniongyrchol o ddealltwriaeth ddiwinyddol y ffwndamentalwyr. Roedd esblygiad yn herio creu chwe diwrnod *ex nihilo* y ddealltwriaeth Gristnogol draddodiadol, tra datblygodd y Gwaharddiad yn naturiol o'r mudiad dirwest ac fe'i mabwysiadwyd am ei fod yn hybu sancteiddio bywyd a byw bucheddol. Trychineb fu'r naill a'r llall i'r ffwndamentalwyr. Enillwyd prawf Scopes, ond nid cyn i dwrnai'r amddiffyniad, Clarence Darrow, amlygu anghysondebau dirfawr yn achos yr erlyniad, tra'r arweiniodd y Gwaharddiad at gynnydd sydyn mewn troseddau ar ôl iddo gael ei sefydlu. O ganlyniad, cadwodd y ffwndamentalwyr allan o fywyd cyhoeddus i raddau helaeth am ddeugain mlynedd, gan gadarnhau eu grym ymysg gweddill ffyddlon y gwir Gristnogion, heb eu llygru gan ddysg fodern na champau democratiaeth ryddfrydol. Hyd at y 1970au, nid oedd ffwndamentaliaeth yn ddim byd mwy na dealltwriaeth grefyddol. Hwyrach iddi beri i unigolion ymddwyn mewn ffordd benodol yn eu bywydau cyhoeddus, ond nid oedd ganddi wir sylfaen o rym a dim wyneb cyhoeddus.

Gwnaeth newidiadau cymdeithasol enfawr yng nghanol y ganrif y ffwndamentalwyr yn fwy ymwybodol o'r achosion yr oedd yn rhaid iddynt frwydro drostynt. Parodd llanast rhyfel Fietnam, problem radicaliaeth myfyrwyr a newid mewn agweddau at ryw a rhywioldeb, oll i'r ffwndamentalwyr fynd i'r maes gwleidyddol. Roedd datblygiad y bilsen atal cenhedlu, cyfreithloni erthylu a'r gydnabyddiaeth raddol a roddwyd i wrywgydiaeth a hawliau hoyw oll fel petaent yn ymosod ar werthoedd Cristnogol traddodiadol y teulu, priodas unwreiciaeth a galwedigaeth. Dechreuodd y ffwndamentalwyr gynhyrfu. Gwelwyd egino mudiadau megis Mwyafrif Moesol Jerry Falwell, a oedd â'r nod i 'ail-Gristioneiddio' America ac a hawliodd eu bod wedi annog rhwng dwy a phedair miliwn o Gristnogion efengylaidd i bleidleisio am y tro cyntaf; Cynghrair Gristnogol Pat Robertson, sefydliad tebyg i'r Mwyafrif Moesol ond a oedd yn denu Cristnogion Pentecostaidd a Charismataidd ac a hawliodd yn ystod etholiad 1980 fod ganddynt 'ddigon o bleidleisiau i redeg y wlad hon';[2] ac Operation Rescue Randall Terry a geisiodd darfu ar weithgaredd mewn clinigau erthylu ar sail dealltwriaeth o Ddiarhebion 24: 11, 'Rescue those who are unjustly sentenced to death; don't stand back and let them die' (*Living Bible*). Roedd y sefydliadau hyn yn ceisio atal y pydredd yng nghymdeithas America, gan gydweithredu i raddau gyda phleidiau gwleidyddol adain-dde, gyda Christnogion heb fod yn ffwndamentalaidd a hyd yn oed gyda grwpiau heb fod yn rhai Cristnogol, er mwyn cyrraedd eu nod. Yr hyn sy'n rhyfeddol, yn hanesyddol, yw bod llawer o Gristnogion ffwndamentalaidd wedi eu symbylu i weithredu'n wleidyddol trwy hyn, a *prima facie*, fod ganddynt gryn ddylanwad a hwnnw'n cael ei arfer trwy drefniadaeth a biwrocratiaeth lefn oedd yn annog tröedigaeth ac yn hybu ymrwymiad i ddull arbennig o fyw. Cefnogwyd hyn oll gan rym ac

FFWNDAMENTALIAETH: Y SEFYLLFA BRESENNOL

apêl emosiynol darlledu Cristnogol. Yn yr Unol Daleithiau, cysylltwyd hyn ag enwau megis Oral Roberts, Rex Humbard, Robert Schuller, James Robinson, 'rhwydwaith Darlledu Cristnogol' Pat Robertson, a chyda Jimmy Swaggert, Jim a Tammy Bakker.[3] I rai, megis Flo Conway a Jim Siegelman, roedd y gweithgaredd hwn ei hun yn gyfystyr â braw sanctaidd, sef 'ymdrin meddyliol ac emosiynol'.[4] Maent yn ei ddisgrifio fel 'braw sy'n crybwyll Duw a'u gwlad yn barchus, felly hefyd "werthoedd traddodiadol", "moesoldeb Americanaidd" a'r "foeseg Iddewig-Gristnogol"', ond fe'i beirniadant am fethu â bod yn wladgarol ac anwybyddu gwerthoedd Crefydd Sifil Americanaidd er mwyn ennill grym a dylanwad gwleidyddol.[5] Mae eu hasesiad wedi ei anffurfio, braidd, yn yr ystyr yr ymddengys fod eu beirniadaeth wedi ei chanoli ar anghytundeb â chynnwys gwleidyddiaeth ffwndamentalaidd yn gymaint â'i ffurf, ond maent yn casglu swm sylweddol o dystiolaeth empeiraidd i awgrymu fod bywydau yn cael eu difetha gan grwpiau ffwndamentalaidd pan fydd unigolion yn gwrthod cydymffurfio. Mae'r hyn sydd mewn termau ffwndamentalaidd yn lledaenu'r efengyl, er y cyfaddefir bod hynny mewn ystyr gyfyng a haearnaidd, yn cael ei weld ganddynt hwy fel trin pobl at ddibenion dirgel. Ar ryw ystyr, mae hwn yn gasgliad braidd yn annisgwyl pan fo'r agenda ffwndamentalaidd wedi cyfateb o leiaf i rai gwerthoedd sy'n ddwfn yng ngwleidyddiaeth a diwylliant America, megis rhaglen amddiffyn gref, polisi tramor ymosodol, hawl ddilestair i fod yn berchen ar ynnau, trethi is, llesteirio gweithgaredd undebau llafur, gwneud i ffwrdd â deddfwriaeth sy'n cyfyngu ar fusnes, a gostwng gwario ar les a grym llywodraeth ganolog.[6]

Yn 1982 yr oedd Conway a Siegelman yn ysgrifennu, pan oedd mudiadau gwleidyddol y ffwndamentalwyr fel petaent yn ennill grym a dylanwad. Ers hynny, cafodd ffwndamentalwyr Cristnogol eu hysgwyd gan sgandalau oedd yn gysylltiedig â rhai o'r arweinwyr amlycaf (Jimmy Swaggert a Jim Bakker yn arbennig) tra bod gwleidyddiaeth Americanaidd, er ei bod yn llawn rhethreg Gristnogol (neu grefyddol o leiaf) heb ildio llawer i'r prif bryderon ffwndamentalaidd (er gwaethaf polisïau yr Arlywydd Bush ynglŷn ag erthylu, er enghraifft). Mae hyn wedi ei dderbyn i raddau helaeth gan y sefydliadau ffwndamentalaidd sydd wedi tueddu i weithredu y tu mewn i'r gyfraith, gan gydnabod dilysrwydd dwyfol y wladwriaeth fel gwladwriaeth, a heb unrhyw fwriad i sefydlu theocratiaeth. Dyma'r unig senario sy'n bosibl mewn traddodiad seiliedig ar awdurdod yr ysgrythur, yn enwedig dilysrwydd dysgeidiaeth yr apostol Paul yn Rhufeiniaid 13 ('Y mae'n rhaid i bob dyn ymostwng i'r awdurdodau sy'n ben. Oherwydd nid oes awdurdod heb i Dduw ei sefydlu, ac y mae'r awdurdodau sydd ohoni wedi eu sefydlu gan Dduw', 13: 1). Mae eglwysi Protestannaidd yn Ewrop yn ogystal ag yn America yn ddyledus iawn i ddysgeidiaeth Awstinaidd y ddwy ddinas ac, o arwyddocâd arbennig yn y cyd-destun hwn, dysgeidiaeth Calvin ar y berthynas rhwng yr eglwys a'r wladwriaeth.[7] O ganlyniad, dylid cadw awdurdod crefyddol ac awdurdod sifil ar wahân, gyda'r naill a'r llall yn deillio o orchymyn Duw. Gall y wladwriaeth, oherwydd i'w bodolaeth gael ei ordeinio gan Dduw, fynnu teyrngarwch ei dinasyddion, gan gynnwys Cristnogion, hyd yn oed os bydd angen gwrthweithio ei gwyriadau weithiau trwy weithredu gwleidyddol. Unwaith i'r gwyro hwn gael ei unioni, rhaid rhoi llonydd i'r wladwriaeth barhau â'i gwaith dan Dduw. Ochr yn ochr â hyn saif dealltwriaeth Protestaniaeth Efengylaidd o ymrwymiad personol a'r angen i bob cydwybod unigol sefyll gerbron Duw. Dyma ddywed Steve Bruce: 'Ni all crefydd sydd nid yn unig yn caniatáu ond yn mynnu cydwybod unigol fod yn gyfiawnhad dros theocratiaeth'.[8]

O ganlyniad i hyn, a dealltwriaeth o orchymyn Crist i beidio cynnal y cleddyf (Mth. 26: 52; Luc 22: 51) ac i droi'r foch arall (Mth. 5: 39), nid yw ffwndamentalwyr Cristnogol yn America erioed wedi pledio na cheisio cyfiawnhau trais trwy gyfeirio at draddodiad diwinyddol. Ymddiheurodd Jerry Falwell yn gyhoeddus petai ei wrthwynebiad i wrywgydiaeth wedi ennyn trais o gwbl tuag at ddynion hoyw a merched lesbiaidd. Pan roddwyd llofruddion clinigau erthyliad ar brawf, hawlio yn ddieithriad a wnaethant mai salwch meddwl yn hytrach nag argyhoeddiad diwinyddol a achosodd eu gweithredoedd.[9] Mae ffwndamentalwyr Cristnogol yn gyson wedi dod i'r casgliad bod trais yn anghydnaws â'u nod er, fel y nododd James Davison Hunter, bod iaith eu rhyfel yn erbyn tywysogaethau a grymusterau yn 'darparu'r cyd-destun damcaniaethol lle mae modd ei drosi yn wir filwriaeth'.[10] Yn wir, nid yw trais wedi'i fabwysiadu gan Gristnogion cyfoes oherwydd eu bod wedi'i gael yn anodd i anghytuno â'r cynsail nad oes modd sefydlu Teyrnas Tywysog Tangnefedd trwy drais. Tyfu mewn pwysigrwydd a wnaeth y cyfryw ddealltwriaeth yn ystod yr ugeinfed ganrif, wrth i Gristnogaeth geisio ymryddhau o'i chyswllt hanesyddol â chroesgadau a gormes imperialaidd.

FFWNDAMENTALIAETH: Y SEFYLLFA BRESENNOL

Y pwnc a godir gan ffwndamentaliaeth Gristnogol, yn enwedig yn America, yw a ddylai ffwndamentalwyr allu cyflwyno eu safbwynt, a gweithio tuag at ei sefydlu mewn cymdeithas sy'n dal fod gwirioneddau i'r gwrthwyneb yn hunanamlwg. Mae'n anorfod y bydd y rhai a argyhoeddir gan werthoedd rhyddfrydol yn ei wrthwynebu. Os yw'r mudiadau hyn yn fraw sanctaidd, yna maent felly nid oherwydd eu tueddiadau treisgar ond oherwydd y rhwydweithiau sydd ganddynt gyda'r nod i sicrhau bod y sawl gafodd dröedigaeth yn cydymffurfio â safonau ymddygiad a nodwyd ac yn cael eu hannog i hybu dehongliad o dynged y ddynolryw sy'n cau allan bopeth arall. Fodd bynnag, ni ellir galw dim o hyn yn derfysgaeth am y rheswm syml ei fod yn bodoli y tu mewn i'r gyfraith ac yn tueddu i wrthod trais, ac unrhyw weithgaredd anghyfreithlon petai'n dod i hynny. Yn hytrach na gwrthwynebu'r wladwriaeth yn dreisgar, pwysleisiodd y ffwndamentalwyr hyn wedd arall ar y byd a *praxis* sydd yn galw am dröedigaeth ac ymrwymiad personol. Ymddengys mai ym meddyliau'r sylwedydd sydd â barn wahanol y mae'r braw sanctaidd yn bodoli yn bennaf, gyda'r canfyddiad fod barn y ffwndamentalwyr yn gyfyngus, yn beryglus ac yn annerbyniol.

ISLAM

Un anhawster wrth drafod ffwndamentaliaeth Islamaidd yw'r ffaith fod natur a hunanddealltwriaeth Islam (os, yn wir, y dylai rhywun gyfeirio at hyn fel ffenomen homogenaidd) mor bell oddi wrth rai Cristnogaeth. Myn rhai mai amhriodol yw defnyddio'r term o gwbl, oherwydd ei gysylltiadau gyda changhennau arbennig Cristnogaeth ac oherwydd ei gyfeiriad at ddehongliad llythrennol yr ysgrythur, rhywbeth sy'n agwedd bwysig ar uniongrededd Islamaidd.[11] Ond, yn fwy technegol, mewn Islam, ni wahaniaethir rhwng crefydd a gwleidyddiaeth. Mae a wnelo Islam ag ufudd-dod i ewyllys Allah fel y'i datgelwyd yn y Koran.[12] O'r herwydd, i rai, mae Islam yn anorfod ffwndamentalaidd yn yr ystyr y cymerir y Koran yn air Duw fel y'i harddywedyd, a bod yn rhaid i Fwslemiaid ildio ac ufuddhau iddo.[13]

Cyn belled ag y mae'r Gorllewin yn y cwestiwn, ni fuasai dim o hyn yn werth ei nodi oni bai am newid yn yr hinsawdd gymdeithasol yn ystod y 1970au. Yn y ddegawd honno, ildiodd yr ymdrechion i sefydlu gweinyddiaeth genedlaetholgar, Arabaidd, sosialaidd yn yr Aifft, a'r ymdrechion i ddiwygio, er i'r rheiny gael eu gwneud mewn dull gormesol, yn Iran, i fath milwriaethus ar Islam oedd yn ceisio Islameiddio moderniaeth yn y gwledydd hynny. Ochr yn ochr â hyn, cafwyd cyfres o ddigwyddiadau a amlygodd filwriaeth Islamaidd. Herwgipiodd Palestiniaid milwriaethus awyrennau a'u ffrwydro mewn ymgais i ddwyn i olau dydd sefyllfa eu brodyr a'u chwiorydd dan fawd yr Israeliaid. Serch hynny, tyfodd yr adwaith cychwynnol hwn, o geisio hawliau i bobl dan ormes, yn fwy grymus wrth i gyfreithegwyr Islamaidd ddechrau dehongli'r ddyletswydd Islamaidd i sicrhau bod cenhedloedd cyfain yn dod yn Islamaidd ac yn aros felly. Dan gyfarwyddyd dynion megis yr Ayatollah Khomeini, arweinydd y wladwriaeth wir Islamaidd gyntaf yn Iran wedi'r chwyldro, ymddengys i radicaleiddio Islameiddwyr ddigwydd pryd yr anogwyd hwy i geisio merthyrdod yn fwriadol dros yr achos. I Khomeini, byddai Islameiddio yn 'fydol, sydyn, yn derbyn trais fel dull o adfywio ysbrydol a chyfiawnder gwleidyddol.'[14] Arweiniodd hyn at ymgyrch i waredu'r byd Islamaidd o'r goresgynnwr gorllewinol, a gynrychiolid yn arbennig gan Unol Daleithiau America; roedd yn ymddangos mai eu presenoldeb llwgr hwy yn y gwladwriaethau Arabaidd, yn enwedig yn Saudi Arabia, a'u cefnogaeth i Wladwriaeth Israel, oedd y prif rwystr i sefydlu'r gyfraith Islamaidd.

Canlyniad hyn oedd ymosodiadau di-ben-draw ar dargedau'r UDA gan eithafwyr Mwslemaidd.[15] Yn Ebrill 1983, gyrrwyd car yn llawn ffrwydron i Lysgenhadaeth UDA yn Beirut. Lladdwyd 69 o bobl.[16] Ym mis Hydref 1983, galwodd yr Ayatollah Khomeini ar Hezbollah (Plaid Allah) i roi terfyn ar feddiannu Libanus gan UDA a'r milwyr Ffrengig a oedd yn ffurfio llu cadw heddwch swyddogol y Cenhedloedd Unedig. Ar 23 Hydref, gyrrodd hunanfomwyr mewn loriau a oedd wedi eu llwytho â ffrwydron i garsiynau'r Ffrancwyr a'r Americanwyr, gan ladd 241 o filwyr Americanaidd a 58 o filwyr Ffrengig. 'Disgrifiwyd y ffrwydrad a achoswyd gan ymosodiad yr hunanladdwyr ar bencadlys y Marines yn Beirut gan arbenigwyr Americanaidd fel "y ffrwydrad unigol mwyaf, ac eithrio rhai niwclear, ar y ddaear ers yr Ail Ryfel Byd".'[17] Ar 27 Rhagfyr 1985, ymosododd carfanau hunanladdiad Palesteinaidd ar feysydd awyr Rhufain a Fiena, a lladd 21 o bobl gan gynnwys pump Americanwr.[18] Ym mis Chwefror 1993, lladdodd bom yng Nghanolfan Fasnach y Byd yn Efrog Newydd chwech o bobl, anafu 1,042 ac achosi gwerth $500 miliwn o ddifrod. Yn 1996, Tyrau Khobar yn Dhahran, Saudi Arabia, oedd yn darged yr ymosodiad. Lladdwyd 19 o awyrfilwyr o'r UDA. Ym mis Tachwedd 1997, lladdodd Jihad Islamaidd yn yr Aifft 58 o ymwelwyr yn Luxor. Yn 1998, lladdwyd 224 ac anafwyd dros 5,000 pan ddinistriwyd llysgenadaethau UDA yn Nairobi a Dar es Salaam.[19] Ar 12 Hydref 2000, trawyd llong y llynges Americanaidd *Cole* gan gwch yn llawn ffrwydron. Lladdwyd 17 o'r criw.

Er nad yw'n agos at raddfa digwyddiadau 11 Medi 2001, nid yw'r gweithgaredd hwn heb ei arwyddocâd. Yn ôl ystadegau Adran y Wladwriaeth, mae Americaniaid yn 5 y cant o boblogaeth y byd. Ond yn ystod y 1990au, roedd 36 y cant o weithredoedd terfysgol wedi eu hanelu at fuddiannau a dinasyddion yr Unol Daleithiau.[20] Prin y gellir amau fod UDA, ym meddwl Islamwyr milwriaethus, wedi ymddangos fel y 'satan mawr' i'w wrthwynebu doed a ddelo oherwydd ei bresenoldeb yn y byd Arabaidd. Ond yr hyn a ddatgelodd y gweithgaredd hwn, yn anad unpeth, yw'r ffordd yr oedd Mwslemiaid ifainc, wedi eu symbylu gan gyfuniad grymus o anobaith oherwydd yr hyn sy'n ymddangos fel eu cyflwr diymadferth, ac anogaeth ddiwinyddol i ymladd eu hachos, yn barod i aberthu eu hunain, gyda'u golwg yn bendant ar nod uwch. 'Mae'r ffaith fod eraill yn ystyried y weithred derfysgol yn ddrwg yn amherthnasol,' ysgrifennodd Yossef Bodansky, 'gan fod y darparferthyr sy'n gyrru'r cerbyd sy'n cynnwys y bom yn argyhoeddedig ei fod yn gwneud gwaith Duw.'[21]

Cefnogwyd hyn gan rai athrawon Islamaidd sy'n pwysleisio dehongliad gydag arlliw arbennig o rai delweddau ac athrawiaethau, gan wneud yn fawr ohonynt er mwyn annog defnyddio terfysg a thrais ymysg yr ymlynwyr. Yn Islam, rhennir y byd yn ddwy garfan, dinas rhyfel (*Daar al-Harb*) a dinas ffydd (*Daar al-Imam*). Ni all Mwslemiaid, sy'n perthyn i ddinas ffydd, fod yn ddim ond gelyniaethus tuag at ddinas rhyfel.[22] Mae Mwslemiaid milwriaethus yn ymateb i'r sefyllfa hon trwy awgrymu toriad Islamaidd oddi wrth y byd an-Islamaidd, dysgeidiaeth y pwysleisiwyd ei phwysigrwydd yng ngwaith Sayyid Qutb (1906–66).

Qutb oedd prif ddamcaniaethwr mudiad y Brodyr Mwslemaidd, sef grŵp milwriaethus ymhlith y Mwslemiaid Sunni yn yr Aifft a oedd yn ceisio dychwelyd y genedl at ei gorffennol Islamaidd. Iddo ef, y tu hwnt i Islam nid oes ond *jahiliyya*, gair sy'n golygu 'anwybodaeth' a 'barbareiddiwch' ac a ddefnyddir gan Fwslemiaid am yr amser cyn dysgeidiaeth y proffwyd Mohammed yn Arabia. Cymhwysodd Qutb ef at gymdeithasau yn yr ugeinfed ganrif yr oedd eu hethos a'u harferion yn groes i hanfod Islam. Mae'r gwir Fwslim yn torri oddi wrth *jahiliyya*, yn ymdrechu i'w ddinistrio ac yn adeiladu'r wladwriaeth Islamaidd ar ei adfeilion. Mae cynsail i'r toriad Islamaidd yng ngweithred y proffwyd ei hun. Gadawodd Mohammed Mecca yn 622 (blwyddyn un yr Hegira) gan fod *jahiliyya* yn tra-arglwyddiaethu. Sefydlodd grŵp ym Medina a gryfhaodd hyd nes, wyth mlynedd yn ddiweddarach, y gallodd ddychwelyd i Mecca, dymchwel yr eilunod, a chyhoeddi Islam.[23] I Qutb, rhaid oedd sefydlu deddf Duw, y *sharia*. Ond 'ni ellid gwireddu'r ddelfryd hon oni bai i rai o'r ffyddloniaid dethol ymrwymo i ail-goncro cymdeithas wedi torri ymaith oddi wrthi'.[24] 'I ymryddhau o iau *jahiliyya*, rhaid cynnal dim llai na *jihad*, rhyfel sanctaidd Islamaidd.'[25] A'r gweddill ffyddlon oedd yn gorfod cymryd rhan mewn *jihad*.

Ar ei fwyaf sylfaenol, ystyr *jihad* yw ymdrech neu ymroddiad wrth i'r Mwslim ymdrechu i fod yn ufudd i ewyllys Allah.[26] Ymhellach, cytunir yn lled gyffredinol yn y byd Mwslemaidd fod modd defnyddio'r term ar gyfer rhyfel amddiffynnol pan ymosodir ar Islam. Fodd bynnag, dan gyfarwyddyd cyfreithegwyr Islamaidd milwriaethus, daeth i olygu trais i greu gwladwriaeth Fwslemaidd.[27] Rhybuddiodd y Sheikh Salman bin Fahd al-Udah, Islamegydd Saudi, yn 1995 fod 'gwrthod *jihad* yn ei ystyr wreiddiol . . . yn beryglus i oroesiad Islam'. Wrth wneud hynny, cadarnhaodd fod Islam dan fygythiad ac mai 'ymdrech arfog ddigyfaddawd' oedd yr unig ddewis arall.[28] Dywedir i Osama bin Laden ddweud mai 'Yn ein crefydd ni, mae lle arbennig yn y byd a ddaw i'r sawl sy'n cymryd rhan mewn *jihad*.' (Ymddengys fod bin Laden wedi ei gysylltu â dysgeidiaeth Qutb – fod yn rhaid i flaen y gad chwyldroadol osod Islam ar gymdeithas – trwy'r Dr Sheikh Abdullah Yusuf Azzam, a ddisgrifiwyd gan gylchgrawn *Time* fel yr un a adfywiodd *jihad* yn yr ugeinfed ganrif.[29]) Caiff y sawl sy'n marw yn ystod *jihad* sicrwydd mynediad ar unwaith i baradwys, tra bod hyn yn cael ei wadu i'r rhai sy'n methu perfformio.[30] Dyma athrawiaeth sy'n dibynnu ar ymdeimlad y bydd credinwyr crefyddol yn etifeddu paradwys ganmil gwell na dim y gellir ei greu ar y ddaear ac sydd felly yn apelio at y sawl sy'n ystyried eu bod mewn sefyllfa wan yn hytrach nac un gref. Mae'r naill agwedd a'r llall yn symbylu'r hunanfomiwr: atyniadau gogoniant a pharadwys, a diymadferthedd ei sefyllfa bresennol. Mae'n ymddangos felly mai dyma'r unig beth sydd ar ôl.

Medrodd yr Islamiaid milwriaethus sy'n gweithredu fel hyn dynnu ar a dehongli datblygiad honedig yn y Koran ynglŷn â thrais. Yn y bôn, mae'r Koran yn caniatáu trais yn unig yn wyneb ymosodiad: 'Ymladdwch ffordd Allah yn erbyn y rhai a ymladda yn eich erbyn, ond na chychwynnwch elyniaeth (II. 190).'[31] Ymhellach:

> Rhoddir caniatâd i ymladd i'r sawl y rhyfelir yn eu herbyn gan anghredinwyr oherwydd eu bod dan ormes (yn wir mae Duw yn dra grymus i'w cynorthwyo) ac a drowyd o'u cartrefi yn groes i'w hawl yn unig am ddywedyd 'Ein Harglwydd sydd Dduw' (XXII. 39–40).

Ond â hyn ymlaen i awgrymu fod yn rhaid ymladd pob anghrediniwr ac anffyddiwr yn enw Allah. Yr awgrym hwn fod y sawl nad ydynt yn Fwslemiaid ac sy'n gwrthod troi yn dargedau cyfreithlon sydd fel petai yn cyfiawnhau tactegau terfysgol:

> Yna, pan aiff y misoedd sanctaidd heibio, lladdwch yr eilunaddolwyr lle canfyddwch hwy, a'u cymryd (yn gaeth), a'u gwarchae, ac ymosod yn gudd ar bob un. Ond os bydd iddynt edifarhau a sefydlu addoliad a thalu'r hyn sy'n ddyledus i'r tlodion, yna rhwydd hynt iddynt. Wele! Allah sydd Faddeugar a Thrugarog (IX: 5).

Trwy ddefnyddio adnodau fel y rhain sy'n agored i'w dehongli a'u defnyddio gan gyfreithegwyr dylanwadol, daeth *jihad* yn fodd i ysbrydoli pobl ifainc filwriaethus i aberthu eu bywydau 'yn ôl ewyllys Duw' fel rhan o'u dyletswydd grefyddol.

Natur Islamiaeth filwriaethus yn bennaf sy'n peri ei fod yn erfyn terfysgaeth mor effeithiol, sef bod Mwslemiaid ifainc, wedi eu denu gan areithwyr grymus i fudiadau Hezbollah, Hamas, Jihad Islamaidd ac al-Qaeda, yn credu mai anrhydedd i'r eithaf yw marw mewn *jihad* tra'n ceisio sefydlu Islam yn y byd. Gellir gweld mor effeithiol y mae gan mai ychydig bach o drefnu sydd ei angen i esgor ar ganlyniadau pellgyrhaeddol. Ysgrifennodd William Perdue, 'prin fod angen rhoi credinedd i ddamcaniaethau am gynllwyn trwy bwyntio bys at "athrylith tu cefn i bopeth". Nid oes angen fawr ddim trefniadaeth nac arian, a dim llawer o fedr milwrol i smyglo arfau i mewn i adeiladau cyhoeddus, a'u tanio. Y cyfan sydd ei angen yw dicter, gynnau a pharodrwydd i farw', a hawdd deall hyn 'o ystyried dioddefaint a dicter y Palesteiniaid a wnaeth yr ymosodiadau hyn'.³² Cofnodwyd i aelodau Jihad Islamaidd a gafodd eu harestio yn 1986 ddweud: 'Aelodau ydym o'r genedl Islamaidd a ddad-etifeddwyd, yn ceisio merthyrdod yn enw Allah yn erbyn pob ymosod. Llawer pwysicach i ni yw angau na bywyd.'³³ A chyfreithlonwyd hyn ymhellach yng ngwaith awduron megis Mustafa Kamil, a adwaenir hefyd fel Abu Hamzah al-Masri, a ysgrifennodd lyfr dan y teitl *Terrorism is the Solution*. Ynddo, honnodd mai 'term *Shar'ia* yw terfysgaeth y mae'n rhaid i Fwslemiaid lynu ato. Golyga hyn mai terfysgaeth yw'r dull o alw ar y gorthrymedig i ddial ar y gormeswyr.'³⁴

Yn wahanol i Gristnogaeth, problem Islam yw nad yw'n anodd iawn i'r rhan fwyaf o grwpiau y gellir eu hadnabod fel rhai ffwndamentalaidd neu filwriaethus neu (yn well byth) Islamaidd, weithredu'n dreisiol a'i gyfiawnhau yn enw eu crefydd, ac er gwaethaf protestiadau o du Mwslemiaid mwy cymedrol. Yn rhannol oherwydd hyn, ac yn rhannol am mai dyma'r ddelwedd o Islam a bwysleisir yng nghyfryngau'r Gorllewin, daw'n anodd dadblethu'r grefydd ei hun o weithgaredd milwriaethus. Yn wir, cysylltwyd Islam, yn fwy nag unrhyw grefydd arall yn y byd yn y meddwl poblogaidd (ar gam, o bosibl) â brawychiaeth, gweithredu milwriaethus a ffwndamentaliaeth.³⁵ Rhaid i sylwedyddion gymryd agwedd a naws gwahanol, a rhaid i'r ffyddloniaid ymrwymo'n fwy amlwg i'r tyndra yn y Koran rhwng yr adnodau a ddyfynnwyd uchod a rhai megis: 'O ddynion! Wele fe'ch crëwyd oll o wryw a benyw, a'ch gwneud yn genhedloedd a llwythau, fel yr adnabyddwch eich gilydd' (XXXIX. 13), neu 'Ni fydd gorfodaeth ym materion ffydd' (II. 256). Yn y dyfodol, wrth i Fwslemiaid geisio tynnu sylw'r byd at y daliadau hyn yn eu ffydd, felly hefyd y dylai sylwedyddion yn y Gorllewin fod yn llai chwannog i gyfystyrru milwriaeth a therfysgaeth â hanfod Islam yn hytrach na chyda grwpiau lleiafrifol dylanwadol.³⁶

IDDEWIAETH

Gan fod a wnelo Iddewiaeth yn benodol â hunaniaeth ethnig a diwylliannol ochr yn ochr ag un crefyddol, mae i'r mudiadau hynny a nodwyd fel rhai ffwndamentalaidd natur a nod gwahanol i rai Cristnogaeth ac Islam. Gall fod ffwndamentalwyr Cristnogol a Mwslemaidd am ffurfio'r byd i'w rhagdybiaethau diwinyddol eu hunain, ond y maent hefyd am ddwyn unigolion drosodd at eu safbwyntiau. Busnes Cristnogaeth ac Islam fel ei gilydd yw argyhoeddi pobl a'u hyfforddi fel proselytiaid. Nid yw Iddewiaeth yn mynd ati i geisio troi pobl, ac nid yw'n gweld ei hun fel cred sy'n ffurfio'r byd i batrwm unrhyw ideoleg. Y pwnc sylfaenol, yn hytrach, yw natur gwir Israel a sut y bydd a wnelo hynny â gweddill y byd. Y ddadl hon sydd wedi arwain rhai i bledio 'adfer a goroesiad y gymuned grefyddol "bur" a duwiolfrydig y tybiwyd oedd yn bodoli yn y gorffennol'.[37]

Yn Israel ei hun, ceir gwahaniaeth barn dros y fenter Seionaidd a geisiodd sefydlu gwladwriaeth Israelaidd ac a ofalodd, wedi ei sefydlu yn 1948, mai secwlar fyddai ethos y wladwriaeth. Mae'r Haredim,[38] Iddewon eithafol-uniongred sydd â'u gwreiddiau yn nwyrain Ewrop yn y ddeunawfed ganrif a'r bedwaredd ganrif ar bymtheg, yn gwrthwynebu bodolaeth Gwladwriaeth Israel. Ymgais oedd Seioniaeth gan Iddewon secwlar i arfer peth rheolaeth dros hanes, a thrwy hynny drawsfeddiannu gallu Duw. I'r Haredim, mae'r bobl Iddewig yn dal yn alltud, ac yn disgwyl i Dduw ddod i'w hadfer. Ni all ceisio gorfodi pethau 'ond arwain at ddinistr'. Tra bod eu protestiadau weithiau wedi arwain at drais, mae'r grŵp hefyd wedi ymwrthod â thrais fel ymgais gan ddynolryw i reoli hanes. Eu cynghreiriad yn y gwrthwynebiad hwn yw Netorei Karta (Gwarcheidwaid y Ddinas), sydd wedi meddiannu ardal Mea Shearim yn Jerusalem. Cymaint yw eu gwrthwynebiad hwy i wladwriaeth Israel nes i aelodau o'r grŵp geisio ildio i Wlad yr Iorddonen yn 1948 a chefnogi ymosodiad Irac ar Cowait yn 1990, gan ystyried fod Saddam Hussein wedi ei ddewis gan Dduw i gosbi'r Iddewon am sefydlu Gwladwriaeth Israel.[39]

Ar y llaw arall, ffurfiwyd y Gush Emunim[40] (Bloc y Ffyddloniaid) yn dilyn rhyfel Yom Kippur yn 1973 pryd yr ymsefydlodd rhai Iddewon ymrwymedig yn nhiroedd yr Arabiaid a hawlio'r tiroedd a arferai berthyn i Israel gwlad y Beibl, a feddiannwyd yn dilyn y Rhyfel Chwe Diwrnod yn 1967. Mae hyn yn adlewyrchu dealltwriaeth arbennig o hanes iachawdwriaeth. Hanes yw'r llwyfan lle y digwydd proses ragluniaethol ac y bydd Duw yn gweithredu ei ewyllys. Gwelodd y Gush Emunim mai eu dyletswydd oedd meddiannu'r tiroedd hyn, ac nid oes modd ystyried encilio oddi yno, gan y byddai'n 'groes i ewyllys Duw ac yn gam yn ôl ym mhroses Meseianaidd prynediageth'.[41] Mae Gush Emunim yn croesawu Gwladwriaeth Israel fel cam ar hyd y llwybr i lwyr adfer y wlad a dyfodiad oes y Meseia. Cam yn unig ydyw gan mai secwlar yw'r wladwriaeth o hyd, ond i'r Gush Emunim, gall hyd yn oed gwladwriaeth secwlar beri i'r byd gydymffurfio yn ddiarwybod â'r cynllun dwyfol. Mae'r gred am y bobl etholedig a'r syniad am wlad yr addewid felly'n hanfodol i'r hunaniaeth Iddewig. Trwy syniadau fel hyn darperir cymysgedd pwerus yn y Gush Emunim o'r awydd i gydfyw gyda'r Palestiniaid tra bo elfennau eraill y grŵp wedi dilyn llwybr o eithrio sy'n ceisio symud y Palestiniaid allan o dir Israel ac sy'n fodlon defnyddio trais er mwyn sicrhau ei ddymuniad. Arweiniodd y ffaith fod rhai rabiniaid wedi rhoi sêl eu bendith i weithredoedd o'r fath at ddadl am natur trais i geisio cyrraedd amcanion Iddewig. Enghraifft gynnar o drais o'r fath oedd gosod trap ffrwydrol mewn ceir yr oedd dau faer Arabaidd yn teithio ynddynt yn 1980, gan anafu'r teithwyr. Credai'r sawl oedd yn gyfrifol nad oedd y wladwriaeth yn gweithredu er lles Iddewon ac felly y buasai ymosodiad o'r fath yn atgoffa'r Palesteiniaid, a hefyd yn herio'r llywodraeth, mai buddiannau Iddewig sy'n gorfod bod drechaf. Yn 1984, llwyddodd gwasanaeth cudd Israel i rwystro cynllwyn gan Gush Emunim i chwythu pum bws Arabaidd i fyny.[42] Eu cynllun mwyaf mentrus ac un a allasai fod wedi arwain at drychineb lwyr, oedd hwnnw i ffrwydro Cromen y Graig ar Fynydd y Deml yn Jerwsalem yn 1984. Cred Iddewon ffwndamentalaidd fod yn rhaid dinistrio'r cysegrleoedd Mwslemaidd, Mosg al-Aksa a Chromen y Graig, er mwyn ail-godi'r deml i baratoi ar gyfer dyfodiad y Meseia.[43] Ffurfiwyd y cynllun i ffrwydro Mynydd y Deml yn y gred y buasai'n symbylu rhyfel rhwng yr Arabiaid a'r Israeliaid a fyddai'n golygu buddugoliaeth i'r Iddewon a hel y Palesteiniaid allan o diroedd y meddiant.[44] 'Mae rhyfel yn gydran ganolog o'r broses buro a fydd yn hebrwng y cyfnod meseianaidd,' meddai James Davison Hunter.[45] Diddorol oedd nodi y rhoddwyd y gorau i'r cynllun yn y pen draw am nad oedd yr un o'r rabiniaid yr ymgynghorwyd â hwy yn barod i gymeradwyo'r weithred.[46]

Ar y cyfan, ni chydnabyddir trais Israelaidd tuag at Balesteiniaid fel ffwndamentaliaeth nac fel gweithredoedd terfysgol gan mai'r wladwriaeth sy'n ei wneud, a hynny fel arfer mewn ymateb i ymosodiadau gan Balestiniaid. Er yr ymddengys yn aml yn ddigyfaddawd a gormodol, fe'u derbynnir yn gyffredinol gan y byd fel ymdrech gyfreithlon llywodraeth ddilys i sicrhau heddwch a diogelwch i'w dinasyddion. Fodd bynnag, fe gafwyd digwyddiadau nodedig pryd y defnyddiwyd trais gan ymsefydlwyr Iddewig. Digwyddodd un o'r gwaethaf yn Hebron yn y tiroedd y bu dadlau yn eu cylch ar 25 Chwefror 1994. Saethwyd 29 o addolwyr Mwslemaidd yn farw gan Baruch Goldstein, Iddew uniongredeithafol, y canmolwyd ei weithred gan y Rabbi Jacob Perrin gyda'r geiriau 'nid yw miliwn o Arabiaid yn werth un ewin Iddewig'.[47] Meddai'r Rabbi Dov Liov 'Roedd Goldstein yn llawn cariad at ei gyd-ddyn. Ymgysegrodd i helpu eraill.' Mae datganiad o'r fath, *prima facie*, yn annealladwy nes i ni sylweddoli, fel y dangosodd Shahk a Mizvinsky, bod ei ddefnydd o'r termau 'cyd-ddyn' ac 'eraill' yn adlewyrchu dealltwriaeth arbennig a geir yn yr Halakah lle cyfeiriant yn unig at Iddewon.[48]

Er y gellid synied am hyn fel digwyddiad unigol, erys yr ymateb iddo gan rai yn arwyddocaol a sinistr. Meddai Liov eto, 'Ni allai Goldstein barhau i oddef y darostwng a'r cywilydd a bentyrrir arnom y dyddiau hyn; dyma pam y gweithredodd am ddim rheswm ond i sancteiddio enw sanctaidd Duw.'[49] Cofiwyd gweithredoedd Goldstein mewn llyfr coffa a oedd yn cyfiawnhau ei weithredoedd fel aberth a dial-ymlaen-llaw am ymosodiadau y credai'r ymsefydlwyr Iddewig fuasai fel arall wedi dod i'w rhan. Aeth y llyfr ymlaen i ddweud nad ei barodrwydd i weithredu felly oedd yn bwysig, ond sut mae rhywun yn ymateb i'r sawl a wnaeth hynny.[50] Nid oes yn rhaid i eraill weithredu fel y gwnaeth Goldstein, ond rhaid ymateb iddo fel arwr.

Ymddengys nad oes prinder o gymeradwyaeth gan rabiniaid i weithredoedd treisgar yn erbyn Palesteiniaid. Cyn sefydlu Gush Emunim, arweiniodd y Rabbi Moshe Levinger ymsefydlwyr i Hebron a Nablus, gan orfodi'r llywodraeth i gydnabod y naill a'r llall fel aneddfannau Israelaidd swyddogol.[51] Dywedir iddo annog trais a therfysg, ac iddo gael ei ddwyn o flaen ei well unwaith am danio at Arab a'i ladd. 'Leddais i neb,' honnir iddo ddweud. 'Yn fwy manwl, buasai'n dda gennyf i, rhywun a ystyrir sy'n cludo baner Israel, petawn wedi cael y fraint o ladd un o feibion Ishmael.'[52] Dywedir bod y Rabbi Kook yr Hynaf, prif ddamcaniaethwr Gush Emunim, wedi dweud bod 'y gwahaniaeth rhwng enaid Iddewig ac eneidiau'r rhai nad ydynt Iddewon – oll ar bob lefel wahanol – yn fwy ac yn ddyfnach na'r gwahaniaeth rhwng enaid dynol ac eneidiau gwartheg.'[53] Mae rabiniaid Gush Emunim wedi pwysleisio dro ar ôl tro y syniad na ddylid cosbi Iddewon sy'n lladd Arabiaid.[54] Yn 1989, daethant at ei gilydd i drafod 'Bywyd yn

Jiwdea a Samaria yn ystod yr Intiffadah (y gwrthryfel Palestinaidd) yn ôl Cyfraith Torah'. Eu prif amcan oedd penderfynu a oedd y sefyllfa yn y Tiroedd yn rhyfel ai peidio. Os oedd, yna gellid gweithredu'n dorfol i gosbi perthnasau unrhyw Arab sy'n niweidio Iddew. Seiliwyd hyn ar hanes Beiblaidd Simeon a Lefi, meibion Jacob, a laddodd drigolion Shechem am dreisio eu chwaer Dinah (Gen. 34). Dilynwyd hyn gan ddadl arall a oedd yn galw am 'wahaniaethu rhwng un math o waed a math arall'. Parhaodd dadleuon o'r fath yn Israel gydag Abraham Shapiro, y prif rabi Ashkenazi yn y 1990au, yn condemnio sylwadau'r Rabbi Yitzhak Ginzburg a awgrymodd ym mhrawf saith o fyfyrwyr am lofruddio merch Arabaidd, nad oedd 'gwaed Arabaidd, gerbron y gyfraith, o'i hanfod yn gyfartal â gwaed Iddewig, ac felly y dylid cosbi Arabiaid sy'n lladd Iddewon, ond y dylid rhyddhau Iddewon sy'n lladd Arabiaid'. Noda Gideon Aran, 'wrth wneud hynny [roedd Shapiro] fwy neu lai ar ei ben ei hun ymhlith rabiniaid Israel'.[55]

Mae llawer yn y Gush Emunim yn synied am yr Arabiaid fel Amaleciaid a Chananeaid y mae gan Iddewon cyfoes, yn nhraddodiad Joshua ers amser y Beibl, ddyletswydd i'w dinistrio.[56] Er enghraifft, crybwyllodd y Rabbi Israel Hess, yn 1980, hil-laddiad fel 'gorchymyn o'r Torah' a bod y Palesteiniaid yn haeddu'r un dynged â'r Amaleciaid.[57] Yn wahanol i drais terfysgwyr Mwslemaidd, ni welir y sefyllfa ymysg grwpiau Iddewig fel un o wendid ond o gryfder. Hwy sy'n rheoli'r tir a'r llywodraeth, mae ganddynt bleidlais, nid ydynt heb hawliau dynol. Mae eu dysgeidiaeth goruchafiaeth, felly, yn adlewyrchu eu hymdeimlad o gryfder a hyder fod buddugoliaeth yn anorfod. Dan y slogan 'tir Israel i bobl Israel yn ôl Torah Israel'[58] ceisia'r Gush Emunim ofalu nad oes lle i neb ond y rhai o waed Iddewig yn y tir. Yr ethos a hyrwyddir gan rai o blith y rabiniaid a rhai yn y Gush Emunim yw bod bywyd Iddewig yn fwy sanctaidd ac unigryw na bywyd nad yw'n Iddewig, ac mai rhinwedd yw i Iddewon ladd Arabiaid am resymau dialedd.[59]

Er ei bod yn anodd gweld y trais hwn fel terfysgaeth yn ôl unrhyw ddehongliad cydnabyddedig o'r gair, mae yn fraw sanctaidd oherwydd fe welwn y cymysgedd grymus o bwyntiau ysgrythurol a diwinyddol penodol yn rhoi ei ysgwydd dan faich trais, dull o ddweud pwy sy'n perthyn a phwy sydd ddim, a ffordd i gyfiawnhau dileu'r rhai nad ydynt yn perthyn. Mae hon yn sefyllfa beryglus dros ben, wrth gwrs, a alwyd yn 'wrthdaro'r ffwndamentaliaethau'[60] lle mae'r Mwslim a'r Iddew yn ymladd nid yn unig am yr hawl i dir, heddwch a diogelwch, ond hefyd y frwydr eschatolegol lle gwelir hwy a'u Duw yn cael eu cyfiawnhau yn llygaid y byd. Yn y dyddiau ar ôl 11 Medi 2001, rhoddwyd mwy o sylw nag erioed o'r blaen i leisio'r angen i ganfod ateb cyfiawn i'r Palesteiniaid. Ond mae presenoldeb dysgeidiaeth grefyddol ar y naill ochr a'r llall, boed yn statws arbennig y bobl etholedig neu orfoledd y merthyr, yn gwneud ateb o'r fath yn annhebygol am y dyfodol rhagweladwy ac yn sicr tra bod y naill ochr a'r llall yn parhau i arddel trais.

CASGLIADAU

Wrth sylwi ar y mudiadau hyn a'r pynciau a godant, mae modd gwneud nifer o bwyntiau fel rhyw fath o gasgliad.

Yn gyntaf, rhannol, o raid, yw'r darlun a gynigir yma. Un rheswm am hyn yw'r amrywiaeth enfawr o arfer a dehongliad a geir yn y tair crefydd. Rheswm arall yw y buasai esboniad manwl hyd yn oed o'r pynciau a'r symudiadau a godwyd yn hyn o bennod yn amhosibl yn y gofod sydd ar gael. Cyfyngwyd y bennod hon i symudiadau y gellir eu hadnabod fel rhai ffwndamentalaidd yn ôl meini prawf cydnabyddedig. Y ffenomen hon o ffwndamentaliaeth, nid y crefyddau eu hunain nac unrhyw sect gwltaidd neu wyriad o'r brif ffrwd, fu'n destun sylw. Mae hyn yn ateb cwestiynau a godwyd gan Karim H. Karim ynglŷn â pham nad yw mudiadau megis 'Apostolion Crist' yn yr Eidal, 'Cristnogion dros heddwch ac iachawdwriaeth genedlaethol' yng Ngholombia, 'Byddin gwrthsafiad yr arglwydd' yn Uganda, ac 'Urdd teml yr haul'[61] fyth yn cael eu crybwyll yng nghyswllt ffwndamentaliaeth Gristnogol. Mae'n ymateb hefyd i'r cwestiwn pam na wnaed sylwadau am brosesau Islameiddio 'oddi uchod' o du llywodraethau neu 'o'r gwreiddiau' gan ffyddloniaid sy'n byw ymysg cenhedloedd nad ydynt yn Islamaidd, fel yr amlinellwyd gan Giles Kepel, gan fod hynny yn rhan annatod o dystiolaeth Islamaidd yn hytrach nac o ffwndamentaliaeth *per se*. Yn olaf, dyna pam na chrybwyllwyd natur amrywiol Iddewiaeth ledled y byd.[62]

Yn ail, fe ddaw o blith y grwpiau hyn linyn arian o ymdeimlad o etholedigaeth gan Dduw, ond un y gweithredir arno mewn gwahanol ffyrdd. Mae ffwndamentaliaeth Gristnogol yn eithrio'r anghrediniwr neu'r damnedigion llawn gymaint ag y mae Islam neu Iddewiaeth, ond nid yw'n mynnu'r hawl i symud na dinistrio'r gwrthgiliwr na'r anetholedig fel y mae rhai ffwndamentalwyr yn y ddwy grefydd honno'n ei wneud. Mae sawl rheswm am hyn. Un yw'r twf yn yr ymdeimlad o safbwynt heddychol Crist ymysg Cristnogion yn gyffredinol yn yr ugeinfed ganrif. Er gwaethaf ei hanes gwaedlyd, daeth yr eglwysi Cristnogol yn gyffredinol i arddel protest ac ymateb di-drais fel ymateb i drais yn y byd. Ochr yn ochr â hyn y mae'r ystyriaeth ddiwinyddol fod Cristnogion yn bechaduriaid annheilwng fel pawb arall a bod eu hetholedigaeth yn dweud mwy am ras Duw nag am eu gwerth neu eu harbenigrwydd hwy. Ac mae gwahaniad yr awdurdod sifil oddi wrth yr awdurdod ysbrydol, er gwaethaf yr angen i weld bod y sifil hefyd yn deillio o Dduw, yn rhoi i Gristnogaeth natur wahanol i eiddo Islam ac Iddewiaeth. Bu enwadau Cristnogol, hyd yn oed rhai ffwndamentalaidd, yn gyndyn o geisio cipio awenau grym, hyd yn oed pan fuont yn awyddus i ddylanwadu ar y broses wleidyddol. A chysylltir hyn â'r syniad fod Cristnogaeth wedi dod bron yn gyfystyr yn y Gorllewin â gwerthoedd goddefgarwch, democratiaeth a rhyddid. Er mwyn arfer y rhain, nid oes modd cymryd agwedd anoddefgar a threisgar at y sawl sy'n gwrthwynebu safbwyntiau Cristnogol neu ddysgeidiaeth ffwndamentalaidd.[63]

Fel y gellid disgwyl, mae Islam yn wahanol iawn i hyn. Nid yw ei natur o ymostwng i ddeddf Duw yn caniatáu iddo weld unrhyw wahanfur rhwng gweithgaredd crefyddol a gwleidyddol. Ar un ystyr, ni ddichon bod gwladwriaeth Islamaidd, dim ond Islam lle llywodraethir pob penderfyniad a bywyd cyfan yn unol ag ewyllys Duw. Dyma'r hyn mae pob Mwslim yn ceisio ei ymgorffori yn eu hufudd-dod a'u crefyddolder eu hunain. Mae'r rhai sydd am geisio sefydlu'r galiffiaeth Islamaidd ac alltudio'r gorllewinwyr di-dduw wedi medru ecsploetio rhai testunau ac ambell i ddysgeidiaeth er mwyn annog a symbylu Mwslemiaid defosiynol i weithredu'n dreisgar a therfysgol i gyrraedd yr amcanion hynny. Mae *jihad* yn derm pwysig mewn Islam a gellir ei ddehongli i'r dibenion hynny. Daw merthyrdod yn arf bwysig yn nwylo'r sawl sy'n cynllwynio i sefydlu'r galiffiaeth. Mae hyn yn hollbwysig, oherwydd mae llawer o'r terfysgwyr Mwslemaidd honedig â'r nod nid yn unig o greu llanast; Mwslemiaid defosiynol ydynt sy'n ceisio dwyn y maen Islamaidd i'r wal. Mae'n bwysig nodi fod llawer o'u cyd-

Fwslemiaid yn gwadu eu dehongliad, er nad yw hynny o fawr bwys iddynt hwy nac i gyfryngau'r Gorllewin. Mae'r rheini, wedi cwymp comiwnyddiaeth yn Ewrop, am greu bwgan arall, ac maent, o bosibl, wedi ei gael ym Mwslim y dwyrain canol.

Deillia trais Iddewon yn Israel o gydnabod eu hunain fel y bobl etholedig yng ngwlad yr addewid. Mae eu hawl i'r tir yn absoliwt: mae'r sawl sydd am honni hawl i berchenogi'r un tir yn elynion pennaf ac yn elynion Duw, a rhaid eu sgubo o'r tir, megis yr Amaleciaid a'r Cananeaid yn amser yr Hen Destament. Unwaith eto, dygwyd dysgeidiaeth y rabiniaid i mewn i gyfiawnhau gweithredoedd sy'n aml yn mynd y tu hwnt i amddiffyn eich hunain. Yn wir, dadleuodd rhai Israeliaid dylanwadol fod modd cyfiawnhau taro gyntaf, er mwyn atal ymosodiad. Crybwyllodd Yehuda Blum, a fu'n llysgennad Israel i'r Cenhedloedd Unedig, y syniad am *Nadelslichtaktik* (tacteg pigiad nodwydd). Os ceir ymosodiad arfog, mae gan y wladwriaeth yr ymosodwyd arni hawl i weithredu'n filwrol, dan Erthygl 51 siarter y Cenhedloedd Unedig sy'n ymwneud ag amddiffyn eich hunain, a dehonglir hynny 'fel ymateb cyfreithlon i ragweld yr ymosodiad terfysgol nesaf'. Mae gan y wladwriaeth felly nid yn unig yr hawl i hunanamddiffyn, ond i'w hamddiffyn ei hun mewn modd disgwylgar.[64] Defnyddir y cyfryw ddadleuon i gyfiawnhau grym Israelaidd eithafol tuag at y Palesteiniaid, yr ymosodiadau ar Affganistan yn dilyn yr ymosodiad ar Ganolfan Fasnach y Byd ac i gyfiawnhau ymosod ar Irac a gwneud i ffwrdd â 'bygythiad' Saddam Hussein. Yn aml ni sylweddolir arwyddocâd y ddadl hon. Yn nhraddodiad y rhyfel cyfiawn, un o'r amodau yn cyfiawnhau rhyfel oedd bod gwladwriaeth yn ymateb i ymosodiad arni yn hytrach na chychwyn y frwydr. Ar ôl yr ymosodiadau ar Irac, ymddengys bellach nad oes rhaid dal wrth yr amod hwnnw, o leiaf ym marn cenhedloedd y Gorllewin a gefnogodd 'ail ryfel y Gwlff'.

Yn drydydd, erys y cwestiwn a yw'r rhain yn fudiadau terfysgol ar unrhyw ystyr. Rhaid dweud y gall y tair crefydd symbylu braw sanctaidd. Gallant oll ennyn ofn ymysg y rhai nad ydynt yn perthyn i'r un grefydd am y rheswm syml bod eu dysgeidiaeth a'u gweithgaredd yn anorfod yn cau allan niferoedd helaeth o bobl. Hwyrach nad ofn posibilrwydd trais yw hwn, ond arwain at frawychu'r sawl y mae eu golwg ar y byd a'u safbwynt moesol yn wahanol. Eto ymddengys fod hyn yn ailddiffinio'r term terfysgwr yn ôl ystyr

arferol y gair lle trosir credoau o'r fath yn fygythiad corfforol i'r
'arall'. Pan fo hyn yn digwydd, y maent fel petaent yn croesi'r
ffin honno i derfysgaeth. Ar y cyfan, nid yw ffwndamentalwyr
Protestannaidd America wedi croesi'r ffin honno yn bennaf oher-
wydd eu hamharodrwydd i hybu a chyfiawnhau trais. Mae rhai
grwpiau Mwslemaidd yn y dwyrain canol a grwpiau Iddewig yn
Israel yn sicr wedi gwneud hynny.

Mae hyn yn arwain yn y pen draw at broblem sut i ymdopi â'r
bygythiad posibl o du grwpiau crefyddol ffwndamentalaidd o'r
fath. Tybia rhai, unwaith y cyrhaeddir y nod a ddymunir, y bydd
bygythiad trais a therfysgaeth yn diflannu. Dadleua Adam Robinson,
hyd nes y caiff y Palesteiniaid hawliau tir gan Israel, erys bygyth-
iad ymosodiadau pellach megis rhai 11 Medi 2001.[65] Ar y llaw
arall, dadleuodd Walter Laqueur mai dyma un o fythau terfysg-
aeth,[66] a hefyd ei fod yn methu ag ystyried grym yr elfen gref-
yddol. Mae symbyliad crefyddol a'r sêl i wneud yr ymosodiadau
hyn yn golygu nad ydynt yn debyg o ddod i ben unwaith y gwneir
consesiynau ar bynciau penodol. Yn hytrach, mae'r sêl hwnnw'n
debyg o barhau nes concro'r gelyn yn llwyr neu farw yn yr ymdrech
– fel y dengys llawer o weithgaredd hunanladdol Palesteinaidd
ond yn rhy glir.

Hwyrach fod yr achosion y mae'r terfysgwyr yn ymladd
drostynt, a'r rhai y saif Cristnogaeth, Islam neu Iddewiaeth drostynt,
yn gyfiawn, a hwyrach y dylid eu datrys yn deg gan y gymuned
ryngwladol. Ond rhag i'w trais ffrwydro ar y byd unwaith eto,
ymddengys yn bwysicach o lawer wynebu'r ffwndamentalwyr o'r
tu mewn i'w traddodiadau crefyddol eu hunain gyda darlleniadau
a dehongliadau amgen sy'n herio eu dilysrwydd a'u gwirionedd. Os
yw Cristnogion mewn gwirionedd ar ochr rhyddid a democrat-
iaeth, os yw Mwslemiaid yn wir o blaid heddwch ac os yw Iddewon
yn wir eisiau cyfiawnder i bawb, yna mater i'r Cristnogion, Mwslem-
iaid a'r Iddewon o'r argyhoeddiadau hynny yw gweithio drostynt
yn eu crefyddau eu hunain hyd nes daw'r amser na fydd bellach
fodd i arddel dehongliadau sy'n arwain at drais, dinistr, llofruddio,
anhrefn a therfysg. Ni fydd ymdrechion gwleidyddol na strategol
yn ddigon oherwydd, yn fwy na'r gallu i ddinistrio a'r bobl sydd
ar gael i wneud hynny, y symbyliad crefyddol sy'n rhaid ei symud,
gan mai dyma'r hyn sy'n gwneud yr hunanfomiwr, yr ymsefydlydd
milwriaethus, neu'r ymgyrchydd gwrth-erthylu yn argyhoeddedig
fod cyfiawnhad i'w drais. Yma, o'r tu mewn i'r traddodiadau

crefyddol eu hunain, mae'n rhaid rhoi naratif tangnefedd sanctaidd yn lle naratif braw sanctaidd, gan fod pob crefydd hefyd yn hawlio naratif tangnefedd. Mae hyn yn hanfodol, neu derfysgaeth ryngwladol, wedi ei danio gan sêl grefyddol, fydd melltith yr unfed ganrif ar hugain.

[1] Patrick Clawson, 'Terrorism in decline?', *Orbis*, 32 (Gwanwyn, 1988), 264, dyfynnwyd yn Charles Kegley Jr. (gol.), *International Terrorism: Characters Causes Controls* (Efrog Newydd, 1990), t. 14.
[2] Dyfynnwyd yn Karen Armstrong, *The Battle for God: Fundamentalism in Judaism, Christianity and Islam* (Llundain, 2000), t. 267.
[3] Gw. Flo Conway a Jim Siegelman, *Holy Terror: The Fundamentalist War on America's Freedoms in Religion, Politics and our Private Lives* (Efrog Newydd, 1982),tt. 41–60.
[4] Ibid., t. 8.
[5] Ibid., t. 4.
[6] Steve Bruce, *Fundamentalism* (Caergrawnt, 2001), t. 75.
[7] John Calvin, *Institutes of the Christian Religion*, II, gol. J. T. McNeill (Llundain, 1960), tt. 1485–521.
[8] Bruce, *Fundamentalism*, t. 122.
[9] Ibid., t. 101.
[10] Lawrence J. Silberstein (gol.), *Jewish Fundamentalism in Comparative Perspective: Religion, Ideology and the Crisis of Modernity* (Efrog Newydd, 1993), t. 34.
[11] Gw M. Aftab, 'What does fundamentalism really mean?', *Islamic Herald* (Ebrill, 1995).
[12] Bruce, *Fundamentalism*, tt. 42–3.
[13] Yn nhyb Steve Bruce, 'It is neither a spiritual experience nor an assent to doctrine but acceptance of the law', ibid., t. 107.
[14] William D. Perdue, *Terrorism and the State: A Critique of Domination through Fear* (Llundain, 1989), t. 164.
[15] Gw. Yossef Bodansky, *Bin Laden: The Man who Declared War on America* (Rocklin, Calif., 1999); Adam Robinson, *Bin Laden: Behind the Mask of the Terrorist* (Efrog Newydd, 2001).
[16] A. Taheri, *Holy Terror: The Inside Story of Islamic Terrorism* (Llundain, 1987), t. 123.
[17] Ibid.
[18] Perdue, *Terrorism and the State*, t. 54.
[19] Bodansky, *Bin Laden*, t. 231.
[20] Ibid., t. 265.
[21] Ibid., t. 152.
[22] Taheri, *Holy Terror*, tt. 12–13.
[23] Gilles Kepel, *The Revenge of God: The Resurgence of Islam, Christianity and Judaism in the Modern World* (Caergrawnt, 1994), t. 20.

24 Ibid.
25 Martin E. Marty a R. Scott Appleby, *The Glory and the Power: The Fundamentalist Challenge to the Modern World* (Boston, 1992), t. 154.
26 Bruce B. Lawrence, *Defenders of God: The Fundamentalist Revolt against the Modern Age* (Columbia, 1995), t. 217; Karim H. Karim, *The Islamic Peril: Media and Global Violence* (Efrog Newydd, 2000), t. 42.
27 Martin E. Marty a R. Scott Appleby (goln), *Fundamentalisms Observed* (Chicago, 1991), t. 422; Karim, *Islamic Peril*, t. 39.
28 Bodansky, *Bin Laden*, t. 18.
29 Adam Robinson, *Bin Laden*, t. 89.
30 Karim, *Islamic Peril*, t. 45.
31 Gw. ibid., t. 125.
32 Perdue, *Terrorism and the State*, t. 55.
33 Gw. Lawrence J. Silberstein (gol.), *Jewish Fundamentalism in Comparative Perspective: Religion, Ideology and the Crisis of Modernity* (Efrog Newydd, 1993), t. 96.
34 Bodansky, *Bin Laden*, t. 403.
35 Gw. e.e. Karim, *Islamic Peril*, t. viii.
36 Ibid., t. x.
37 Israel Shahk a Morton Mizvinsky, *Jewish Fundamentalism in Israel* (Llundain, 1999), t. vii.
38 Ibid., tt. 23–54; gw. hefyd Silberstein (gol.), *Jewish Fundamentalism in Comparative Perspective*, t. 18; Marty ac Appleby (goln), *Fundamentalisms Observed*, tt. 197–264.
39 Gareth Lloyd Jones, 'Sacred violence: the dark side of God', *Journal of Beliefs and Values*, 20/2 (1999), 195.
40 Shahk a Mizvinsky, *Jewish Fundamentalism in Israel*, tt. 78–95.
41 Gw. Silberstein (gol.), *Jewish Fundamentalism in Comparative Perspective*, t. 32.
42 Marty ac Appleby (goln), *Fundamentalisms Observed*, t. 284.
43 Marty ac Appleby, *The Glory and the Power*, t. 28.
44 Kepel, *The Revenge of God*, t. 195.
45 Silberstein (gol.), *Jewish Fundamentalism in Comparative Perspective*, t. 33.
46 Bruce, *Fundamentalism*, t. 5.
47 Dyfynnwyd yn Gareth Lloyd Jones, 'Sacred violence: the dark side of God', 184. Trafodir y digwyddiad yn Shahk a Mizvinsky, *Jewish Fundamentalism in Israel*, tt. 113–49.
48 Shahk a Mizvinsky, *Jewish Fundamentalism in Israel*, t. 103.
49 Ibid.
50 Gerald Cromer, *Narratives of Violence* (Aldershot, 2001), tt. 48–55.
51 Armstrong, *The Battle for God*, t. 264.
52 Aran, 'Jewish Zionist fundamentalism', yn Marty ac Appleby (goln), *Fundamentalisms Observed*, tt. 292–3.
53 Shahk a Mizvinsky, *Jewish Fundamentalism in Israel*, t. vii.
54 Ibid., t. 71.

55 Marty ac Appleby (goln), *Fundamentalisms Observed*, tt. 336–7, n. 27.
56 Silberstein (gol.), *Jewish Fundamentalism in Comparative Perspective*, tt. 33, 53.
57 Armstrong, *The Battle for God*, t. 346.
58 Ibid., t. 35.
59 Shahk a Mizvinsky, *Jewish Fundamentalism in Israel*, t. 43.
60 Gw. Christopher H. Partridge (gol.), *Fundamentalisms* (Caerliwelydd, 2001), tt. 279–99.
61 Karim, *Islamic Peril*, t. 81.
62 Gw. ymhellach Partridge (gol.), *Fundamentalisms*, tt. 100–7.
63 Gw. e.e. Karim, *Islamic Peril*, t. 134.
64 Perdue, *Terrorism and the State*, tt. 136–7.
65 Robinson, *Bin Laden*, tt. 287–8.
66 Gw. Kegley Jr. (gol.), *International Terrorism*, tt. 69–70.

12

YR EFENGYL MEWN OES WELEDOL

Un o'r trawsnewidiadau cymdeithasol niferus a ddigwyddodd yn ystod yr ugeinfed ganrif oedd y ffordd y daeth delweddaeth weledol i'r amlwg, a hyd yn oed i dra-arglwyddiaethu, yn niwylliant y Gorllewin. Wrth gwrs, fe fu erioed gelfyddyd benodol grefyddol lle bwriadwyd harddwch, wedi ei bortreadu ar gynfas, mewn gwydr lliw neu mewn cerfluniaeth, i ysbrydoli pobl i fyfyrio ynghylch gwahanol rinweddau. Ond ni welodd yr un oes erioed o'r blaen y fath bwysigrwydd yn cael ei roi i gynrychiolaeth weledol mewn bywyd beunyddiol, sefyllfa a gododd yn rhannol oherwydd rhan ganolog delweddaeth mewn hysbysebu. Os oes unrhyw un heb ei argyhoeddi o rym y gweledol, mae'r biliynau o bunnoedd a werir bob blwyddyn ar ymgyrchoedd i'n perswadio i wario ein harian ar y dillad diweddaraf neu ar nwyddau i'r tŷ yn arwydd o'i botensial. Ond yn fwy na hyn, yn ystod yr ugeinfed ganrif y datblygwyd y ddelwedd symudol trwy'r sinema ac, yn anad unpeth, y teledu. Ac os oes gan y ddelwedd sefydlog y gallu i swyno a pherswadio, yna bu'r ddelwedd symudol yn rym hypnotig a hudol, a ddaeth i dra-arglwyddiaethu o ran statws yng nghymdeithas y Gorllewin mewn llai na hanner can mlynedd.

O ddechreuadau distadl ddiwedd y bedwaredd ganrif ar bymtheg, datblygodd lluniau symudol yn ddiwydiant sinematig pwysig yn ystod y blynyddoedd a ddilynodd y Rhyfel Mawr. I ddechrau, roedd cynulleidfaoedd wedi eu cyfareddu gan ddirgelwch a realiti y delweddau symudol a oedd yn cael eu defnyddio i ddangos yr hyn oedd wedi digwydd mewn mannau pellennig, neu a fwriadwyd i ddiddanu a chynhyrfu pobl, megis yr enghraifft enwog o'r gynulleidfa a lamodd ar ei thraed i osgoi'r hyn dybient oedd yn drên cyflym yn gwibio tuag atynt. Cafwyd datblygiadau technolegol sydyn, ac yr oedd hyn yn cyfoethogi effaith y ddelwedd ei hun. Ychwanegwyd sain yn y 1920au ac roedd lliw yn bosibl trwy broses Technicolor a ddatblygwyd yn 1932. Cyn gynted ag y digwyddodd hyn, bu modd pelydru lluniau o'r fath i gartrefi ac aeth setiau teledu ar werth gyntaf yn America yn 1928, a phrin ugain mlynedd yn ddiweddarach y cafwyd yr arbrofion cyntaf gyda lluniau lliw. Teledu bellach yw'r ffurf fwyaf poblogaidd ar hamdden i fwyafrif llethol pobl gwledydd gogledd yr Iwerydd, ac mae'n cyfrif am tua 47 y cant o'u hamser hamdden. Goddiweddwyd y blychau cyntefig gan fideo a DVD ar raddfa eang, a darlledu lloeren, cebl a digidol. Er ei fod yn ei ddyddiau cynnar yn cynnwys y bwriad i roi gwybodaeth, perthyn yn llwyr y mae'r sinema bellach i faes diddanu: mae'n bodoli heb fawr neu ddim sêl dros roi gwybodaeth nac addysgu. Ar y llaw arall, deil teledu at ddiben deublyg diddanu a rhoi gwybodaeth. Dyma bellach yw ein prif ffynhonnell am y naill a'r llall.

Am y rhesymau hyn, a rhag ei thynghedu i'w llwyr alltudio i ymylon diwylliant modern, bydd yn rhaid i ddiwinyddiaeth ddod i delerau â delweddaeth symudol ac adfyfyrio arno. Ers cyn cof, y peth pwysicaf mewn llefaru crefyddol fu testunau ysgrifenedig a'r gair llafar. Mae gwybodaeth, a hyd yn oed ffydd, yn cael ei drosglwyddo, ei ledaenu a'i ddehongli, yn ôl Jacques Derrida, y tu mewn i'r tyndra rhwng y gair logoganolog (ysgrifenedig) a phonoganolog (llafar). Fodd bynnag, mae tra-arglwyddiaeth gweld fel cyfrwng i gyflwyno gwybodaeth, a'i oruchafiaeth yn arbennig dros ein hamser hamdden, yn awgrymu y bydd angen rhoi mwy o sylw yn y dyfodol i ffilm a theledu. Fel hyn y dywed John May: 'video tapes will . . . shortly become the principal texts that our children and grandchildren take home'.[1] Ymhellach, digwyddodd y chwyldro gweledol hwn ar yr un pryd â gostyngiad brawychus mewn ymlyniad crefyddol yn y Gorllewin, yr union ran o'r byd lle mae teledu a sinema amlycaf fel gweithgareddau amser hamdden.[2] Hwyrach fod cyswllt achosol uniongyrchol rhwng y ddau: nid yw'r ffaith eu bod yn cynnig gweithgareddau hamdden hawdd wedi bod yn garedig wrth grefydd sefydliadol. Mae cadw at grefydd, yn ei ffurfiau traddodiadol, yn rhoi gormod o alwadau arnom. Mae'n mynnu ein bod yn gadael cysur ein cadeiriau a'n cartrefi er mwyn treulio amser mewn adeiladau sy'n aml yn oer ac yn anghysurus lle'r ydym, yn amlach na heb, yn cael ein hannog i ymdrechu'n galetach a'n herio am y gwendidau yr ydym yn rhy dueddol o ddisgyn iddynt. Er nad dyma sy'n gyfan gwbl gyfrifol, rhaid bod y gostyngiad mewn cadw at grefydd ar ryw ystyr yn ganlyniad i ddewis ehangach o ddiddanwch i ni ar gyfer yr amser hamdden cynyddol yr ydym yn ei fwynhau. Yr hyn sy'n fwy arwyddocaol, efallai, yw'r ffaith fod y sinema a'r teledu, fel cyfryngau technolegol ac yn y diddanwch maent yn ei bortreadu, yn tueddu i ganolbwyntio ar ogoniant y dynol a grym dynoliaeth. Fel y dywed Michael Northcott, mae eu golwg ar y byd yn ddynganolog ac nid yn Dduw-ganolog.[3] I'r graddau eu bod wedi cymryd lle ymrwymiad crefyddol fel gweithgaredd amser hamdden i lawer, maent hefyd wedi helpu i drawsnewid eu golwg ar y byd o un lle cawsai Duw ran ganolog yng nghynnal y bydysawd (petai ond o ran cael ei gydnabod ar rai adegau yn ystod yr wythnos neu'r flwyddyn) i un lle mae bodau dynol â'r llaw uchaf yn gysyniadol ac empeiraidd.

Hyd yn oed os yw'r teledu a'r sinema, i lawer, wedi cymryd lle ymlyniad crefyddol, nid ydynt yn gadael y bobl hynny yn amddifad o unrhyw systemau gwerthoedd. Trwy deledu a ffilm mae pobl yn gyson agored i werthoedd a systemau moesol a gynigir iddynt trwy gyfrwng y diddanwch. Mae'n ffaith sobreiddiol fod cynrychioli, archwilio a hyd yn oed ledaenu gwerthoedd bellach yn digwydd ar ei fwyaf miniog trwy deledu a ffilm ac nid mewn cyd-destun penodol grefyddol megis mewn eglwys.[4] Os trwy destunau y casglwn wybodaeth ac y deuwn, trwy'r wybodaeth honno, at ddealltwriaeth ohonom ein hunain a'r byd, yna bydd yn rhaid i 'destunau' gweledol (sef y gair 'optoganolog') gael eu trin yn fwy difrifol nac a gofnodwyd hyd yma. A bydd yn hanfodol i ddiwinyddiaeth ystyried eu pŵer a'u rôl wrth ffurfio barn am werthoedd absoliwt.

DIWINYDDIAETH A THELEDU

I'r rhai a fagwyd yn oes tra-arglwyddiaeth y teledu, mae'n anodd meddwl yn ôl at adeg pan nad oedd yn bodoli. Ym Mhrydain, rhaid i ni fynd yn ôl chwarter canrif yn unig i ganfod amser pan nad oedd y teledu yn darlledu trwy'r nos, pan nad oedd teledu brecwast, na phedwaredd sianel ddaearol (heb sôn am bumed), ac amser pan fyddai'r gwasanaeth llawn yn mynd oddi ar yr awyr ac yn darlledu ysbeidiau yn ystod y prynhawn. Mae galw o du'r gwylwyr, yn ogystal â'r angen i ysbrydoli a chadw teyrngarwch y gwylwyr, wedi peri newid yn y rhaglenni a ddarperir a hefyd yn y dewis o sianel, yn enwedig i'r rhai sy'n barod i dalu am hynny. A dygodd y twf mewn delweddaeth weledol, yn enwedig dros y deng mlynedd diwethaf, gyfres o ganlyniadau yn ei sgîl sy'n sicr wedi trawsnewid ein diwylliant ac o bosibl hyd yn oed fygwth ei danseilio.

I raddau helaeth, y mae delweddaeth weledol wedi cymryd lle'r gair ysgrifenedig fel y prif ddull i ledaenu gwybodaeth er, yn eironig, fod llawer o bobl yn defnyddio eu setiau teledu i weld beth yw'r newyddion trwy ddarllen y tudalennau teledestun. Ganrif yn ôl, dibynnai pobl ar lenyddiaeth, ar ffurf llyfrau, cyfnodolion a phapurau newydd, i roi newyddion iddynt am yr hyn oedd yn digwydd yn y byd. Unwaith i signalau radio gael eu datblygu, tanseiliwyd y gair ysgrifenedig gan y llafar am y gallai hwnnw gofnodi ac adrodd am ddigwyddiadau yn gynt o lawer na'r cyntaf. Mae hyn, yn ei dro, wedi ei ddiorseddu gan y gallu i ddangos pethau fel y maent yn digwydd yn hytrach na dim ond adrodd amdanynt. Ni fuasai effaith hyn oll ar ddiwylliant yn nodedig iawn pe na bai ond am un ffactor arwyddocaol arall. Diben sylfaenol teledu yw diddanu. Nid yw hyn ynddo'i hun yn niweidiol o gwbl. Fodd bynnag, mae'r ffaith fod hyn yn goresgyn unrhyw gyfrifoldeb sydd ganddo i hysbysu a hyd yn oed i addysgu yn sicrhau ei fod yn cyflwyno gwybodaeth mewn modd sy'n diddanu.

Mae'r ffordd y symbylir teledu i ddiddanu mewn gwirionedd yn arwydd o nychdod mewn cymdeithas sydd, yn ymadrodd Neil Postman, yn ei 'diddanu ei hun i farwolaeth'. Mae'r angen i ddiddanu yn bychanu'r wybodaeth a gyflëir. Caiff gwybodaeth ei diraddio i fod yn 'ddernyn o sain', a bydd dadl wleidyddol, hanfod democratiaeth, yn diflannu y tu ôl i niwl creu delwedd, oherwydd eilradd yw'r ddadl ei hun.[5] Fel y nododd Todd Gittin: 'the average sound bite is about ten seconds; and this has important consequences for what can be said. One can express a stripped down feeling or attitude in ten seconds, but it is rather difficult to make an argument.'[6] Mae popeth a ddarlledir ar y teledu, o raid, yn ddarostyngedig i'r angen i wneud argraff dda, a rhaid i'r argraff honno, wrth gwrs, fod yn weledol.[7] Mae tra-arglwyddiaeth y teledu, felly, wedi arwain at genhedlaeth y dernyn sain, pobl sy'n cael eu cynhyrfu am ennyd gan gyffro chwaraeon, trychineb naturiol neu bwysigrwydd ymddangosiadol stori wleidyddol, ond sy'n methu cynnal y diddordeb hwnnw nac o bosibl gofio'r digwyddiad a'r manylion yn nes ymlaen. 'Peek a boo world' yw enw Neil Postman amdano, gyda gwybodaeth a digwyddiadau yn ymddangos ac yn cipio sylw am ennyd, cyn diflannu o'r golwg yn llwyr.[8]

Mae i hyn arwyddocâd aruthrol i'r ffordd y mae pobl yn deall ffydd grefyddol. Cyfyd dau bwnc yn y bôn o hyn y dylid eu trafod. Yn gyntaf, effaith cyfryngau gweledol ar ein diwylliant, a'n synied a'n dehongliad o ddiwylliant, yn enwedig pan ystyriwn mai ffurf y cyfryngau sy'n pennu eu neges. Yr ail yw cynnwys y cyfryngau a sut y mae a wnelont â ffactorau penodol ddiwinyddol.

TELEDU A DIWYLLIANT

Effaith y dechnoleg sy'n amgylchynu darlledu, boed trwy'r radio neu'r teledu, yw cyflymu lledaenu gwybodaeth. Gorwedd ei apêl yn bennaf yn y ffaith y gall adrodd am ddigwyddiadau fel y maent yn digwydd. Nid ydym yn dibynnu bellach ar adroddiadau a wnaed ddyddiau lawer ar ôl y digwyddiadau a gofnodant. Y dyddiau hyn, bydd camerâu teledu fel arfer yn aros i anfon lluniau byw o safleoedd trychinebau a rhyfel, ac yn yr Unol Daleithiau, daeth 'newyddion byw' yn boblogaidd wrth i wylwyr weld rhywbeth yn digwydd yn fyw a chael eu dal ynddo, yn rhannol am na ŵyr neb beth fydd yn digwydd.[9] Mae hyn yn arwyddocaol iawn. Nid y ffaith nad yw'r gynulleidfa yn gwybod beth sy'n mynd i ddigwydd sy'n esbonio ei boblogrwydd ond y ffaith na ŵyr neb. Y funud sy'n bwysig. Ond, fel y gofynna Robert McLeish: 'does this stimulate, inform, challenge and warn us, or does it pass the time, lulling us to sleep in the warm soapy waters of the uninvolving sit-com'?[10] Mae cwestiwn o'r fath yn arbennig o bwysig oherwydd maint yr amser a dreulir yn gwylio'r teledu a'r ffordd y byddwn yn defnyddio ei wasanaethau i wneud synnwyr o'r byd. Mae hyn yn cyfrannu at yr hyn y geilw Neil Postman yn 'epistemoleg newydd', a ddygwyd i fod gan y teledu.

> To put it plainly, television is the command centre of the new epistemology. There is no audience so young that it is barred from television. There is no poverty so abject that it must forgo television. There is no education so exalted that it is not modified by television. And most important of all, there is no subject of public interest – politics, news, education, religion, science, sports – that does not find its way to television. Which means that all public understanding of these subjects is shaped by the basis of television.[11]

Ac y mae 'dylanwad teledu yn oll-dreiddiol' yn ôl Colin Morris. 'It is not simply a device like a vacuum cleaner which serves us; it is an environment that wraps us round like a blanket.'[12] Y canlyniad yw, fel y noda Duncan Forrester: 'it imposes its view of reality on people; it shapes the way life is lived and the way the world is conceived'.[13] Golyga hyn fod yr holl bobl yn cael eu hyfforddi i ddisgwyl cael cyflwyno eu gwybodaeth mewn dull gweledol a diddan, ffaith a nodwyd yn sylw Angela Tilby, a wnaed yn 1991, fod 'teledu yn dod yn grud ystyr hanfodol i'r rhan fwyaf o gymdeithas y Gorllewin'.[14] Dros bymtheng mlynedd yn ddiweddarach, yr unig ffordd y buasem yn newid y sylw fuasai newid amser y ferf i 'wedi dod'. Canlyniad hyn yw, ymhell o'i ddefnyddio ar gyfer hamdden yn unig, fod pobl yn gwylio'r teledu er mwyn cael ystyr, ystyr a fu gynt yn eiddo i'r eglwys. Dyma ddywed Duncan Forrester:

> At present the liturgy of the Church celebrated Sunday by Sunday, presents and reinforces for a declining minority in our society an interpretation of the world and provides resources for living. For the majority, however, television interprets the world. It presents standards and norms, defines what may be believed and what is acceptable behaviour.[15]

Canlyniad hyn oll yw nad yw teledu yn destun trafod fel elfen mewn diwylliant dynol. Yn hytrach, fe ddaeth i raddau yn ddiwylliant ynddo'i hun. Nid yw sgwrs yn troi o gwmpas natur teledu, ond beth sydd ar y teledu. Mae yn 'meta-gyfrwng'.[16]

Mae teledu yn ceisio ein diddanu neu gymryd ein hamser hamdden. Mae'n cystadlu gyda gwahanol ffactorau eraill, ac o'r herwydd mae'n ceisio ei wneud ei hun y dewis mwyaf deniadol. Mae ar y blaen mewn llawer ffordd: mae'n eistedd mewn cornel o'n hystafelloedd cyfforddus ni ac nid oes ond angen ei droi ymlaen; unwaith ei fod ymlaen, y mae'n gwneud y gweddill. Mae hobïau neu chwaraeon eraill, sydd hefyd yn ceisio cymryd rhan o'n hamser hamdden, yn mynnu ein bod yn gwneud mwy o ymdrech.

Mae pwysigrwydd teledu i'n hamdden yn arbennig o arwyddocaol yng ngoleuni statws hamdden yn yr ugeinfed ganrif. Daeth hamdden ynddo'i hun i'w ddeall fel cysyniad deinamig yn hytrach na goddefol. Yn hytrach nag ymwneud â'r amser pan nad ydym yn y gwaith, gwelir hamdden fel amser datblygu hunaniaeth a gwerthoedd personol. Trwy ein cymryd ymaith oddi wrth 'nod tymor-byr bywyd gwaith', dengys hamdden i ni fydoedd eraill a rhydd i ni'r cyfle i ymchwilio iddynt.[17] Dyma lle gwelir pwysigrwydd y teledu (a'r sinema) yn amlwg oherwydd yn ein hamser hamdden, pan fyddwn yn ffurfio barn, mae'r teledu yn ffactor arwyddocaol iawn. Mae'r rhain yn dylanwadu ar ganfyddiad dynol wrth geisio dealltwriaeth o ddatguddiad dwyfol ac wrth geisio deall beth sydd o werth tragwyddol. Y teledu, yn anad unrhyw ffurf arall, yw'r storïwr, yr un sy'n esbonio bywyd trwy gyfrwng myth, naratif, dameg ac alegori.[18] Trwy ddweud storïau, boed y naratif yn ffuglen neu yn adroddiad am fywyd a digwyddiadau goiawn, mae'r teledu yn ein gorfodi i edrych ar y byd a chanfod ein cyfrifoldebau.[19] Yn fwy na hyn, dim ond am ei fod yn eistedd yn ein lle byw ac yn golygu cyswllt â'r byd y tu allan, mae'r teledu yn aml yn cael ei glodfori fel darparwr cwmni i'r henoed, y llesg a'r unig. Os felly, mae'n adlewyrchiad ar ein cymdeithas (yn hytrach nag yn benodol yn gondemniad ohoni) fod pobl unig yn cael cysur a chyswllt gyda'r byd nid trwy gyswllt â phobl eraill ond gyda thechnoleg.

Dyma, hwyrach, sy'n gwneud teledu yn ffactor mor arwyddocaol yn ein bywydau a'n diwylliant. I raddau, gall fod yn gyfrifol am greu rhai gwerthoedd mewn cymdeithas, ond mae hefyd yn ddrych i ni weld ein hunain a'n cymdeithas. Teledu ac elfennau eraill y cyfryngau megis sinema a chylchgronau yw prif ffynonellau gwybodaeth a gwerthoedd yng nghymdeithas gyfoes y Gorllewin. Maent yn rhoi syniadau am hunaniaeth, amrywiaeth, perthynas a threfniadau a sefydliadau cymdeithasol.[20] Mewn gwirionedd, gorwedd ei boblogrwydd yn ei apêl at gysyniadau, egwyddorion a gwerthoedd cyfarwydd. Yn ôl Robert McLeish:

> So if we are so interested in sex and violence (and we are) we can hardly complain that the media give it to us. If they did not, we would accuse them either of being out of touch with reality, or of exercising a puritanical censorship for which they had no right.[21]

Mewn teledu mae drych sy'n adlewyrchu i ni gwerthoedd ein cymdeithas. Daw hyn yn broblem nid yn unig wrth drafod yr hyn sy'n dderbyniol i'w ddarlledu (pwynt a wnaed gan McLeish), ond hefyd pan gawn ein tramgwyddo mewn rhyw ffordd gan yr hyn a ddarlunnir. Oherwydd tra bod yr hyn a ddarlunnir yn gallu bod yn dramgwyddus, anweddus neu lygredig, mae'r syniad o deledu fel drych yn mynnu ein bod yn edrych ar yr hyn mae'n ei adlewyrchu (sef cymdeithas). Ac efallai y cawn ein dychryn, neu o leiaf ein digalonni, gan yr hyn a welwn. Mewn beirniadaeth enwog ar ddiwylliant dan ddylanwad teledu, honnodd Neil Postman fod y newid o feddwl teipograffig, un a gâi ei wybodaeth o'r gair ysgrifenedig, i fyd y teledu yn anorfod wedi gwneud pob gwybodaeth yn ddibwys nid yn unig am ei fod yn cael ei gyflwyno mewn ffordd a fwriadwyd i ddiddanu, ond am na all teledu fel *genre* ond diddanu. Arweiniodd y dibwyso hwn ar gynnwys at anallu i ganolbwyntio, at ddisgwyliad i gael ein diddanu ac at sefyllfa lle'r oedd delwedd, yn hytrach na sylwedd, yn pennu beth oedd yn bwysig yng ngolwg pobl. Fel y cyfaddefodd Postman, nid bwriad hyn oedd beirniadu'r ffaith fod y teledu yn darlledu rhaglenni penwan a dibwynt weithiau gyda'r unig fwriad i ddiddanu am ennyd a heb gael effaith barhaol: y rhain mae'n ei wneud orau a dylid ei annog i wneud hynny. Fodd bynnag, dadleuodd ef, pan fydd yn cymryd ei hun o ddifrif, mae'n dyfeisio ffyrdd newydd i ddweud y gwir sydd, mewn gwirionedd, yn amheus iawn ac yn tynnu oddi wrth y gwir ei hun.[22] 'The problem is not that television presents us with entertaining subject matter but that all subject matter is presented as entertaining, which is another issue altogether . . . entertainment is the supraideology for all discourse on television.'[23]

Canlyniad hyn oll yw bod teledu wedi creu diwylliant sy'n ymdrechu i gydnabod pwysigrwydd ac arwyddocâd am iddo gael ei ffurfio gan gyfrwng sydd â diddanu yn brif nod iddo. Mae diddanwch, o'i hanfod, yn wrthdyniad. Mae'n tynnu pobl i ffwrdd oddi wrth weithgaredd beunyddiol diflas sy'n cael ei ystyried yn arwyddocaol at rywbeth mwy dymunol. Mae'r ffaith ei fod ar gael yn eang, felly, ag oblygiadau i ddealltwriaeth gyffredinol o realiti a lledaenu neges grefyddol. Naill ai fe fydd y neges grefyddol ei hun wedi gorfod cyfaddawdu trwy ddod i gysylltiad â chyfrwng nad yw â thuedd i'w gymryd ei hun o ddifrif, neu fe fydd yn rhaid darganfod dull i gyfleu'r neges sy'n diddanu, ond hefyd yn cadw ei arwyddocâd. Disgwyliwn ddatblygiad y naill ffurf neu'r llall.

LLOFFION YM MAES CREFYDD

DIWINYDDIAETH A FFILM

Cyfyd cwestiwn pellach wrth ystyried teledu ac yn enwedig ffilm, sef a oes unrhyw arwyddocâd crefyddol i'r hyn y maent yn ei bortreadu? Tyfodd diddordeb yn y maes hwn dros y blynyddoedd diweddar, ac y mae'n werth ystyried y cwestiynau pwysicaf sy'n codi i astudiaethau o'r fath.

Er nad ydynt y tu hwnt i ddadl, bu dehongliad diwinyddol yr hyn sydd *prima facie* yn ffenomenâu anghrefyddol neu niwtral yn wastad yn rhan o adfyfyrio diwinyddol. Os yw Duw yn Greawdwr, ac iddo gydnabod fod y Greadigaeth, yn y dechreuad, yn dda, yna mewn rhyw ystyr y mae wedi gadael ei nod arno y gall bodau dynol ei ganfod. Mae'n anodd cytuno ar y manylion, a gwelodd yr ugeinfed ganrif un o'r gwahaniaethau barn mwyaf diddorol rhwng Karl Barth ac Emil Brunner dros ddilysrwydd diwinyddiaeth naturiol.[24] Er gwaethaf y dadleuon, fodd bynnag, cydnabu hyd yn oed diwinyddiaeth Brotestannaidd, gyda'i hargyhoeddiad sylfaenol fod mater yn syrthiedig ac felly'n agored i bechod, fod rhywbeth mewn natur sy'n cysylltu bodau dynol â'u Creawdwr. Ymwneud yn bennaf wnaeth hyn ag ymdeimlad o wybod cyfraith Duw, pwynt a arddelwyd gan Luther a Calvin ond yn seiliedig yn y pen draw ar honiadau megis rhai St Paul yn ei lythyr at y Rhufeiniaid (1: 20–3). Arweiniodd adnodau o'r fath, ynghyd â chategorïau athroniaeth Aristotelaidd, at gysyniad y ddeddf naturiol fel grym moesol i gadw trefn a oedd yn fewnfodol yn natur, ac arweiniodd hefyd at y cysyniad y gall bodau dynol fynd y tu hwnt i'r naturiol i ganfod trwyddo yr un a roes fod iddo. Mewn llawer ffordd, adlewyrchir hyn yn y dadleuon traddodiadol dros fodolaeth Duw o gynllun y bydysawd (sef y ddadl gosmolegol) lle gwelwyd bod gan bob effaith achos, a hefyd yn 'nheimlad dibyniaeth absoliwt' Schleiermacher. Mae iddynt oll elfennau lle cyfryngir (neu y datgelir) gwirionedd Duw trwy ffenomenâu naturiol.

Dros y blynyddoedd diwethaf, datblygodd y syniad y gall creadigrwydd dynol, fel y'i hadlewyrchir mewn diwylliant, hefyd ddatgelu gwirionedd am Dduw. Fel agwedd i ddiwylliant, gall ffilm, yng ngeiriau Clive Marsh, ddod yn fforrd i ddiwynydda, a'i derbynnir yn feirniadol.[25] Dadleua Marsh mai siarad-Duw yw diwinyddiaeth, gan gynnwys siarad am Dduw a siarad gan Dduw. Nid yw'n hawdd canfod y ffiniau rhwng y ddau, ond tasg diwinyddiaeth yw siarad am rywbeth y credir sydd 'wir yno', trwy ddefnyddio stori, myth, delwedd, symbol, dychymyg, barddoniaeth a throsiad. Gan mai gweithgareddau arferol, dynol yw'r rhain, y casgliad yw y gall unrhyw weithgaredd dynol (sef, unrhyw agwedd ar ddiwylliant) fod yn siarad am Dduw. Os bydd ffilmiau yn ymdrin â'r cyflwr dynol, natur realiti neu foesoldeb, yna maent yn ymdrin â materion o ddiddordeb i ddiwinyddiaeth Gristnogol. Arweinia hyn at y syniad y gall ffilm fod yn bartner 'dialogaidd' gyda diwinyddiaeth. Ond os dialog ydyw, 'ni ddylid disgwyl i ffilmiau *egluro* diwinyddiaeth. Mae'n ddigon posibl y byddent yn cynnig *cyfraniad* real i ddiwinyddiaeth Gristnogol.'[26]

O'r herwydd, mae ffilm, fel rhan o ddiwylliant, wedi ei dehongli fel cyfrwng lle gellir darganfod gwirionedd diwinyddol. Bellach, mae toreth o erthyglau sy'n honni rhoi dehongliad diwinyddol i ffilmiau megis *Robocop* (1987), *Edward Scissorhands* (1990) a *Rocky* (1976) ymhlith llawer eraill. Ymddengys llawer o hyn, *prima facie*, yn annhebygol a dweud y lleiaf. Mae'n milwrio yn erbyn yr athrawiaeth Gristnogol fod Iesu yn unigryw, mai ynddo ef yn unig y bodlonodd cyflawnder Duw drigo er mwyn tynnu'r ddynolryw oll ato ef. Mae'n denu ymateb negyddol ynom sy'n methu gweld cyfochredd rhwng yr un dibechod, perffaith a'r prif gymeriadau a grybwyllir, sydd oll, ar ryw adeg, yn ymddwyn mewn ffordd ang-Nghrist-debyg. Yn ei adolygiad ar lyfr John R. May, *Image and Likeness* (astudiaeth arloesol yn nehongliad crefyddol o ffilm), cyfaddefodd Joseph Cunneen iddo deimlo'n annidddig gyda'r ffordd yr oedd ffilmiau hollol secwlar yn cael eu cysylltu â storïau'r ysgrythurau.[27] Yr hyn sydd yma yw secwlareiddio sylfaenol ar stori Iesu. Mae'n cael ei dadfythu er mwyn cael gwared â llawer o'r elfennau goruwchnaturiol a'i natur unigryw, a'i gostwng i lefel dameg sy'n dangos yn effeithiol werthoedd daioni, cariad a gwasanaeth hunanaberthol. Mae modd pwyso'r gyfatebiaeth gyda'r ffilmiau secwlar hyn am eu bod weithiau yn adlewyrchu 'disgyniad ac esgyniad' mytholegol y gwaredwr (fel gydag *Edward Scissorhands* a ddaw i lawr i'r dref o'r castell tu hwnt, neu *Shane* (1953) sy'n cyrraedd ar gefn ceffyl ar ddechrau'r ffilm o le y tu hwnt i'r mynyddoedd ac sy'n marchogaeth i ffwrdd i'r machlud ar y diwedd) neu am eu bod yn dioddef trais sydd yn y pen draw yn waredol, megis *Rocky* neu *Robocop* neu *Die Hard* (1988) neu yn unrhyw un, bron, o ffilmiau Martin Scorcese.[28] Ar y cyfan, fodd bynnag, maent yn peri i ni fyfyrio uwch pynciau a gwerthoedd pwysig megis gonestrwydd, dewrder a chariad.

Maent, felly, yn cyfateb i stori Iesu am eu bod yn cyfleu ystyr am yr hyn sydd yn ddaionus, yr hyn sydd yn wir a'r hyn sydd yn werthfawr. Mae hyn oll yn anelu at y ffaith fod ystyr yn cael ei gyfleu trwy destun ffilm trwy gymysgedd soffistigedig yr hyn sydd yn cael ei gynhyrchu, yr hyn a welir a'r hyn a ddeellir. Mae hermeniwteg, gwyddor dehongli, yn sylfaenol yn y weithred o wybod. Mae ei sefyllfa mewn perthynas â ffilm yn arwyddocaol dros ben. Tra bod y cyfarwyddwr, y tîm cynhyrchu a'r actorion oll yn ymwneud â dehongli'r sgript ac felly â chreu'r ddelwedd, ac y bydd gan bob un ryw syniad o'r hyn mae'n ei olygu ac yn ei gynrychioli, y grŵp pwysig sy'n ymwneud â dehongli ffilm yw'r gynulleidfa ei hun. Nid yw'r gynulleidfa wedi ei ffurfio o dderbynwyr gwybodaeth dirym neu oddefol. Yn hytrach, maent yn dehongli'n weithredol yr hyn a welant.[29] Mae deinameg yma rhwng testun (ffilm) a darllenydd (cynulleidfa). Nid yw cyfathrebu yn digwydd nes i'r naill a'r llall fod yn rhan. Ac eto, y gynulleidfa yw'r mwyaf mympwyol o'r holl grwpiau sy'n ymwneud â dehongli ffilm gan nad oes modd rhagweld sut y byddant yn ymateb i'r hyn a welant. Mewn geiriau eraill, nid oes unrhyw warant y bydd y gynulleidfa yn deall y ffilm yn nhermau'r hyn y dymuna'r cyfarwyddwr a'r actorion ei bortreadu. Tra bod ystyr 'yn cael ei drafod rhwng y gwyliwr a'r ffilm',[30] gall y rhai sy'n ffurfio'r gynulleidfa gytuno neu beidio ar ddehongliad arbennig, a gallant ei dehongli yn yr un modd â'r actorion a'r tîm cynhyrchu. Yr hyn sy'n arwyddocaol yw bod ystyr mewn ffilm yn cael ei ddirnad ar wahanol lefelau a bod pob un yn rhydd i'w ddehongli yn y ffordd sydd fwyaf rhwydd i'w ddeall neu ei deall ei hun. Canlyniad hyn yw nad oes neb mewn sefyllfa i awgrymu fod y dehongliad yn anghywir. O'r herwydd, mae ffilm yn *genre* sy'n arbennig o gydnaws ag ôl-foderniaeth. Hyn sydd i'w gyfrif am ei phoblogrwydd, ac yma hefyd y gorwedd y perygl. Nid oes norm na safon cyffredinol i farnu cynnwys y cyfathrebu. Mae ystyr, felly, bron yn gyfan gwbl oddrychol a phersonol. Ac mae i hyn rai canlyniadau i ddiwinyddiaeth.

Fel delweddau ar sgrîn, nid oes i ffilm ddim ystyr. Pan gymer rhywun yr amser i'w gwylio, yna cyflëir ystyr. Unwaith i rywun ei gweld, yna datblyga ystyr wrth i bobl wylio, meddwl a gweithio allan sut y maent yn deall yr hyn a welant. Gallant weld beth mae'r cyfarwyddwr eisiau iddynt weld, gallant weld yn union beth mae'r actor yn ceisio'i gyfleu, ond mae'n fwy tebygol y byddant yn

darganfod eu dehongliad personol, braidd yn unigolyddol, hwy o
ffilm. Mewn geiriau eraill, nid yw'r ystyr wedi ei gyfyngu: mae'n
fyw i wahanol rymoedd, ac y mae hyn yn ein harwain i awgrymu
dwy ystyriaeth bellach o'r dasg hermeniwtaidd: yn gyntaf, sut y mae
gwybodaeth mewn gwirionedd yn cael ei chyfleu gan ddelweddau
ac, yn ail, sut mae'r unigolyn yn dwyn ei arbenigrwydd ei hun i
wylio ffilm a all arwain at ystod eang o ddehongli ac ystyr.

Y DULLIAU GWELEDOL O DROSGLWYDDO GWYBODAETH

Mae defnyddio lluniau a delweddau fel dull mynegiant cyffredinol
a hefyd mewn termau penodol ddiwinyddol yn hen arferiad sydd
yn awgrymu y bu gan ddelweddaeth weledol yn wastad allu arbennig
i gyfleu gwybodaeth. Awgryma darluniau ar furiau ogofau o fore'r
byd fod bodau dynol eisiau cyfathrebu trwy ryw fath o ddarluniau.
Mae'r traddodiad o eiconau mewn rhai rhannau'r eglwys Grist-
nogol hefyd yn awgrymu fod darluniau yn ffyrdd arbennig o
rymus i gyfleu gwirioneddau ysbrydol ac ystyr gwaelodol, a
gwneir hyn yn gliriach gan ddehongliad o'r eiconau sy'n awgrymu
mai ffenestri ydynt lle dygir credinwyr, trwy fyfyrio, i gwmni'r
saint lle medrant addoli a dod i ddeall Duw yn well.[31] Yng ngeiriau
Margaret Miles, 'yng Nghristnogaeth, yn hanesyddol, mae del-
weddau crefyddol wedi rhoi ffocws i dduwioldeb ac wedi rhoi
cyfarwyddyd i'r credadun'.[32] Gellir dadlau ynghylch a all y sinema
a'r teledu berthyn i'r traddodiad hwn. Er ei bod yn wir y gall eu
delweddau gynhyrchu emosiwn, cryfhau ymlyniad ac annog
dynwarediad, nid ydynt yn eu hanfod yn gyfryngau crefyddol nac
ysbrydol. Mewn gwirionedd, os perthynant i'r traddodiad hwn o
gwbl, y maent wedi nodi cryn symudiad y tu mewn i'r traddodiad
ac yng nghanfyddiad dynolryw o'r ysbrydol. O'r blaen, cyflëwyd
ystyr a gwerth trwy fyfyrio ynghylch delweddaeth benodol grefyddol
(boed mewn eiconograffeg neu yn nefod yr Offeren, ffenestri lliw
neu gampweithiau comisiwn megis nenfwd Capel y Sistene) nid
trwy ddelweddaeth secwlar yr opera sebon, y ddrama hanesyddol,
y mini-gyfres a'r gomedi sefyllfa neu'r ffilm. Mae hyn mewn
gwirionedd yn ysgaru ystyr a gwerth oddi wrth ffynonellau penodol
grefyddol. Fel yr awgrymodd un sylwebydd:

> The movie theater serves as our collective dream space, the place
> where we moderns encounter images and narratives of superhuman

beings, otherworldly creatures, heroic figures, and the full range of possible human destinies. In our need for such images and stories, we are like our ancestors, seeking deeper meaning and patterns.[33]

Mae cyfathrebu ystyr a gwerth trwy ddelwedd symudol hyd yn oed yn fwy cymhleth na chyfathrebu trwy baentiad neu ffotograff am ei fod yn agor y ffordd i ddehongliadau di-ben-draw. Pan fo delwedd yn llonydd, y mae iddi o leiaf rai ffiniau; pan symuda, ychwanega ddimensiwn hollol newydd at yr hyn a welir. Ochr yn ochr â hyn, mae'n wir hefyd fod ffilm yn agor byd afreal hollol newydd sy'n perthyn i'r dychymyg. Mae sinema a ffilm yn perthyn i fyd y dychymyg. Galwodd Mircea Eliade y sinema yn 'ffatri freuddwydion' oherwydd y ffordd y mae ei delweddaeth yn apelio at ei chynulleidfa. 'It employs countless mythical motifs – the fight between hero and monster, initiation combats and ordeals, paradigmatic figures and images (the maiden, the hero, the paradoxical landscape, hell, and so on).'[34] Fel hyn, mae'r epig sinematig yn tynnu ar fotiffau'r frwydr barhaol rhwng y da a'r drwg ac yn ei lleoleiddio trwy ganiatáu i'r gynulleidfa bersonoleiddio'r cysyniadau yn arwr a dyn drwg a thrwy hynny uniaethu a chydymdeimlo gyda hwy. Fel hyn, mae ffilmiau yn caniatáu i'r gwyliwr drosgynnu ei bywyd neu ei fywyd a'i gyd-destun ei hun, a chael profiad o'r 'arall'. Tra bod y cyfrwng ei hun yn dibynnu ar y diriaethol a'r penodol yn y delweddau a ddefnyddir, mae hefyd yn galluogi'r gwyliwr i gael profiadau sy'n mynd y tu hwnt i'r hunan ac i arallrwydd. Gwneir yr ymdeimlad o'r arall yn finiocach trwy ddefnyddio gormodedd.[35] Mae ffilmiau yn apelio trwy lacio, am ennyd hyd yn oed, y cyfyngiadau a osodir ar ein bywydau a'n galluogi i hedfan, i ladd, i gael cyfathrach rywiol perffaith a mynych; maent yn dychryn, yn cyffroi ac yn symud cyn diweddu a'n hanfon yn ôl i'r byd go-iawn yn sydyn. Wrth wneud hynny, maent yn galluogi pobl i brofi rhyw fath o drosgynoldeb, y teimlad fod rhywbeth tu hwnt i hualau'r hunan, heb fod yn bell o'r hyn a brofir yn nefod yr ewcharist. Sylwodd Melvyn Bragg mai'r eglwys gadeiriol oedd 'sinema'r cyfnod cyn-seliwloid' ac felly'n troi'r ddealltwriaeth wyneb i waered.[36] Roedd perfformio defodol yr allor a'r naratif Cristnogol gyda'i arwyr, pobl ddrwg a'r frwydr rhwng y da a'r drwg, yn fodd i bobl esgyn, er am ennyd fer, o gyffredinedd bywyd, i brofi'r 'arall' ac felly i adnabod y sanctaidd. Yr eironi oedd mai angen dynol yn unig oedd hyn, yn hytrach nag ymateb i gyswllt dwyfol. Pan ddehonglir crefydd fel ymateb neu fynegiant o angen dynol, fe'n gadewir yn agored i'r posibilrwydd o ganfod ffyrdd eraill, gwell er mwyn cwrdd â'r angen hwnnw. Fel hyn, ac i lawer, mae'r sinema yn galluogi pobl i gyrraedd trosgynoldeb heb fynd at yr eglwys gadeiriol na'r hyn y mae'n ei gynrychioli.

DEHONGLIAD AC YSTYR

Bodau dynol sydd yn creu ystyr, ac mewn dynoliaeth y'i lleolir. Mae ffilmiau yn cyfleu ystyr trwy greu awyrgylch lle'r arweinir y gynulleidfa i ddisgwyl gweithgaredd yng nghyflawniad potensial dynol, os nad ei ddisodli hefyd. Mae gorwelion yn cael eu lledu a hyd yn oed eu herio wrth i'r stori ddirwyn ymlaen ac i alluoedd dynol gael eu mawrygu. Wrth i'r naratif gael ei weld ac i'r stori fynd rhagddi, felly y cyflea'r ffilm y neges fod ystyr i dreigl amser: fel arfer mae dechrau, canol a diwedd (er bod ffilmiau yn gynyddol yn cael eu creu sydd, wrth adlewyrchu hoffterau ôl-fodern, yn cynnig dim esboniad pwy ydynt, o ble y daethant nac i ble maent yn mynd, ac nad ydynt yn dod i unrhyw gasgliad boddhaol). Mae dwy ffordd i gymryd hyn. Gall awgrymu nad oes ystyr yn y pen draw i fodolaeth. Gall awgrymu hefyd yr enillir ystyr yn unig yn y cyffredin a'r bydol. Serch hynny, trwy bortreadau o'r fath y daw cynulleidfa wyneb yn wyneb ag arallrwydd gyda'i holl botensial i drosgynnu'r presennol, yr hanesyddol a'r bydol. Mae'n ehangu'r dychymyg ac o'r herwydd yn creu bydolwg ehangach.[37]

Dengys hyn oll mai peth gwibiog yw ffilm fel *genre*, ac nad oes modd ei glymu i lawr i un dehongliad. Mae cymaint o ffactorau yn rhan o wylio, deall a chyfleu ystyr fel nad oes ffordd real, wrthrychol iawn neu anghywir o wneud hynny. Wrth gwrs, gall rhai pethau ymddangos yn fwy dichonadwy nag eraill. Ond yn y bôn, mae'n amhosibl dweud fod unrhyw ddehongliad arbennig o ffilm, waeth pa mor annhebygol, yn anghywir. Y rheswm am hyn yw mai *genre* yw sydd yn mynd ati i geisio dehongliad y gwyliwr (cynulleidfa). Dyna sydd bwysicaf. Ar ei fwyaf sylfaenol (ac o bosib hyd yn oed fwyaf cyffredin) adlewyrchir hyn yn y ffaith, pan nad yw'r gwylwyr yn mwynhau'r ffilm, yna mae'r dehongliad yn ddrwg ac nid yw'n llwyddiant masnachol. Mae'n bosibl nad yw'r union ddelwedd ar seliwloid mewn achosion o'r fath o gymorth. Ond yn y bôn, pennir methiant ffilm gan fwynhad cynulleidfa neu fel arall, rhywbeth y gellir ei ddeall fel anallu'r gynulleidfa, am ba reswm bynnag, i'w dehongli mewn ffordd ystyrlon.

Ac eto, am nad oes modd corlannu ei ystyr, mae apêl fwyaf sylfaenol y ffilm at y dychymyg, ac wrth wneud hynny, mae'n galluogi pobl i ddeall rhywbeth am eu gobeithion a'u hofnau. Fel y dywed Martin ac Ostwalt: 'a film participates in the construction of an overarching religious sensibility and perspective on ultimate matters, a theology'.[38] Os mai dull yw ffilm i gynrychioli'r hyn sy'n real mewn ffordd sy'n apelio at y dychymyg, mae'n dilyn felly, waeth beth fo'r dehongliad, ei bod yn adlewyrchu rhywfaint ohonom ni, o lwyddiannau a dyheadau dynol. Mae'n cynnig ystyr trwy ganiatáu i ni weld delweddau cyfarwydd, mae'r union ffaith eu bod yn gyfarwydd yn golygu ystyr, trwy eu hagor i ystod o ddehongliadau ac i ysbrydoliaeth y dychymyg. Fel y nododd Conrad Ostwalt: 'an investigation of popular expressions of art and religion is integral to understanding the culture that produced them'.[39] Mae'n wir dweud fod bodau dynol yn canfod ystyr mewn bywyd trwy ddehongli eu holl weithgareddau a'u profiadau, gan gynnwys y rhai a ddilynir yn unig er mwyn pleser. Mae gwylio ffilmiau yn cael ei gynnwys yma hefyd: fe rydd hynny i ni ystyr boed hyn yn cael ei wneud er mwyn goleuo ein llwybr neu chwilio am yr anfeidrol, neu os gwneir hynny i gyfiawnhau ein hymdrechu ni a'n llwyddiannau a'n pleserau ni. Fel yr hawliodd David Browne, wrth ddysgu darllen ffilm, fe ddeuwn yn rhugl mewn dehongliad iaith bywyd.[40]

I raddau, y ffordd orau i ystyried natur ddiwinyddol y delweddau gweledol, yn enwedig dehongli ffilmiau, yw trwy drafod ffilmiau sy'n portreadu bywyd Iesu, a'i chanlyneb, y ffilm sy'n cyflwyno i ni 'ffigwr Crist'. Yma y mae naratif achubiaeth yr ysgrythurau a'i dehongliad gan yr eglwys yn cyfarfod y cyfrwng newydd gweledol hwn. Ac yma y mae'r ddau gyfrwng a fu'n gyfrifol am gyfleu gwerthoedd a gwirionedd yn dod ynghyd.

Y FFILM AM IESU

Fel y dangosodd y gwahanol ymchwiliadau am Iesu hanes, mae ffigwr Iesu yn enigmatig, os nad yn anodd ei ddal.[41] Y gwir yw mai ychydig iawn o wybodaeth sydd gennym am y dyn ei hun, hyd yn oed o dderbyn 'hermeniwteg ymddiriedaeth' yn hanesion yr efengylau. Nid yw hon yn broblem ffydd o gwbl: mae gennym ddigon o wybodaeth (heb sôn am ugain canrif o adfyfyrio diwinyddol a honiadau athrawiaethol) i feddu ar sylfaen resymol i ffydd. Ond y mae'n broblem os oes arnom eisiau llunio 'bywyd Iesu', gan gynnwys ei enedigaeth, ei fagwraeth a'i brofiadau, gan mai dim ond darlun byr a thameidiog sydd gennym, sy'n crynhoi fawr mwy na thair blynedd o'i oes. O ganlyniad, mae ffilmiau sy'n portreadu stori'r Iesu yn broblemus oherwydd eu bod yn gorfod llunio ei fywyd er mwyn dweud y stori yn hytrach na'i bortreadu fel gwrthrych ffydd (a all, mewn gwirionedd, fod yn dasg yr un mor broblemus i ffilm).

Wrth gwrs, nid hawdd cynnal y gwahaniaeth rhwng y ddwy agwedd: mae Iesu yn gymeriad o wir arwyddocâd yn unig pan ddehonglir ef trwy lygaid ffydd. Heb ffydd, nid yw yn y pen draw yn ddim ond unigolyn ymysg eraill sy'n sylfaenol dda ond cyfeiliornus. Ond nid yw hyn yn cuddio anhawster ail-lunio ei fywyd ar swm bychan iawn o dystiolaeth. Nid dweud yw hyn nad yw'r hanesion Beiblaidd yn hanesyddol. Yn hytrach, am eu bod yn cyflwyno Iesu fel gwrthrych ffydd nid oes ganddynt ddiddordeb mewn bywgraffiad, ac eilbeth felly yw cronoleg a gwybodaeth bersonol.

Serch hynny, ar un adeg, yr oedd ffigwr Iesu a stori'r efengyl yn arbennig o boblogaidd i wneuthurwyr ffilmiau. Hyd yn oed cyn i ffilm glasurol ac epig Cecil B. DeMille, *The King of Kings* (1927) ymddangos, cafwyd o leiaf 39 fersiwn gynharach o stori Crist. Portread cyntaf bywyd Iesu yn y sinema oedd *La Passion*, ffilm Ffrengig a wnaed yn 1897 yn para pum munud; nid yw ar gael bellach.[42] O ddechreuadau dinod, addasodd y sinema stori Crist fel un a oedd yn benthyg ei hun i bortread ar ffilm. Daeth Iesu yn 'actor blaen' yn y sinema. Mewn datblygiad eironig, braidd, canfu'r sinema yn sydyn iawn fod y ffilm am Iesu neu'r epig grefyddol yn un o ddau beth y gallai eu hecsploetio er mwyn sicrhau cefnogaeth neu o leiaf ymateb poblogaidd. Pornograffiaeth oedd y llall. Tra cynigiai'r epig Feiblaidd gyfreithloni sinema fel ffurf ar ddiddanwch, roedd pornograffiaeth yn bygwth difetha ei enw da am byth. Ac eto, gymaint oedd y perygl tybiedig o'r naill du a'r llall, fel pan sefydlwyd Bwrdd Prydeinig y Sensoriaid Ffilm yn 1912, mynnodd na ddylid dangos dau beth ar y sgrin. Noethni oedd un (a yrrodd bornograffiaeth danddaear), a'r llall oedd Iesu Grist. Yn aml, o ganlyniad, byddai presenoldeb Crist yn cael ei gyfleu trwy ymateb gwylwyr neu fel llaw yn dod allan o dan glogyn.

LLOFFION YM MAES CREFYDD

Er na chafwyd cymaint o storïau Iesu yn ddiweddar, erys yn wir mai ffurfiau ar gynrychiolaeth sinematig ei fywyd yw, o bosibl, 'cyfrwng mwyaf arwyddocaol diwylliant poblogaidd i amsugno neges yr efengyl ac i ffurfio ei syniadau am sylfaenydd Cristnogaeth'.[43] I'r rhai a fagwyd yn y 1970au, daeth portread Iesu o Nasareth gan Robert Powell yn epig Franco Zeffirelli, *Jesus of Nazareth* (1977), yn norm i'r ffordd y darluniodd cenhedlaeth gyfan gymeriad Iesu.[44] I'r rhai a fagwyd ddiwedd y 1980au, y canolbwynt oedd dynoliaeth Iesu, a'r dadlau anorfod ynghylch rhywioldeb (agwedd bwysig o gymeriad dynol, ond obsesiwn nodweddiadol ym myd diwedd yr ugeinfed ganrif). Meithrinwyd hyn trwy'r sylw a roddwyd i *The Last Temptation of Christ* (1988) a gynhyrchwyd gan Martin Scorsese ac a oedd yn seiliedig ar lyfr Nikos Kazantzakis dan yr un teitl. Yn gynnar yn yr unfed ganrif ar hugain, hyd yn oed gyda dirywiad ymlyniad Cristnogol ym Mhrydain, roedd modd ennyn digon o ddiddordeb yn *The Passion of the Christ* (2004) Mel Gibson i sicrhau sinemâu llawn dro ar ôl tro. Yma, yn hytrach nag yn yr Ysgol Sul neu mewn cyswllt uniongyrchol â'r efengylau trwy eu darllen, y daeth Iesu yn hysbys ar lefel boblogaidd. Ac mae tair problem benodol yn gysylltiedig â gwneud ffilm am Iesu sy'n arwyddocaol o safbwynt diwinyddiaeth: (i) problem realiti; (ii) problem athrawiaeth; (iii) problemau sinematig.

PROBLEM REALITI

Mewn rhai ffyrdd, mae problem cyrraedd realiti ei hun yn fympwyol. Hyd yn oed pan fyddwn yn ymddiried yn y ffaith fod yr efengylau yn ddibynadwy, pwy, mewn gwirionedd, all ddweud wrthym sut i bortreadu cymeriad a hanes Iesu? Fodd bynnag, bydd y portread ei hun yn mynnu atebion i lawer cwestiwn pwysig. Beth am wedd gorfforol Iesu, ei ddull o siarad, ei bersonoliaeth? Sut mae portreadu ei ddysgeidiaeth, ei weithredoedd a'i farwolaeth? I ba raddau y gwelwn ddigrifluniau yn unig o'r disgyblion? Daw hyn yn arbennig o arwyddocaol o ran portreadu Pedr fel arweinydd y disgyblion, Ioan fel y disgybl annwyl a Judas fel y bradwr. O gofio eu pwysigrwydd yn yr hanes Beiblaidd, sut mae'r merched yn cael eu portreadu? Pa ddelwedd gawn ni o Fair, mam Iesu, Mair Magdalen, Mair a Martha? Sut y portreadir y Rhufeiniaid a'r Iddewon, yn enwedig ym mhrawf a dienyddiad Iesu? Mae hyn yn bwysig pan gofiwn y dadlau fu ynghylch y prawf. Pa mor agos at y gwirionedd yw'r lleoliad? A oes ymdrech i bortreadu caledi bywyd Palesteina'r ganrif gyntaf neu a yw'r delweddau'n rhai cyfarwydd i'r sawl a fagwyd yn yr Ysgol Sul? Yn hyn oll, dylem fod yn ymwybodol nad oes atebion cywir, hyd yn oed os ymddengys fod rhai anghywir. Mewn geiriau eraill, fe wyddom y dylasai Iesu fod wedi ymddangos fel dyn Iddewig nodweddiadol rhyw 30 mlwydd oed, o ardal Palesteina. Ond nid yw hynny'n rhoi llawer o gyfeiriad i ni, hyd yn oed os ydyw'n dangos mai peth tra annhebygol yw'r camliwiad Hollywoodaidd o Ariad llygatlas, gwyn ei groen a golau ei wallt. Yn yr un modd, gallasem ddweud yr un math o beth am yr holl gymeriadau pwysig yn hanes Iesu: y ffordd y cynrychiolir Judas (sydd, am resymau amlwg, yn cael adolygiad go wael yn y Testament Newydd), Pedr (sy'n cael ei drin yn weddol dda, o bosibl gan mai ef sydd y tu ôl i beth o'r wybodaeth), y Rhufeiniaid (a wnaeth yr anfadwaith o'i ladd), yr Iddewon (sydd yn cael y bai).

Ochr yn ochr â hyn mae problem pa efengyl i'w defnyddio wrth bortreadu Crist. Tra bod rhai, ac yn fwyaf nodedig, efallai, *The Gospel According to St Matthew* Pier Paolo Pasolini (1964), yn cyfyngu eu portread i naratif un efengyl, ceisiodd y rhan fwyaf harmoneiddio storïau'r efengylau yn un hanes. Mae hyn yn wir am ffilmiau megis *The King of Kings* DeMille a mini-gyfres deledu Zefferelli *Jesus of Nazareth*.[45] Mewn un ffordd, mae hyn yn adlewyrchu canfyddiadau beirniadaeth Feiblaidd gan fod, sut bynnag, lawer o ddeunydd yn gyffredin yn y tair efengyl (synoptig) cyntaf. Mae llawer o Farc i'w gael ym Mathew a Luc, tra'r ymddengys fod y ddwy efengyl yn rhannu gwybodaeth a briodolwyd, braidd yn annilys, i ddogfen anhysbys y cyfeirir ati fel 'Q'. Cyfyd y broblem wrth geisio harmoneiddio hanesion y tair efengyl gydag Efengyl Ioan, nid mewn ystyr diwinyddol, ond yn yr ystyr ymarferol o lunio bywyd Iesu. Mae swm sylweddol o athrawiaeth i'w gael yn Ioan nad yw yn unman arall, tra bod y gronoleg yn wahanol iawn: glanhau'r Deml sy'n rhoi cychwyn i'w weinidogaeth yn hytrach na'i thynnu i'w therfyn trasig, ac mae'r croeshoeliad yn digwydd ddiwrnod ynghynt tra bod ŵyn y Pasg yn cael eu lladd.

Mae problem realiti, felly, a glynu at y ffynonellau, yn ffactor sylweddol mewn unrhyw ffilm am fywyd Iesu. Mae'n arwain at ystyried beirniadaeth Feiblaidd. Ers tro byd, bu'n rhaid i wneuthurwyr ffilmiau ystyried cwestiynau hygrededd hanesyddol. Wrth dyrchu'n ddyfnach i'r pynciau a godir gan y ffynonellau eu hunain, rhaid iddynt hefyd holi cwestiynau am gywirdeb hanesyddol, megis ai fel hyn y digwyddodd pethau? Nid oes dim modd ateb y cwestiwn mewn ffordd ddiffiniol a gwyddonol, ffaith nad yw ond yn gwneud y broblem yn waeth.[46]

PROBLEM ATHRAWIAETH

Cyn belled ag y mae ffilm dan sylw, nid yw athrawiaeth a ffydd yn bynciau penodol. Gwneir ymdrech i bortreadu cymeriad na allasai, o roi ei briod le i realiti, fod ohono'i hun ac ynddo'i hun yn ddynol ac yn ddwyfol. Mewn geiriau eraill, er bod rhesymau da pam y daeth y Tadau Eglwysig yn Chalcedon i ddeall Crist fel o ddwy natur, 'heb gymysgu, heb gyfnewid, heb ymrannu, heb ymwahanu, a hynny heb ddiddymu mewn unrhyw ffordd y gwahaniaeth rhwng y ddwy natur o achos yr undeb, ond diogelu yn hytrach briodoledd pob un o'r (ddwy) natur',[47] ni ddigwyddodd hyn yn sylfaenol am fod pobl wedi gweld Iesu ac wedi ymateb â'r argyhoeddiad fod yno yn rhodio Ail Berson y Drindod. Fodd bynnag, mae'n rhaid i ddiwinyddiaeth wastad godi pwnc athrawiaeth, hyd yn oed pan fydd yr athrawiaethau hynny yn destun cryn ddadl. Mewn diwinyddiaeth, mae'r un mor bwysig cofio bywyd Iesu fel y'i mynegwyd yn yr ysgrythurau ag i siarad amdano yn nhermau dysgeidiaeth yr eglwys. Yn ôl athrawiaethau Cristolegol clasurol yr eglwys, a gadwyd yng Nghredo Nicea a'r diffiniad Chalcedonaidd, roedd Iesu o'r un hafod (*homoousios*) â'r Tad; mae yn un person (*hypostasis*) yn y Drindod Sanctaidd heb fod yn gwbl wahanedig o'r ddau berson (*hypostasis*) arall, ac ynddo ef triga llawnder dyndod a duwdod, dwy natur yn un person. Sut ar wyneb y ddaear mae portreadu hyn mewn ffilm?

Y peth cyntaf i'w ystyried yw sut y datblygodd yr athrawiaeth. Gweithiwyd allan athrawiaeth dwyfoldeb Crist am y credwyd bod Duw wedi ei godi o farw'n fyw. Am i rywbeth ddigwydd i'r dyn hwn na ddigwyddasai erioed o'r blaen, yr oedd yn rhaid iddo fod yn arbennig. Lladdwyd y dyn hwn gan yr awdurdodau, ond fe'i cyfiawnhawyd gan Dduw trwy ei atgyfodi i fywyd newydd a daeth felly yn addewid atgyfodiad i bawb. Felly mae'r portread o'r atgyfodiad yn bwysig. Ond y mae atgyfodiad ei hun yn ddigwyddiad sy'n mynd y tu hwnt i bŵer disgrifio am ei fod yn groes i'n holl brofiad a'n gwybodaeth. O ganlyniad, ychydig sydd yn ein profiad cyffredin i gyfateb iddo. Mae'n gwrthsefyll disgrifiad digonol, ac felly yn gwrthsefyll ei bortreadu yn ddigonol ar ffilm, ac eithrio dangos Iesu wedi dychwelyd o'r bedd.

Mae geni Iesu yn amlwg yn bwnc cynhennus mewn astudiaethau Testament Newydd (heb sôn am yng nghyfundrefn gred yr eglwys). O leiaf, os am bortreadu hanes y geni, yna'r disgwyl fuasai i ymwneud Duw, trwy gyhoeddiad yr angel a thrwy'r beichiogi morwynol, gael ei ddangos mewn rhyw ffordd. Yn ddiddorol iawn, mae llawer o ffilmiau am Iesu yn osgoi dangos geni Crist, megis *King of Kings* Samuel Bronston (1961) a *The Last Temptation of Crist* (1988). Wrth gwrs, ni fuasai unrhyw gofnod o eni Iesu ar y ffilm yn dangos y gwir reswm am ddwy natur Crist, na realiti hynny. Nid yw'r diffiniad Chalcedonaidd yn cynnig esboniad sut mae'n bosibl, na sut y digwyddodd, ond cynigia yn hytrach ddiffiniad o'r hyn yw'r safle Cristolegol dilys. O ganlyniad, nid oes gennym wir wybodaeth ar gyfer portreadu Crist yn wir Dduw ac yn wir ddyn.

Hwyrach mai'r eithriad i hyn yw'r berthynas rhwng Iesu a Duw. Yn y Testament Newydd, fe welwn Crist yn cyfeirio at agosrwydd ei berthynas gyda Duw. Ef yw annwyl Fab y Tad (Mth. 3: 17; 17: 5; Mc 1: 11) a'r unig-genedledig Fab (In 1: 14, 18; 3: 16); mae Duw wedi ei fodloni ynddo (Mth. 3: 17; Mc 1: 11; Luc 3: 22); mae'n neilltuo amser i'w dreulio mewn gweddi (Mth. 14: 25; Mc 6: 46; Luc 6: 12); dywed Duw wrth y disgyblion am wrando ar Iesu yn hytrach na'r Gyfraith a'r Proffwydi ar adeg y gweddnewidiad (Mth. 17: 5; Mc 9: 7; Luc 9: 35); tra'r awgrymir y berthynas ontolegol rhwng Duw a Iesu yn y geiriau 'Myfi a'r Tad, un ydym' (In 8: 30) a 'chyn bod Abraham, yr wyf i' (In 8: 58). Ynddo ef, yr oedd llawnder Duw wedi bodloni trigo (Col. 2: 9). Yn y ffilm am Iesu, felly, rhaid codi'r cwestiwn am bortreadu'r berthynas hon, a phortreadu Iesu yn gweddïo.

Un ystyriaeth bellach yma yw portreadu storïau'r gwyrthiau. Mae storïau'r gwyrthiau, y cyfeirir atynt yn efengyl Ioan fel arwyddion, yn dangos cenhadaeth ddwyfol Crist ac yn awgrymu ei natur ddeuol am eu bod yn dangos ei arglwyddiaeth dros y cread. Er hynny, mae'n hawdd ennyn y math anghywir o ymateb i storïau'r gwyrthiau. Mae modd cyflwyno'r wyrth mewn ffordd mor anghyffredin fel y gall ymddangos yn afreal, a gall ei dangos mewn ffordd normal mewn golygfa gyffredin fethu â chyfleu unrhyw ymdeimlad o arglwyddiaeth Crist. Mae *King of Kings* Bronston, er enghraifft, yn broblem gan nad yw'r gwyrthiau yn y ffilm byth yn arwyddo diben ehangach: 'nid ydynt byth yn fomentau pendant o gyfarfod personol [gyda Iesu] sy'n cyhoeddi Teyrnas Dduw',[48] sylw braidd yn eironig am ffilm sy'n ymwneud â brenhiniaeth Crist. Ar wahân i'r adroddiad a roddwyd i Beilat a Herod (a bortreadir bron fel ffrindiau mynwesol) gan ganwriad ffuglennol o'r enw Lucius, caiff y gwyrthiau eu portreadu mewn un dilyniant yn unig a gyflwynir gyda'r geiriau llipa 'This was the time of miracles'. Nid yw Iesu yn bresennol ar y sgrîn, ond fe'i cynrychiolir fel cysgod. Â ati i iachau dyn cloff a dyn dall mewn ffyrdd od o amhersonol. Gwelir y dyn dall yn ymlwybro ar hyd y stryd naill ai wedi cael ei ddenu'n reddfol at gysgod Iesu neu yn ddigon ffodus i wrthdaro ag ef. Nid oes dim cyffes o bechod na ffydd na sôn am gychwyn grŵp o ddilynwyr nac eglwys. Aiff yr un a iachawyd a Iesu ymlaen ar eu gwahanol ffyrdd. Mae hyn yn broblem am ei fod yn portreadu Iesu fel cyflawnwr gwyrthiau yn hytrach na chydnabod y gwyrthiau fel arwyddion fod trefn newydd – sef Teyrnas Dduw – gerllaw.

PROBLEMAU SINEMATIG

Ochr yn ochr â'r hyn y gellir eu hystyried fel problemau diwinyddol, mae materion eraill, mwy technegol o bosibl, sy'n rhaid eu goresgyn. Mae a wnelo'r broblem gyntaf â dewis actor addas i bortreadu Iesu. Mae Hollywood yn mynnu fod actorion adnabyddus yn cymryd y prif rhan er mwyn i'r ffilm lwyddo. Ond nid pob 'enw mawr' o actor sy'n addas. Awgryma William R. Telford na fuasai, er enghraifft, Arnold Schwarzenegger neu Danny De Vito yn addas.[49] Tra bod achos *prima facie* yma, os tyrchwn yn ddyfnach, mae hyn hefyd yn broblemus. Oherwydd beth, mewn gwirionedd, fyddai'n gwneud rhywun yn gymwys i bortreadu Iesu? Oes a wnelo'r peth rywfaint â'r cymeriadau maent wedi eu portreadu eisoes? Neu a yw'n fwy o fater statws personol a moesol yr actor a'i gywirdeb crefyddol? Cafodd Jeffrey Hunter, seren *King of Kings*, ei feirniadu gan lawer critig am fod yn rhy ifanc ac am ei gysylltiad â diwylliant ieuenctid America yn y 1960au. Gallasai perfformiad egr Willem Dafoe yn *The Last Temptation of Christ* fod yn ystyrlon i lawer, ond mae'n edrych yn od o debyg i gymeriadau ffilmiau eraill Scorcese a leolwyd ar strydoedd Efrog Newydd. Hwyrach y teflir peth goleuni ar fater defnydd y Testament Newydd megis Mathew 25 (dameg y defaid a'r geifr) a all awgrymu nad gan bobl y portreadir Iesu ond y bydd wedi ei leoli mewn pobl, hyd yn oed os yw'n gudd o'u golwg, pan wasanaethir eu hanghenion. Hwyrach, felly, nad y cwestiwn yw beth sy'n gwneud actor yn gymeradwy i chwarae Iesu, ond beth o Iesu a welwn ni ym mherfformiad actor? Ac nid yw'r cwestiwn hwnnw fymryn haws i'w ateb.

Ochr yn ochr â hyn, rhaid codi cwestiwn ynglŷn ag addasrwydd Iesu i gael ei bortreadu fel prif gymeriad yn y sinema. Yn yr hen ddyddiau, awgrymai'r crefyddoldeb a oedd yn rhan annatod o'r byd gorllewinol fod yn rhaid ceisio cyflwyno stori Iesu ar y sgrîn. Mewn oes fwy secwlar, mae'n amhosibl cymryd potensial arwrol Iesu yn ganiataol. Yn draddodiadol, ystyrir Iesu yn ffigwr di-ryw a heddychol, dwy nodwedd sy'n groes i'r graen yn Hollywood gyda'i hoffter o ryw a thrais. Canlyniad hyn yw canolbwyntio braidd ar gymeriadau eraill yn yr hanes, yn enwedig ar Judas, Barabbas, Pedr a Mair Magdalen. Neu fe all arwain at ganolbwyntio ar ddehongliad o Iesu sydd naill ai â sail ansicr iawn o wybodaeth am yr efengylau neu sy'n ymwneud mwy ag athroniaethau a mudiadau cymdeithasol a oedd mewn bri adeg y cynhyrchu. Mae *The Gospel According to St Matthew* Pasolini yn ceisio 'achub Iesu efengyl Mathew o ganrifoedd o uniongrededd crefyddol a duwioldeb, a'i ddychwelyd at y bobl'. Dehonglir efengyl Mathew yn aml fel un sy'n cynnig Crist heddychlon (26: 52). Ond eto, mae'r ffilm hon yn portreadu Crist tanseiliol sy'n 'poeri allan bregethau' ac yn amddiffyn y tlodion rhag yr uchelwyr offeiriadol. Yn 'ffyrnig, di-wên, asgetig ac yn aflonyddu', arwain ar flaen y gad y mae'r Iesu hwn gan siarad dros ei ysgwydd â'i ddilynwyr.[50] Hwyrach fod hyn yn adlewyrchu nwyd chwyldroadol y 1960au pan oedd hen reolau a safonau ymddygiad a dderbyniwyd gynt yn cael eu cwestiynu, ac mai protest oedd y drefn.

Ar y llaw arall, portreada *The Last Temptation of Christ* Iesu ansicr, wedi ei rwygo gan deimladau o euogrwydd dros ei bechod ei hun, yn ansicr am y gwrthdaro mewnol ynddo rhwng y cnawd a'r ysbryd, ac yn ansicr am alwad Duw, a bortreadir yn y ffilm. Mae'n clywed lleisiau ac mae hyn yn ei boenydio am na ŵyr ai llais Duw ydyw neu lais y diafol ei hun. Wrth gwrs, mae'n hanfodol cofio mai brwydr y ddeuoliaeth rhwng cnawd ac ysbryd yw prif bwnc y ffilm, nid 'dwy natur' Crist. Yn wir, gellid dadlau nad brwydr Crist sy'n cael ei phortreadu o gwbl yn y ffilm, ond brwydr Kazantzakis a Scorsese, ac o ganlyniad o bosibl, brwydr pawb arall.

Problem arall yw'r dadlau ffyrnig a fydd yn dilyn o reidrwydd unrhyw ymgais i bortreadu bywyd Iesu, yn enwedig os bydd yn gwyro mewn unrhyw ffordd oddi wrth y lluniau traddodiadol, duwiol sydd gennym. Dioddefodd Pasolini a Scorsese wrth i grwpiau ffydd, yn aml heb fod wedi gweld y ffilmiau, eu condemnio hwy a'u cynhyrchwyr am halogi ar y gorau, ac am gablu ar ei waethaf. Yr hyn a ddengys hyn yn anad dim yw mai peth hawdd iawn yw dweud beth sydd, yn ein barn ni, yn anwiredd ac yn annhebyg i Iesu. Mae adrodd hanes mwy cadarnhaol, a gwneud ffilm fwy cadarnhaol, yn fwy anodd o lawer.

'FFIGWR CRIST'

Er gwaetha'r holl broblemau sy'n gysylltiedig â hi, nid y ffilm am Iesu sy'n achosi'r mwyaf o ddadlau, ond y ffilm ffigwr Crist sy'n syrthio i ddau gategori. Un yw'r ffigwr Crist eglur lle dealla'r cymeriad ei fod (yn bennaf) yn actio stori Iesu, megis *Jesus of Montreal* (1989) a gafodd gymaint o ganmoliaeth, a lle cyflogir y prif gymeriad, Daniel Coloumbe, gan yr Eglwys Gatholig i chwythu anadl einioes i'w drama dioddefaint sy'n clafychu. Adlewyrchir ei ymchwil i ysgolheictod y Testament Newydd yn y ffordd y cymer ei fywyd ei hun arno nodweddion bywyd Iesu. Ar y llaw arall, gellir cael 'ffigwr-Crist ymhlyg'. Gyda hwn y gynulleidfa sy'n gorfod gwneud y cysylltiad, yn dilyn digon o awgrymiadau o'r ddelweddaeth ei hun.[51] Buasai hyn yn gofyn am ddigon o wybodaeth am ddeunydd Beiblaidd a'r traddodiad Cristnogol er mwyn gwneud y cysylltiad. Er ei bod yn wir fod rhai awduron a chyfarwyddwyr yn gwneud ymdrech fwriadol i roi nodweddion neu briodweddau Crist-debyg i'w cymeriadau, mae'r *genre* yn gweithio orau fel model eisegetigol (sef y wyddor o ddarllen i mewn i rywbeth yn hytrach na ddarllen allan o rywbeth, sef *exegesis*). Gadewir y gynulleidfa i fyfyrio am y cysylltiadau a dod i ba gasgliad diwinyddol sy'n ymddangos yn briodol.

I ddeall ffigwr Crist fel hyn, mae'n rhaid ildio ffigwr hanesyddol Iesu er mwyn gweld yr hyn a eilw John Hick, mewn cyd-destun arall, yn 'ffigwr-Crist an-hanesyddol neu uwch-hanesyddol, neu *logos*'.[52] Y *logos* sydd ar waith mewn unigolion o dueddfryd crefyddol neu fel arall, a dyma ffynhonnell y trawsnewidiad achubol. Mae presenoldeb y *logos* yn y cymeriadau hyn yn galluogi'r sawl y deuant i gysylltiad â hwy i brofi trosgynoldeb, gobaith ac iachawdwriaeth.

Hyd yn oed o dderbyn hyn fel agwedd ddiwinyddol ddilys tuag at gymeriadau a ffilmiau o'r fath, mae dehongliad fel hwn yn codi dwy broblem benodol. Y gyntaf yw'r modd y mae nam o hyd yn y ffigwr Crist. Naill ai y mae rhyw ddiffyg yn ei gymeriad, neu mae'n cael ei arwain i weithredu mewn ffordd ang-Nghrist-debyg. Gall hyn beri fod y gynulleidfa yn medru uniaethu'n agosach â'r ffigwr Crist gan nad yw'n mynnu eu bod yn ymdeimlo ag annigonoldeb eu hamherffeithrwydd eu hunain yn wyneb ei gymeriad perffaith. Ond mae'n anodd cynnal y gyfatebiaeth rhwng y cymeriad hwnnw a Christ. Awgryma nam y ffigwr Crist i raddau fod rhywbeth ffals na ellir ymddiried ynddo am y gobaith a'r gwerthoedd y mae'n eu traddodi i'w gymuned. Mewn diwinyddiaeth draddodiadol, mae Crist yn cynnig gobaith am iddo fod yn berffaith ufudd, am mai ef yw ymgnawdoliad Duw, Duw gyda ni, Duw yn profi bodolaeth yn y cnawd, yn dioddef ac yn cyd-sefyll gyda'r ddynolryw fel y gall yn y pen draw ei waredu. Caniatawyd y waredigaeth am iddo ddod â'r ffurf berffaith. Dyma, felly, yw problem diwinyddiaeth draddodiadol o ran ymateb i'r ffigwr Crist: mae nam sylfaenol yn y cymeriad ac, o ganlyniad, y mae'r gyfatebiaeth yn chwalu.

Yn ail, mae anghynhwysoldeb ynghlwm wrth syniad y ffigwr Crist. Yn ôl sylwebwyr, nid oes ond rhai ffigyrau sy'n arddangos y gyfatebiaeth â Christ. Mewn geiriau eraill, nid pob cnawd pechadurus all gludo a phortreadu'r *logos*, dim ond rhai. Mewn diwinyddiaeth Gristnogol draddodiadol, mae pob cnawd yn bechadurus ac yn cwympo'n fyr o ogoniant Duw, ond gall pawb ymateb i alwad Crist, cael eu bedyddio iddo ef a chael eu galw i ganiatáu i Grist fyw ynddynt. Er gwaethaf pechod, felly, y Newyddion Da yw y gall pob cnawd fyw yng Nghrist fel y datguddir Crist trwy bawb, yn enwedig pan gesglir cnawd yng nghorff Crist, sef yr eglwys. Nid gwir yw dweud, felly, fod rhai unigolion yn datguddio Crist yn llawnach nag eraill ac y mae uniaethu esiampl cnawd pechadurus â Christ, a'i ddyrchafu yn sgîl hynny, yn dal yn broblem o safbwynt diwinyddol.

Mae'r ffigwr Crist yn y sinema yn golygu prif gymeriad sy'n arddangos nodweddion Crist-debyg, neu'n galw i gof yn sylweddol hanes Iesu.[53] Tra cysylltir y cymeriad â Christ trwy ddefnyddio delweddaeth neu drwy dechneg sinematig, fel arfer mae rhyw fath o nam difrifol lle chwala'r gyfatebiaeth. Wedi'r cyfan, petai'r gyfatebiaeth yn berffaith, nid ffigwr Crist fuasai'r cymeriad a bortreadid: byddai'n rhaid iddo fod yn Grist ei hun. Felly yn *Cool Hand Luke* (1967), ffilm glasurol yn y *genre* hon, mae'r prif gymeriad yn casglu disgyblion, yn cynnig gobaith iddynt a chedwir y cof amdano yn eu mysg wedi iddo adael. Mae *Shane* a *Pale Rider* (1985) ill dau yn marchogaeth i mewn i gymunedau o rywle pell ac yna'n marchogaeth ymaith eto, wedi achub y bobl rhag eu gorthrymwyr. Yn *Whistle Down the Wind* (1961) mae'r plant yn gwneud ffrindiau gyda charcharor sydd wedi dianc, gan ei gamgymryd am Iesu yr ail ddyfodiad. Pan gaiff ei arestio ar ddiwedd y ffilm, mae'n wynebu ei Galfaria ei hun pan wna'r heddlu iddo godi ei freichiau ar ffurf croes er mwyn ei archwilio. Mae rhestr ddiddiwedd o ffilmiau sy'n defnyddio delweddau o'r fath.[54]

Yn ôl Joel W. Martin, mae'r ffilm *Rocky* yn cyflwyno'r prif gymeriad o'r enw hwnnw fel ffigwr Crist trwy weld cyfochredd yn y ffordd y mae'n trin trempyn, sydd yn ein hatgoffa am stori'r Samariad Trugarog (Luc 10: 25–37), ei ymdrech i achub putain, sy'n dwyn i gof ymateb Iesu i'r wraig a ddaliwyd mewn godineb (In 8: 1–11), ac yn y ffordd mae'n dioddef trais i brynu ei bobl. Digwydd hyn oll mewn cyd-destun gweledol lle mae'r gwylwyr yn wynebu toreth o ddelweddau crefyddol, o'r lluniau agoriadol sy'n canoli ar wyneb Iesu, i'r ffaith mai hen eglwys yw'r gampfa lle mae Rocky yn hyfforddi. Caiff y gwylwyr sydd ag unrhyw amgyffred o gynnwys yr efengylau dynnu cyfatebiaethau penodol, a chaiff eu hybu i wneud hynny gan y ddelweddaeth grefyddol benodol.

I unrhyw un o'r ffigyrau hyn fod yn ffigyrau Crist o gwbl, mae angen dealltwriaeth ddiwinyddol arbennig sy'n gysylltiedig â'r syniad am Grist yn ddyndod perffaith ac yn ail Adda, yr arbedir dynolryw bechadurus ynddo. Mae eu presenoldeb ynddo ef yn awgrymu cyfranogi o'i genhadaeth feseianaidd, ac i raddau, fodolaeth gyfatebol. Mewn rhai ffyrdd, mae'n mynnu fod yr holl ddynolryw bechadurus yn adlewyrchu dyndod perffaith Crist, waeth pa mor ddiffygiol ac annigonol.

YR EFENGYL MEWN OES WELEDOL

CASGLIADAU

O'r astudiaeth eang hon, medrwn dynnu nifer o gasgliadau. Rhaid cyfaddef fod y teledu a'r sinema yma i aros ac nad ydynt yn debyg o newid eu hethos. Gallwn deimlo eu bod yn cynhyrchu cymdeithasau sydd yn eu 'diddanu eu hunain i farwolaeth' trwy amlygu'r gwacsaw a dyrchafu'r diddanus, a phrin y bydd hyn yn newid yn y dyfodol rhagweladwy. Mae peth arwyddocâd diwinyddol i'w tra-arglwyddiaeth, a thra-arglwyddiaeth delweddau gweledol yn gyffredinol. Ond rhaid i ni geisio gweld yr arwyddocâd hwnnw mewn termau cadarnhaol neu gael ein cyhuddo o fod yn gadach gwlyb ysbrydol, a hynny nid am y tro cyntaf.

Y cwestiwn cyntaf y mae'n rhaid ei ofyn yw sut mae cyfleu diwinyddiaeth mewn cyfrwng sy'n bell oddi wrth ei swyddogaeth draddodiadol o gyhoeddi ac ysgrifennu? Lle defnyddiodd pregethwyr y teledu, yn enwedig y telefengylwyr Americanaidd, cafwyd beirniadaeth, a llawer ohono yn haeddiannol. Y broblem yw bod pobl yn y Gorllewin, yn enwedig ym Mhrydain, mor argyhoeddedig mai norm cyffredinol yw rhyddfrydiaeth secwlar, yn hytrach nag un bydolwg bosibl ymysg nifer, fel bod unrhyw beth sy'n awgrymu cynnwys crefyddol yn y maes cyhoeddus yn gallu dod yn destun gwawd a beirniadaeth. Nid yw pobl eisiau i grefydd gael ei wthio i lawr eu corn gyddfau, yn enwedig gan gyfryngau y daethant i ymddiried ynddynt a'u mwynhau. Serch hynny, i'r eglwysi Cristnogol, mae cyfryngau teledu a ffilm yn cynnig cyfle diguro, oherwydd pan fyddant yn cysylltu â'r gwylwyr, maent yn medru cael ymateb enfawr fel gyda Band Aid yn y 1980au, apeliadau blynyddol Plant mewn Angen, a'r ymateb yn dilyn tsunami de-ddwyrain Asia yn Rhagfyr 2004, ymateb a symbylwyd, yn ddi-os, gan y ffaith fod pobl wedi gweld tystiolaeth am y difrod nid â'u llygaid eu hunain ond trwy lygad hollbresennol y teledu. Mae cyfryngau gweledol yn ennyn ymateb. Ond sut ddylid eu defnyddio?

Er mwyn defnyddio cyfryngau gweledol, byddai'n rhaid mynd i'r afael â'r broblem sylfaenol a amlygwyd gan Neil Postman, sef bod y cyfryngau hyn yn gwneud i agweddau pwysig hanes a diwylliant ymddangos yn ddibwys. Er nad yw hyn yn wir bob tro, rhaid cyfaddef, hyd yn oed pan fydd yn rhoi gwybodaeth yn y modd mwyaf dwys, bod yn rhaid i deledu a ffilm ddiddanu. Mae'n wir, felly, os yw'r cyfryngau hyn am fod o ddefnydd i'r eglwys, er enghraifft, yna rhaid i'r eglwys ddatblygu a bod yn gyfforddus, gyda ffordd i gyhoeddi ei neges sy'n diddanu neu o leiaf yn hawdd ei dilyn.

Ar y llaw arall, rhaid holi cwestiynau difrifol am y ddialog rhwng diwinyddiaeth a ffilm (a theledu) sy'n ceisio olrhain delfrydau lled-ysbrydol a moesol trwy naratif sydd i raddau helaeth yn secwlar. Wrth gwrs, rhaid gwneud cysylltiadau â chymdeithas gyfoes, neu fe gaiff yr eglwys ei hanghofio a'i cholli fel crair yr oes a fu. Ond yn amlach na heb, ymddengys hyn yn llef yn y diffeithwch, yn ymgais wyllt am werthoedd a gwirioneddau ysbrydol lle nad ydynt yn bodoli mewn gwirionedd. Mae dehongliadau o'r fath i raddau helaeth yn eisegetigol. Maent yn bodoli nid yn y ffilm ei hun ond yn y gwylwyr sydd wedyn yn dehongli'r hyn a welant. Ac y mae hyn yn ein harwain at un ystyriaeth olaf. Mae Jim McDonnell (yn dyfynnu Chris Arthur) yn gwneud y pwynt:

> 'While the aim of many media presentations may be to impart information about religion, the aim of religion itself is not information but redemptive transformation.' Too often (in the Christian context) the limitations of religious broadcasting are forgotten, and there is an expectation that it should take on the mission of religious faith – redemptive transformation.[55]

Mewn geiriau eraill, mae'n bwysig peidio â chaniatáu i'r cyfrwng ddod yn neges, a chyfeirio at ymadrodd enwog Marshall MacLuhan. Gellid defnyddio delweddau gweledol, ond mae angen cyfeiriad arbennig. Mae gadael popeth i ddehongliadau yn ein rhoi mewn perygl o golli'r pwynt. Yn hytrach, rhaid defnyddio delweddau i wneud y pwynt.

Er eu holl feiau, mae ffilm a theledu yn diddanu pobl ac yn cynnig ffordd i roi cwmni iddynt. Ni ddylem eu beirniadu ormod, oherwydd maent yn ein hadlewyrchu ni. Hwyrach, fodd bynnag, y daeth yn bryd cymryd golwg fanylach arnom ni ein hunain.

---

[1] John R. May, *Image and Likeness: Religious Visions in American Film Classics* (Efrog Newydd, 1992), t. 3.

[2] Joel Martin a Conrad Ostwalt Jr. (goln), *Screening the Sacred: Religion, Myth and Ideology in Popular American Film* (Colorado, 1965), t. 65; Margaret R. Miles, *Seeing and Believing: Religion and Values in the Movies* (Boston, 1996), t. 3.

3 Michael Northcott, 'Spirituality in the media context', yn Derek C. Weber (gol.), *Discerning Images: The Media and Theological Education: Resources for Theological Educators* (Caeredin, 1991), t. 109.
4 Miles, *Seeing and Believing*, t. 25.
5 Gellir gweld paragraff gweddol gadarnhaol am y dernyn o sain yn Robin W. Lovin, *Reinhold Niebuhr and Christian Realism* (Caergrawnt, 1995), tt. 174–5.
6 Todd Gittin, *Watching Television* (Efrog Newydd, 1986), t. 18.
7 Neil Postman, *Amusing Ourselves to Death* (Llundain, 1984).
8 Gw. Timothy J. Gorringe, *Capital and the Kingdom: Theological Ethics and Economic Order* (Llundain, 1994), t. 71; Postman, *Amusing Ourselves to Death*, tt. 78, 161.
9 Justin Phillips, 'Is more news good news?', yn David Porter (gol.), *The Word on the Box* (Caerliwelydd, 1997), t. 44.
10 Robert McLeish, 'Public broadcasting – servant or leader?', yn Porter (gol.), *The Word on the Box*, t. 20.
11 Postman, *Amusing Ourselves to Death*, t. 79.
12 Colin Morris, *God-in-a-Box* (Llundain, 1984), t. 9.
13 Duncan B. Forrester, 'Introduction', yn Weber (gol.), *Discerning Images*, t. vii.
14 Angela Tilby, *The Way*, 31/2 (Ebrill 1991), 97.
15 Duncan B. Forrester, 'The media context for word and worship', yn Weber (gol.), *Discerning Images*, t. 9.
16 Postman, *Amusing Ourselves to Death*, t. 80.
17 Robert White, 'Formation for priestly ministry in a mass-mediated culture', *Seminarium*, 4 (1987), 813.
18 'Prolegomena', yn Weber (gol.), *Discerning Images*, t. 1.
19 Duncan B. Forrester a J. Iain H. McDonald, 'Christian ethics in the media context', yn Weber (gol.), *Discerning Images*, t. 52.
20 Miles, *Seeing and Believing*, t. 3.
21 Robert McLeish, 'Public broadcasting – servant or leader?', t. 18.
22 Postman, *Amusing Ourselves to Death*.
23 Ibid., t. 89.
24 Gw. *Natural Theology: Comprising 'Nature and Grace' by Professor Dr Emil Brunner and the Reply 'No!' by Dr Karl Barth* (Llundain, 1946).
25 Clive Marsh, 'Film and theologies of culture', yn Clive Marsh a Gaye Ortiz (goln), *Explorations in Theology and Film* (Rhydychen, 1997), t. 22.
26 Ibid., t. 31. Italeiddio'r awdur.
27 Joseph Cunneen, 'Films and the sacred', *Cross Currents* (Gwanwyn 1993), 93.
28 Gw. Christopher Deacy, *Screen Christologies: Redemption and the Medium of Film* (Caerdydd, 2001).
29 Miles, *Seeing and Believing*, t. 23.
30 Ibid., t. 11.
31 Am amlinelliad o'r icon, gw. Elizabeth Zelensky a Lela Gilbert, *Windows to Heaven: Introducing Icons to Protestants and Catholics* (Grand Rapids,

2005); hefyd Marilyn Minto, *Windows into Heaven: An Introduction to the Russian Icon* (Caerdydd, 1996).
32 Miles, *Seeing and Believing*, t. 3; *idem*, *Image as Insight* (Boston, 1985); David Freedberg, *The Power of Images* (Chicago, 1989); Ann Hollande, *Moving Pictures* (Cambridge, Mass., 1991).
33 Miles, *Screening the Sacred*, t. 65.
34 Mircea Eliade, *The Sacred and the Profane: The Nature of Religion* (Efrog Newydd, 1959), t. 205.
35 Michael Northcott, 'Spirituality in the media context', yn Weber (gol.), *Discerning Images*, t. 105.
36 Melvyn Bragg, wedi'i ddyfynnu yn Martin ac Ostwalt (goln), *Screening the Sacred*, t. 13.
37 Martin ac Ostwalt (goln), *Screening the Sacred*, t. 16.
38 Ibid., t. 13.
39 Ibid., t. 159.
40 David Browne, 'Films, movies, meanings', yn Marsh ac Ortiz (goln), *Explorations in Theology and Film*, t. 19.
41 Albert Schweitzer a honnodd fod yr ymchwil am Iesu hanes wedi cychwyn tua chanol y ddeunawfed ganrif gyda chyhoeddi erthyglau gan Herrmann Samuel Reimarus wedi ei farw (1694–1768): gw. Schweitzer, *The Quest of the Historical Jesus* (Llundain, 1911).
42 W. Barnes Tatum, *Jesus at the Movies: A Guide to the First Hundred Years* (Santa Rosa, 1994), t. 3.
43 William R. Telford, 'Jesus Christ movie star: the depiction of Jesus in the cinema', yn Marsh ac Ortiz (goln), *Explorations in Theology and Film*, t. 120.
44 Gw. Iain Provan a J. Ian H. McDonald, 'The media and the study of the Bible', yn Weber (gol.), *Discerning Images*, t. 70.
45 Barnes Tatum, *Jesus at the Movies*, t. 12.
46 Ibid.
47 R. Tudur Jones (gol.), *Ffynonellau Hanes yr Eglwys* (Caerdydd, 1979), t. 171.
48 Lloyd Baugh, *Imaging the Divine: Jesus and Christ-figures in Film* (Kansas City, 1997), t. 20.
49 Telford, 'Jesus Christ movie star', t. 135.
50 Ibid.
51 Barnes Tatum, *Jesus at the Movies*, t. 212.
52 John Hick, *The Rainbow of Faiths: Critical Dialogues on Religious Pluralism* (Llundain, 1985), t. 18.
53 Barnes Tatum, *Jesus at the Movies*, t. 209.
54 Martin (gol.), *Screening the Sacred*, t. 1.
55 Tim Dean, 'Religious broadcasting: for the nation or the ghetto?', yn Porter (gol.), *The Word on the Box*, t. 103.

CYNAEAFU'R LLOFFION

Ar ddiwedd y drafodaeth eang hon, mae'n amlwg ein bod wedi cyffwrdd llawer iawn o feysydd. Y cwestiwn sydd ar ôl, felly, yw a fydd modd i gyrraedd unrhyw gasgliadau cyffredinol sy'n rhoi goleuni ar sefyllfa crefydd yn y byd cyfoes? Mae'n debyg y gellir codi sawl pwynt pwysig.

Yn gyntaf oll, ar ddechrau'r trydydd mileniwm, ni ellir amau fod y byd yn dal yn fyd crefyddol. Er gwaethaf pob proffwydoliaeth i'r gwrthwyneb, mae crefydd, erbyn dechrau'r unfed ganrif ar hugain, mewn sefyllfa gref yn y byd ac, o bosibl, mewn sefyllfa gryfach nag y bu ers llawer dydd. Er gwaethaf honiadau cymdeithasegol megis y ddamcaniaeth ynglŷn â secwlareiddio, mae'r dystiolaeth empeiraidd yn awgrymu fod y ddynoliaeth fodern yn troi'n naturiol o hyd at ryw fath o fynegiant crefyddol i ateb cwestiynau mwyaf dwys a dyrys ei bod. Ni ellir amau'r crefyddolder yn y byd, ond rhaid cydnabod bod newid enfawr wedi digwydd yn y mynegiant ohono yn ystod y ganrif ddiwethaf. Ar ddechrau'r ugeinfed ganrif, o edrych ar y byd o safbwynt Ewropeaidd, roedd yn dal yn bosibl i sôn am grefyddolder y ddynoliaeth mewn termau penodol Gristnogol. Yn wir, amcan y Gynhadledd Genhadol a ymgynullodd yng Nghaeredin yn 1910 oedd Cristioneiddio'r byd. Ond nid catalydd ymgyrch fawr i efengylu oedd y gynhadledd honno. Yn hytrach, fe'i cynhaliwyd ar ddechrau canrif o ddirywiad hir, araf a chreulon yn nylanwad a nerth Cristnogaeth yn Ewrop.

Ar ddechrau'r unfed ganrif ar hugain, mynegir crefyddolder mewn sawl ffordd wahanol ac, yn ôl pob tebyg, mewn ffyrdd nad ydynt yn perthyn i'r crefyddau traddodiadol o gwbl ac mae hynny'n cynnwys Cristnogaeth. Yn hytrach, dywedir bod diddordeb gan y ddynolryw gyfoes mewn ysbrydolrwydd, sy'n ffordd i gydnabod fod y bod dynol yn gysylltiedig â rhywbeth mwy ac uwch ac sy'n cyffwrdd yn reddfol â'i hanfod tra'i fod hefyd yn caniatáu i bobl osgoi unrhyw gyfrifoldebau ehangach na'r cyfrifoldeb personol i'r hunan unigol. Os ydyw'n grefydd o gwbl, crefydd yr unigolyn yw ysbrydolrwydd, ac mae ei apêl yn amlwg i'r ddynolryw ôl-fodernaidd nad yw'n cydnabod normadau cyffredinol mewn moeseg, mewn crefydd nac yn yr ymchwil am y gwirionedd. Goddrychedd sy'n rheoli, a hynny mewn ffordd sy'n gwadu'r angen i'r gwirionedd fod yn gyffredinol, ac yn wirionedd cymdeithasol yn ogystal â gwirionedd personol.

Ar y cyfan, mae ysbrydolrwydd yn grefydd fewnol, personol a phreifat. Yn anaml iawn y gwelir unrhyw apêl gyhoeddus i ysbrydolrwydd, a chyhyd â'n bod yn anwybyddu'r emosiwn a'r teimladau a godir yn y gynulleidfa sy'n gwylio chwaraeon rygbi neu bêl-droed ryngwladol, neu sy'n gwrando ar berfformiad cerddoriaeth fyw (ffenomenau a enwyd yn 'grefydd ymhlyg' gan Edward Bailey ac eraill[1]), nid yw'r ysbrydolrwydd a'r crefyddolder hyn yn ei amlygu ei hun yn gyhoeddus ond ar adegau anarferol neu argyfyngus. Gwelwyd enghraifft o hyn wedi marwolaeth y dywysoges Diana yn 1997 ac yn y galar diffuant a welwyd ledled y byd wrth i'r cyfryngau adrodd am farwolaeth y Pab Ioan Paul II yn 2005. Dichon mai ymateb oedd hwn i farwolaeth un a ystyriwyd yn ddyn da mewn byd ansicr, treisgar a pheryglus gyda 'rhyfeloedd a sôn am ryfeloedd' (Mth. 24: 6) yn llenwi'r newyddion. Mae'n bosibl iddo fod yn ymateb i un farwolaeth arbennig ac i farwoldeb yn gyffredinol; rhywbeth sy'n tueddu i gael ei guddio bellach yw angau lle mae'r mwyafrif yn marw y tu allan i'w cymunedau mewn ysbytai yn hytrach nag yn eu cartrefi. Marwolaeth hynod o gyhoeddus a gafodd y Pab, ac mae'n bosibl iddo roi'r cyfle i bobl fynegi eu hofnau a'u pryderon mewn ffordd na allent byth mo'i wneud yn arferol. Roedd cwestiynau crefyddol dwys ynglŷn â phwrpas bywyd a phosibilrwydd bywyd wedi marwolaeth y tu ôl i ffenomenau o'r math. Beth sy'n eglur yw'r ffaith fod mwyafrif llethol pobl Prydain ac Ewrop bellach yn chwilio am atebion i'r cwestiynau hyn y tu allan i'r eglwys Gristnogol.

Yn ogystal â hyn, mae secwlariaeth gyffredinol y Gorllewin, yn arbennig yn Ewrop, yn tueddu cuddio'r ffaith fod gweddill y byd (gan gynnwys Unol Daleithiau America) yn dal i weld crefydd yn elfen bwysig ym mywydau pobl. Ac mae canolbwynt cryfaf Cristnogaeth yn symud, yn raddol ond yn sicr, o Ewrop a Gogledd America i Affrica ac i Asia, sef yr hyn a alwyd unwaith yn drydydd byd. Bellach mae'r cymunedau Cristnogol mwyaf ffyniannus eisoes wedi'u lleoli y tu allan i Ewrop yn Affrica ac America Ladin. Yn ôl Philip Jenkins, 'Ym 1950, byddai rhestr o brif wledydd Cristnogol y byd wedi cynnwys Prydain, Ffrainc, Sbaen a'r Eidal, ond na fyddai'r un o'r enwau hyn yn bresennol ar restr cyfatebol yn 2050.'[2] Â ymlaen i ddweud fod 'cyfnod Cristnogaeth Orllewinol wedi dod i ben yn ystod ein heinioes, ac mae dydd Cristnogaeth y De yn gwawrio'.[3] Yn y dyfodol, bydd hyn yn golygu na fydd modd i Gristnogion, diwinyddion nac arweinwyr eglwysig gymryd yn ganiataol y bydd pawb yn derbyn y cynseiliau deallusol ac athronyddol a ddominyddodd yn y Gorllewin ers cyfnod y Goleuo ac felly a ddominyddodd mewn diwinyddiaeth ac efrydiau Beiblaidd. Mae blaenoriaeth rheswm a'r agwedd ryddfrydig tuag at fywyd yn debyg o gael eu herio wrth i bleidwyr Cristnogaeth o draddodiadau meddyliol a deallusol a chymdeithasol gwahanol ddod i amlygrwydd ar lwyfan y byd. Mae tensiynau'r byd Anglicanaidd a ddaeth yn hysbys yn ddiweddar dros fater rhywioldeb yn gyffredinol a thros wrywgydiaeth yn arbennig yn dyst i'r rhwyg sydd yn y byd crefyddol heddiw. Yn gyffredinol, mae'r traddodiadau crefyddol megis Pabyddiaeth, Anglicaniaeth a'r ffydd Ddiwygiedig wedi cymryd yn ganiataol fod cytundeb ynglŷn â deall ac ymarfer y ffydd. Ni fydd hyn yn bosibl yn y dyfodol ac mae hyd yn oed y Pab Benedict XVI (a fu, fel Cardinal Ratzinger, yn brif luniwr dehongliad diwinyddol yr Eglwys Gatholig Rufeinig) yn honni mai patrwm cynulleidfaol fydd i eglwys y dyfodol.[4]

Er bod iddo oblygiadau ymarferol, rhwyg meddyliol yw hwn yn bennaf, ac mae'n dod yn sgîl y ddadl ynglŷn â sut orau i ddehongli'r ysgrythurau a sut orau i arddel ac i fyw'r ffydd Gristnogol. Er gwaethaf presenoldeb Cristnogion ceidwadol yng ngwledydd y Gorllewin, mae'r rhwyg ar ei fwyaf amlwg ar lefel daearyddol, gyda'r Gorllewin, lle mae'r eglwysi'n dirywio yn dal wrth ddehongliad rhyddfrydig ac yn tueddu i ddiystyru problcm rhywioldeb, a'r 'De', sef Affrica ac America Ladin yn bennaf, yn tueddu i gondemnio'r gwahaniaethau hyn fel gwyriad yn erbyn y norm ysgrythurol. Nid yw'n eglur sut yr atebir y broblem hon neu a fydd hi'n cael ei hateb o gwbl. Efallai y bydd yr eglwys ei hun yn gorfod rhannu, a'i haelodau yn y Gorllewin yn troedio llwybr gwahanol i'w cyd-Gristnogion yn y De, neu, o bosibl, bydd y rhwyg yr un mor eglur yng ngwledydd y Gorllewin. A thrist fydd y dydd pan welir y fath rwyg.

Dengys y posibilrwydd hwn bwysigrwydd trafod diwinyddiaeth. Ar ddwy ochr y ddadl gellir dirnad naill ai gulni neu gyfleustra yn ffugio i fod yn ddiwynda. Yn hytrach na hyn, dylai'r ffaith fod anghytuno rhwng gwahanol rannau'r eglwys arwain pobl yn ôl at yr angen i ystyried y mater mewn termau diwinyddol o ddifrif. Rhan o broblem bresennol yr eglwysi traddodiadol yng Nghymru yn neilltuol ond yn Ewrop yn gyffredinol yw'r ffaith i ddysgyblaethau eraill megis cymdeithaseg a seicoleg neu hyd yn oed gwleidyddiaeth, pragmatiaeth a difaterwch (os disgyblaeth yw'r un diwethaf!) gymryd lle diwinyddiaeth fel y cyfryngau mwyaf priodol i ymateb i faterion pwysig yr oes. Tasg y diwinydd cyfoes fydd gwrando'n amyneddgar ar safbwyntiau eraill a chydnabod eu deiliaid fel partneriaid mewn dialog yn hytrach na fel gelynion digyfaddawd. Fel arall, ffraeo a rhwygo fydd hanes y dyfodol. Oni ystyrir materion dadleuol o safbwynt y newyddion da yng Nghrist Iesu, rhwygo difudd fydd ein tynged.

Dyma pam fo'r angen i ddiwynda yn alwad mor bwysig. Ymgais i fynegi'r gwirionedd yw diwinyddiaeth, sef y gwirionedd am y ddynolryw, am y byd ac am Dduw, a hanfod yr efengyl yw cariad Duw at y ddynoliaeth. Ei ffrwyth yw cariad at eraill. Er bod yr efengyl yn cyhoeddi'r un newyddion da ym mhob oes, mae'n wynebu her a darganfyddiadau a gwybodaeth newydd ym mhob cyfnod. Yn ogystal, cyhoeddir yr efengyl o'r newydd ym mhob cenhedlaeth gan fod pob cenhedlaeth yn ei chlywed fel petai am y tro cyntaf, tra bod pob cyfnod yn cyflwyno ei syniadau a'i phroblemau penodol sy'n ceisio ymateb diwinyddol. O ganlyniad, mae'r angen i feddwl yn ddiwinyddol ym mhob oes yn amlwg iawn. Prif faich y gyfrol hon yw dangos yr angen i ddiwynda. Heb ddiwynda, ni fydd yn bosibl darganfod ffyrdd i wynebu ysbrydolrwydd a chrefyddolder cyffredinol yr oes nac i ymateb yn gadarnhaol i'r ddiwinyddiaeth a fydd yn codi o eglwysi yn yr hen drydydd byd wrth i Gristnogion y Gorllewin sylweddoli fod ffocws cryfder Cristnogaeth wedi symud o'r hen amddiffynfa i dir ffrwythlon newydd. Ac ni fydd modd chwaith i osgoi canlyniadau erchyll ein methiant i gytuno ar faterion moesegol pwysig y dydd.

Ond mae rheswm arall pam fod diwinyddiaeth yn bwysig yn y byd modern, rheswm sy'n tarddu o symudiad crefyddol sy'n fwy cyhoeddus ei naws na'r crefyddolder cyffredinol preifat ac sy'n fwy amlwg na'r symudiad yn y byd Cristnogol o'r Gorllewin i'r De. Bodolaeth amlwg ffwndamentaliaeth yw'r rheswm hwnnw.

Ffenomen yr ugeinfed ganrif yw ffwndamentaliaeth ac, fel y nodwyd eisoes, tyfodd mynegiant ohoni ym mhob crefydd bron megis Cristnogaeth yn Unol Daleithiau America, Hindŵaeth yn India, Iddewiaeth yn Israel ac Islam yn y Dwyrain Canol. Ers yr ymosodiad ar Ganolfan Masnach y Byd, Efrog Newydd, ar 11 Medi 2001, mae ffwndamentaliaeth Islamaidd wedi dod yn hysbys iawn yn y byd a'i photensial am drais, llofruddio a chasineb ond yn rhy amlwg. Nid dyma Islam y mwyafrif llethol o Fwslemiaid, ond mae digon o'r rhai ffwndamentalaidd i fygwth bywyd y Gorllewin am y dyfodol agos.

Nid trwy ei hanwybyddu y datrysir problem ffwndamentaliaeth. Ar y llaw arall, nid trwy gondemnio'r ffwndamentalwyr yr enillir y ddadl chwaith. Yn hytrach, mae'n rhaid dychwelyd at ofynion diwinyddiaeth. Trwy wneud hyn, gwelir nad ymateb di-feddwl i foderniaeth mo ffwndamentaliaeth ond mynegiant diwinyddol gweddol soffistigedig. Trwy ddiwinyddiaeth y daw dealltwriaeth o'r ffenomen a thrwy fynegi'r dewisiadau dilys eraill y mae'n bosibl osgoi colli pobl i'r sectau mwyaf peryglus.

Mae canlyniadau diwinyddiaeth wael ond yn rhy amlwg yn y byd heddiw wedi ymosodiadau'r terfysgwyr, yr erchyllterau yn y Balkans, yn Rwanda ac yn Darfur. Mae'r ymgais i atal y fath ddigwyddiadau yn dibynnu i raddau ar ffurfio diwinyddiaeth well. Ni ellir amau, felly, yn y byd crefyddol sydd ohoni heddiw, fod diwinyddiaeth yn dal yn bwysig.

Gan fod effaith diwinyddiaeth wael, a'r athrawiaethau cythreulig sydd am ddinistrio eraill, ond yn rhy amlwg yn y byd cyfoes, mae'n dilyn fod diwinyddiaeth yn faes cyhoeddus. Hynny yw, nid sgwrs breifat, fewnol oddi mewn i'r eglwys mo diwinyddiaeth ond dialog bwysig a chyffrous â'r byd a'i bethau. Mewn rhai cylchoedd diweddar datblygwyd ffordd o ddiwinydda sy'n mynnu gwarchod ei harbenigrwydd trwy gadw diwinyddiaeth yn weithred eglwysig yn unig. Gwelir y duedd hon yng ngwaith George Lindbeck[5] ac yng ngwaith diwinyddion 'uniongrededd radicalaidd' megis John Milbank a Catherine Pickstock.[6] Ond ni all dinas Dduw fodoli heb ddinas y ddynolryw. Nod yr eglwys yw datgan yr efengyl ac ystyr hyn yw cyhoeddi'r newyddion da yn y byd. Felly, yn sgîl cyhoeddi'r efengyl, mae gan ddiwinyddiaeth oblygiadau yn y maes gwleidyddol i atgoffa gwleidyddion eu bod yn gweithredu dan ragluniaeth Duw a bod ganddynt hwythau gyfrifoldeb ynghlwm wrth eu galwedigaeth. Dylai'r eglwysi alw'r gwleidyddion i gyfrif ond byddai hyn yn amhosibl heb ddiwinyddiaeth eglur a dilys i'w cefnogi. Mae gan yr eglwys weledigaeth am heddwch a chyfiawnder sydd i'w gosod gerbron y byd yn bersonol, yn gymdeithasol ac yn wleidyddol. Gweithred gyhoeddus yw diwinyddiaeth a rhan o her y gymdeithas gyfoes fydd darganfod ffordd ddilys i arleisio ei gweledigaeth. Rhan o waith diwinyddol yr eglwys felly yw sicrhau fod pobl mewn gwledydd democrataidd yn galw eu harweinwyr i gyfrif gan sefyll yn erbyn gormes, trais ac anghyfiawnder a chan annog ei haelodau i gymryd cyfrifoldebau eu dinasyddiaeth o ddifrif.

Os yw diwinyddiaeth i gyflawni'r orchwyl hon o ddiwinydda'n gyhoeddus, bydd angen meithrin agwedd gadarnhaol tuag at y dychymyg. Am ganrifoedd, tueddwyd i amau'r dychymyg fel y gallu dynol sy'n arwain at freuddwydio a ffantasi ac felly at yr hyn nad yw'n bodoli. Erbyn heddiw, sylweddolir bod y dychymyg yn chwarae rhan bwysig yn y ffordd y mae pobl yn dod i ddeall y byd a hefyd yn y ffordd y maent yn byw'n ymarferol ynddo. Mae tair nodwedd ganolog i'r dychymyg. Yn gyntaf, y dychymyg yw'r ffordd y cyfieithir profiadau a chanfyddiadau'r synhwyrau yn ddelweddau yn y meddwl. Heb wneud hyn, ni fyddai'n bosibl deall y profiadau yr ydym yn eu cael yn y byd. Yn ail, mae'r dychymyg yn rhoi'r gallu i ni gofio pethau nad ydynt bellach yn bresennol i ni. Heb y dychymyg ni fyddai dim byd yn ein profiadau y gallwn ei gydnabod. O ganlyniad, mae'r dychymyg yn hanfodol i fywyd gan ei fod yn cyflwyno pethau'r byd yn wrthrychau cyfarwydd i ni. Yn drydydd, mae'r dychymyg yn cynnig i ni'r gallu i fod yn greadigol. Trwy gysylltu'r profiadau synhwyrol a gawn â syniadau eraill y meddwl mewn ffyrdd gwahanol, mae'r dychymyg yn creu gweledigaeth am y byd fel y mae a hefyd gweledigaeth am sut y dylai fod.[7]

Mewn diwinyddiaeth, bydd y dychymyg o ddefnydd hanfodol wrth i ni geisio cysylltu'r newyddion da â chymdeithas sy'n ei deall ei hun mewn termau tra gwahanol i'r rhai Beiblaidd. Ond yn fwy na hynny, bydd y dychymyg hefyd yn caniatáu i ni 'weld breuddwydion' a 'chael gweledigaethau' (cf. Joel 2: 28; Act. 2: 17) am ddyfodol newydd gwell. Gall y dychymyg – yn arbennig y dychymyg sy'n gweithio dan reolaeth yr Ysbryd Glân (chwedl John McIntyre[8]) ac yn ôl patrymau'r Beibl (chwedl Garrett Green[9]) – awgrymu ffurfiau newydd ar yr eglwys, ar ei chenhadaeth, ar ei gwasanaeth ac ar ei haddoli. A gall hefyd chwarae rhan hanfodol mewn gwaith bugeiliol wrth iddo arwain pobl mewn trafferthion at y weledigaeth o ddyfodol mwy gobeithiol. Os yw diwinyddiaeth eto i fod yn faes adeiladol a chyhoeddus, bydd angen y dychymyg i'n hysbrydoli i drafod moeseg, gwleidyddiaeth a diwylliant mewn ffordd gadarnhaol ac mewn ffordd sydd yn agored i ddatblygiadau newydd. Fel hyn y bydd y dychymyg hefyd yn rhoi blaenoriaeth i gyhoeddi'r newyddion da.

Yn olaf, rhaid cofio nad rhywbeth di-duedd mo diwinyddiaeth. Hynny yw, mae'n codi o'r berthynas rhwng y byd a Duw a sefydlwyd gan Iesu Grist. Mae diwinyddiaeth yn bwysig wrth i ni geisio caru Duw gyda'n holl feddwl yn ogystal â chyda'n holl galon, ein holl enaid a'n holl gryfder (Mc 12: 30). Ond ni ddechreuodd y genhadaeth Gristnogol gyda darlith ar y drindod neu esboniad ar athrawiaeth yr Iawn. Yn hytrach, dechrau Cristnogaeth oedd canu mawl i'r Arglwydd ac ymgymryd â'r Ewcharist mewn ymateb i ddatganiad Gair Duw. Mewn geiriau eraill, sylfaen y bywyd Cristnogol yw addoli ac onid yw sylfaen diwinyddiaeth mewn addoli, yna bydd yn wan, yn fethianus ac yn ddi-ystyr. Ffyrdd i addoli Duw a mynegi'r gogoniant sydd yn eiddo iddo ef yn unig yw'r cwbl a ddylem anelu ato. Bydd diwinyddiaeth ar ei gorau pan fydd yn gogoneddu Duw. Dyna sydd wrth wraidd penodau'r gyfrol hon.

---

[1] Gw. e.e. Edward Bailey, *Implicit Religion: An Introduction* (Llundain, 1998).
[2] Philip Jenkins, *The Next Christendom: The Coming of Global Christianity* (Efrog Newydd, 2002), t. 2.
[3] Ibid., t. 3.
[4] Joseph Cardinal Ratzinger, *The Ratzinger Report: An Exclusive Interview on the State of the Church, Joseph Cardinal Ratzinger with Vittorio Messori* (San Francisco, 1985), tt. 45–7 a ddyfynnwyd yn Veli-Matti Kärkkäinen, *An Introduction to Ecclesiology: Ecumenical, Historical and Global Perspectives* (Downers Grove, 2002), t. 8.
[5] George Lindbeck, *The Nature of Doctrine: Religion and Theology in a Postliberal Age* (Philadelphia, 1984).
[6] Gw. e.e. John Milbank, *Theology and Social Theory: Beyond Secular Reason* (Rhydychen, 1990); Catherine Pickstock, *After Writing: On the Liturgical Consummation of Philosophy* (Rhydychen, 1998).
[7] Gw. e.e. Mary Warnock, *Imagination* (Llundain, 1976); James P. Mackey (gol.), *Religious Imagination* (Caeredin, 1986).
[8] John McIntyre, *Faith, Theology and Imagination* (Caeredin, 1987).
[9] Garrett Green, *Imagining God: Theology and the Religious Imagination* (Grand Rapids, 1989).

LLYFRYDDIAETH

Armstrong, Karen, *The Battle for God: Fundamentalism in Judaism, Christianity and Islam* (Llundain, 2000).
Atherton, John, *Christianity and the Market* (Llundain, 1992).
Atkinson, D. J. a D. H. Field (goln), *New Dictionary of Christian Ethics and Pastoral Theology* (Caerlŷr, 1995).
Augustine of Hippo: Selected Writings, cyf. Mary T. Clark (Llundain, 1984).
Bailey, Edward, *Implicit Religion: An Introduction* (Llundain, 1998).
Ballard, Paul a John Pritchard, *Practical Theology in Action* (Llundain, 1996).
Barr, James, *Escaping from Fundamentalism* (Llundain, 1984).
——— *Fundamentalism* (Llundain, 1995).
Barth, Karl, *The Word of God and the Word of Man*, cyf. Douglas Horton (Llundain, 1928).
——— *Church Dogmatics I/i The Doctrine of the Word of God*, cyf. G. W. Bromiley a T. F. Torrance (Caeredin, 1936).
——— *Church Dogmatics III/ii The Doctrine of Creation*, cyf. G. W. Bromiley a T. F. Torrance (Caeredin, 1960).
——— *Church Dogmatics IV/ii The Doctrine of Reconciliation*, cyf. G. W. Bromiley a T. F. Torrance (Caeredin, 1958).
Baugh, Lloyd, *Imaging the Divine: Jesus and Christ-figures in Film* (Kansas City, 1997).
Beckford, Robert, *Jesus is Dread* (Llundain, 1998).
Benavides, Gustavo a M. W. Daly (goln), *Religion and Political Power* (Albany, 1989).
Bernhardt, Reinhold, *Christianity Without Absolutes*, cyf. John Bowden (Llundain, 1994).
Bockmuehl, M., *The Epistle to the Phillippians* (Llundain, 1997).
Bodansky, Yossef, *Bin Laden: The Man who Declared War on America* (Rocklin, Calif., 1999).
Boff, Leonardo a Clodovis Boff, *Introducing Liberation Theology*, cyf. Paul Burns (Tunbridge Wells, 1987).

LLYFRYDDIAETH

Bonhoeffer, Dietrich, *Ethics*, cyf. N. H. Smith, gol. E. Bethge (Llundain, 1955).
Book of Common Order of the Church of Scotland (Caeredin, 1994).
Bowden, John, *Who's Who in Theology?* (Llundain, 1990).
Bradstock, Andrew, *Faith in the Revolution* (Llundain, 1997).
Braemen, J., a D. Brody, *Change and Continuity in Twentieth Century America: The 1920s* (Columbus, 1968).
Breuilly, Elizabeth, a Martin Palmer, *Christianity and Ecology* (Llundain, 1992).
Brown, David, *Discipleship and Imagination: Christian Tradition and Truth* (Rhydychen, 2004).
—— *Tradition and Imagination: Revelation and Change* (Rhydychen, 2004).
Bruce, Steve, *Firm in the Faith* (Aldershot, 1984).
—— *Religion in the Modern World* (Rhydychen, 1996).
—— *Fundamentalism* (Caergrawnt, 2001).
Brunner, Emil, *Truth as Encounter*, cyf. A. W. Loos a David Cairns (Llundain, 1964).
Buber, Martin, *I and Thou*, cyf. R. Gregor Smith (Caeredin, 1937).
Buckley, Michael, *At the Origins of Modern Atheism* (New Haven, 1987).
Calvin, John, *Institutes of the Christian Religion*, cyf. F. L. Battles, gol. J. T. McNeill, 2 gyfrol (Llundain, 1960).
Carruthers, Samuel Wilson, *Three Centuries of the Westminster Shorter Catechism* (Prifysgol New Brunswick, 1957).
Clatworthy, Jonathan, *Good God: Green Theology and the Value of Creation* (Charlbury, 1997).
Clements, Keith, *Learning to Speak: The Church's Voice in Public Affairs* (Caeredin, 1995).
Cocksworth, Christopher, *Holy, Holy, Holy: Worshipping the Trinitarian God* (Llundain, 1997).
Cone, James H., *A Black Theology of Liberation* (Maryknoll, 1990).
—— *Black Theology and Black Power* (Maryknoll, 1997).
—— *God of the Oppressed* (Maryknoll, 1997).
Conway, Flo a Jim Siegelman, *Holy Terror: The Fundamentalist War on America's Freedoms in Religion, Politics and our Private Lives* (Efrog Newydd, 1982).
Cook, David, *The Moral Maze: A Way of Exploring Christian Ethics* (Llundain, 1983).
Crockett, Clayton, *A Theology of the Sublime* (Llundain, 1999).
Croft, Stephen, *Transforming Communities: Re-imagining the Church for the Twenty-first Century* (Llundain, 2001).
Cromer, Gerald, *Narratives of Violence* (Aldershot, 2001).
Currie, R., Gilbert A. a L. Horsley, *Churches and Churchgoers: Patterns of Church Growth in the British Isles since 1700* (Rhydychen, 1977).

Daniel, J. I. a John Fitzgerald (goln), *Ysgrifau Athronyddol ar Grefydd* (Caerdydd, 1982).
Davie, Grace, *Religion in Britain since 1945: Believing without Belonging* (Rhydychen, 1994).
Davies, David Protheroe, *Diwinyddiaeth ar Waith* (Lerpwl, 1984).
Davies, Eryl Wynn, *Bultmann*, Cyfres y Meddwl Modern (Dinbych, 1987).
Davis, Charles, *Religion and the Making of Society* (Caergrawnt, 1994).
D'Costa, Gavin, *Theology and Religious Pluralism* (Rhydychen, 1986).
———— (gol.), *Christian Uniquenesss Reconsidered: The Myth of a Pluralistic Theology of Religions* (Maryknoll, 1996).
Deacy, Christopher, *Screen Christologies: Redemption and the Medium of Film* (Caerdydd, 2001).
Deane-Drummond, Celia, *A Handbook in Theology and Ecology* (Llundain, 1996).
Descartes, René, *Traethawd ar Drefn Wyddonol*, cyf. D. Miall Edwards (Caerdydd, 1923).
Drane, John W., *The McDonaldization of the Church* (Llundain, 2000).
Dussel, Enrique, *Ethics and Community*, cyf. Robert R. Barr (Tunbridge Wells, 1988).
Edwards, D. Miall, *Bannau'r Ffydd* (Wrecsam, 1929).
Edwards, David L., *The Futures of Christianity* (Llundain, 1987).
Elford, R. John, *The Ethics of Uncertainty: A New Approach to Moral Decision-making* (Rhydychen, 2000).
Eliade, Mircea, *The Sacred and the Profane: The Nature of Religion*, cyf. Willard R. Trask (Efrog Newydd, 1959).
Evans, G. R. (gol.), *The Medieval Theologians: An Introduction to Theology in the Medieval Period* (Rhydychen, 2001).
Fabian, Johannes, *Time and the Other: How Anthropology Makes its Object* (Efrog Newydd, 1982).
Fernandez, Eleazar S., *Toward a Theology of Struggle* (Maryknoll, 1994).
Feuerbach, Ludwig, *The Essence of Christianity*, cyf. G. Eliot (Efrog Newydd, 1957).
Ford, David F., *Theology: A Brief Introduction* (Rhydychen, 1999).
———— D. L. Stamps (goln), *Essentials of Christian Community* (Caeredin, 1996)
———— Daniel W. Hardy, *Living in Praise: Worshipping and Knowing God* (Llundain, 2005).
Francis, Leslie J., *Faith and Psychology: Personality, Religion and the Individual* (Llundain, 2005).
Freedberg, David, *The Power of Images* (Chicago, 1989).
Frei, Hans, *The Eclipse of Biblical Narrative: A Study in Eighteenth and Nineteenth Century Hermeneutics* (New Haven, 1974).
———— *Types of Christian Theology* (New Haven, 1992).

Gill, Robin, *Churchgoing and Christian Ethics* (Caergrawnt, 1999).
Gittin, Todd, *Watching Television* (Efrog Newydd, 1986).
Glover, J., *Causing Deaths and Saving Lives* (Harmondsworth, 1977).
Gorringe, Timothy J., *Capital and the Kingdom: Theological Ethics and Economic Order* (Llundain, 1994).
Grainger, Roger, *The Language of the Rite* (Llundain, 1974).
Green, Garrett, *Imagining God: Theology and the Religious Imagination* (Grand Rapids, 1989).
—— *Theology, Hermeneutics and Imagination: The Crisis of Interpretation at the End of Modernity* (Caergrawnt, 2000).
Guinness, Os, *Time for Truth: Living Free in a World of Lies, Hype and Spin* (Caerlŷr, 2000).
Gunton, Colin E., *Christ and Creation* (Caerliwelydd, 1992).
—— *The One, the Three and the Many: God, Creation and the Culture of Modernity* (Caergrawnt, 1993).
—— *The Christian Faith: An Introduction to Christian Doctrine* (Rhydychen, 2002).
—— Daniel W. Hardy (goln), *On Being the Church: Essays on the Christian Community* (Caeredin, 1989).
Gutiérrez, Gustavo, *We Drink from our own Wells: The Spiritual Journey of a People*, cyf. Matthew J. O'Connell (Llundain, 1984).
—— *A Theology of Liberation*, cyf. Cardad Inda a John Eagleton (2il arg., Llundain, 1988).
Hampson, Daphne, *Theology and Feminism* (Rhydychen, 1990).
Hardy, Daniel W., *God's Ways with the World: Thinking and Practising Christian Faith* (Caeredin, 1996).
Harnack, Adolf, *What is Christianity?*, cyf. Thomas Bailey Saunders (Llundain, 1901).
Harris, Harriet A., *Fundamentalism and Evangelicals* (Rhydychen, 1998).
Hart, David A., *One Faith? Non-realism and the World of Faiths* (Llundain, 1995).
Hastings, Adrian, *A History of English Christianity 1920–1985* (Llundain, 1986).
Hauerwas, Stanley, *With the Grain of the Universe* (Llundain, 2002).
Hendry, George, *Theology of Nature* (Philadelphia, 1980).
Hick, John, *God Has Many Names* (Llundain, 1980).
—— *Problems of Religious Pluralism* (Basingstoke, 1985).
—— *The Rainbow of Faiths: Critical Dialogues on Religious Pluralism* (Llundain, 1985).
—— *An Interpretation of Religion* (Llundain, 1989).
Hollande, Ann, *Moving Pictures* (Cambridge, Mass., 1991).
Hughes, Dewi Arwel, *Has God Many Names? An Introduction to Religious Studies* (Caerlŷr, 1996).
Hussel, Dieter (gol.), *Theology for Earth Community* (Efrog Newydd, 1996).

Jenkins, Philip, *The Next Christendom: The Coming of Global Christianity* (Efrog Newydd, 2002).
Jens, W., Kuschel, K. a H. Küng, *Dialogue With Hans Küng*, cyf. John Bowden (Llundain, 1997).
Jones, Bryn, *Worship: A Heart for God* (Bradford, 1989).
Jones, Glyn Tudwal, *Croesi'r Mileniwm: Cadw'r Ffydd* (Caernarfon, 1998).
Jones, R. M., *Crist a Chenedlaetholdeb* (Pen-y-bont ar Ogwr, 1994).
Jones, R. Tudur, *Hanes Annibynwyr Cymru* (Abertawe, 1966).
—— (gol.), *Ffynonellau Hanes yr Eglwys* (Caerdydd, 1979).
Jones, Richard G., *Groundwork of Worship and Preaching* (Peterborough, 1980).
Jones, Vivian, *Helaetha Dy Babell* (Abertawe, 2004).
Kairos Document: A Theological Comment on the Political Crisis in South Africa (Johannesburg, 1985).
Karim, Karim H., *The Islamic Peril: Media and Global Violence* (Efrog Newydd, 2000).
Kärkkäinen, Veli-Matti, *An Introduction to Ecclesiology: Ecumenical, Historical and Global Perspectives* (Downers Grove, 2002).
Kegley Jr., Charles (gol.), *International Terrorism: Characters Causes Controls* (Efrog Newydd, 1990).
Kepel, Gilles, *The Revenge of God: The Resurgence of Islam, Christianity and Judaism in the Modern World*, cyf. Alan Braley (Caergrawnt, 1994).
Kuhse, H., *The Sanctity of Life Doctrine in Medicine: A Critique* (Rhydychen, 1987).
Küng, Hans, *On Being a Christian*, cyf. Edward Quinn (Llundain, 1977).
—— *Christianity and the World Religions*, cyf. Peter Heinegg (2il arg., Llundain, 1993).
—— (gol.), *Yes to a Global Ethic*, cyf. John Bowden (Llundain, 1996).
—— *A Global Ethic for Global Politics*, cyf. John Bowden (Llundain, 1997).
—— Helmut Schmidt (goln), *A Global Ethic and Global Responsibilities: Two Declarations*, cyf. John Bowden (Llundain, 1998).
Lash, Nicholas, *The Beginning and the End of Religion* (Caergrawnt, 1996).
Lawrence, Bruce B., *Defenders of God: The Fundamentalist Revolt against the Modern Age* (Columbia, 1995).
Lindbeck, George, *The Nature of Doctrine: Religion and Theology in a Postliberal Age* (Philadelphia, 1984).
Loughlin, Gerard, *Telling God's Story: Bible, Church and Narrative Theology* (Caergrawnt, 1996).
Lovin, Robin W., *Reinhold Niebuhr and Christian Realism* (Caergrawnt, 1995).

Lloyd-Jones, E. R., *Niebuhr*, Cyfres y Meddwl Modern (Dinbych, 1989).
MacIntyre, Alasdair, *After Virtue: A Study in Moral Theory* (Llundain, 1981).
McIntyre, John, *Faith, Theology and Imagination* (Caeredin, 1987).
Mackey, James P. (gol.), *Religious Imagination* (Caeredin, 1986).
Macquarrie, J. a J. Childress (goln), *A New Dictionary of Christian Ethics* (Llundain, 1986).
Marsh, Clive, *Christianity in a Post-atheist Age* (Llundain, 2002).
────── Gaye Ortiz (goln), *Explorations in Theology and Film* (Rhydychen, 1997).
Marshall, Michael, *Free to Worship* (Llundain, 1982).
Martin, Joel W. a Conrad Ostwalt Jr. (goln), *Screening the Sacred: Religion, Myth and Ideology in Popular American Film* (Boulder, Colorado, 1995).
Marty, Martin E. ac R. Scott Appleby (goln), *Fundamentalisms Observed* (Chicago, 1991).
────── R. Scott Appleby, *The Glory and the Power: The Fundamentalist Challenge to the Modern World* (Boston, 1992).
────── R. Scott Appleby (goln), *Fundamentalisms and Society* (Chicago, 1992).
────── R. Scott Appleby (goln), *Fundamentalisms and the State* (Chicago, 1993).
────── R. Scott Appleby (goln), *Accounting for Fundamentalisms* (Chicago, 1994).
────── R. Scott Appleby (goln), *Fundamentalisms Comprehended* (Chicago, 1995).
May, John R. (gol.), *Image and Likeness: Religious Visions in American Film Classics* (Efrog Newydd, 1992).
Migliore, Daniel L., *Faith Seeking Understanding: An Introduction to Christian Theology* (Grand Rapids, 1991).
Milbank, John, *Theology and Social Theory: Beyond Secular Reason* (Rhydychen, 1990).
Miles, Margaret R., *Image as Insight* (Boston, 1985).
────── *Seeing and Believing: Religion and Values in the Movies* (Boston, 1996).
Minto, Marilyn, *Windows into Heaven: An Introduction to the Russian Icon* (Caerdydd, 1996).
Moltmann, Jürgen, *Theology of Hope*, cyf. James W. Leitch (Llundain, 1967).
────── *The Church in the Power of the Spirit*, cyf. Margaret Kohl (2il arg., Llundain, 1992).
────── *God in Creation*, cyf. Margaret Kohl (Llundain, 1993).
────── *God for a Secular Society*, cyf. Margaret Kohl (Llundain, 1999).
────── J. Baptist Metz, *Faith and the Future* (Llundain, 1995).

Morgan, D. Densil, *Barth*, Cyfres y Meddwl Modern (Dinbych, 1992).
—— *Sylfaen a Gwraidd: Arweiniad i Ddysgeidiaeth Gristnogol* (Bangor, 1994).
Morgan, R. a M. Pye (goln), *Ernst Troeltsch: Writings on Theology and Religion* (Llundain, 1997).
Morris, Colin, *God-in-a-Box* (Llundain, 1984).
Moule, C. F. D., *Worship in the New Testament*, 2 gyfrol (Llundain, 1978).
Moynagh, Michael, *Changing World, Changing Church* (Llundain, 2001).
—— *Emergingchurch.intro* (Abingdon, 2004).
Muñoz, Ronaldo, *The God of the Christians*, cyf. Paul Burns (Tunbridge Wells, 1991).
Natural Theology: Comprising 'Nature and Grace' by Professor Dr Emil Brunner and the reply 'No!' by Dr Karl Barth, cyf. Peter Fraenkel (Llundain, 1946).
Nazir-Ali, Michael, *Citizens and Exiles: Christian Faith in a Plural World* (Llundain, 1998).
Newbigin, Lesslie, *The Gospel in a Pluralist Society* (Llundain, 1989).
—— *Truth to Tell: The Gospel as Public Truth* (Llundain, 1991).
Niebuhr, H. Richard, *The Kingdom of God in America* (Efrog Newydd, 1937).
Niebuhr, Reinhold, *The Nature and Destiny of Man*, II (Llundain, 1943).
—— *Moral Man, Immoral Society* (Efrog Newydd, 1960).
Otto, Rudolf, *The Idea of the Holy*, cyf. John W. Harvey (Llundain, 1980).
Packer, J. I., *Fundamentalism and the Word of God* (Caerlŷr, 1958).
Parry-Williams, T. H. (gol.), *Rhyddiaith Gymraeg: I, Detholiad o Lawysgrifau 1488–1609* (Caerdydd, 1958).
Partridge, Christopher H. (gol.), *Fundamentalisms* (Caerliwelydd, 2001).
Pattison, George, *The End of Theology – and the Task of Thinking about God* (Llundain, 1998).
Pawlowsky, P., *The Basics: Christianity*, cyf. John Bowden (Llundain, 1994).
Perdue, William D., *Terrorism and the State: A Critique of Domination through Fear* (Llundain, 1989).
Perry, Michael, *The Paradox of Worship* (Llundian, 1977).
Phillips, D. Z., *Faith after Foundationalism: Critique and Alternatives* (Llundain, 1988).
Pickstock, Catherine, *After Writing: On the Liturgical Consummation of Philosophy* (Rhydychen, 1998).
Pieris, Aloysius, *An Asian Theology of Liberation* (Caeredin, 1988).
Pixley, J. a C. Boff, *The Bible, the Church and the Poor*, cyf. Paul Burns (Tunbridge Wells, 1989).
Polkinghorne, John, *Science and Creation* (Llundain, 1994).

LLYFRYDDIAETH

Porter, David (gol.), *The Word on the Box* (Caerliwelydd, 1997).
Postman, Neil, *Amusing Ourselves to Death* (Llundain, 1984).
Race, Alan, *Christians and Religious Pluralism: Patterns in the Christian Theology of Religions* (Llundain, 1983).
Rahner, Karl, *Theological Investigations*, V, cyf. Cornelius Ernst (Baltimore, 1966).
―― *Theological Investigations*, VI, cyf. Cornelius Ernst (Baltimore, 1967).
Reader, John, *Local Theology: Church and Community in Dialogue* (Llundain, 1994).
Richards, Gwynfryn, *Gwir a Diogel Obaith* (Abertawe, 1972).
Richardson, Alan, *The Politcal Christ* (Llundain, 1973).
Richter, Philip a Leslie J. Francis, *Gone but not Forgotten* (Llundain, 1998).
Roberts, Elfed ap Nefydd, *Iesu Grist Ddoe, Heddiw ac am Byth: Cyfres o Astudiaethau ar gyfer y Milflwyddiant* (Caernarfon, 1999).
Robinson, Adam, *Bin Laden: Behind the Mask of the Terrorist* (Efrog Newydd, 2001).
Rodd, Cyril S. (gol.), *New Occsasions Teach New Duties* (Caeredin, 1995).
Rowland, Christopher, *Radical Christianity* (Caergrawnt, 1988).
―― John Vincent (goln), *Liberation Theology UK* (Sheffield, 1995).
Ruether, Rosemary Radford, *Gaia and God* (Llundain, 1993).
Sacks, Jonathan, *The Persistence of Faith: Religion, Morality and Society in a Secular Age: The Reith Lectures 1991* (Llundain, 1991).
Said, Edward, *Orientalism* (Efrog Newydd, 1979).
Scott, Peter, *A Political Theology of Nature* (Caergrawnt, 2003).
Schindler, David L., *Heart of the World Center of the Church* (Grand Rapids, 1995).
Schleiermacher, Friedrich, *On Religion: Speeches to its Cultured Despisers*, cyf. John Oman (Efrog Newydd, 1958).
Schweitzer, Albert, *The Quest of the Historical Jesus*, cyf. W. Montgomery (Llundain, 1911).
Sedgwick, Peter, *The Enterprise Culture* (Llundain, 1992).
Sell, Alan P. F. ac Anthony R. Cross (goln), *Protestant Nonconformity in the Twentieth Century* (Caerliwelydd, 2003).
Shahk, Israel a Morton Mizvinsky, *Jewish Fundamentalism in Israel* (Llundain, 1999).
Shanks, Andrew, *Civil Society Civil Religion* (Rhydychen, 1995).
Sheldrake, Philip, *Spirituality and Theology: Christian Living and the Doctrine of God* (Llundain, 1998).
Silberstein, Lawrence J. (gol.), *Jewish Fundamentalism in Comparative Perspective: Religion, Ideology and the Crisis of Modernity* (Efrog Newydd, 1993).
Sine, Tom, *Mustard Seed versus McWorld* (Grand Rapids, 1999).

Smith, Wilfred Cantwell, *Questions of Religious Truth* (Llundain, 1967).
────── *Towards a World Theology: Faith and the Comparative History of Religion* (Llundain, 1981).
Spong, John Shelby, *Rescuing the Bible from Fundamentalists: A Bishop Rethinks the Meaning of Scripture* (San Francisco, 1991).
────── *Why Christianity must Change or Die: A Bishop Speaks to Believers in Exile: A New Reformation of the Church's Faith and Practice* (San Francisco, 1998).
Sykes, Stephen, *The Identity of Christianity* (Llundain, 1984).
Taheri, A., *Holy Terror: The Inside Story of Islamic Terrorism* (Llundain, 1987).
Tatum, W. Barnes, *Jesus at the Movies: A Guide to the First Hundred Years* (Santa Rosa, Calif., 1994).
Teichman, Jenny, *Social Ethics: A Student's Guide* (Rhydychen, 1996).
Thomas, Isaac, *Trosom Ni: Nodiadau ar Drefn y Cadw yn yr Ysgrythurau* (Abertawe, 1991).
Tomos o Acwin, *Summa Theologiae*, I, XXVIII, LVIII, cyf. Thomas Gilby (Rhydychen, 1964, 1966, 1965).
Tournier, Paul, *The Meaning of Persons* (Llundain, 1957).
Underhill, Evelyn, *Worship* (Llundain, 1937).
Visser't Hooft, W., *No Other Name: The Choice between Universalism and Syncretism* (Llundain, 1963).
Walzer, Michael, *The Revolution of the Saints: A Study in the Origins of Radical Politics* (Llundain, 1966).
Warnock, Mary, *Imagination* (Llundain, 1976).
Watts, Michael R., *Why Did the English Stop Going to Church?* (Llundain, 1995).
Weber, Derek C. (gol.) *Discerning Images: The Media and Theological Education: Resources for Theological Educators* (Caeredin, 1991).
Webster, John, *Word and Church: Essays in Christian Dogmatics* (Caeredin, 2001).
────── *Holy Scripture: A Dogmatic Sketch* (Caergrawnt, 2003).
Whelan, Robert (gol.), *Teaching Right and Wrong: Have the Churches Failed?* (Llundain, 1994).
White, James F., *Introduction to Christian Worship* (Nashville, TN, 1990).
White, Susan J., *Groundwork of Worship* (Peterborough, 1997).
Wiles, Maurice, *Christian Theology and Inter-religious Dialogue* (Llundain, 1992)
Williams, Cyril G., *Yr Efengyl a'r Crefyddau* (Llandysul, 1985).
Williams, Harri, *Bonhoeffer*, Cyfres y Meddwl Modern (Dinbych, 1981).
Wogaman, J. Philip, *Christian Perspectives on Politics* (Llundain, 1988).
Zelensky, Elizabeth a Lela Gilbert, *Windows to Heaven: Introducing Icons to Protestants and Catholics* (Grand Rapids, 2005).
Zizioulas, John D., *Being as Communion: Studies in Personhood and the Church* (Llundain, 1985).

MYNEGAI

Abdullah Yusuf Azzam 206
Aberdeen 29
Abram 63
Abu Hamzah al-Masri *gweler* Kamil, Mustafa
Adda 73, 244
Affganistan 128, 192, 198, 215
Affrica 188, 250 *gweler hefyd* De Affrica
Aifft, Yr 204, 205
Ail Gyngor y Fatican 101
Ail Ryfel Byd 150, 204
Ail Ryfel y Gwlff 215
al-Quaeda 207
Alban, Yr 71
Almaen, Yr 111
Amaleciaid 212, 215
America 58, 221 *gweler hefyd* Unol Daleithiau America
America Ladin 4, 24, 94, 95, 110, 114, 115, 118, 121, 251
Amish 190
anffyddlonion 157
Anglicaniaeth 251
Anselm 3, 19, 20, 42, 71
ap Nefydd Roberts, Elfed 1
Appleby, R. Scott 185, 187, 191
Arabia 205
Aran, Gideon 212
Areopagus 154
Aristotlys 24
Armagedon 90
Arthur, Chris 246
Asia 116, 188, 250
Athanasiws *gweler* Credo Athanasiws
Atherton, John 121, 122, 123

Athrawiaeth y Drindod 19
Athrofa Ddiwinyddol Princeton 39
Awstin 103, 140, 160, 202
Ayatollah Khomeini 204

Bakker, Jim a Tammy 201
Balkans 253
Band Aid 245
Barabbas 241
Barr, James 182, 183
Barth, Karl 3, 21, 29, 38, 39, 51, 60, 111, 112, 171, 228
Bebbington, David 47
Bedydd 80
Beibl Cymraeg Newydd 1
Beirut 204
Bell, John 71
Benedict XVI, Pab (Cardinal Ratzinger) 251
Berger, Peter 137
Berlin 35
Blum, Yehuda 215
Bodansky, Yossef 205
Boff, Clodovis 118, 119
Boff, Leonardo 119
Bonhoeffer, Dietrich 111, 112, 129
Bragg, Melvyn 232
Bronston, Samuel 239, 240
Bruce, Steve 52, 186, 202
Brunner, Emil 22, 228
Buber, Martin 22
Buckley, Michael 3, 34, 35, 37
Bush, George W. 201
Bwdhaeth 116, 158, 162, 163, 167, 184
Bwrdd Prydeinig y Sensoriaid Ffilm (1912) 235

LLOFFION YM MAES CREFYDD

Cain 73
Califfornia 177
Calvin, John 60, 79, 81, 111, 112, 228
Canada 161
Cananeaid 212, 215
Canolfan Masnach y Byd 5, 131, 151, 194, 198, 204, 215, 253
Canolfan Uwchefrydiau Crefydd yng Nghymru 7
Capel y Sistine 231
Cardinal Ratzinger *gweler* Benedict XVI, Pab
Catecism Byrrach Westminster 70
Cenhedloedd Unedig 204, 215
Chadwick, Owen 191
Chalcedon 22, 92, 238
Cherbar 73, 97
Cocksworth, Christopher 71, 83
Coleg Unedig, Aberystwyth 2
Coleg St Ioan, Nottingham 53
Coleg y Bala 2
Colombia 213
Comblin, José 119
Confensiwn Bedyddwyr y Gogledd (UDA) 179
Conffyrmasiwn 80
Conway, Flo 201
Cook, David 135
Cowait 209
Credo Athanasiws 15
Credo Nicea 16, 59, 238
Crefydd Sifil Americanaidd 201
Cristnogion Ceidwadol America 177
Cristoleg 4, 16, 17, 19
Crockett, Clayton 31, 32, 33
Croft, Stephen 53, 57, 58, 65
Cromen y Graig 210
Cunneen, Joseph 229
Cymanfa Eglwysi Presbyteraidd y Gogledd (UDA) 177
Cymdeithas yr Iaith Gymraeg 100
Cymun Bendigaid 81
Cymuned Iona 71
Cynghorau'r Eglwys 104
Cynhadledd Genhadol (1910) 249
Cyprian 157

Dafoe, Willem 240
Dar es Salaam 205
Darfur 253
Darlith Davies 1
Darrow, Clarence 199
Darwiniaeth 177
Davie, Grace 52
Davies, D. P. 1
Davies, Pennar 2
D'Costa, Gavin 168, 169
De Affrica 116 *gweler* hefyd Affrica
De America *gweler* America Ladin
De Vito, Danny 240
DeMille, Cecil B. 235, 237
Derrida, Jacques 221
Descartes, René 32, 34, 93, 178
Dhahran 205
Diana, Tywysoges Cymru 102, 103, 250
Dinah 212
Diwygwyr Protestannaidd 3, 51, 110
Drane, John 48, 52, 53, 54, 65
Dussel, Enrique 120
Dwyrain Canol 150

Ecsodus 117
Edwards, D. Miall 2
Edwards, G. A. 2
Efrog Newydd 5, 151, 194, 198, 204, 241, 253
Eglwys Anglicanaidd yng Nghymru 51
Eglwys Bresbyteraidd Cymru 1
Eglwys Esgobaethol yr UDA 50
Eglwys Fore 9, 16, 60, 97
Eglwys Gatholig Rhufeinig 166, 242, 251 *gweler hefyd* Pabyddiaeth
Eglwys Uniongred Roegaidd 60
Eglwys Uniongred Rwsia 72
Eglwysi Cell 58
Eidal, Yr 213, 251
Elford, John 4, 138, 139, 142, 144
Eliade, Mircea 232
Elias 73
Eneiniad 80
Eseciel 73, 97
Eseia 18, 73, 97, 109
Evans, David 2
Ewcharist 77, 80, 81, 82

MYNEGAI

Fabian, Johannes 192
Falwell, Jerry 200, 202
Farmer, H. H. 22
Feuerbach, Ludwig 23, 33, 156
Fiena 204
Florovsky, George 72
Flossenburg 111
Ford, David 10, 11
Forrester, Duncan 225
Frei, Hans 3, 29, 30, 35

Ffilipinau, Y 116
Ffrainc 130, 251
ffwndamentaliaeth *gweler* pennod 10, pennod 11

Gabriel 73
Gardd Eden 73
Gibson, Mel 236
Gill, Robin 52
Gittin, Todd 223
Gladstone, William Ewart 51
Gogledd America 116
Goldstein, Baruch 211
Goleuo, Y 35, 39, 187, 194, 251
Green, Garrett 254
Groeg 11
Guinness, Os 136
Gunton, Colin 60, 61, 62, 97
Gush Emunim 192, 209, 210, 211, 212
Gutiérrez, Gustavo 118, 119, 120
Gwener y Groglith 157

Halakah 184, 211
Hamas 207
Hardy, Daniel 95, 98, 99
Haredim 209
Harnack, Adolf von 178
Harris, Harriet 185
Hauerwas, Stanley 38, 39, 40
Haugaard, Kay 137
Hebreaid 73, 153
Hebron 211
Hegel, Georg 32, 128, 142, 161, 178, 187
Hegira 206
Hen Destament 73, 117, 215

Hendry, George 37
Hereticiaid 157
Herod 240
Hess, Israel 212
Hezbollah 204, 207
Hick, John 161, 162, 163, 164, 168, 171, 242
Hindŵaeth 158, 162, 167, 184
Hitler, Adolf 111, 112
Hollywood 236, 240, 241
Hooft, Willem Visser't 158
Hughes, Dewi Arwel 161
Humbard, Rex 201
Hume, Basil 102, 103
Hunter, James Davison 202, 210
Hunter, Jeffrey 240
Hussein, Saddam 209, 215

Iago 74
Iddewiaeth 5, 11, 162, 188, 208, 214
Iddewon 157, 236
Ignatius Antioch 60
India 192, 193, 194
Intiffada 212
Ioan 21, 94, 192, 193, 236
Ioan Paul II, Pab 250
Irac 128, 209
Iran 194
Isaiah 73
Ishmael 211
Islam 5, 11, 158, 162, 167, 184, 185, 188, 198, 203, 204, 205, 208, 209, 214
Israel 63, 80, 117, 156, 193, 194, 209, 215
Israeliaid 204
Iwerydd 221

Jacob 212
Jenkins, Philip 251
Jerusalem 209
Jihad Islamaidd 205, 207, 208, 214
Jiwdea 212
Jones, D. Gwenallt 22
Jones, Glyn Tudwal 1
Jones, R. M. 1
Jones, R. Tudur 2
Jones, Richard G. 74

LLOFFION YM MAES CREFYDD

Jones, Vivian 1
Judas 236, 237, 241

Kamil, Mustafa (Abu Hamzah al-Masri) 208
Kant, Immanuel 32, 38, 164, 178, 187
Karim, Karim H. 213
Kazantzakis, Nikos 236, 242
Kepel, Giles 213
Khomeini *gweler* Ayatollah Khomeini
Kierkegaard, Søren 37, 172
Kook yr Hynaf 211
Koran 184
Küng, Hans 4, 144, 145, 167, 171

Laqueur, Walter 216
Lash, Nicholas 3, 33, 35, 37
Lerins, Finsent 25
Lessius, Leonard 34
Levinger, Moshe 211
Libanus 204
Lindbeck, George 30, 253
Liov, Dov 211
Lochman, Jan Milič 60
Loughlin, Gerard 30
Luc 109, 237
Lucius 240
Luther, Martin 77, 82, 110, 111, 112, 228
Luxor 205

Llyfr Gweddi Cyffredin Eglwys Loegr (1662) 157

McDonnell, Jim 246
McIntyre, John 254
McLeish, Robert 224, 226
MacLuhan, Marshall 246
Macquarrie, John 155
Mair 73, 236
Mair Magdalen 236, 241
Mamon 188
Marc 237
Marsh, Clive 31, 228
Marshall, Michael 76, 82
Martin, Joel W. 234, 244
Marty, Martin E. 185, 187, 191
Martha 236

Marx, Karl 23, 114, 118, 119, 188, 191
Mathew 237
May, John R. 221, 229
Mea Shearim 209
Mecca 205
Medina 205
Meibion Glyndŵr 100
Merched Comin Greenham 100
Migliore, Daniel 39, 48, 59
Milbank, John 253
Miles, Margaret 231
Mizvinsky, Morton 211
Mohammed 206
Moltmann, Jürgen 23, 24, 80, 100, 101, 102, 151
Môr Tawel 100
Morgan, D. Densil 1, 5
Mormoniaeth 177
Morris, Colin 225
Moses 73
Mosg al-Aksa 210
Moule, C. F. D. 87
Moynagh, Michael 53, 55, 56, 57, 65
Mudiad Pentecostaidd 58
Mudiad yr Oes Newydd 92
Müntzer, Thomas 110
Mwslemiaid Sunni 205
Mwyafrif Moesol 200
Mynydd Horeb 73

Nablus 211
Nairobi 205
Nasareth 14
Nazir-Ali, Michael 168
Netorei Karta 209
Neuadd Cranmer, Rhydychen 53
Newbiggin, Lesslie 12, 171, 172, 173
Newton, Isaac 34, 37
Niebuhr, H. Reinhold 46, 128, 129, 130, 192
Nirfana 163
Northcottt, Michael 222

Oesoedd Canol 8
Operation Rescue 192, 200
Ordeinio 80
Origen 157

MYNEGAI

Osama bin Laden 198, 206
Ostwalt, Conrad 234
Otto, Rudolf 73, 97

Pabyddiaeth 177, 251 *gweler hefyd*
   Eglwys Gatholig Rhufeinig
Pacistan 161, 192, 194
Packer, James 176, 179, 180
Palesteina 237
Palestiniaid 204, 207
Pasolini, Pier Paolo 237, 241
Patmos 97
Pattison, George 35, 36, 37
Paul 12, 74, 154, 202, 228
Pedr 236, 237, 241
Peilat 240
Pentagon 198
Penyd 80
Perdue, William 207
Perrin, Jacob 211
Pickstock, Catherine 253
Pieris, Aloysius 116
Pixley, Jorge 118
Plaid Lafur 8, 9
Plaid Natsiaidd 111
Plant mewn Angen 245
Postman, Neil 223, 224, 227, 245
Powell, Robert 236
Pregeth ar y Mynydd 181
Prifysgol Aberdeen 52
Prifysgol Basel 60
Prifysgol Caergrawnt 22, 33
Prifysgol Iâl 161
Prifysgol Rhydychen 29, 35, 152
Priodas 80
Prosper o Aquitaine 71
Prys, Owen 2
Punjab 193

Phillips, David 2

Qutb, Sayyid 205

Radbertus, Pascasus 82
Rahner, Karl 101, 166, 167
Ratzinger, Cardinal *gweler* Benedict
   XVI, Pab
Rees, Thomas 2

Ritzer, George 53
Roberts, Brynley F. 6
Roberts, Oral 201
Robertson, Pat 200, 201
Robinson, Adam 216
Robinson, James 201
Romero, Oscar 115
Russell, Brian 95
Rwanda 253

Rhufain 204
Rhufeiniaid 236
Rhyfel Byd Cyntaf 220
Rhyfel Chwe Diwrnod (1967) 209
Rhyfel Mawr *gweler* Rhyfel Byd
   Cyntaf
Rhyfel Oer 102
Rhyfel Yom Kippur (1973) 209

Sacks, Jonathan 187
Said, Edward 192
Salman bin Fahd al-Udah 206
Samaria 212
Samariad Trugarog 244
Samartha, Stanley 158
San Francisco 145
Saudi Arabia 205
Sbaen 116, 251
Schindler, David 99
Schleiermacher, Friedrich 13, 35, 160,
   161, 178, 187, 228
Schuller, Robert 201
Schwarzenegger, Arnold 240
Schweitzer, Albert 178
Schwöbel, Christoph 51
Scopes, Thomas 199
Scorsese, Martin 229, 241, 242
Scotus, John Duns 8
Sedgwick, Peter 121
Seientiaeth Gristnogol 177
Seioniaeth 209
Seioniaid 192
Shahk, Israel 211
Shapiro, Abraham 212
sharia 184, 206, 208
Shechem 212
Sheldrake, Philip 23
Shinto 158

Siapan 116
Sîciaeth 184
Siegelman, Jim 201
Simeon a Lefi 212
Singapore 145
Siwdan 194
Smith, Adam 122
Smith, Wilfred Cantwell 161, 162, 163, 164, 165, 171
Sőlle, Dorothee 20
Somerset County, Pennsylvania 198
Spong, John 50, 51, 188
Sri Lanka 116, 192, 193
Swaggert, Jimmy 201
Swampy 100
Swper yr Arglwydd 77, 81
Sykes, Stephen 75

Tadau Capadocaidd 62
Tadau Groegaidd 84
Tao 158
Taunton 136
Teichmann, Jenny 144
Telford, William R. 240
Temple, William 59
Tennessee 199
Terry, Randall 200
Testament Newydd 9, 15, 18, 59, 62, 63, 80, 82, 87, 96, 109, 110, 117, 154, 156, 179, 181, 183, 237, 239, 241
Thatcher, Margaret 91
Thomas, Isaac 1
Tilby, Angela 225
Timbyctŵ 136, 137
Tiree 136
Tomos o Acwin 12, 24, 37, 82, 138
Tournier, Paul 73

Tseina 146
tsunami de-ddwyrain Asia (2004) 245
Tyrciaid 157
Tŷ'r Cyffredin 127
Tystion Jehofa 177

Uganda 213
Undeb Sofietaidd 198
Unol Daleithau America 48, 128, 177, 192, 194, 199, 201, 204, 205, 224, 250, 253 *gweler hefyd* America
Unoliaethwyr Ulster 192, 194
Urdd Graddedigion Prifysgol Cymru 2, 6

Walzer, Michael 144
Watts, Michael R. 46
Webster, John 29, 33, 38, 42, 63
Whelan, Robert 139
White, James 84
White, Susan J. 75, 78
Wichita, Kansas 192
Wiles, Maurice 152
Williams, Cyril 2
Williams, Harri 2
Wilson, Harold 8, 9
Wittgenstein, Ludwig 30, 186

Ymddiriedolaeth Pantyfedwen 1
Ysbryd Glân 20, 21, 41, 60, 71, 75, 84, 121, 168, 254
Ysbrydegaeth 177
Ysgol Sul 236, 237

Zeffirelli, Franco 236, 237
Zizioulas, John 60
Zwingli, Ulrich 82